G.O. Tuhls

Word Hacks

365 praktische Lösungen für konkrete Aufgabenstellungen in Word

Bibliografische Information der Deutschen Nationalbibliothek
Die Deutsche Nationalbibliothek verzeichnet diese Publikation in der Deutschen Nationalbibliografie; detaillierte bibliografische Daten sind im Internet über http://dnb.d-nb.de abrufbar.

Bei der Herstellung des Werkes haben wir uns zukunftsbewusst für umweltverträgliche und wiederverwertbare Materialien entschieden.

Der Inhalt ist auf elementar chlorfreiem Papier gedruckt.

ISBN 978-3-7475-0775-9

1. Auflage 2024

www.mitp.de

E-Mail: mitp-verlag@sigloch.de
Telefon: +49 7953 / 7189 - 079
Telefax: +49 7953 / 7189 - 082

© 2024 mitp Verlags GmbH & Co. KG, Frechen

Dieses Werk, einschließlich aller seiner Teile, ist urheberrechtlich geschützt. Jede Verwertung außerhalb der engen Grenzen des Urheberrechtsgesetzes ist ohne Zustimmung des Verlages unzulässig und strafbar. Dies gilt insbesondere für Vervielfältigungen, Übersetzungen, Mikroverfilmungen und die Einspeicherung und Verarbeitung in elektronischen Systemen.
Die Wiedergabe von Gebrauchsnamen, Handelsnamen, Warenbezeichnungen usw. in diesem Werk berechtigt auch ohne besondere Kennzeichnung nicht zu der Annahme, dass solche Namen im Sinne der Warenzeichen- und Markenschutz-Gesetzgebung als frei zu betrachten wären und daher von jedermann benutzt werden dürften.

Lektorat: Janina Vervost, Nicole Winkel
Sprachkorrektorat: Christine Hoffmeister
Covergestaltung: Christian Kalkert
Bildnachweis: © ontsunan, © AIGen, © onetime, © bioraven /stock.adobe.com
Satz: III-satz, Kiel, www.drei-satz.de
Druck: Plump Druck & Medien GmbH, Rheinbreitbach

Inhaltsverzeichnis

Word hacken?

»Wir nannten das früher Trick 17.«

(G.O. Tuhls in der Projektbesprechung)

Jede Software hat ihre Tücken, mit denen sie den Anwendern das Leben schwer macht. Die Klippen und Untiefen des verbreitetsten Textprogramms »Microsoft Word« zu umschiffen, soll Aufgabe dieses Buchs sein, also »Life Hacks« für den Word-Alltag. Besprochen werden Funktionen, die nicht sofort ins Auge fallen, die Arbeit mit Word aber sehr erleichtern können. Daneben gibt es noch einige Funktionsergänzungen per VBA (Visual Basic for Applications), die Lücken im originären Funktionsumfang von Word schließen.

Standardfunktionen werden nur behandelt, wenn sie von Haus aus derart kompliziert oder »launig übersetzt« sind, dass allein die verständliche Erläuterung einen Aha-Effekt auslöst.

Kurz: Das Buch soll Word-Anwendern helfen, die nach Arbeitsvereinfachungen oder Aufhellung typischer Word-Probleme suchen. Es muss nicht von vorn bis hinten durchgelesen werden, sondern soll als Nachschlagewerk und Bauanleitung dienen, indem Sie die jeweils benötigten Funktionen zur Textgestaltung problemorientiert und kompakt beschrieben vorfinden. Das sehr kleinteilige Inhaltsverzeichnis und der Index am Buchende führen Sie gezielt zu den »Hacks«, die Sie suchen.

Berlin, im Januar 2024

Über dieses Buch

Dieses Buch wäre überflüssig, würde Microsoft sorgfältiger arbeiten. Die Programme sind alles andere als benutzerorientiert und bei der Suche nach Hilfe lässt man die Nutzer ebenfalls im Regen stehen: eigenartige Funktionsbezeichnungen, versteckte Schaltflächen, wechselnde Tastenkombinationen und von einem Übersetzungsbot eingedeutschte Erläuterungen, deren Qualität sich seit »Drücken schlappe Scheibe in Getriebe A:« kaum weiterentwickelt hat.

Hilflose Hilfe

Die Suchmaschinen helfen auch wenig, denn hier wandelt sich die Erkenntnis, dass das Netz nie vergisst, zum Pferdefuß. Erklärungen in Nutzerforen sind zwar besser als die offizielle Hilfefunktion von Word, doch stößt man häufig auf uralte Beiträge, die sich auf längst vergessene Programmversionen beziehen.

Zweifeln Sie also nicht an sich und Ihrem technischen Verständnis, wenn Sie mit einer Erläuterung nicht klarkommen: Es liegt selten an Ihnen.

Dazu gleich der erste Hack: Wenn Sie Zweifel haben, ob die Erläuterungen auf einer Microsoft-Hilfeseite zutreffen können, hilft es, auf der zugehörigen amerikanischen Originalseite nachzuschlagen: Ersetzen Sie in der Webadresse im Browser die Zeichenfolge `de-de` durch `en-us` und drücken Sie [↵].

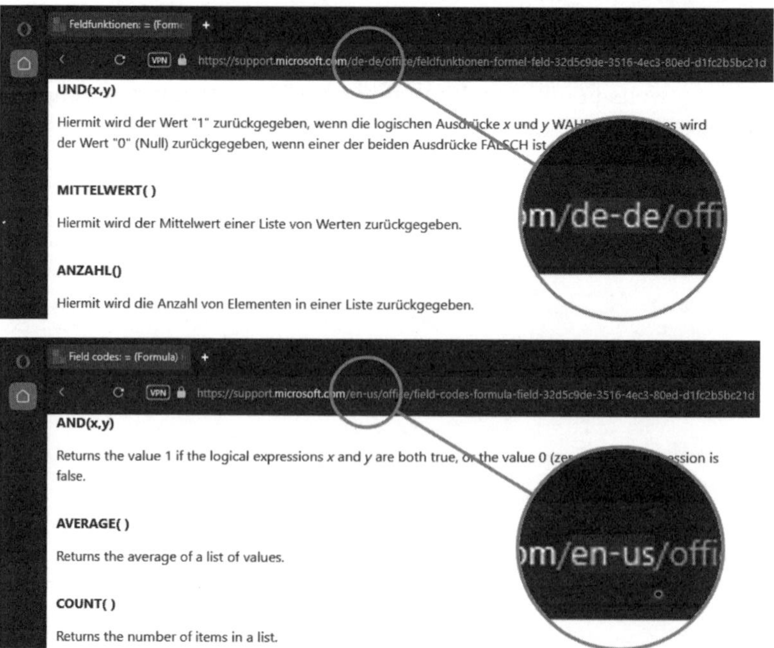

Original-Hilfeseite konsultieren, um Übersetzungsfehler zu erkennen

Versions- und Wissensstand

Die Erklärungen in diesem Buch beziehen sich auf die Ende 2023 aktuelle Word-Version in Microsoft 365 für Windows und können damit von Office 2016, 2019 und 2021 sowie den Versionen für MacOS im Detail abweichen. Da nur die Funktonen in Microsoft 365 gelegentlich erweitert (oder auch verschlimmbessert) werden, stehen den Nutzern der »Kaufversionen« mit Jahreszahl einige hier beschriebene Funktionen leider nicht zur Verfügung. Viele Funktionen der Desktop-Version gibt es nicht in der Online- und den Mobil-Versionen, daher sind die Hacks in diesem Buch ausschließlich auf die Desktop-Version bezogen.

Die Erfahrung aus zahllosen Schulungsveranstaltungen zeigt, dass vermeintliches Basiswissen nicht unbedingt bei allen Anwendern vorausgesetzt werden darf. Deshalb enthält dieses Buch gelegentlich auch Erläuterungen, die Ihnen evtl. simpel erscheinen mögen.

zum Glossar

Falls Sie mit der Bedienung von Word nicht in allen Feinheiten vertraut sind, können Sie die wichtigsten Begriffe und Vorgehensweisen im verlinkten PDF-Glossar nachlesen. Bei der Druckversion des Buchs nutzen Sie dazu den QR-Scanner Ihres Smartphones oder Tablets, beim PDF oder E-Book können Sie den QR-Code anklicken/antippen.

Der Weg zur Funktion

Sie bedienen Word durch das Anklicken (bzw. Antippen) von Schaltflächen im *Menüband*, in *Kontextmenüs* und in *Aufgabenbereichen*.

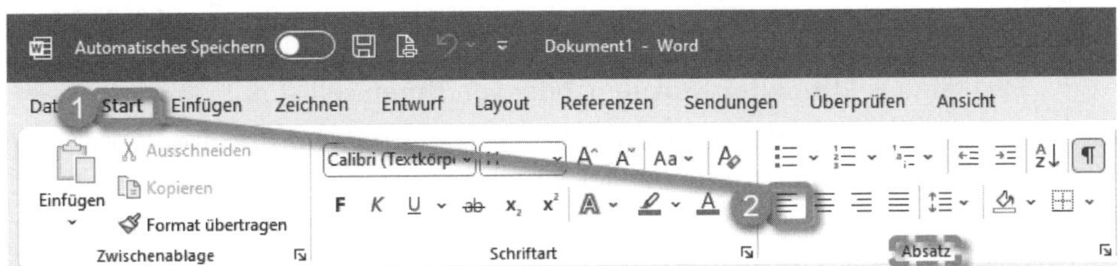

Wege zur Absatzeinstellung »linksbündig«

Worauf im Menüband, im Kontextmenü oder in Dialogfenstern mit der linken Maustaste zu klicken ist, um die beschriebene Funktion auszulösen, erkennen Sie im Text an der VERSALSCHREIBWEISE. Aufeinanderfolgende Klicks sind durch das Zeichen|voneinander getrennt. Das Beispiel in der Abbildung oben lautet verbal abgekürzt

START|*Absatz:* ≣ LINKSBÜNDIG,

was ausführlich bedeutet:

1. Registerkarte START durch Klick öffnen, sofern nicht bereits offen,
2. in der Gruppe *Absatz* die Schaltfläche ≡, die vollständig LINKSBÜNDIG heißt, anklicken.

Der kursive Teil der Beschreibung dient nur der Orientierung, in welcher *Gruppe* der Registerkarte eine Funktion zu finden ist.

In den Screenshots werden diese »Klickwege« mit Pfeilen dargestellt, wobei der Kreis am Pfeilende die Stelle angibt, an der zu klicken ist, um das Ziel an der Pfeilspitze zu erreichen.

Konventionen

- Wird in einer Funktionsbeschreibung o.Ä. zwingend ein **Leerzeichen** benötigt, wird dies durch das Symbol ␣ verdeutlicht.
- In den Abbildungen weist auf mit der linken **Maustaste** anzuklickende Schaltflächen hin, Rechtsklick wird mit und Doppelklick mit symbolisiert.
- **Tastenkombinationen** erkennen Sie an der Darstellung als Tasten, z.B. Strg+F9 für das gleichzeitige oder F10, R für das aufeinanderfolgende Drücken von Tasten.
- Word verwendet **geschweifte Klammern** für verschiedene Steuerprozesse:
  - Da sind zunächst die einfachen geschweiften Klammern { und }, wie Sie sie mit AltGr+7 und AltGr+0 eingeben. In der SUCHEN-UND-ERSETZEN-Funktion dienen sie als Kennung bei der Suche mit Platzhaltern.
  - Stoßen Sie in Word oder in diesem Buch auf Ausdrücke in **{**fetten geschweiften Klammern**}** oder geschweifte Klammern mit gepunkteten Rahmen, z.B. {= {Page} + *n*}, so handelt es sich um die Darstellung von Feldfunktionen (an- und abzuschalten mittels Alt+F9). Sie werden entweder von Word eingefügt, wenn Sie mit EINFÜGEN|SCHNELLBAUSTEINE|FELD eine Feldfunktion aufrufen, oder von Ihnen selbst mit Strg+F9.
- Auf ausführlichere Informationen zum Umgang mit Word weisen **QR-Codes** an einschlägigen Stellen hin, bei der Druckversion des Buchs per QR-Scanner Ihres Smartphones oder Tablets zu erreichen. Leser der elektronischen Ausgaben können dem Link auch durch Antippen der Grafik folgen.

  Die QR-Codes mit führen zu Information auf der Website des Autors, ohne Symbol zu Microsoft-Seiten.

Linkliste für weiterführende Informationen

Sollten Sie beim Lesen der Druckversion dieses Buchs gerade kein Smartphone zur Hand haben, gelangen Sie auch per Linkliste unter `https://oerttel.net/stuff` zu den Informationen. Dort sind auch alle **VBA-Codes** downloadbar als `WordHacks.bas`. In Anhang B ist beschrieben, wie Sie diese installieren.

Kapitel 1

Das virtuelle Blatt Papier

Die Größe des Papiers, auf das etwas gedruckt werden soll, ist Grundlage für das virtuelle Blatt auf dem Monitor.

1.1 Das Papierformat

Das Papierformat A4 (210 × 297 mm) ist per se das passende Format, wenn es ums Selbstdrucken oder Drucken im Copyshop geht. Beim Buchdruck kommen meist kleinere Blattgrößen zum Einsatz. Diese und viele weitere Einstellungen finden Sie in der Registerkarte LAYOUT|SEITENRÄNDER|BENUTZERDEFINIERTE SEITENRÄNDER.

Der Dialog SEITE EINRICHTEN besitzt drei Register mit unterschiedlichen Einstellungen, die nicht sehr übersichtlich sind.

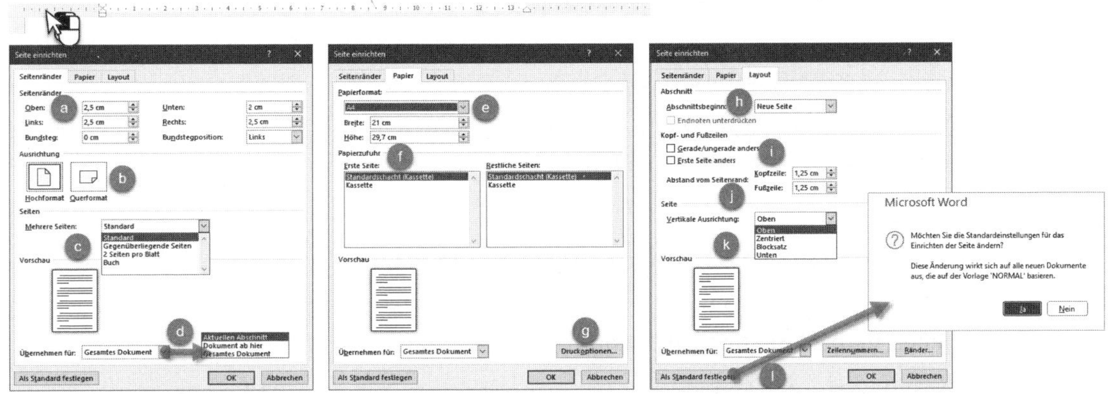

Abb. 1.1: Die drei Register in Seite einrichten

Die Buchstaben in Abbildung 1.1 und Tabelle 1.1 ordnen die Einstellungen der drei Registerkarten den Erläuterungen in diesem Buch zu und zeigen Redundanzen in der Menüführung von Word auf.

	Einstellung	redundant in	erklärt in
	Register Seitenränder		
a)	Seitenränder	–	Hack 1.1.2
b)	Ausrichtung	LAYOUT|*Seite einrichten:*	
c)	Mehrere Seiten	–	Hack 1.1.4
d)	Übernehmen für	–	Hack 1.1.6
	Register Papier		
e)	Papierformat	LAYOUT|*Seite einrichten:* FORMAT	Abschnitt 1.1
f)	Papierzufuhr	–	
g)	Druckoptionen	DATEI|OPTIONEN|ANZEIGE	
	Register Layout		
h)	Abschnitt	LAYOUT|*Seite einrichten:* UMBRÜCHE	Hack 1.1.6
i)	Kopf- und Fußzeilen	RegKarte KOPF- UND FUSSZEILE, wenn aktiv	Kapitel 3
j)	Abstand vom Seitenrand		
k)	Vertikale Ausrichtung	–	Hack 1.1.5
l)	Als Standard festlegen	–	Hack 1.1.6

Tabelle 1.1: Die Einstellungen des Dialogs SEITEEINRICHTEN

1.1.1 Lineale einblenden

Word unterstützt die Orientierung auf dem virtuellen Blatt durch zwei Lineale, die in der Grundeinstellung nicht angezeigt werden.

Lösung

Blenden Sie die Lineale mit ANSICHT|*Anzeigen:* LINEAL ein.

Sollte nur das horizontale Lineal über dem Blatt, aber nicht das vertikale links neben dem Blatt angezeigt werden, hilft

DATEI|OPTIONEN|ERWEITERT|*Anzeigen*: VERTIKALES LINEAL IM DRUCKLAYOUT ANZEIGEN.

Um ein Papierformat und dessen nicht zu bedruckende Ränder einzurichten, rufen Sie den Dialog SEITE EINRICHTEN mit LAYOUT|*Seite einrichten:* SEITENRÄNDER|BENUTZERDEFINIERTE SEITENRÄNDER auf.

Tipp

Schneller führt Sie ein Doppelklick in den grauen Bereich des horizontalen Lineals oder irgendwo ins vertikale Lineal dorthin.

1.1.2 Seitenränder festlegen

Rund ums Geschriebene braucht das Blatt einen freien Rand, fachtechnisch »Stege« genannt, denn

- es ist optisch angenehmer, wenn nicht bis zum Rand geschrieben wird und
- die meisten Drucker sind nicht in der Lage, bis zum Blattrand zu drucken.[1]

Das Verhältnis von bedruckten zu unbedruckten Teilen hängt davon ab, um welche Art von Dokument es sich handelt. Bei Briefbogen und Berichten etc. auf A4 können Sie sich nach den Vorgaben der DIN 5008 richten, siehe Kapitel 2.

Daneben gibt es keine konkreten Vorgaben, aber mehr oder weniger komplizierte Empfehlungen bis hin zur Berechnung des Satzspiegels nach dem »Goldenen Schnitt«.

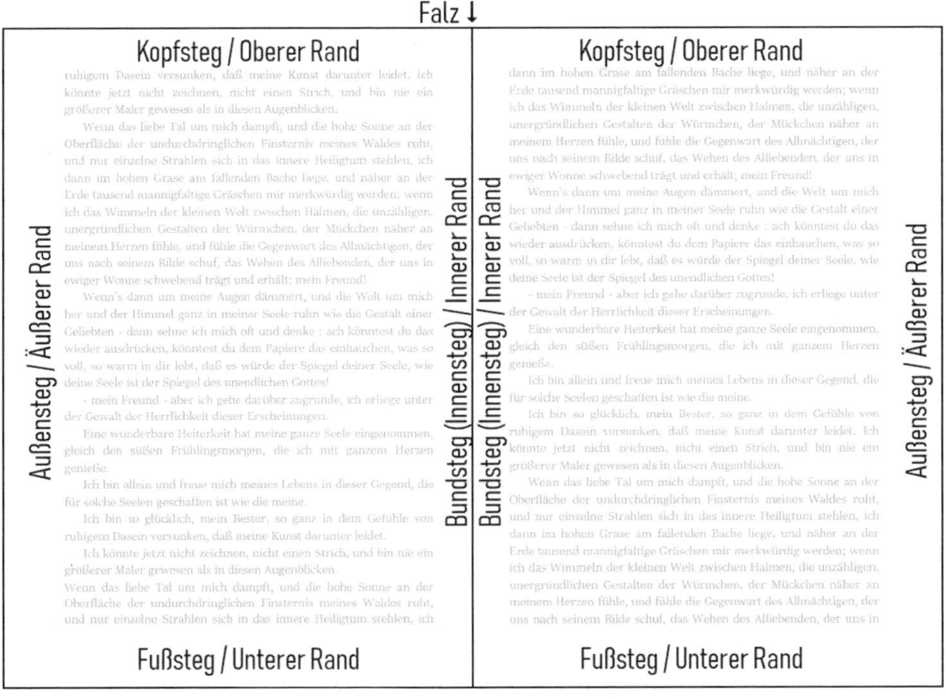

Abb. 1.2: Die Stege um die Satzspiegel einer Doppelseite

Lösung

Am einfachsten bedienen Sie sich folgender Methode:

1 Der sogenannte »Randlosdruck« ist nur eine besondere, verzerrende Einstellung für das Drucken von Fotos, für Text ungeeignet.

Legen Sie zuerst nach Gutdünken fest, wie breit der *Innensteg* sein soll, z.B. 1 cm für Fachtexte oder Prosa. Lyrik wird meist mit überbreiten Stegen und kleinem Satzspiegel publiziert. Nach diesem Maß richten sich dann die anderen Stege:

- der obere wird 1½-mal so breit wie der innere,
- der untere 2½-mal und
- der äußere doppelt so breit.

Zum Innensteg muss meist noch ein Heftrand zum Binden der Blätter hinzugerechnet werden (darum »Bundsteg«), damit der Text nicht zu eng am Falz liegt:

- für die klassische Klebebindung bis zu 1 cm,
- für Aktenheftung 2 bis 2,54 cm,
- für Heftung mittels Tacker oder Klemmschiene mindestens 1 cm.

Bei Ringbindung kann der Bundsteg knapper gehalten werden, weil beim Aufklappen die Seiten vollflächig sichtbar sind und der Heftrand optisch Teil des Blattrands ist.

Ein erweiterter Bundsteg geht natürlich zulasten der Satzspiegelbreite. In den Word-Einstellungen besitzen Innensteg und Bundsteg separate Einstellungen.

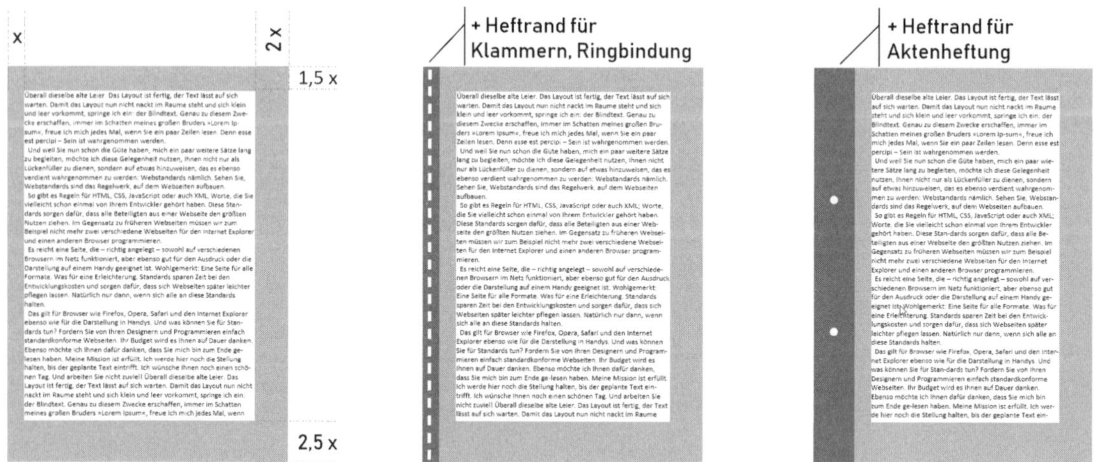

Abb. 1.3: Satzspiegel und Heftrand

Die so ermittelten Maße für die Seitenränder übertragen Sie in die Registerkarte SEITENRÄNDER (Abbildung 1.1 a) des Dialogs SEITE EINRICHTEN, wie in Abbildung 1.4 zu sehen.

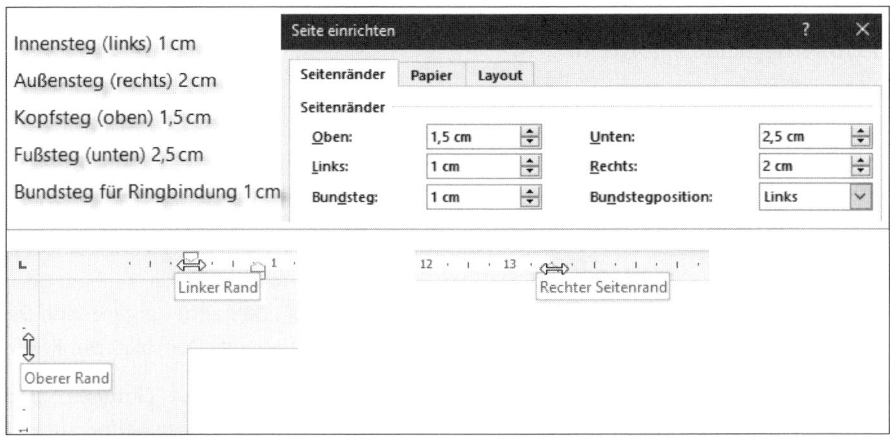

Abb. 1.4: Stege einrichten

> **Tipp**
>
> Die Stege lassen sich auch mit der Maus einstellen, indem Sie
>
> - im horizontalen Lineal die Einzüge verändern und
> - im vertikalen Lineal die Grenzlinie zwischen weißem und grauem Bereich mit der Maus greifen und verschieben.

1.1.3 Seitenränder außerhalb des druckbaren Bereichs

Wenn Word beim Einrichten der Seite meldet, dass die Ränder zu schmal für den Druck sind, beherzigen Sie das bitte und übernehmen Sie die Mindestmaße mit KORRIGIEREN. Die Ränder werden dann automatisch auf die vom Drucker mitgeteilten Mindestmaße gesetzt.).

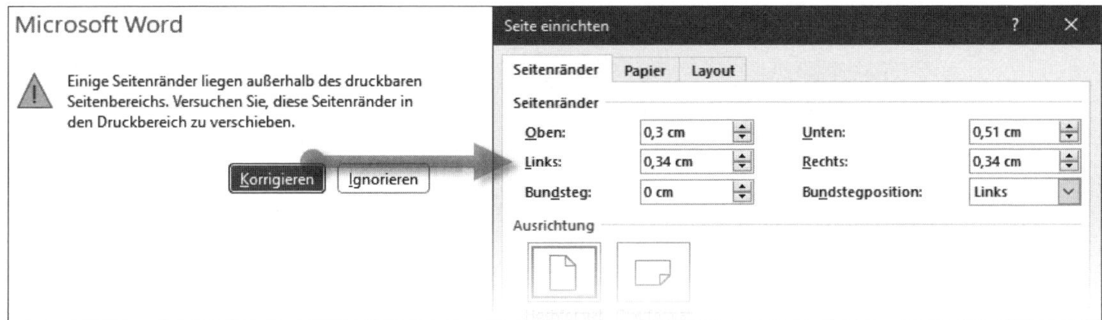

Abb. 1.5: Korrektur der Stege auf die Drucker-Mindestmaße

Behalten Sie die zu geringen Stege bei, schneidet der Drucker alles in die Mindestbreiten Hineinragende rigoros ab.

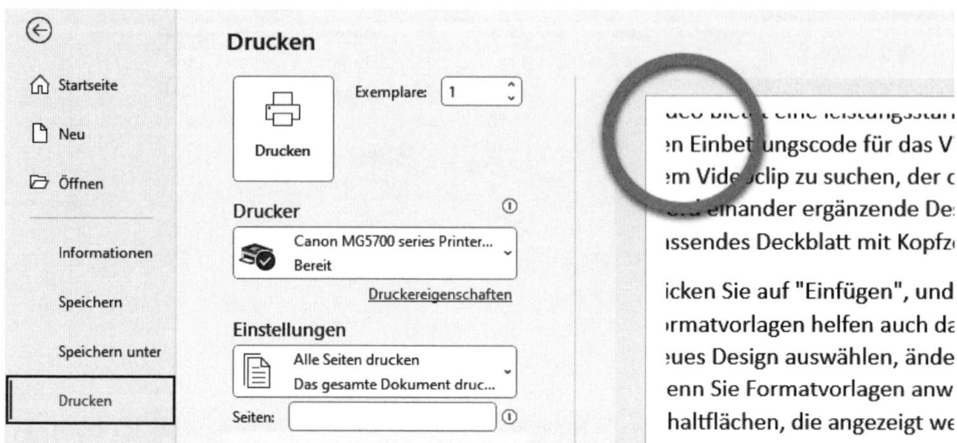

Abb. 1.6: Ignorierte Inhalte außerhalb des Druckbereichs

1.1.4 Seite einrichten für beidseitigen Druck

Beim beidseitigen Druck stehen sich zwei Seiten gegenüber und bedürfen deshalb einer symmetrischen Aufteilung beider Seiten, am Falz gespiegelt (vgl. Abbildung 1.2).[2]

Lösung

Wählen Sie in der Registerkarte SEITENRÄNDER des Dialogs SEITE EINRICHTEN bei MEHRERE SEITEN die Einstellung GEGENÜBERLIEGENDE SEITEN. (Abbildung 1.1 c)

Erklärung

Der Dialog SEITE EINRICHTEN passt sich dieser Einstellung an, indem die Stege mit *innen* und *außen* bezeichnet werden.

Wichtig

Die Option GERADE/UNGERADE ANDERS für Kopf- und Fußzeilen in der Registerkarte LAYOUT bewirkt lediglich, dass Word für Kopf- und Fußzeilen auf geraden und ungeraden Seiten voneinander unabhängige Platzhalter vorsieht, sie hat aber keinen Einfluss auf die Seitenränder.

2 Daher rührt auch der Ausdruck »Satz*spiegel*«.

1.1.5 Text auf der Seite vertikal ausrichten/anordnen

Üblicherweise fängt der Fließtext oben links an und endet unten rechts. Möchte man es anders haben, hilft die VERTIKALE AUSRICHTUNG.

Lösung

Wählen Sie im Dialog SEITE EINRICHTEN, Register LAYOUT eine der vier Ausrichtungsformen aus. (Abbildung 1.1 k)

Vorsicht

Vorsicht beim vertikalen Blocksatz! Abbildung 1.7 zeigt, warum: Sämtliche Abstandsabstände werden missachtet.

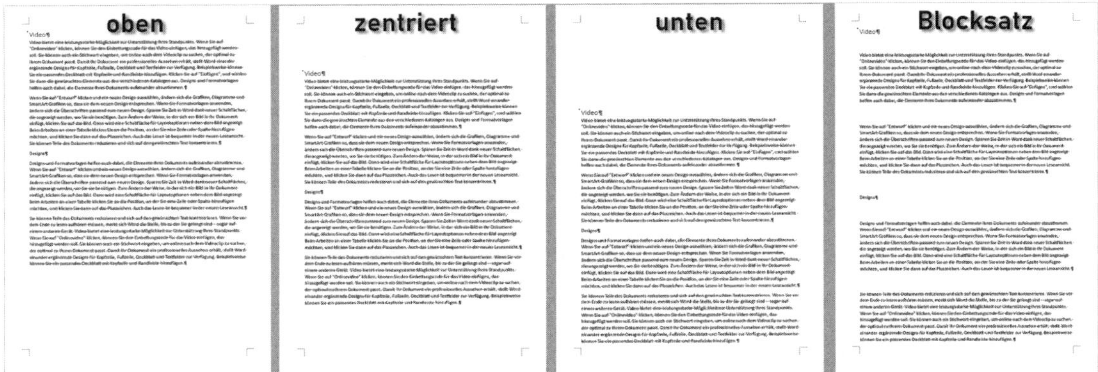

Abb. 1.7: Vertikale Textausrichtung

1.1.6 Unterschiedliche Seiteneinstellungen in einem Dokument

Alle Seiteneinstellungen lassen sich auf unterschiedliche Bereiche des Dokuments anwenden, sodass mehrere verschiedene Seiteneinstellungen innerhalb eines Dokuments genutzt werden können.

Lösung

In allen drei Registern des Dialogs SEITE EINRICHTEN finden Sie eine Auswahlliste ÜBERNEHMEN FÜR. Damit können Sie Ihre Formatierungen auf bestimmte Abschnitte des Dokuments festlegen, z.B. für Seiten im Querformat. (Abbildung 1.1 d und l)

Erklärung

Mit DOKUMENT AB HIER und MARKIERTEN TEXT wird automatisch ein »Abschnittswechsel (Nächste Seite)« an der Schreibmarken-Position bzw. um die Markierung herum eingefügt, denn innerhalb eines Abschnitts können keine unterschiedlichen Seitenformatierungen existieren.

1.1.7 Wenn der Abschnittswechsel nicht sichtbar ist

Steht ein Abschnittswechsel am Ende eines Absatzes, ist er häufig trotz eingeschalteter Steuerzeichen ¶ nicht leicht zu erkennen.

Lösung

Wechseln Sie zu ANSICHT|GLIEDERUNG oder ENTWURF. Dort sind Abschnittswechsel deutlich zu sehen.

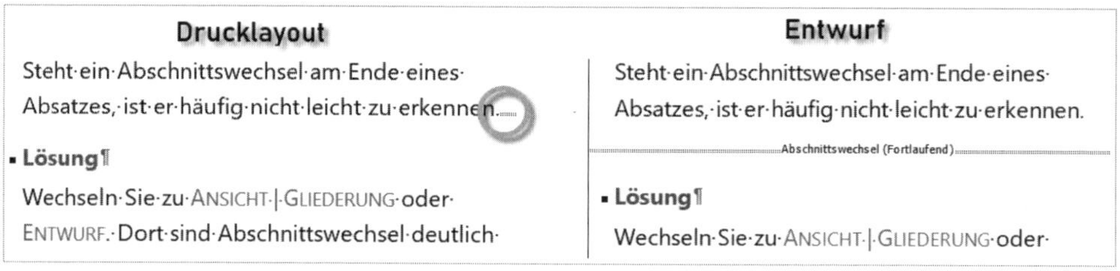

Drucklayout	Entwurf
Steht·ein·Abschnittswechsel·am·Ende·eines·Absatzes,·ist·er·häufig·nicht·leicht·zu·erkennen.	Steht·ein·Abschnittswechsel·am·Ende·eines·Absatzes,·ist·er·häufig·nicht·leicht·zu·erkennen. Abschnittswechsel (Fortlaufend)
▪ Lösung¶	▪ Lösung¶
Wechseln·Sie·zu·ANSICHT·|·GLIEDERUNG·oder·ENTWURF.·Dort·sind·Abschnittswechsel·deutlich·	Wechseln·Sie·zu·ANSICHT·|·GLIEDERUNG·oder·

Abb. 1.8: Bessere Sichtbarkeit der Abschnittswechsel

1.1.8 Einstellungen in der Dokumentvorlage sichern

Alle festgelegten Einstellungen gelten nur für das aktuelle Dokument.

Erläuterung

Sollen die Einstellungen nicht nur für dieses Dokument, sondern für alle künftig auf der Basis dieser Vorlagedatei erstellten Dokumente dienen, müssen sie in der Standard-Vorlagedatei `Normal.dotm` gespeichert werden.[3]

Lösung

Klicken Sie auf die (in allen drei Registern des Dialogs SEITE EINRICHTEN präsente) Schaltfläche ALS STANDARD FESTLEGEN.

Erklärung

Word übernimmt Ihre Einstellungen als Standard in die aktuelle Dokumentvorlage, standardmäßig `Normal.dotm` oder in eine andere, für das aktuell geöffnete Dokument gültige Dokumentvorlage.

1.1.9 Seiteneinstellungen übertragen

Um Seiteneinstellungen ohne Dokumentvorlage auf ein anderes Dokument oder einen anderen Abschnitt zu übertragen, gibt es keine offizielle Funktion.

---

3 Mehr zur Normal.dotm und anderen Vorlagen lesen Sie in Kapitel 15.

Lösung

1. Gehen Sie in den Dialog SEITE EINRICHTEN des Dokuments, dessen Einstellungen Sie übertragen möchten.
2. Betätigen Sie OK, ohne zuvor Änderungen vorzunehmen.
3. Wechseln Sie zu dem Dokument, dem Sie diese Einstellungen zuweisen möchten.
4. Betätigen Sie die *Wiederholungsfunktion* mit F4 oder Strg+Y.

Erklärung

Mit OK haben Sie im Quelldokument alle Einstellungen des Dialogs SEITE EINRICHTEN bestätigt. Diese Bestätigung wiederholt sich mit denselben Werten im Zieldokument.

1.2 Textspalten

Die Lesbarkeit eines Texts wird von Anzahl der Zeichen in einer Zeile, der Breite der Zeile und der Größe der Schrift beeinflusst. Das Auge muss vom Ende einer gelesenen Zeile leicht zum Anfang der nächsten Zeile finden.

Bei sehr schmaler Schrift kann es das Lesen erleichtern, wenn der Text auf mehrere Spalten verteilt wird. Während im Buchdruck und in der Korrespondenz meist einspaltig gesetzt wird, sind Zeitschriften und andere Periodika nahezu immer mehrspaltig.

1.2.1 Spaltenanzahl und -breite

Der Dialog SPALTEN, den Sie mit LAYOUT|*Seite einrichten:* SPALTEN|MEHR SPALTEN öffnen, enthält zwar alle Zutaten für den Mehrspaltensatz, ist aber nicht komplett. Für eine Seite A4 kommen beispielsweise bis zu drei Spalten in Betracht.

Lösung

Sie richten Spalten ein, indem Sie die Schreibmarke an die Stelle setzen, an der der Mehrspaltensatz beginnen soll, und rufen mit LAYOUT|*Seite einrichten:* SPALTEN|WEITERE SPALTEN auf.

Soll ein bereits bestehender Text in Mehrspaltensatz umformatiert werden, markieren Sie diesen Text, bevor Sie den SPALTEN-Dialog aufrufen.

Mit DOKUMENT AB HIER fügt Word an der aktuellen Position der Schreibmarke einen Abschnittswechsel ein und wendet die gewählte Spalteneinstellung für den folgenden Text an.

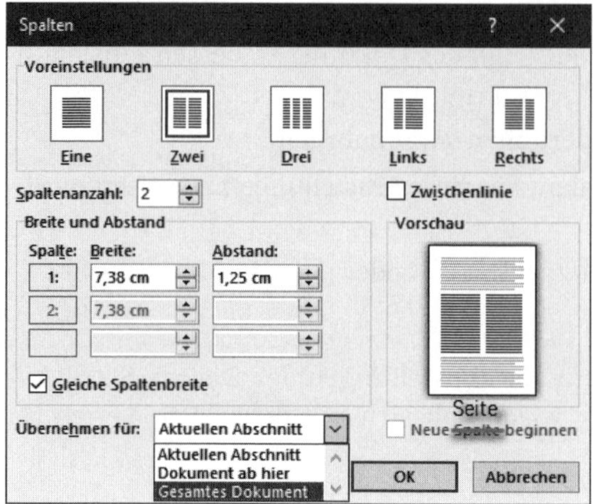

Abb. 1.9: Spalten einrichten

Abstand oder Trennlinie?

Ist der Spaltenabstand zu gering, kann sich das lesende Auge leicht in die Nachbarspalte verirren. Im Spalten-Dialog lassen sich Spalten- und Abstandsbreiten bequem einstellen. Ist kein Platz für einen ausreichenden Abstand oder gehört die Nachbarspalte zu einem anderen Artikel, hilft eine dünne Zwischenlinie als Spaltentrenner. Die Stärke dieser Linie lässt sich in Word nicht verändern.

Silbentrennung und Blocksatz verwenden

Ein Muss für Spaltensatz ist der ausgiebige Gebrauch der Silbentrennung, denn je gerader der rechte Rand, desto leichter lassen sich die Spalten optisch auseinanderhalten. Bei Blocksatz ist Silbentrennung (Kapitel 4) erforderlich, sonst ändern Sie nur den Flatterrand zu Lücken innerhalb der Zeilen.

1.2.2 Spaltenwechsel erzwingen

Wenn Sie die Spalte wechseln möchten, bevor sie vollgeschrieben ist, ist das mehrmalige Betätigen der [↵]-Taste keine zufriedenstellende Lösung, weil sich die Leerzeilen in die nächste Spalte verschieben, sobald Sie im vorherigen Text Zeichen hinzufügen.

Lösung

Sie können einen Spaltenumbruch mit [Strg]+[⇧]+[↵] oder Layout|Umbrüche|Spalte erzwingen.

[Strg]+[↵] führt immer zum *Seiten*umbruch, auch beim Mehrspaltensatz, ebenso die falsch benannte Option Neue Spalte beginnen (Abbildung 1.9).

Vorsicht

Am Wechsel zwischen unterschiedlichen Spaltenlayouts fügt Word Abschnittswechsel vom Typ *Fortlaufend* ein. Wenn Sie weitere – gewollte – Abschnittswechsel im Dokument haben, kann es zu Problemen bei der Seitennummerierung kommen. Abhilfe schafft Hack 3.3.6

1.2.3 Gleiche Höhe (Registerhaltigkeit) der Zeilen im Spaltensatz

An den Abgleich der Zeilen mehrerer Spalten nebeneinander hat das lesende Auge besondere Ansprüche. Auch wenn die Zeilen zweier nebeneinanderliegender Spalten nichts miteinander zu tun haben, erwartet man beim Lesen dennoch, dass sie auf gleicher Höhe liegen. Ein Versatz lenkt vom Lesefluss ab.

Erläuterung

Bei reinem Fließtext liegen alle nebeneinanderliegenden Zeilen auf gleicher Höhe. Sobald aber Absätze mit Abständen, Überschriften oder Objekte darin vorkommen, ist die Registerhaltigkeit nicht gewährleistet.

Word hat kein automatisches Mittel dagegen.

Lösung 1: Für Fließtext

Zur Trennung von Absätzen darf kein zusätzlicher Abstand verwendet werden, es sei denn ein Abstand in der Höhe einer vollen Zeile, was aber übertrieben aussieht. Verwenden Sie als Absatzkennzeichen besser einen Erstzeileneinzug (Hack 12.1.2, Lösung 2).

Lösung 2: Für Überschriften

Bei Zwischenüberschriften muss deren Absatzabstand so eingerichtet werden, dass die Schriftgröße der Überschrift zuzüglich Durchschuss[4] ein ganzzahliges Vielfaches der Zeilenhöhe des Fließtexts ergibt.

Beispiel

Schriftgrad 12pt und ein Zeilenabstand von 1,25 im Fließtext ergeben eine Zeilenhöhe von 15pt.

Schriftgrad 16 pt in der Überschrift muss durch Absatzabstände oben und unten von zusammen 14pt auf 30pt, ein Vielfaches von 15pt, ergänzt werden.

Die Raster-Methode aus Lösung 3 kann dabei hilfreich sein.

4 *Durchschuss* ist der zusätzliche Abstand zwischen den Zeilen, der verhindert, dass sich Unterlängen der oberen Zeile nicht mit den Oberlängen der unteren Zeile ins Gehege kommen.

Lösung 3: Für Objekte

Bei Objekten im Text (nicht umflossen, sondern *Mit Text in Zeile*[5], ist mehr Aufwand für ein Workaround notwendig.

1. Blenden Sie mit LAYOUT|*Anordnen:* AUSRICHTEN|GITTERNETZLINIEN ANZEIGEN die Gitternetzlinien ein.

Der Satzspiegel wird mit einem Karoraster hinterlegt.

2. Öffnen Sie mit LAYOUT|*Anordnen:* AUSRICHTEN|RASTEREINSTELLUNGEN den Dialog GITTERNETZ UND FÜHRUNGSLINIEN.
3. Da es nur um die Ausrichtung der Zeilen geht, blenden Sie die VERTIKALEN Gitternetzlinien aus.
4. Passen Sie mit ABSTAND VERTIKAL den Abstand der Rasterlinien an die Zeilen an.
5. Bestätigen Sie die Einstellungen mit OK.
6. Fügen Sie das Objekt in einen leeren Absatz ein. Der TEXTFLUSS muss MIT TEXT IN ZEILE eingestellt sein.
7. Passen Sie in LAYOUT|*Absatz:* ABSTAND die Abstände des Objekt-Absatzes so an, dass der folgende Textabsatz wieder bündig zur Nachbarspalte liegt.

Abb. 1.10: Raster an Zeilenhöhe anpassen

5 Siehe Hack 19.2.1

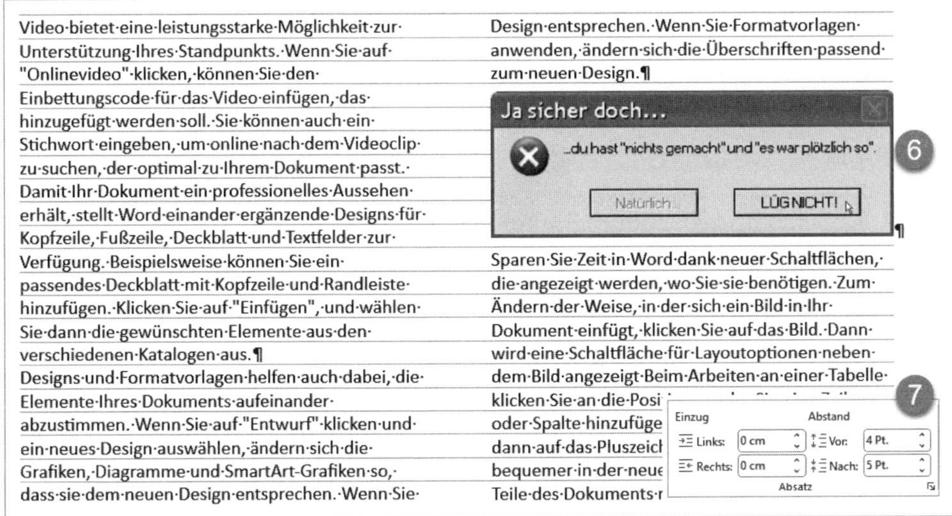

Abb. 1.11: Anpassen der Absatzabstände des Objekts an das Rastermaß

1.2.4 Bündiger Spaltenabschluss am Textende

Am Ende des Spaltensatzes sollten alle Spalten gleich lang sein.

Lösung

Ein abschließender Abschnittswechsel (der beim Übergang zu einer anderen Spaltenformatierung ohnehin benötigt wird) besorgt das automatisch: LAYOUT|UMBRÜCHE|FORTLAUFEND.

1.3 Das Layout testen (Blindtext)

Allein das Festlegen des Satzspiegels und der Strukturen verschafft Ihnen noch keinen Eindruck von der letztendlichen Wirkung des mit Text gefüllten Werkes. Haben Sie noch keinen Text, an dem Sie die Wirkung einschätzen können, hilft ein Blindtext, eine größere Textmenge, die die Rolle des künftigen Texts übernimmt.

Lösung

Word liefert einen eigenen Blindtext-Generator mit. Geben Sie dazu in die leere Seite `=rand()` ein und betätigen Sie [↵]. Word füllt daraufhin eine knappe Seite mit Text. Möchten Sie mehr, geben Sie in der Klammer zwei Werte vor:

- einen für die Anzahl der Absätze und
- einen weiteren, vom ersten durch Komma getrennt, für die Anzahl der Sätze pro Absatz.

Beispiel

`=rand(20,4)` für 20 Absätze zu je vier Sätzen.

Tipp

Auch das berühmt-berüchtigte Pseudo-Latein »Lorem ipsum« vermag Word zu erzeugen mit `=lorem()`.

1.4 Textfelder und Positionsrahmen

Word ist vorrangig fließtextorientiert und füllt mit dem eingegebenen Text den Satzspiegel. Zur freien Platzierung von Text gibt es zwei Techniken:

Textfeld	Positionsrahmen
EINFÜGEN | *Text:* TEXTFELD	ENTWICKLERTOOLS | *Steuerelemente:* | FORMULARE AUS VORVERSIONEN | HORIZONTALEN RAHMEN EINFÜGEN
Spezielle Form[1], die Text aufnehmen kann	Grafisches Element, das Text aufnehmen kann
Inhalt hat keine Verbindung zum Fließtext.	Rahmen und Inhalt sind Bestanteil des Fließtexts.
Inhalt kann nicht zum Erstellen von Verzeichnissen herangezogen werden.	Inhalt wird zum Erstellen von Verzeichnissen herangezogen.
	Kann Bestandteil einer Formatvorlage sein
Beide sind wie ein Objekt an einen Absatz gebunden, der durch das Anker-Symbol gekennzeichnet wird.	

Tabelle 1.2: Vergleich Textfeld/Positionsrahmen

1 Jede Form (EINFÜGEN|*Illustrationen:*FORMEN) kann als Container für Text verwendet werden.

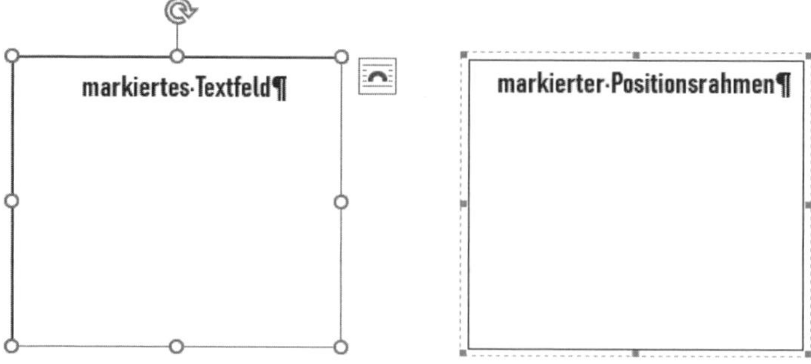

Abb. 1.12: Optische Unterscheidung Textfeld/Positionsrahmen

Textfeld und Positionsrahmen lassen sich durch die Art der Markierungsrahmen unterscheiden, wie Abbildung 1.12 zeigt.

1.4.1 Standardformatierung für Textfelder definieren

Um ein durchgängiges Layout zu erhalten, sollten alle Textfelder einheitlich formatiert sein.

Lösung 1

1. Markieren Sie ein wunschgemäß gestaltetes Textfeld durch Klick auf den Rand.
2. Rechtsklicken Sie den Rand und wählen Sie im Kontextmenü ALS STANDARDFELD FESTLEGEN.

Erklärung

Word übernimmt diese Gestaltung für alle künftig einzufügenden Textfelder. Die Vorgabe gilt aber nur für Textfelder, die Sie mit TEXTFELD ERSTELLEN von Hand erzeugen. Die Mustertextfelder reagieren darauf nicht.

Lösung 2

Ein markiertes Textfeld lässt sich mit EINFÜGEN|TEXTFELD|AUSWAHL IM TEXTFELDKATALOG SPEICHERN als Ergänzung zur Auswahl der vorgefertigten Textfelder hinzufügen.

1.4.2 Text in Textfeldern verknüpfen (Textüberlauf)

Wenn die Größe eines Textfelds für den vorgesehenen Text nicht ausreicht, lässt er sich in einem weiteren Textfeld fortsetzen.

Erläuterung

Textfelder sind so miteinander verknüpfbar, dass ein Text vom ersten Textfeld ins nächste überläuft, das an ganz anderer Stelle im Dokument steht. So sind vom Fließtext unabhängige Textfortsetzungen auf Folgeseiten möglich.

Lösung

1. Zeichnen Sie die benötigten Textfelder in Ihr Dokument.
2. Fügen Sie den Text ins erste Textfeld ein.
3. Markieren Sie das erste Textfeld und wählen Sie FORMFORMAT|*Text:* VERKNÜPFUNG ERSTELLEN. Der Mauszeiger nimmt die Form an.
4. Bewegen Sie den Mauszeiger zum zweiten Textfeld, bis er sich zum Symbol wandelt, und klicken Sie dort.

Erklärung

Text, der nicht mehr in das erste Textfeld passt, wird zum zweiten Textfeld umbrochen. Sie können diese Verknüpfungen beliebig fortsetzen und auch wieder auflösen.

Hinweis

Wenn die Schreibmarke in einem (verknüpften) Textfeld steht und Sie [Strg]+[A] betätigen, markiert Word nur den Inhalt des Textfelds; bei verknüpften Textfeldern den Inhalt aller miteinander verknüpften Textfelder.

1.4.3 Positionsrahmen formatieren

Der Positionsrahmen wird beim Einfügen standardmäßig als Text mit Rahmen gestaltet. Die Text- und Absatzgestaltung lässt sich beeinflussen, wie in den Kapitel 11 und Kapitel 12 beschrieben.

Die Position und der Abstand zum umgebenden Text sind mit separaten Werkzeugen einzustellen.

Lösung

Mit einem Doppelklick auf den Positionsrahmen gelangen Sie zum Dialog POSITIONSRAHMEN, in dem Sie die spezifischen Einstellungen für Positionsrahmen vornehmen können.

Hinweis

In den Feldern POSITION sind die Auswahl vorgegebener Positionen *und die* Eingabe von Maßen gleichermaßen möglich.

1.4.4 Positionsrahmen als Formatvorlage

Um Positionsrahmen nicht immer neu erstellen und formatieren zu müssen, hilft eine spezielle Funktion der Formatvorlagen, hier exemplarisch erläutert an einer Formatvorlage für Marginaltext.

Lösung

1. Öffnen Sie den Aufgabenbereich FORMATVORLAGEN mit einem Klick auf die Schaltfläche ↘ in der Registerkarte START, Gruppe *Formatvorlagen*.
2. Legen Sie mit der Schaltfläche [A+] unten links im Aufgabenbereich FORMATVORLAGEN eine neue Formatvorlage an.
3. Geben Sie der Formatvorlage einen Namen, z.B. *Marginaltext*.
4. Wählen Sie *Formatvorlage basiert auf:* KEINE FORMATVORLAGE.

5. Wählen Sie aus der FORMAT-Liste POSITIONSRAHMEN.
6. Geben Sie im Dialog POSITIONSRAHMEN die Daten für den Positionsrahmen ein; Abbildung 1.13 zeigt exemplarische Daten. Wichtig sind vor allem die Einstellungen im Bereich HORIZONTAL, denn sie entscheiden darüber, ob der Positionsrahmen innerhalb oder außerhalb des Satzspiegels steht.
7. **OK**
8. Stellen Sie im Dialog NEUE FORMATVORLAGE weitere Spezifikationen für Ihren Marginaltext ein.
9. **OK**

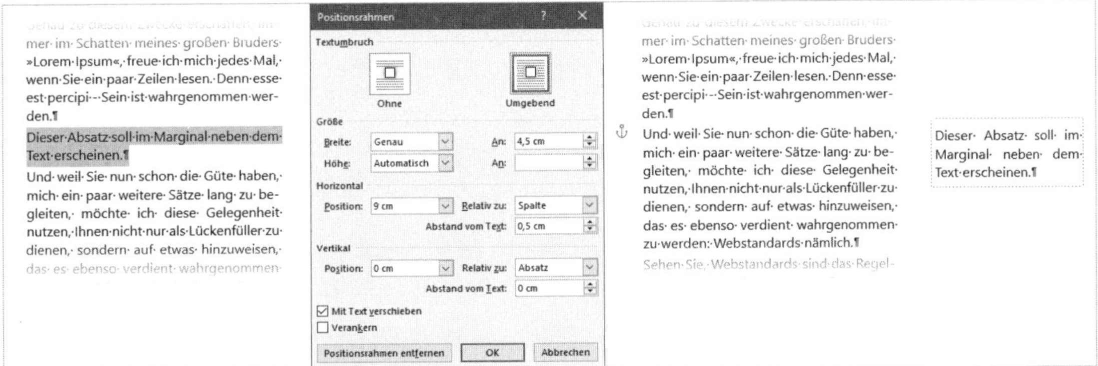

Abb. 1.13: Marginaltext per Positionsrahmen

Formatvorlage für Marginalspalte anwenden

Damit haben Sie eine Formatvorlage für Marginaltext geschaffen, die Sie wie folgt anwenden:

1. Schreiben Sie den für das Marginal vorgesehenen Text ganz normal als Absatz im Fließtext.
2. Markieren Sie den Absatz und weisen Sie ihm die Formatvorlage *Marginaltext* zu.

Der Marginaltext im Positionsrahmen fluchtet mit der Oberkante des nachfolgenden Absatzes.

Kapitel 2

Der Briefbogen

Für die Gestaltung eines Briefbogens, auch Kopfbogen, bietet DIN 5008 einige brauchbare Anhaltspunkte, doch im Detail sind diverse der Regeln weit hinter der Technik zurückgeblieben. Da die DIN 5008 ohnehin keine verbindliche Vorgabe ist, können Sie pragmatisch an die Gestaltung herangehen.

Zumindest für die Abmessungen des Anschriftenfensters ist die Norm hilfreich, weil sie mit denen des Fenster-Briefumschlags übereinstimmt.

Zur Verwendung von Geschäftsbriefbogen gibt es zwei Methoden. Da sind zunächst die althergebrachten vorgedruckten Bogen mit Logo und Firmendaten, die früher mit der Schreibmaschine beschriftet wurden, heute mit einem Textverarbeitungsprogramm. Die modernere Variante ist der komplett im Textprogramm erzeugte Brief, bei dem der Briefkopf fixer Bestandteil der Datei ist.

Eine durchgestaltete Briefvorlage ist Grundbestandteil aller Korrespondenz. Word bietet dazu das Instrument der Dokumentvorlage an, dessen technische Umsetzung in Kapitel 15 ausführlich beschrieben wird. Im Folgenden erfahren Sie die Spezifika für Briefbogen, die letztendlich zu einer Dokumentvorlage führen sollen.

2.1 Fertigen Briefbogen bedrucken

In vielen Betrieben und Einrichtungen werden noch vorgedruckte Briefbogen (»Kopfbogen«) verwendet. Um sie mit Word zu bedrucken, muss die richtige Aufteilung der Textdatei beachtet werden.

2.1.1 Kopfbogen-Scan als Orientierungshilfe

Beim vorgedruckten Briefbogen müssen die Eingaben auf dem Bildschirm so platziert werden, dass Adresse, Kontaktdaten und Bezugszeile an den richtigen Positionen im Vordruck erscheinen.

Lösung

Die einfachste Vorgehensweise ist, den Briefbogen zu scannen und als Ausfüllmaske in die erste Seite Ihres Schreibens einzublenden. Dazu verwenden Sie *nicht* die Funktion zum Einfügen eines Hintergrundbilds, denn das würde auch auf den Folgeseiten erscheinen.

Doppelklicken Sie in den Kopfbereich Ihres noch leeren Word-Dokuments, um in die Kopfzeile zu gelangen. Hier ist der richtige Ort zum Einfügen, denn wenn Sie in der Registerkarte KOPF- UND FUSSZEILE die Option ERSTE SEITE ANDERS aktivieren, erscheint diese Maske auch nur auf der ersten Seite.

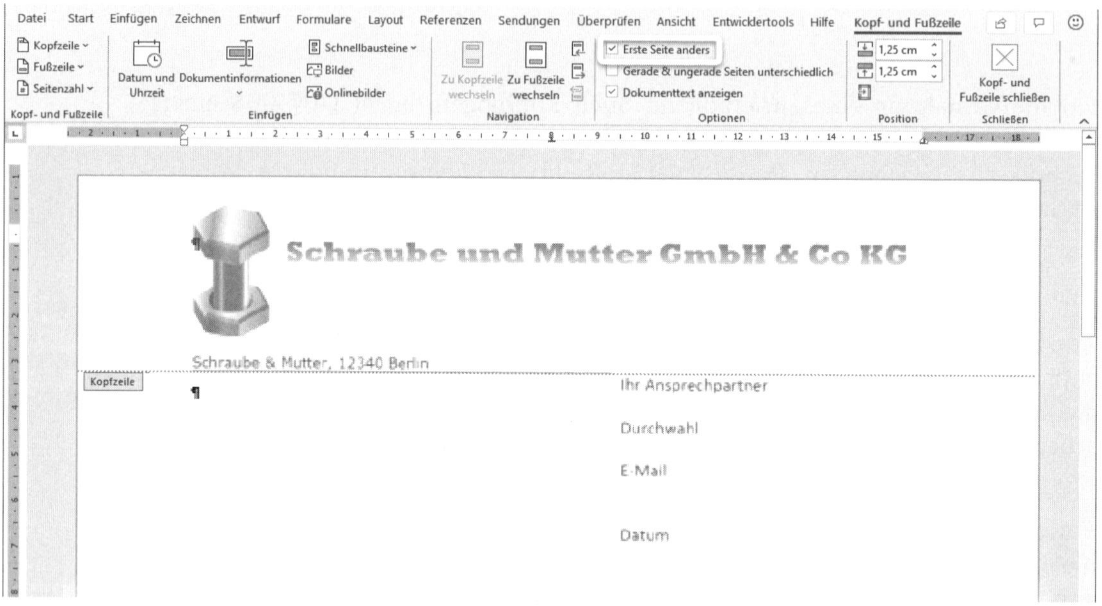

Abb. 2.1: Gescannter Briefbogen in die erste Kopfzeile eingefügt

> **Wichtig**
>
> Damit die Maske nicht über den bereits vorgedruckten Bogen gedruckt wird, ist es erforderlich, die Option DATEI|OPTIONEN|ANZEIGEN|*Druckoptionen:* IN WORD ERSTELLTE ZEICHNUNGEN DRUCKEN zu deaktivieren.

2.1.2 Text im Kopfbogen positionieren

Wenn Sie mit einem eingescannten Kopfbogen arbeiten, muss der Text so platziert werden, dass er zu den Vorgaben im Kopfbogen passt.

Lösung 1: Manuelle Positionierung

Wie in alten Schreibmaschinen-Zeiten könnten Sie Ihren Text einfügen, indem Sie mit [↵], [⇆] und [Leertaste] zu den einzelnen Einfügepositionen navigieren.

Das klingt nicht nur umständlich, sondern ist es auch. Außerdem ist es schwierig, damit die korrekte Position zu treffen (siehe Abbildung 2.2 links).

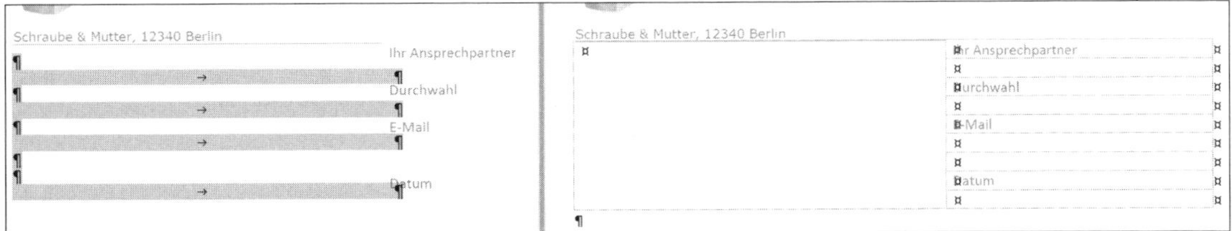

Abb. 2.2: Tabelle als Positionierungshilfe

Lösung 2: Tabelle als Positionierungshilfe

Das Navigieren zu den Einfügepositionen sparen Sie sich, indem Sie eine rahmenlose Tabelle in die Vorlage einarbeiten. (Die gestrichelten Gitternetzlinien in Abbildung 2.2 dienen nur der Orientierung und werden nicht mitgedruckt.)

Tipp

Mit dieser Orientierungshilfe erleichtern Sie sich besonders das Arbeiten auf mobilen Geräten, denn ohne die dort fehlende Steuerzeichenanzeige ist die Navigation noch schwieriger.

2.2 Briefkopf etc. im Dokument

Soll auf weißem Bogen gedruckt werden, muss die Dokumentvorlage die Angaben für Kopf- und Fußbereich bereits enthalten.

Mit der Tabelle aus Hack 2.1.2, Lösung 2, haben Sie bereits vieles realisiert, um auf weißem Papier ohne vorgedruckten Briefkopf zu drucken.

2.2.1 Briefkopf und Geschäftsangaben in die Vorlage übernehmen

Vom kompletten Scan werden nur der Briefkopf, das Adressfeld, die Kommunikationsangaben und die Geschäftsangaben für den Fußbereich benötigt. Es gilt also, den leeren Rest dazwischen zu entfernen.

Lösung

1. Wechseln Sie per Doppelklick in die Kopfzeile.
2. Markieren Sie den Scan und kopieren Sie ihn mit [Strg]+[C] in die Zwischenablage.
3. Schneiden Sie mit dem ZUSCHNITT-Werkzeug der Registerkarte BILDFORMAT den Teil unter der Absenderangabe weg.
4. Wechseln Sie in die Fußzeile und fügen Sie dort mit [Strg]+[V] den Scan erneut ein.

5. Schneiden Sie mit dem ZUSCHNITT-Werkzeug der Registerkarte BILDFORMAT den Teil über den Geschäftangaben weg.
6. Entfernen Sie die weggeschnittenen Bildteile nachhaltig mit BILDFORMAT| *Anpassen:* BILDER KOMPRIMIEREN.

Tipp

Ein gescannter Briefkopf reicht qualitativ nicht an einen mit den Mitteln Ihrer Software selbst gestalteten heran.

Empfinden Sie mit den Grafikwerkzeugen und der Hausschrift die Elemente des Briefkopfs nach und fügen Sie das Ergebnis in die Kopf- und Fußzeile der ersten Seite ein. Weichen Sie für diese gestalterische Aufgabe auf PowerPoint aus; da arbeitet es sich grafisch bequemer als in Word.

2.2.2 Das Anschriftenfeld einfügen

Das Anschriftenfeld ist nicht von einem bedruckten Briefbogen vorgegeben, es muss in der Vorlage korrekt positioniert werden.

Erläuterung

Das Anschriftenfeld soll nach DIN 5008 Anhang A 45 mm Abstand zum oberen Blattrand haben, für Bogen mit verkürztem Briefkopf (Anhang B) 27 mm, und 40 x 80 mm groß sein, um nebst Absenderangabe im Fensterumschlag komplett zu erscheinen.

Ins Anschriftenfeld passen maximal 9 Zeilen.

Lösung

Da es nicht möglich ist, eine Inline-Tabelle auf einen bestimmten Abstand von der Blattoberkante zu positionieren, nehmen Sie die Kopfzeile als Bezugspunkt.

Der eingefügte Briefkopf definiert die Absenderzeile bereits als Unterkante der Kopfzeile. Somit beginnt der Schreibbereich unmittelbar darunter. An dieser Stelle ist der Absatz, um die Tabelle einzufügen.

2.2.3 Automatisches Datum

Einige Zellen auszufüllen, kann man getrost Word-Assistenzfunktionen überlassen. Das Datum ist in den meisten Fällen das aktuelle Tagesdatum.

Lösung

1. Setzen Sie die Schreibmarke an die Stelle, an der das Datum erscheinen soll.
2. EINFÜGEN|SCHNELLBAUSTEINE|FELD
3. Begrenzen Sie die Auswahl auf »Datum und Zeit«.

4. Wählen Sie CREATEDATE.
5. Wählen Sie das gewünschte Datumsformat.
6. OK
7. Speichern Sie die Vorlage als `Word-Vorlage (*.dotx)`.

2.2.4 Loch- und Falzmarken

Soll der Brief gedruckt und im Umschlag versandt werden, ist zumindest eine Falzmarke erforderlich, um zielgenau das obere Drittel des Blatts so zu falten, dass die Adresse im Adressfenster des Umschlags erscheint.

Erläuterung

Das untere Drittel zu falten ist weniger kompliziert, weil man sich am oberen Falz orientieren kann, und eine Lochmarke in der Mitte des Bogens per Ecke auf Ecke legen zu erzeugen, lernt jeder Büropraktikant am ersten Tag.

DIN 5008 definiert dennoch alle drei Markierungen. Sie können diese Maße direkt in die Positionierungsangaben des Layout-Dialogs übernehmen.

Briefkopf	27 mm	45 mm
Obere Falzmarke	87 mm	105 mm
Lochmarke	148,5 mm	148,5 mm
Untere Falzmarke	192 mm	210 mm

Tabelle 2.1: Abstände der Loch- und Falzmarken zur Blattoberkante lt. DIN 5008

Lösung

Damit sich die Markierungen nicht mit dem Text verschieben, müssen sie in der Kopfzeile verankert sein.

1. Doppelklicken Sie in die Kopfzeile.
2. EINFÜGEN|FORM|LINIE
3. Zeichnen Sie mit EINFÜGEN|FORMEN drei kurze, waagerechte Linien (⇧ festhalten) in den linken Randbereich, eine davon für die Lochmarke etwas länger.
4. Markieren Sie die zu positionierende Linie.
5. Öffnen Sie die Registerkarte FORMFORMAT.
6. Klicken Sie ↘ in der Gruppe *Größe*.
7. Wechseln Sie im LAYOUT-Dialog zum Register POSITION.
8. Tragen Sie die Werte ins Feld *Horizontal Absolute Position:* 0 cm ein und ins Feld *Horizontal Absolute Position:* den zugehörigen Wert aus Tabelle 2.1 ein. Wählen Sie rechts daneben für beide Werte den Bezug *Seite*.

9. Achten Sie darauf, dass die Option OBJEKT MIT TEXT VERSCHIEBEN *nicht* angekreuzt ist.
10. OK
11. Wiederholen Sie die Positionierung ab Schritt 4 für die anderen Markierungslinien.

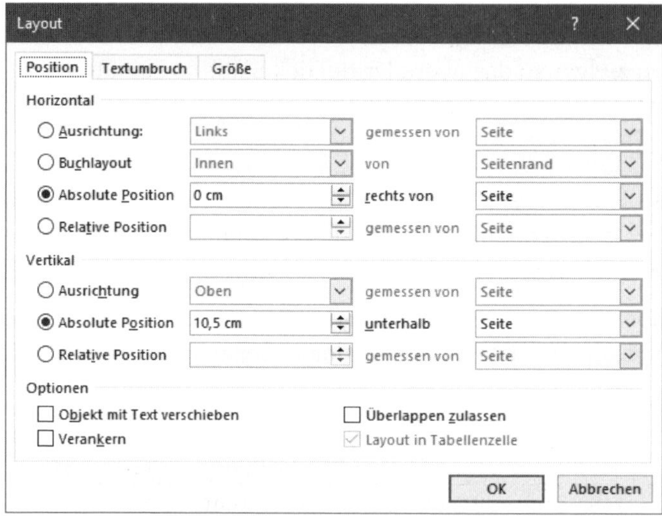

Abb. 2.3: Einrichten von Loch- und Falzmarken, hier Werte für obere Falzmarke bei 45 mm Briefkopf

Hinweis

Wenn Sie die Kopfzeilen-Option ERSTE SEITE ANDERS aktivieren, tauchen diese Markierungen nur auf der ersten Seite auf.

2.3 Informationen auf Folgeseiten wiederholen

In der geschäftlichen Korrespondenz hat es sich als hilfreich erwiesen, im Kopfbereich der Folgeseiten zu wiederholen, um welche Seite welchen Schriftstücks es sich handelt.

Leider funktionieren normale Querverweise (Kapitel 17) in der Kopf- und Fußzeile nicht. Um Angaben aus der ersten Seite in den Kopfzeilen der Folgeseiten zu wiederholen, bedarf es eines Kunstgriffs, für den zwei Methoden in Betracht kommen.

Am Beispiel der Betreffzeile und des Datums soll das Prozedere erläutert werden.

2.3.1 Mit Textmarke und {StyleRef}

Erstellen Sie für die Betreffzeile eine eigene Formatvorlage wie folgt:

1. Markieren Sie die Betreffzeile.
2. Klicken Sie in der nach dem Markieren erscheinenden Mini-Symbolleiste FORMATVORLAGEN | FORMATVORLAGE ERSTELLEN.
3. Geben Sie im Dialog NEUE FORMATVORLAGE ERSTELLEN einen Namen für die Formatvorlage an.
4. OK

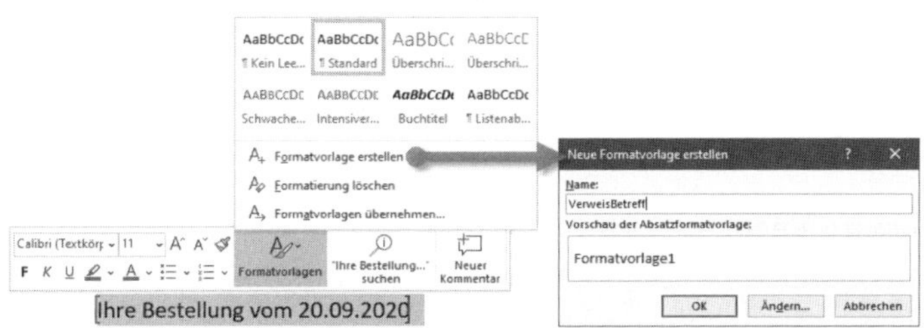

Abb. 2.4: Formatvorlage nach Muster erstellen

5. Wechseln Sie zur Kopfzeile der zweiten Seite und geben Sie dort den sonstigen Text für den Hinweis ein.
6. Setzen Sie die Schreibmarke an die Stelle, an der der Verweis erscheinen soll.
7. Fügen Sie ein {StyleRef}-Feld für einen formatabhängigen Verweis ein: EINFÜGEN | *Text:* SCHNELLBAUSTEINE | FELD | STYLEREF
8. Wählen Sie die Formatvorlage, die Sie für Ihre Betreffzeile eingerichtet haben.
9. OK

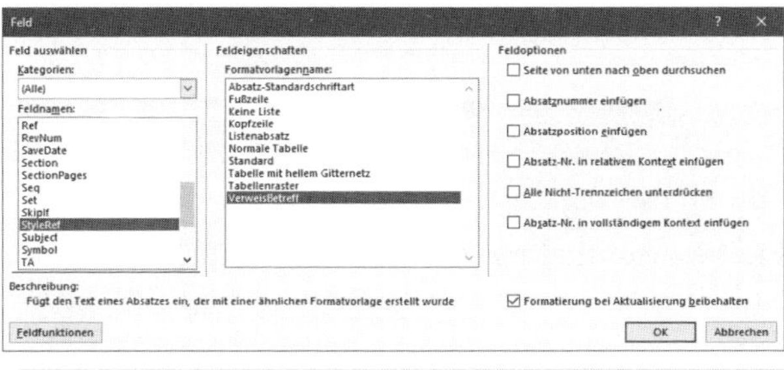

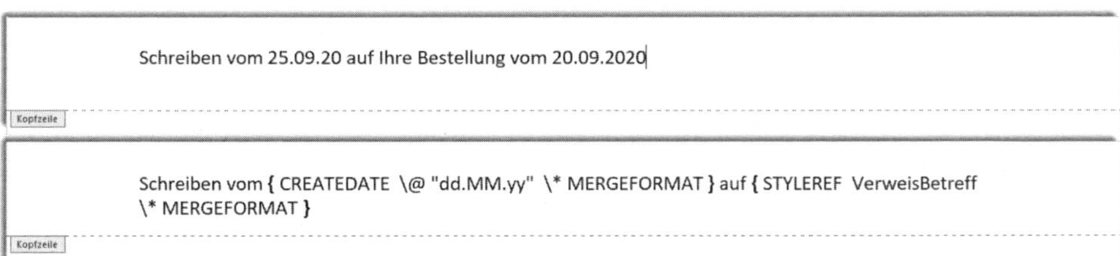

Abb. 2.5: Verweistext und Datum in der Kopfzeile, unten in Felddarstellung

Datum in der Kopfzeile der Folgeseiten wiederholen

Das Datum zu wiederholen, stellt keine Herausforderung dar, denn dazu fügen Sie in der Kopfzeile der Folgeseiten erneut das Feld {CreateDate} an passender Stelle ein.

2.3.2 Mit XML-Koppelung

Um die Inhalte von Steuerelementen andernorts zu wiederholen, bedarf es eines Ausflugs in die XML-Technik, denn eigentlich ist Word nicht in der Lage, Steuerelemente (Kapitel 20) miteinander zu koppeln und in Echtzeit zu aktualisieren. Einen wenig bekannten und umständlich zu bedienenden Aufgabenbereich öffnen Sie mit XML-ZUORDNUNGSBEREICH in den ENTWICKLERTOOLS.

Im Aufgabenbereich XML-ZUORDNUNG sehen Sie bereits einige mitgelieferte und bereits integrierte Steuerdateien.

Eigene Steuercodes hinzuzufügen

Innerhalb des Aufgabenbereichs lassen sich die Koppel-Komponenten nicht bearbeiten; Sie müssen sie vorab extern mit einem Texteditor erstellen.

Vorbereitung

1. Öffnen Sie den Windows-Editor und tragen Sie diesen exemplarischen Code ein:

```
<WordHacks xmlns="WordHacks">
    <Datum/>
    <Betreff/>
    <Anrede/>
    <Name/>
</WordHacks>
```

2. Speichern Sie die Datei mit der Dateiendung `.xml`.

Beachten Sie bei XML-Codes folgende Erfordernisse:

- Ein Element wird begrenzt durch die Tag-Zeichen < und />.
- Ein Element kann weitere Elemente enthalten. Dann endet es zunächst auf >, muss aber am Ende der Aufzählung seiner Inhaltselemente mit `<Name/>` geschlossen werden.
- Die Elemente können Sie beliebig benennen, aber sie dürfen nicht mit der Zeichenfolge »xml« oder einer Ziffer beginnen.
- Groß- und Kleinschreibung sind zu beachten, »WordHacks« und »wordhacks« sind zwei unterschiedliche Begriffe (Eigenschaften).
- Eigenschaften stehen in "geraden Anführungszeichen".

In die Word-Vorlage integrieren

3. Öffnen Sie die Dokumentvorlage, in die die Steuerelemente eingefügt werden sollen.
4. ENTWICKLERTOOLS | XML-ZUORDNUNGSBEREICH
5. Öffnen Sie die Liste der bereits vorhandenen XML-Komponenten mit Klick auf ⌄.
6. Klicken Sie die letzte Selektion (NEUE KOMPONENTE HINZUFÜGEN) an.
7. Suchen und markieren Sie die mit Schritt 2 gespeicherte XML-Datei.
8. ÖFFNEN

Abb. 2.6: Steuerelemente mit XML koppeln

In der Liste im Aufgabenbereich finden Sie nun auch Ihre selbstgebaute Steuerdatei als XML-Komponente.

9. Klicken Sie Ihre Komponente an.

Die Koppelelemente werden darunter angezeigt.

Koppelelemente verwenden

10. Setzen Sie die Schreibmarke an die Position, an der das Koppelelement für den Betreff eingefügt werden soll.
11. Rechtsklicken Sie das Koppelelement »Betreff« | STEUERELEMENT | NUR TEXT.

An der Schreibmarkenposition erscheint das Koppelelement.

Sie können die Schritte 10 und 11 beliebig oft wiederholen, jedes der gekoppelten Steuerelemente übernimmt die Inhalte der anderen beim Verlassen des geänderten Elements. Die Kopplung wirkt auch zwischen Text und Kopfzeile.

Datum koppeln

Wählen Sie in Schritt 11 das Koppelelement »Datum« und den Steuerelementtyp DATUMSAUSWAHL.

Abb. 2.7: Automatisierte Kopfzeileneinträge per XML-Kopplung

Kapitel 3

Kopf- und Fußzeilen

Kopf- und Fußzeilen sind vom Fließtext unabhängige Bereiche am oberen und unteren Rand des Satzspiegels, die Orientierungshilfen, Seitennummern und andere Angaben enthalten.

Wichtig

Kopf- und Fußzeilen werden nur in der Ansicht DRUCKLAYOUT angezeigt.

3.1 Kopf- und Fußzeilen einrichten

Kopf- und Fußzeilen sind nicht sofort im Arbeitsfenster sichtbar, aber vorhanden. EINFÜGEN|KOPF- UND FUSSZEILE ist zwar der offizielle Weg, doch verbal falsch, weil nichts eingefügt wird. Auch mit Doppelklick in den freien Bereich am oberen oder unteren Ende des Blatts

- werden Kopf- und Fußzeilenbereich eingeblendet,
- springt die Schreibmarke in die Kopfzeile oder Fußzeile und
- erscheint die Registerkarte KOPF- UND FUSSZEILE im Menüband.

Kopf- und Fußzeilenbearbeitung abschließen

Sie verlassen den Kopfzeilen/Fußzeilenmodus wieder, indem Sie in den Haupttext doppelklicken oder in der Registerkarte KOPF- UND FUSSZEILE die Schaltfläche KOPF- UND FUSSZEILE SCHLIESSEN betätigen.

Hinweis

Arbeiten Sie im Text, werden die Inhalte der Kopf- und Fußzeilen blasser dargestellt. Dies dient nur Ihrer Orientierung. Beim Drucken werden auch die Kopf- und Fußzeilen vollfarbig wiedergegeben.

3.1.1 Kopf- und Fußzeilen aus- und einblenden

Falls die Kopf- und Fußzeilen bei der Arbeit stören, lassen sie sich ausblenden, bleiben aber erhalten.

Lösung

Doppelklicken Sie in den schmalen grauen Streifen, der zwei Seiten in der Ansicht DRUCKLAYOUT trennt. Dass Sie an der richtigen Position sind, erkennen Sie an der geänderten Form des Mauszeigers: .

Die Seiten werden zusammengeschoben und nur eine dünne Linie trennt die Seiten.

Sie stellen die ausführliche Darstellung wieder her, wenn Sie erneut auf die nun dünne Linie doppelklicken.

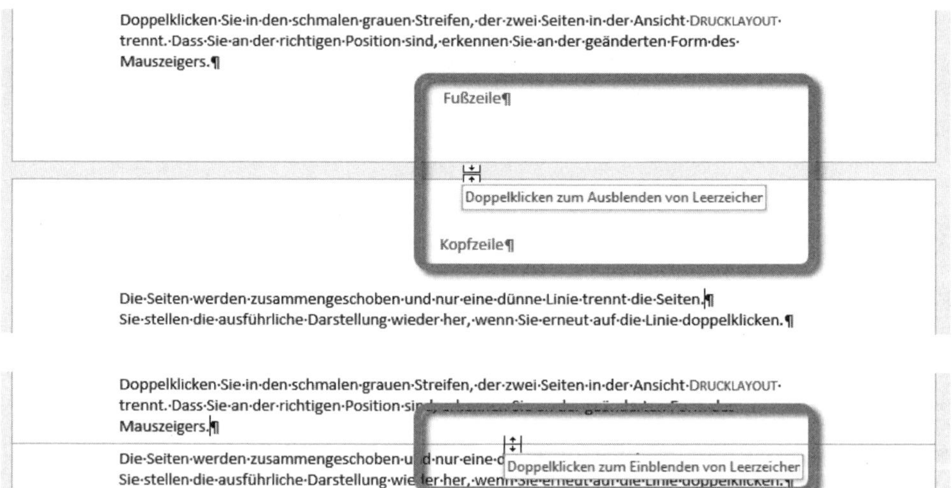

Abb. 3.1: Kopf- und Fußzeilen aus- und einblenden[1]

3.1.2 Abstände von Kopf und Fußzeilen zum Seitenrand einrichten

Die Einstellungen für KOPFZEILE VON OBEN und FUSSZEILE VON UNTEN geben an, wo der eigentliche Text auf dem Blatt beginnt und endet. Die Werte für den oberen und unteren Seitensteg im Dialog SEITE EINRICHTEN, Register SEITENRÄNDER sind davon unabhängig und bestimmen den Abstand der Kopf-/Fußzeile zum Seitenrand.

Ist der Abstand geringer als die Steghöhe, ragen Kopf- oder Fußzeile in den Steg, der eigentlich vom Text frei bleiben soll.

Lösung

Gleichen Sie die Werte für die Abstände mit den Stegbreiten in Seitenränder ab.

1 Microsoft schafft es seit ewigen Zeiten nicht, den falschen Begriff »Leerzeichen« vernünftig zu ersetzen.

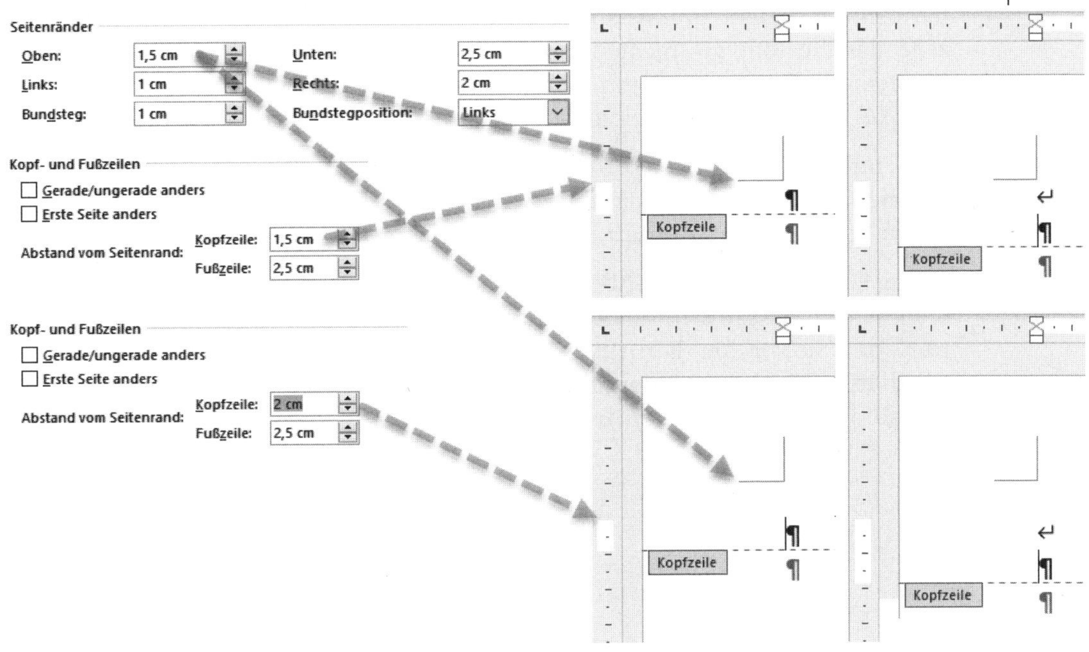

Abb. 3.2: Auswirkungen des Kopfzeilenabstands von der Blattoberkante

3.2 Kopf- und Fußzeilen bearbeiten

Die Registerkarte Kopf- und Fusszeile birgt einige spezifische Hilfsmittel.

3.2.1 Tabulatoren in Kopfzeilen benutzen

Wenn die Kopf- oder Fußzeile mehrere Angaben enthalten soll, benötigt sie einige strukturelle Vorgaben.

Lösung

Fast alle von Microsoft mitgelieferte Layouts enthalten sogenannte *Ausrichtungstabstopps* in der Kopf- und Fußzeile, die Ihnen die Einrichtung der Inhalte erleichtern.

Überprüfen Ansicht Entwicklertools Hilfe Kopf- und Fußzeile
Zu Kopfzeile wechseln | Zu Fußzeile wechseln | Vorherige | Nächste | Mit vorheriger verknüpfen | Navigation
Erste Seite anders | Gerade & ungerade Seiten unterschiedlich | Dokumenttext anzeigen | Optionen
Kopfzeile von oben: 0,4 cm | Fußzeile von unten: 4,4 cm | Ausrichtungstabstopp einfügen | Position
Kopf- und Fußzeile schließen | Schließen

Abb. 3.3: Standard-Kopfzeile mit Platzhaltern

Der zentrierte Ausrichtungstabstopp hilft beim Zentrieren eines Texts in der Kopfzeile, der Tabstopp am rechten Rand ist rechtsbündig orientiert, sodass Sie keine Probleme haben, nach einem weiteren Tabsprung dort nur eine Seitennummer oder die Angabe »Seite«, gefolgt von der Seitennummer, sauber zu platzieren.[2]

Die Funktion AUSRICHTUNGSTABSTOPP EINFÜGEN in der Gruppe POSITION der Registerkarte KOPF- UND FUSSZEILE scheint entbehrlich zu sein, doch die vorgegebenen Ausrichtungstabstopps haben einen Mangel:

Wenn Sie einen Abschnittswechsel mit Änderung des Seitenformats im Dokument haben, passen sich die Ausrichtungstabstopps nicht dem neuen Format an. Nur wenn Sie vor dem Formatwechsel mit AUSRICHTUNGSTABSTOPP einfügen den zugehörigen Dialog aufrufen und dort »Relativ zum Seitenrand«[3] einstellen, werden die Tabstopp-Positionen automatisch an die neue Breite angepasst.

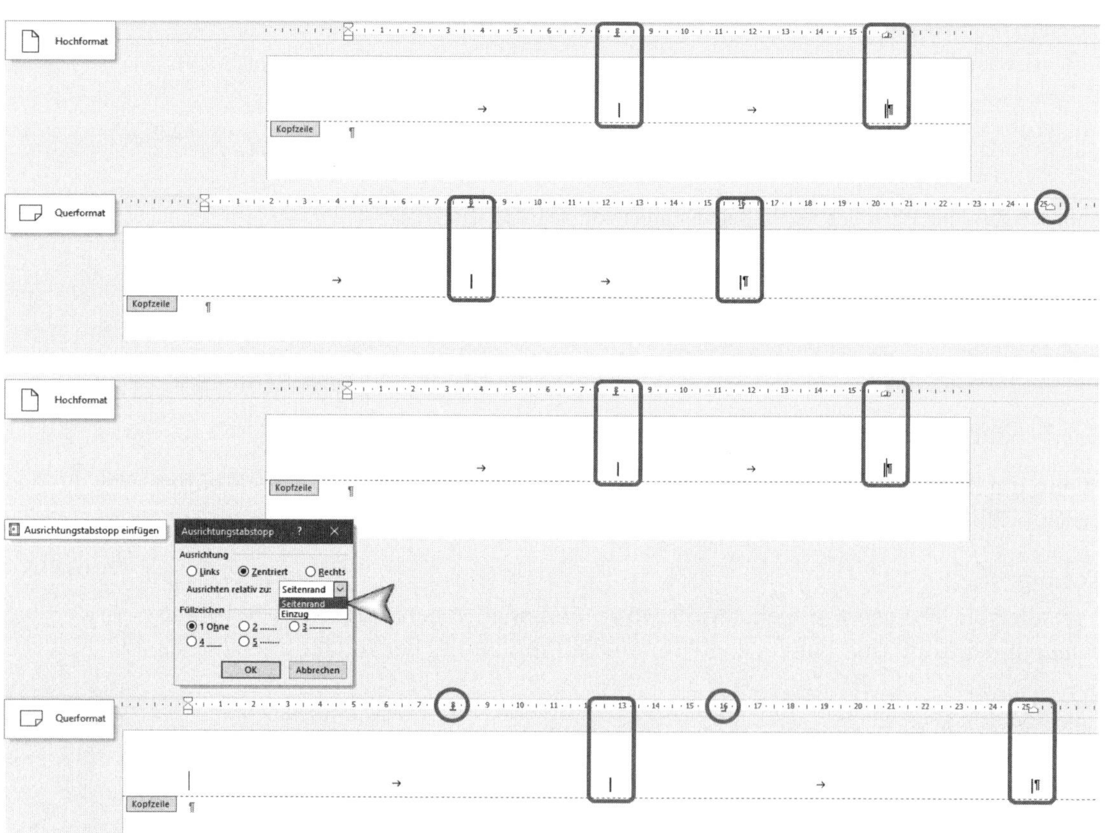

Abb. 3.4: Unterschied zwischen voreingestellten und nachträglich eingefügten Ausrichtungstabstopps

2 Mehr zu Seitennummerierung finden Sie in Abschnitt 3.3.

3 Gemeint ist der Satzspiegel.

3.2.2 Die erste Seite anders gestalten

Häufig benötigt man eine Konstruktion, bei der für die erste Seite eines Dokuments oder eines Kapitels andere oder überhaupt keine Kopf- oder Fußzeilen erwünscht sind wie z.B. beim Briefbogen (Kapitel 2).

Erläuterung

Die Gestaltung der Kopf- und Fußzeilen gilt grundsätzlich für das gesamte Dokument bzw. für den gesamten Abschnitt, jedoch haben die Entwickler von Word gut vorgesorgt:

Lösung

Aktivieren Sie KOPF- UND FUSSZEILE | *Optionen:* ERSTE SEITE ANDERS.

Erklärung

Die Option ERSTE SEITE ANDERS legt für die Kopf- oder Fußzeile der ersten Seite eines Dokuments oder Abschnitts ein eigenes Layout an. Sie können so Kopf- und Fußbereich der ersten Seite unabhängig von den Folgeseiten gestalten.

3.2.3 Kopf- und Fußzeilen für beidseitigen Druck

Bei beidseitigem Druck (vgl. Hack 1.1.4) wird oft gewünscht, dass die Kopf- und Fußzeilen auf geraden und ungeraden Seiten unterschiedliche Ausrichtungen oder Inhalte erhalten. Beispielsweise erwarten wir die Seitennummer immer außen, also bei beidseitig bedruckten Schreiben rechts bei ungeraden Seiten und links bei geraden Seiten.

Tipp

Sie können das wechselseitige Paginieren natürlich umgehen, indem Sie die Seitennummer mittig ausrichten, also am mittleren Tabstopp in den Standard-Kopf-/Fußzeilen.

Eleganter ist es jedoch, unterschiedliche Kopf- und Fußzeilen für gerade und ungerade Seiten zu verwenden.

Lösung

Aktivieren Sie in der Registerkarte KOPF- UND FUßZEILE die Option GERADE UND UNGERADE SEITEN UNTERSCHIEDLICH.

Erklärung

Damit legen Sie eine weitere Variante der Kopf- und Fußzeilen an, die separat innerhalb des Dokuments oder Abschnitts gestaltet werden kann.

Wenn Sie sich im Kopf- und Fußzeilenmodus befinden, sehen Sie an den kleinen Reitern der (nur virtuellen) Trennlinie die passenden Hinweise.

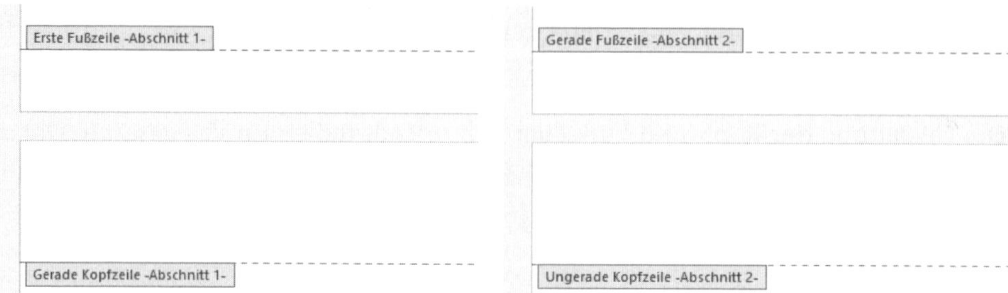

Abb. 3.5: Hinweise auf Typ und Zuordnung der aktuellen Kopf- und Fußzeile

Damit existieren also pro Abschnitt bis zu je drei Kopf- und Fußzeilen, die alle unabhängig zu gestalten sind:

Erste Kopfzeile	Erste Fußzeile
Gerade Kopfzeile	Gerade Fußzeile
Ungerade Kopfzeile	Ungerade Fußzeile

Tabelle 3.1: Unabhängige Typen der Kopf- und Fußzeilen

Anmerkungen

- Die Einrichtung der unterschiedlichen Kopf- und Fußzeilengestaltung mit GERADE UND UNGERADE SEITEN UNTERSCHIEDLICH ist unabhängig von der Seiteneinrichtung für gegenüberliegende Seiten (Hack 1.1.4).
- Die Option »Mit vorheriger verknüpfen« (Hack 3.2.4) gilt für Kopf- und Fußzeile gemeinsam.

3.2.4 Kopf- und Fußzeilen in Dokumenten mit Abschnitten

Die Optionen ERSTE SEITE ANDERS und GERADE UND UNGERADE SEITE UNTERSCHIEDLICH gelten von der Grundeinstellung her für das gesamte Dokument. Sollen sie sich abschnittsweise unterscheiden oder sollte auch nur jeder neue Abschnitt mit separater Kopf- oder Fußzeile auf der ersten Seite beginnen, müssen die Kopf- und Fußzeilen abschnittsweise *entkoppelt* werden.

Lösung

Schalten Sie die Option MIT VORHERIGER VERKNÜPFEN in der Registerkarte KOPF- UND FUSSZEILE aus.

Erklärung

Mit eingeschalteter Option MIT VORHERIGER VERKNÜPFEN greift Word automatisch auf das Kopf- und Fußzeilenlayout des vorherigen Abschnitts zurück.

Anmerkung

Diese Option gilt nur für den aktuellen Abschnitt. Sie müssen sie also in jedem neuen Abschnitt gesondert deaktivieren.

Vorsicht

Schalten Sie erst die Option MIT VORHERIGER VERKNÜPFEN aus, bevor Sie im neuen Abschnitt etwas verändern, sonst übernimmt der vorhergehende Abschnitt die Änderungen.

3.3 Seitennummerierung

Jeder mehrseitige Text braucht Seitennummern. Natürlich muss man die bei einer Textverarbeitung nicht von Hand eingeben, dafür sorgen Feldfunktionen[4].

Nummer oder Zahl?

- »Seitennummerierung« ist die Zählung der Seiten. Das Anbringen der Seitennummer wird »Paginieren« genannt. »Seitenzahl« ist die Gesamtzahl der Seiten eines Werks, ggf. eines Kapitels.
- Word bezeichnet mit »Seitenzahl« die Seitennummer, was zu Verwechslungen und Irritationen Anlass gibt. Auch die Typografie ist da nicht immer konsequent.
- In diesem Buch wird »Seitenzahl« für die Gesamtzahl der Seiten verwendet, der Word-Terminus SEITENZAHL nur bei Funktionsbezeichnungen, ansonsten »Seitennummer«.

3.3.1 Wohin mit der Seitennummer?

Wichtig ist vor allem, dass die Nummer räumlich deutlich vom Text abgegrenzt ist. Die Platzierung der Seitennummern in der Kopf- oder Fußzeile sorgt dafür, dass sie ohne Ihr Zutun auf jeder Seite an derselben Position in Erscheinung treten und hochgezählt werden. Dazu gibt es zwei Methoden, wobei die »professionelle« die einfachere ist.

---

4 siehe Anhang A

Lösung 1: Mit dem Seitenzahlenassistenten

1. Setzen Sie die Schreibmarke an die gewünschte Position in der Kopf- oder Fußzeile.
2. *Kopf- und Fußzeile:* SEITENZAHL|SEITENZAHLEN AKTUELLE POSITION.

> **Vorsicht**
>
> Verwenden Sie keine der vorgegebenen Varianten aus SEITENANFANG oder SEITENENDE! Damit löscht Word die Inhalte Ihrer Kopf- bzw. Fußzeile.

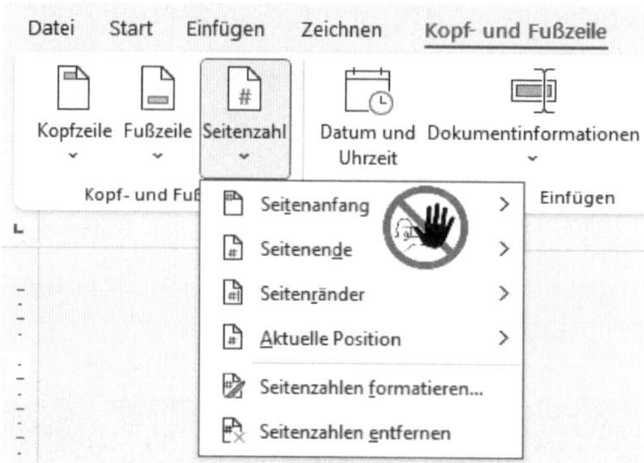

Abb. 3.6: Gefahr für Ihre Kopf- oder Fußzeilen: die vorgefertigten Seitennummern

Für geschäftliche Korrespondenz passt die Variante »Einfache Zahl« immer. Sofern Sie eine andere Gestaltung der Paginierung benötigen, lässt sich diese mit der Funktion SEITENZAHL|SEITENZAHLEN FORMATIEREN umsetzen, es ist aber nicht notwendig.

> **Vorsicht**
>
> Für die beliebte Umrahmung der Seitennummer mit Gedankenstrichen gibt es im Dialog SEITENZAHLEN FORMATIEREN eine auf den ersten Blick bequeme, aber falsche Einstellung. Das dort einstellbare Format »- 1 -, - 2 -, - 3 -, ...« verwendet keine Gedanken-, sondern die kürzeren Bindestriche.

Lösung 2: Die Feldfunktion nutzen (professionell)

Sowohl die aktuelle Seitennummer als auch die Gesamtzahl der Seiten im Dokument oder Abschnitt stellt Word automatisch als Feldfunktionen zur Verfügung, siehe Tabelle 3.2.

Mit EINFÜGEN|*Text:* SCHNELLBAUSTEINE|FELD gelangen Sie in die Auswahl der »Feldfunktionen«, von denen es drei für die Paginierung gibt.

Name	Felddarstellung	fügt ein
Page	{ Page }	Aktuelle Seitennummer
NumPages	{ NumPages }	Anzahl Gesamtseiten
SectionPages	{ SectionPages }	Anzahl Seiten im akt. Abschnitt

Tabelle 3.2: Feldfunktionen für die Paginierung

Tipp

Anstelle der Auswahl aus der Liste können Sie es sich noch einfacher machen, indem Sie mit [Strg]+[F9] ein leeres Feldklammernpaar { } einfügen, mit dem Funktionsnamen füllen und anschließend mit [F9] aktualisieren.

3.3.2 Seitennummerierung für doppelseitigen Druck

Bei beidseitig bedruckten Blättern gehört die Seitennummer, egal ob in der Kopf- oder Fußzeile,

- entweder in die Seitenmitte
- oder immer nach außen, also rechts bei ungeraden Seiten und links bei geraden Seiten.

Lösung 1: Pragmatisch in die Seitenmitte

Setzen Sie die Schreibmarke auf den zentrierten Ausrichtungstabstopp (Hack 3.2.1) der Kopf- oder Fußzeile. Tragen Sie dort – { Page } – ein (Feldklammern mit [Strg]+[F9], Gedankenstriche mit [Strg]+[-] im Nummernblock[5]).

Lösung 2: Mit wechselnden Kopf- oder Fußzeilen

1. Legen Sie mit der Option GERADE & UNGERADE SEITEN UNTERSCHIEDLICH in der Registerkarte KOPF- UND FUSSZEILE separate Kopf- und Fußzeilen an (siehe Hack 3.2.3).
2. Positionieren Sie die Seitennummer mit { Page } in der Kopf- oder Fußzeile
   - auf ungeraden Seiten rechtsbündig,
   - auf geraden Seiten linksbündig.

Lösung 3: Mit der Logikfunktion {IF}

1. Tragen Sie in der Kopf- oder Fußzeile linksbündig folgende Feldfunktion ein:
   `{ IF {= MOD ( { Page } ;2 ) }= "0" "{ Page } " }`.
2. Bewegen Sie die Schreibmarke mit [Tab] zum rechten Ausrichtungstabstopp (Hack 3.2.1) und tragen dort folgende Feldfunktion ein:
   `{ IF {= MOD ( { Page } ;2 ) } <> "0" "{ Page } "}`.

5 Beachten Sie die Anmerkungen zu Tastenkürzeln in Anhang C.

Erklärung

Die MOD-Funktion stellt den Divisionsrest der Argumente in der darauffolgenden Klammer bereit.

Die IF-Funktion links prüft, ob MOD keinen Rest liefert, dann ist es eine gerade Seite und die Seitennummer wird angezeigt, sonst nicht.

Die IF-Funktion rechts prüft, ob MOD einen Rest liefert, dann ist es eine ungerade Seite und die Seitennummer wird angezeigt, sonst nicht.

3.3.3 Nur jeweils rechte oder linke Seite nummerieren

Für spezielle Zwecke ist es erforderlich, jeweils nur die rechten oder linken Seiten zu nummerieren, z.B. wenn die aufgeklappten Seiten wie A3 quer wirken sollen. Dabei sind die Seiten fortlaufend 1, 2, 3 ... zu nummerieren.

Lösung 1: Rechte Seite

Verzichten Sie auf den linken Seiten auf eine Nummerierung und setzen Sie auf der rechten Seite anstelle der Seitennummer ein Berechnungsfeld ein:

```
{ = ROUND ( { PAGE } / 2 ; 0) }
```

Erklärung

Die Seitennummer wird halbiert und durch die Funktion ROUND kaufmännisch gerundet, also ab 5 aufgerundet. Die Zahl nach dem Semikolon gibt die Anzahl der bei der Rundung zu berücksichtigenden Dezimalstellen an, hier als 0 für ganzzahlige Rundung. Da es sich hier ausschließlich um ungerade Seitennummern handelt, wird der Quotient immer aufgerundet.

Original	1	3	5	7	9	11	...
Umgerechnet	1	2	3	4	5	6	...

Lösung 2: Linke Seite, beginnend mit 1

Verzichten Sie auf den rechten Seiten auf eine Nummerierung und setzen Sie auf der linken Seite anstelle der Seitennummer ein Berechnungsfeld ein:

```
{ = ( { PAGE } / 2) }
```

Erklärung

Die Seitennummer wird halbiert. Da es sich hier ausschließlich um gerade Seitennummern handelt, bedarf der Quotient keiner Nachbehandlung.

Damit wandelt sich die gerade Zahlenreihe in eine abwechselnd gerade/ungerade um.

Original	2	4	6	8	10	12	...
Umgerechnet	1	2	3	4	5	6	...

Lösung 3: Linke Seite, beginnend mit 2

Verzichten Sie auf den rechten Seiten auf eine Nummerierung und setzen Sie auf der linken Seite anstelle der Seitennummer ein Berechnungsfeld ein:

```
{= ( { PAGE } / 2 + 1) }
```

Erklärung

Die Seitennummer wird halbiert und anschließend um 1 erhöht. Da es sich hier ausschließlich um gerade Seitennummern handelt, bedarf der Quotient keiner Nachbehandlung.

Damit wandelt sich die gerade Zahlenreihe in eine abwechselnd gerade/ungerade um.

Original	2	4	6	8	10	12	...
Umgerechnet	2	3	4	5	6	7	...

3.3.4 Seite X von Y

In den SCHNELLBAUSTEINEN gibt es zwar diverse Variationen einer Seitennummerierung der Form »Seite X von Y«, doch ist das Heraussuchen etwas umständlich.

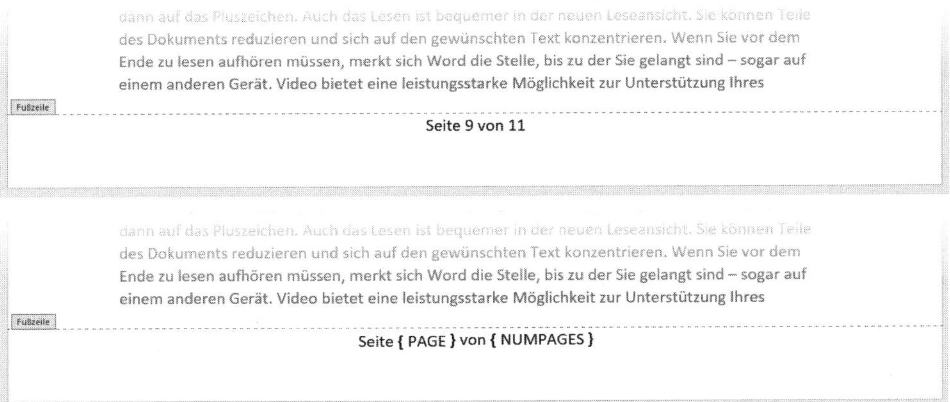

Abb. 3.7: »Seite von Seiten«-Anzeige, unten in Felddarstellung

Lösung

1. Schreiben Sie an die Position in der Kopf- oder Fußzeile, an der die Nummer erscheinen soll, »Seite«.
2. Fügen Sie mit [Strg]+[F9] eine leere Feldfunktion ein und füllen Sie sie mit dem Wort »Page«.
3. Bewegen Sie die Schreibmarke hinter das Feld und schreiben Sie »von«.
4. Fügen Sie mit [Strg]+[F9] eine weitere leere Feldfunktion ein und füllen Sie sie mit dem Wort »NumPages«.

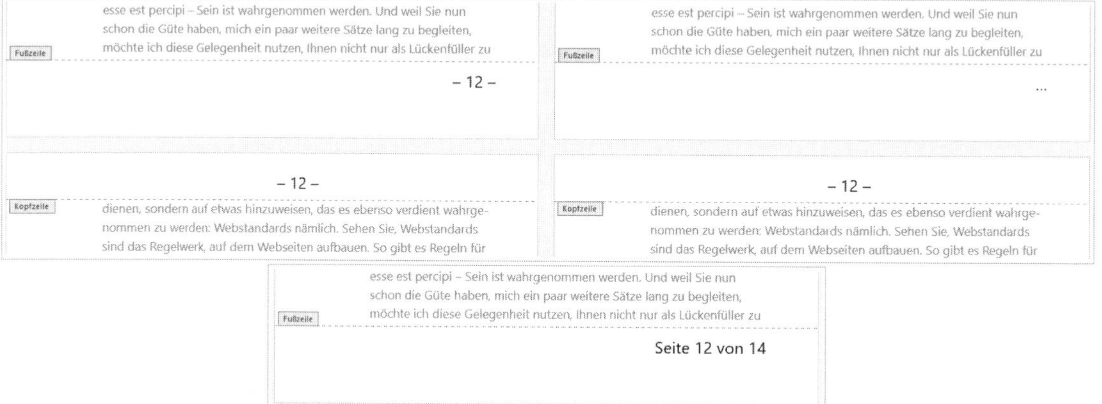

Abb. 3.8: Folgeseitenhinweise

3.3.5 Folgeseitenhinweise (letzte Seite anders)

Die von DIN 5008 empfohlenen Folgeseitenhinweise als Ellipse »...« oder »– 2 –« haben auf der letzten Seite zu entfallen, doch es gibt keine Option »Letzte Seite anders«.

Lösung

1. Platzieren Sie die Schreibmarke rechtsbündig in der Fußzeile.
2. Drücken Sie [Strg]+[F9].
3. Tragen Sie zwischen die Feldklammern diese Formel ein
   `{ IF { Page } < { NumPages } "..." }` für die Ellipse oder
   `{ IF { Page } < { NumPages } "– { = { Page} + 1} –" }` für die folgende Seitennummer.
4. Markieren Sie die Formel und drücken Sie [F9], um das Feld zu aktualisieren.

Erklärung

Die `IF`-Funktion vergleicht die aktuelle Seitennummer `{Page}` mit der Anzahl der Seiten `{NumPages}`. Ist sie kleiner, wird der nachfolgende, in gerade Anführungszeichen eingeschlossene Text eingefügt. Auf der letzten Seite sind beide gleich, die Bedingung ist nicht erfüllt, also entfällt der Hinweis.

3.3.6 Seitennummerierung nach Unterbrechung wiederaufnehmen

Unterbricht ein nicht oder anders nummerierter Abschnitt die Paginierung, lässt sich die Zählung direkt bei der darauffolgenden Seitenzahl wieder aufnehmen, wenn Sie in der letzten vor der Unterbrechung einen unsichtbaren »Merkposten« setzen.

Lösung

1. Fügen Sie neben der Seitennummer vor der Unterbrechung ein {Set}-Feld ein: EINFÜGEN|SCHNELLBAUSTEINE|FELD|SET
2. Schalten Sie mit ⇧+F9 oder Alt+F9 in die Feldfunktionenansicht um.
3. Tragen Sie nach dem Wort `SET` in die Feldklammern einen beliebigen Namen für die Textmarke ein, in der die Seitennummer notiert wird.
4. Fügen Sie hinter dem Textmarkennamen, aber noch innerhalb der Funktionsklammer die Funktion `{SECTIONPAGES}` ein: EINFÜGEN|SCHNELLBAUSTEINE|FELD|SECTIONPAGES

Als Feld sollte dort nun stehen: `{ SET` *`Textmarke`* `{ SECTIONPAGES } }`.

5. Schalten Sie die Feldfunktionenansicht mit ⇧+F9 oder Alt+F9 wieder aus.
6. Nach dieser Vorbereitung wechseln Sie nun zur Kopf- oder Fußzeile des Nachtexts und tragen dort diese Formel ein: `{ = { REF` *`Textmarke`* `} + { PAGE \* arabic } }`
7. Anstelle von *`Textmarke`* fügen Sie den Namen der mit Schritt 4 angelegten Textmarke ein.
8. Aktualisieren Sie die Formel mit F9.

3.3.7 Deckblatt von der Seitenzählung ausnehmen

Deckblätter sind von der Seitenzählung auszunehmen, die Zählung beginnt also auf der Folgeseite mit der Nummer 1. Dazu bedarf es eines Abschnittswechsels am Ende des Deckblatts.

Lösung

1. LAYOUT|UMBRÜCHE|UNGERADE SEITE
2. Auf Seite 3 deaktivieren Sie in der Registerkarte KOPF- UND FUSSZEILE die Option WIE VORHERIGE.
3. Fügen Sie in die Kopf- oder Fußzeile die Seitennummer an der gewünschten Position ein: *Kopf- und Fußzeile:* SEITENZAHL|AKTUELLE POSITION|EINFACHE ZAHL.

4. Markieren Sie die Nummer.
5. *Kopf- und Fußzeile:* SEITENZAHL | SEITENZAHLEN FORMATIEREN
6. Aktivieren Sie BEGINNEN BEI und stellen Sie dort 1 ein.
7. **OK**

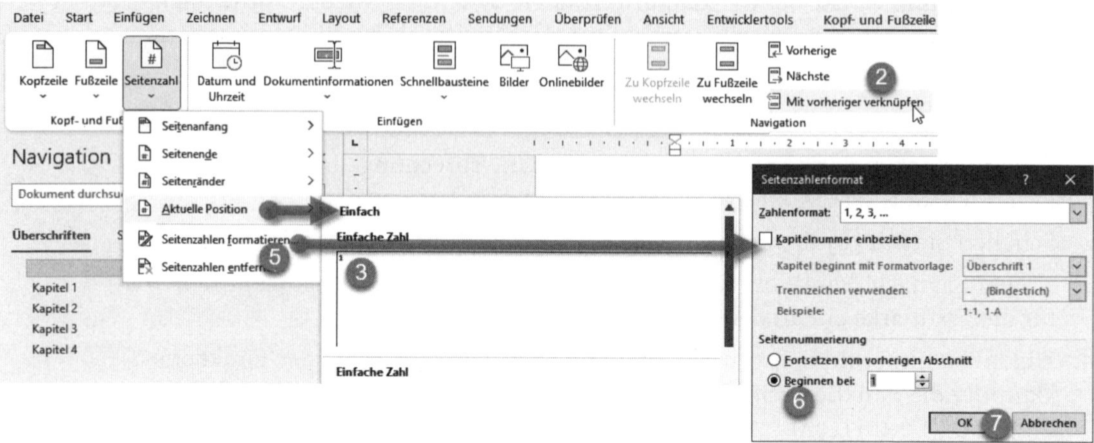

Abb. 3.9: Einfügen und formatieren der Seitennummer

Kapitel 4

Texteingabehilfen

Die praktischste Form der Texteingabe ist natürlich das Diktat. Word bietet dafür auch eine Funktion an, die aber immer noch der Überarbeitung des Ergebnisses bedarf. Die meisten Textschaffenden arbeiten mit der Tastatur, physisch oder virtuell. Um die Unterstützung dieser Technik geht es in diesem Kapitel.

4.1 Unterstützung beim Text eingeben

Wer es vom Smartphone gewohnt ist, Textvorschläge nach wenigen Buchstaben zu erhalten, kann auch am Desktop eine vergleichbare Unterstützung in Anspruch nehmen.

4.1.1 Windows-Textvorschläge

Vom Smartphone sind wir an Textvorschläge gewöhnt. Auch am Desktop müssen wir auf diese Unterstützung nicht verzichten.

Lösung

⊞|⚙ EINSTELLUNGEN|GERÄTE|EINGABE|*Hardwaretastatur:* TEXTVORSCHLÄGE WÄHREND DER EINGABE ANZEIGEN

Erklärung

Beim Schreiben blendet die zugrundeliegende KI drei Vorschläge ein, die Sie mittels Mausklick bei Gefallen in den Text einfügen lassen.

Sollte sich die KI besonders sicher sein, wird zusätzlich ein favorisierter Wortvorschlag unterbreitet, der mit [Tab] oder [Enter] in den Text übernommen werden kann.

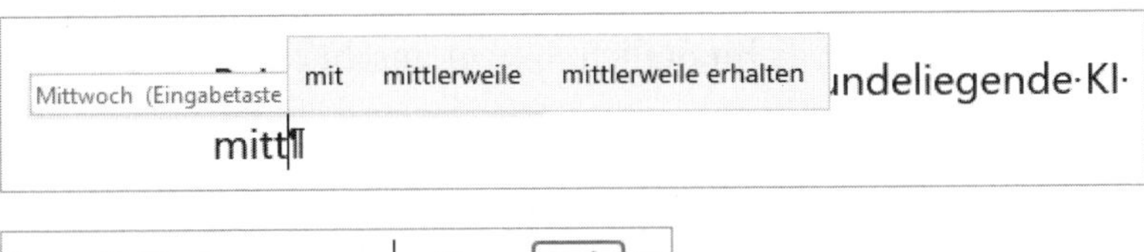

Abb. 4.1: Textvorschläge mit der Windows-KI (oben) und der im Deutschen noch nicht realisierten Word-Funktion (unten)

4.1.2 Word-Textvorhersage?

Die Textvorhersage funktioniert in der deutschen Word-Version (noch?) nicht. Wenn sie denn einmal funktionieren sollte, lässt sie sich in DATEI|OPTIONEN|ERWEITERT|*Bearbeitungsoptionen:* TEXTVORHERSAGEN WÄHREND DER EINGABE ANZEIGEN aktivieren.

In der US-Version lässt sich die Arbeitsweise bereits testen: Beim Schreiben eines längeren Worts interpretiert der Word-Editor, welches Wort wohl gemeint sein könnte, blendet den Vorschlag als graue Wortfortsetzung ein und erwartet als Bestätigung das Betätigen der [Tab]-Taste. Wenn der Vorschlag nicht stimmt, schreiben Sie einfach weiter.

4.2 Textbausteine

Bessere, weil selbst erstellte, Textvorschläge für immer wiederkehrende Begriffe bieten Textbausteine.

4.2.1 AutoKorrektur als Textbaustein

Die AutoKorrektur ist nicht nur für einzelne Begriffe oder Zeichen verwendbar; Sie können auf diese Weise auch bequem kurze Floskeln als Textbausteine erstellen.

Lösung

Sie ergänzen den Katalog in DATEI|DOKUMENTPRÜFUNG|AUTOKORREKTUR-OPTIONEN im Register WÄHREND DER EINGABE ERSETZEN um solche Begriffe und ordnen ihnen ein Kürzel zu. Haben Sie vor dem Aufrufen des AUTOKORREKTUR-Dialogs das Wort im Text markiert, wird es gleich in das Feld DURCH: übernommen. Geben Sie beim Schreiben das Kürzel ein und betätigen dann die Leertaste, ersetzt die AutoKorrektur das Kürzel durch die Langfassung.

4.2.2 Wortteil als AutoKorrektur-Baustein

Gelegentlich benötigt man beim Schreiben Bausteine, die keine ganzen Wörter sind, sondern einzelne Sonderzeichen oder Wortteile, denen unterschiedliche Wortenden angesetzt werden. Der Leerschritt, mit dem ein AutoKorrektur-Bausteinname abgeschlossen wird, ist da hinderlich, weil er anschließend getilgt werden muss.

Lösung

Das gilt nur, wenn das Kürzel der AutoKorrektur auf *einen Buchstaben oder eine Ziffer endet.* Ein *Satzzeichen* am Ende dagegen bewirkt, dass sofort nach Eingabe dieses Satzzeichens die AutoKorrektur ausgeführt wird und die Schreibmarke ohne Abstand unmittelbar hinter dem eingespielten Wort(-teil) steht.

4.2.3 Flexiblere Textbausteine mit AutoText

Für komfortables Arbeiten mit Textbausteinen werden Funktionalitäten benötigt, die die AutoKorrektur nicht bietet. Die »offizielle« Textbausteinfunktion AUTOTEXT: Sie korrigiert nicht sofort, sondern

- bietet nach Eingabe der ersten vier Zeichen die Korrektur nur an und lässt sie erst nach Betätigung von [↵] wirksam werden (oder Sie schreiben einfach weiter) oder
- fügt nach Eingabe der drei Anfangsbuchstaben und [F3] den Baustein ein oder
- übernimmt den Baustein mit EINFÜGEN|SCHNELLBAUSTEINE|AUTOTEXT aus einer Bausteinauswahl ...

Diese Textbausteine können – anders als die AutoKorrektur – auch grafische Elemente enthalten.

Bitte beachten!

Die Vorschaufunktion muss mit der Option AUTO-AUSFÜLLEN-VORSCHLÄGE ANZEIGEN in DATEI|OPTIONEN|ERWEITERT|BEARBEITUNGSOPTIONEN aktiviert werden.

Textbausteine anlegen

Um einen Text als Baustein zu erfassen, schreiben Sie ihn auf, markieren ihn und betätigen dann [Alt]+[F3] oder EINFÜGEN|SCHNELLBAUSTEINE|AUSWAHL IM SCHNELLBAUSTEIN-KATALOG SPEICHERN.

Wichtig

Wenn Sie nur den Text markiert haben, werden Absatzformatierungen nicht erfasst. Wollen Sie den Baustein als formatierten Absatz erhalten, muss die Absatzmarke ¶ in der Markierung eingeschlossen sein.

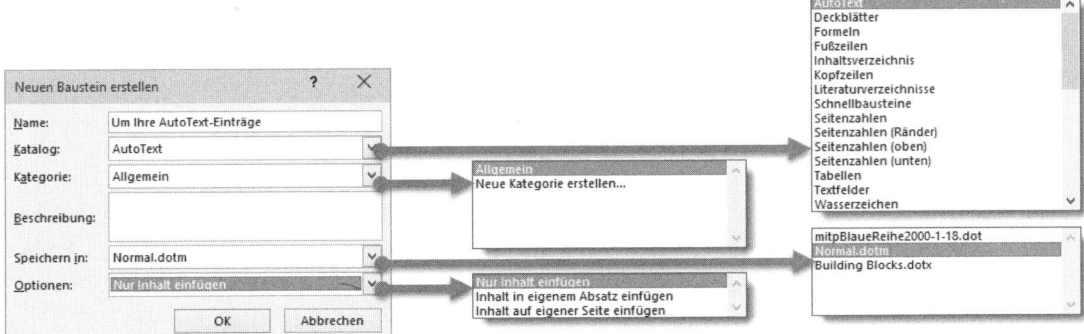

Abb. 4.2: AutoText anlegen

Die Bausteine lassen sich im Dialog NEUEN BAUSTEIN ERSTELLEN Katalogen und Kategorien zuordnen, damit Sie bei der späteren Verwendung und Verwaltung den Überblick behalten. In den Optionen lässt sich festlegen, in welcher Form der Baustein in den Text eingefügt wird.

Bitte beachten!

- Word verwendet unterschiedliche Speicherorte für die Textbausteine: die Datei `BuildingBlocks.docx` und die Vorlagendateien mit den Endungen `.dotx` oder `.dotm` (standardmäßig `Normal.dotm`). Die Vorschau ist nur für jene Bausteine aktiv, die in Vorlagendateien gespeichert sind.
- Um Ihre AutoText-Einträge entsprechend zu speichern, beachten Sie im Dialog NEUEN BAUSTEIN ERSTELLEN (Abbildung 4.2) das Ziel im Feld SPEICHERN IN.

Tipp

Meist ist es sinnvoll, die Namen der Textbausteine zu ändern, um die automatische Vorschlagsfunktion nicht ständig bei Wörtern mit gleichem Anfang zu erhalten. Die Buchstabenfolge »tb« davorgesetzt, verhindert Kollisionen mit anderen Wörtern und Kürzeln.

Textbausteine verwalten

EINFÜGEN | SCHNELLBAUSTEINE | ORGANIZER FÜR BAUSTEINE/BAUSTEINE-MANAGER

Markieren Sie den Baustein, der bearbeitet werden soll, und klicken Sie auf EIGENSCHAFTEN BEARBEITEN, um in einem Dialog wie bei der Neuerstellung eines Bausteins dessen Attribute zu verändern.

Bausteinkatalog drucken

Sie können Ihre Textbausteine als Liste drucken:

Öffnen Sie den obersten Eintrag der EINSTELLUNGEN im Druckdialog und wählen Sie bei DOKUMENTINFORMATIONEN: AUTOTEXT-EINTRÄGE.

4.3 Zeilenumbruch und Silbentrennung

Die größte und am häufigsten benutzte Taste auf der Tastatur ist die Leertaste. Sie sorgt dafür, dass nichtalleszueinemBuchstabensalatverwurschtelt, sondern Wörter beim Lesen auseinandergehalten werden können.

Word erkennt ein Leerzeichen als Position zum automatischen Zeilenumbruch, wenn das folgende Wort nicht mehr in die Zeile passt.

4.3.1 Enter ist kein Zeilenumbruch!

Texte aus Webseiten oder PDF-Dateien enthalten diverse in Word unnötige Zeilenumbrüche ↵ und Absatzmarken ¶, die manuell nur sehr mühsam zu entfernen sind.

Erläuterung

Word als fließtextorientiertes Programm sorgt automatisch für Zeilenumbrüche am rechten Rand. Wird ein Zeilenumbruch vorab gewünscht, hilft [⇧]+[↵], womit ein »harter« Zeilenumbruch ↵ eingefügt wird, der auch bei Textänderungen erhalten bleibt.

Mit [↵] fügen Sie einen Absatzumbruch ein.

Lösung

1. Markieren Sie den zu korrigierenden Bereich und öffnen Sie den ERSETZEN-Dialog mit [Strg]+[H].
2. `Suchen nach: [^p^l]`
3. `Ersetzen durch:` ␣
4. ALLE ERSETZEN

Erklärung

`^p` ist der Suchcode für Absatzmarken, `^l` für harte Zeilenumbrüche. Durch die [eckigen Klammern] sucht Word nach beiden Steuerzeichen. Beim Sucherfolg wird das gefundene Zeichen durch ein Leerzeichen ersetzt und so der Zeilenumbruch entfernt.

4.3.2 Umbruch an Leerzeichen verhindern

Leerzeichen dienen auch zum Strukturieren von Begriffen, Zahlen, Abkürzungen etc. Hier darf nicht umbrochen werden.

Lösung

Verwenden Sie »geschützte« Leerzeichen, einzufügen mit [Strg]+[⇧]+[Leertaste], die Word nicht als Gelegenheit zum Zeilenumbruch erkennt. Bei eingeblendeten Steuerzeichen erscheint es als °.

Die von Word verwendeten Unicode-Fonts kennen drei verschiedene geschützte Leerzeichen (siehe Abbildung 5.2).

4.3.3 Silbentrennung vorgeben mit Trennfugen

Wörter am Ende einer Zeile umbricht Word mit Trennstrichen, wenn die automatische Silbentrennung mit LAYOUT|*Seite einrichten:* SILBENTRENNUNG|AUTOMATISCH eingeschaltet ist. Diese Automatik arbeitet allerdings rein ökonomisch und trennt an der nach Trennregeln letztmöglichen Position, um noch möglichst viel vom Wort in der Zeile zu behalten.

Zwecks Verbesserung unschöner Trennungen können Sie die automatische Silbentrennung mit Vortrennungen, auch Trennfugen genannt, aushebeln.

Erläuterung

Zusammengesetzte Wörter (Komposita) sollen nicht ökonomisch, sondern logisch umbrochen werden. Auch bei ohne Bindestrich durchgekoppelten Zusammensetzungen trifft die automatische Silbentrennung nicht immer die beste Wahl.

Lösung

1. Setzen Sie die Schreibmarke zwischen die zu trennenden Buchstaben und fügen Sie mit [Strg]+[-] eine Trennfuge ein.
   ⚠ In der aktuellen Version von Word 365 und Word Online fehlt diese Tastenkombination.[1]

Die Trennfuge ist nur sichtbar, wenn sie benötigt wird, also wenn das Wort am Zeilenende an dieser Stelle umbrochen wird. Trennfugen können Sie mit der Steuerzeichenanzeige ¶ auf dem Bildschirm als ¬ sichtbar machen.

Die Silbentrennung orientiert sich nun zwar *auch* an der Trennfuge, beharrt aber selbst dann noch darauf, möglichst viel in der Zeile unterzubringen und umbricht an der alten Position. Um dies zu unterbinden, dienen die folgenden Schritte:

2. Markieren Sie das Wort.
3. Klicken Sie unten in der Statuszeile auf die Anzeige der aktuellen Sprache.

Es erscheint der Dialog SPRACHE.

4. Aktivieren Sie die Option RECHTSCHREIBUNG UND GRAMMATIK NICHT PRÜFEN.
5. Bestätigen Sie mit [OK].

Erklärung

Die Option RECHTSCHREIBUNG UND GRAMMATIK NICHT PRÜFEN enthält implizit eine Unterdrückung der automatischen Silbentrennung.

---

1 Da der von Microsoft ersatzweise empfohlene mühsame Weg über EINFÜGEN|SYMBOL|SONDERZEICHEN|BEDINGTER TRENNSTRICH wirklich kein probater Workaround ist, sollten Sie diesen Tastencode korrigieren, wie in Anhang C beschrieben.

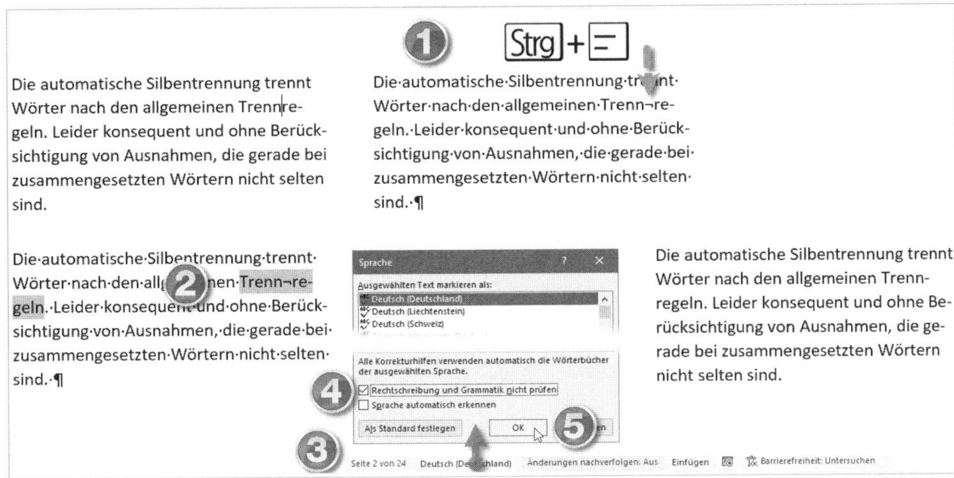

Abb. 4.3: Einfügen einer Trennfuge

Makro-Lösung

Sie können sich diese Formatierung auch erleichtern, indem Sie das Einfügen der Trennfuge und das Deaktivieren der Rechtschreibprüfung gemeinsam von einem Makro ausführen lassen:

```
001 Sub Trennfuge()
002     With Selection
003         .InsertSymbol CharacterNumber:=31, Unicode:=True
004         .Expand Unit:= wdWord
005         Do While Right(Selection, 1) = " "
006             .MoveEnd Unit:=wdCharacter, Count:=-1
007         Loop
008         .NoProofing = True
009     End With
010 End Sub
```

Listing 4.1: Trennfuge setzen und automatische Silbentrennung unterdrücken

Erklärung

Zeile 003 fügt die Trennfuge ein. Zeile 004 erweitert die `Selection` (Markierung) auf das komplette Wort. Die Schleife von Zeile 005 bis 007 sorgt dafür, dass kein Leerzeichen nach dem Wort in der `Selection` verbleibt. Zeile 008 ordnet dem Wort die Eigenschaft RECHTSCHREIBUNG UND GRAMMATIK NICHT PRÜFEN zu.

4.3.4 Komplette Absätze von der Silbentrennung ausnehmen

Ein ganzer Absatz, z.B. eine Überschrift, soll komplett von der automatischen Silbentrennung ausgenommen werden.

Lösung

1. Setzen Sie die Schreibmarke in den Absatz.
2. START | ABSATZ: ↘ | Register ZEILEN- UND SEITENUMBRUCH
3. Aktivieren Sie die Option KEINE SILBENTRENNUNG.
4. OK

4.3.5 Falsche Silbentrennung gezielt unterbinden

Gelegentlich trennt Word an Stellen, an denen man das nicht möchte. Wenn allerdings nicht das komplette Wort (Hack 4.3.3) von der automatischen Silbentrennung ausgenommen werden soll, bedarf es eines gezielten Trennschutzes an dieser Stelle.

Lösung

1. Setzen Sie die Schreibmarke an die falsche Trennposition.
2. Fügen Sie das Zeichen »Null-breiter Nicht-Wechsel« ein:
   - EINFÜGEN | SYMBOL | Register SONDERZEICHEN | NULL-BREITER NICHT-WECHSEL oder
   - halten Sie `Alt` fest und geben auf dem Zahlenblock 8288 ein.

Erklärung

Das Unicode-Zeichen 2060 (dezimal: 8288), auch »Wortverbinder« genannt, sorgt dafür, dass an seiner Position kein Umbruch möglich ist. Das Zeichen ist auch bei eingeschalteter Steuerzeichenanzeige nicht sichtbar.

4.3.6 Trennschutz und Trennfugen für bestimmte Wörter dauerhaft festlegen

Die vorstehenden Maßnahmen sind nur lokal gültig, auf das behandelte Wort bezogen.

Lösung

Um Word nachhaltig beizubringen, dass ein bestimmtes Wort immer nur an den Trennfugen getrennt wird, geben Sie dieses mit Trennfugen und der Eigenschaft RECHTSCHREIBUNG UND GRAMMATIK NICHT PRÜFEN als AutoKorrektur vor:

1. Kopieren Sie das noch unformatierte Wort mit `Strg`+`C` in die Zwischenablage.
2. Setzen Sie die Trennfugen und/oder den Trennschutz.
3. Markieren Sie das formatierte Wort.
4. DATEI | OPTIONEN | DOKUMENTPRÜFUNG | AUTOKORREKTUR-OPTIONEN

Das markierte Wort steht bereits im Feld DURCH des Dialogregisters AUTOKORREKTUR.

5. Aktivieren Sie die Option FORMATIERTEN TEXT.
6. Fügen Sie das unformatierte Wort aus der Zwischenablage mit [Strg]+[V] ins Feld ERSETZEN ein.
7. HINZUFÜGEN
8. [OK]

Erklärung
Sobald Sie das unformatierte Wort eintippen, greift die AutoKorrektur und ersetzt es durch sein mit Trennfuge und Trennschutz versehenes Pendant.

4.3.7 Umbruch nach Ergänzungsstrich verhindern

Word betrachtet einen einleitenden *Ergänzungsstrich*, z.B. »Seminarübungen und -klausuren«, als Aufforderung, danach zu umbrechen.

Lösung
Verwenden Sie als Ergänzungsstrich einen geschützten Trennstrich.

Leider ist auch das Tastenkürzel [Strg]+[⇧]+[-] für den geschützten Trennstrich in Word 365 und Word Online dem Änderungswahn zum Opfer gefallen. Microsoft empfiehlt den Weg über EINFÜGEN|SYMBOL|SONDERZEICHEN als unbequemen »Ersatz«. Mit der in Anhang C beschriebenen Methode holen Sie sich das Tastenkürzel dafür zurück.

Hinweis

Anders als der geschützte Leerschritt (Hack 4.3.2) lässt sich der geschützte Bindestrich bei eingeschalteten Steuerzeichen leider nicht von seinem einfachen Pendant unterscheiden.

4.3.8 Umbruch ohne Trennstrich

Mit Schrägstrich, Ampersand oder anderen Sonderzeichen zusammengefügte Wörter trennt Word nicht.

Erläuterung
Soll eine am Zeilenende voll umbrochene Wortkombination an einem Sonderzeichen getrennt werden, kommt eine Trennfuge wie oben beschrieben nicht in Betracht, weil ja kein Trennstrich am Zeilenende benötigt wird.

Lösung
Hier hilft das Sonderzeichen »Bedingter Nullbreite-Wechsel«, das Sie in EINFÜGEN|SYMBOL|Register SONDERZEICHEN fast am Ende der Liste finden .

Erklärung

Dieses Zeichen bietet Word eine Gelegenheit zum Zeilenumbruch wie ein normaler Leerschritt, ohne dass ein solcher innerhalb der Zeile angezeigt wird. Bei eingeschalteter Steuerzeichenanzeige sehen Sie an dieser Stelle ein doppelt gerahmtes Rechteck ⧈.

4.3.9 Silbentrennung am Seitenumbruch

Die automatische Silbentrennung trennt keine Wörter vor einem Seitenumbruch, sondern umbricht das letzte nicht mehr auf die Seite passende Wort komplett auf die nächste Seite.

Erläuterung

Ein Silbentrennstrich, der die Seite abschließt, gilt typografisch als unschön, ist aber nicht verboten. Der Umbruch des gesamten Worts sorgt für Lücken, besonders wenn Sie im Blocksatz schreiben.

Lösung

Abhilfe schaffen nur Trennfugen (Hack 4.3.3), die die nicht änderbare Word-Regel aushebeln.

Tipp

Verringern Sie zum Nachbessern den Zoomfaktor der Ansicht mit `Strg`+Mausrad; dann fallen die Lücken in den letzten Zeilen besser auf.

Kapitel 5

Zahlen

Für Ziffern und Zahlen stellt Word Hilfsmittel bereit, die nahezu alle Bedürfnisse abdecken; nur der Weg zum Ziel ist manchmal schwer zu finden.

5.1 Zahlendarstellung

Selbst so simple Fragen wie die übersichtliche Gestaltung großer Werte als auch die Darstellung von Brüchen sind nicht ganz leicht zu realisieren.

5.1.1 Zahlenbreiten und -abstände

Es gibt Proportionalschriften und Schriften mit festem Zeichenabstand. Bei Zahlen, die in Kolonnen stehen, wirkt ein proportionaler Zeichenabstand absonderlich, denn die 1 ist schmaler als alle anderen Zahlen. Deshalb gibt es in den meisten Fonts für alle Ziffern gleiche Zeichenbreiten, genannt »dicktengleich« oder »monospaced«.

Eine 1 im Fließtext dagegen benötigt keine feste Zeichenbreite, hier wirkt sie in Proportionalschrift angenehmer.

Lösung: Wählbare Zahlendarstellung mit OpenType

Einige OpenType-Fonts besitzen beide Eigenschaften, um Ihnen die Entscheidung zu lassen, ob Sie mit festen oder proportionalen Zeichenbreiten schreiben möchten:

START | *Schriftart:* [A▾] TEXTEFFEKTE UND TYPOGRAFIE | ZAHLENFORMATVORLAGEN[1]

Hinweis

Einige der mitgelieferten Office-Schriften besitzen als Standardeinstellung proportionale Zeichenabstände für Zahlen, die bei Bedarf umgeschaltet werden können, damit in tabellarischer Darstellung die Ziffern sauber untereinander stehen. Andere dagegen verwenden in der Grundeinstellung Festbreiten-Ziffern, verfügen aber über einen optional abrufbaren proportionalen Ziffernsatz.

---

1 Zu den OpenType-Einstellungen gelangen Sie auch mit START|SCHRIFTART: [↘]|REGISTER ERWEITERT|OPENTYPE-FEATURES, doch sind dort die Stile nicht visualisiert und das Handling ist umständlicher.

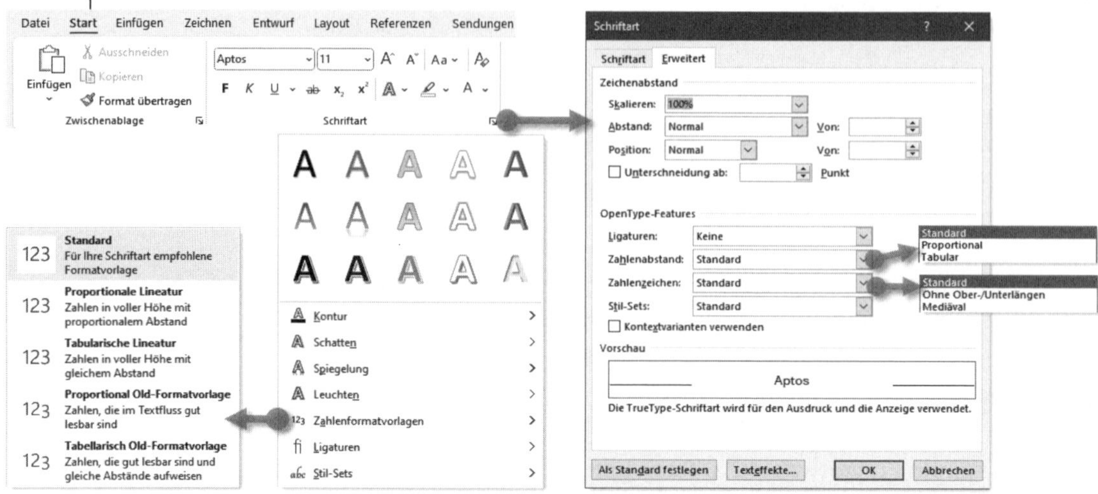

Abb. 5.1: Einstellungen zum Zahlenstil

5.1.2 Große Zahlen gliedern

Große Zahlen werden unübersichtlich, deshalb sollen sie nach jeweils drei Stellen getrennt werden – sowohl vor als auch hinter dem Komma.

Lösung

Die DIN 5008 gibt als Trennzeichen das Leerzeichen oder den Punkt an, also 123 456 789,098 765 432 10 oder 123.456.789,098.765.432.10. Wenn Sie die Leerzeichen-Variante bevorzugen, kann es passieren, dass am Zeilenende eine Zahl durch Zeilenumbruch aufgeteilt wird.

Verwenden Sie *geschützte Leerzeichen*.

Erklärung

Typografisch korrekt ist das *Schmale geschützte Leerzeichen* oder das *Ziffernbreite geschützte Leerzeichen*, zur Not tut es auch das in den meisten Zeichensätzen mit dem ziffernbreiten identische und mit [Strg]+[⇧]+[Leertaste] zu erzeugende normalbreite geschützte Leerzeichen.

Wichtig

Da man auf eine Zahl folgend keinen Zeichencode mit [Alt]+[C] verwenden kann, braucht dieses Leerzeichen eine eigene Tastenkombination, die Sie für das Zeichen Unicode (hex) 202F einrichten, wie in Anhang C beschrieben.

Unicode		Microsoft		Darstellung		Beschreibung
Wert	Name	Name in SYMBOLE | SONDERZEICHEN	Math. AK*	ohne StZ	mit StZ	
200B	Nullbreites oder breitenloses LZ			ab	a⌷b	Trennfuge ohne Bindestrich
200C		Bedingter Nullbreite-Wechsel		ab	a⌷b	wie vor
2006	Sechstelgeviert-Leerzeichen		\thinsp	a b	a b	
200A	Haarspatium		\hairsp	ab	ab	dünnes schmales Leerzeichen
2009	Schmales Leerzeichen			a b	a b	⅕ Geviert
202F	Schmales geschütztes LZ			a b	a b	wie vor, ohne Umbruch
2008	Punktbreites Leerzeichen			a b	a b	Leerschritt nach Interpunktionszeichen
0020	Leerzeichen (per Leertaste)			a b	a·b	normales LZ, ¼ Geviert
00A0	geschütztes Leerzeichen		\nbsp	a b	a°b	wie vor, ohne Umbruch
2005	Viertelgeviert-Leerzeichen	¼-Em-Abstand	\thicksp	a b	a⌷b	
2004	Drittelgeviert-Leerzeichen		\vthicksp	a b	a b	
205F	Ziffernbreites Leerzeichen		\medsp	a b	a ·b	Breite einer Ziffer mit fester Breite
2007	Ziffernbreites gesch. Leerzeichen			a b	a b	wie vor, ohne Umbruch
2002	Halbgeviert-Leerzeichen	En-Abstand	\ensp	a b	a ° b	
2003	Geviert-Leerzeichen	Em-Abstand	\emsp	a b	a ° b	

* Die Weiten der Math. Autokorrektur in Word weichen von Unicode gelegentlich ab, z. B. Unicode Thick Space = \vthicksp
aber Unicode Medium Space = \thicksp

Abb. 5.2: Leerzeichen-Varianten

5.1.3 Maßeinheit nicht vom Wert trennen

Lt. DIN 5008 sind Maßangaben wie z.B. 25 m² immer mit einem Leerzeichen voneinander zu trennen. Für diesen Fall soll wie in Hack 5.1.2 ein *schmales* Leerzeichen in ⅕ Geviertbreite verwendet werden, das es auch in geschützter Version gibt. (Das mit [Leertaste] oder [Strg]+[⇧]+[Leertaste] erzeugte Leerzeichen ist ¼ Geviert breit.)

5.1.4 Das richtige Minuszeichen

Meist wird ein Bindestrich als Minuszeichen verwendet, das ist jedoch typografisch nicht korrekt.

Lösung

Bei negativen Zahlen und in Formeln kann der Gedankenstrich die Rolle des Minuszeichens übernehmen, wenn seine Breite mit jener der mathematischen Operanden +, ×, ÷ und = übereinstimmt. Typografisch korrekt ist das Unicode-Minus − (2212 , gefolgt von [Alt]+[C]).

Für das kaufmännische Minus ⁒ geben Sie 2052, gefolgt von [Alt]+[C] ein.

Wenn Word mit solchen Konstrukten rechnen soll, liefert es jedoch falsche Ergebnisse. Wollen Sie mit einem solchen Term rechnen, erwartet Word völlig widersinnig einen Bindestrich.

5.1.5 Das richtige Zeichen für glatte Beträge

Der Geviertstrich (AltGr+- im Ziffernblock) hat im Idealfall (schriftartabhängig) die Breite zweier Ziffern, womit er sich für die weggelassenen Nachkommastellen glatter Währungsbeträge eignet, also z.B. 25,—€ statt 25,00€. Word erkennt den Geviertstrich bei Berechnungen als glatten Betrag an und rechnet korrekt damit.

5.2 Brüche

Für gebrochene Zahlen gibt es in den meisten Zeichensätzen eigene Zeichen, bekannt sind ¼, ½ und ¾, die von der AutoKorrektur nach Eingabe von 1/2 etc. eingefügt werden. Ob der Bruchstrich gerade oder schräg ist, richtet sich nach dem jeweiligen Zeichensatz, meist ist er aber schräg.

5.2.1 Weitere Brüche einfügen

Häufig werden andere Brüche als ¼, ½ oder ¾ benötigt. Normale Unicode-Fonts enthalten 15 weitere Bruchzeichen, die über EINFÜGEN|SYMBOL erreichbar sind, aber das Heraussuchen ist nur mit langem Scrollen zum SUBSET »Zahlenzeichen« möglich.

Lösung 1: Per Zeichencodeeingabe

Geben Sie den Zeichencode des gewünschten Bruchs aus Tabelle 5.1 ein und drücken Sie anschließend Alt+C.

Der Code wird in das zugehörige Symbol umgewandelt.

Bruch	Code	Bruch	Code	Bruch	Code
⅟	215F	⅕	2155	⅗	2157
⅒	2152	¼	00BC	⅔	2154
⅑	2151	⅓	2153	¾	00BE
⅛	215B	⅜	215C	⅘	2158
⅐	2150	⅖	2156	⅚	215A
⅙	2159	½	00BD	⅞	215E

Tabelle 5.1: Unicodes für Brüche

Tipps

- Einige weitere Brüche finden Sie in der Standard-Schriftart *MS Reference Speciality.*
- Falls Sie weitere Bruchdarstellungen benötigen, suchen Sie mit der Suchmaschine Ihres geringsten Misstrauens nach »font fraction«.

Wichtig

Sofern Sie andere Symbole als aus dem Zeichenvorrat »(normaler Text)« einer AutoKorrektur zuordnen, achten Sie darauf, dass die Option FORMATIERTEN TEXT aktiviert ist. Nur damit wird auch die Information, aus welcher Font-Datei das Zeichen stammt, übernommen.

Lösung 2: Per eigener AutoKorrektur

Zum Einrichten einer eigenen AutoKorrektur kommen Sie um ein einmaliges Suchen im Dialog SYMBOL nicht umhin.

1. EINFÜGEN|SYMBOL
2. Wählen Sie bei SCHRIFTART »(normaler Text)« und bei ZEICHENCODE »Unicode (hex)«.
3. Scrollen Sie in SUBSET zu »Zahlenzeichen«.
4. Markieren Sie den gewünschten Bruch.
5. Wechseln Sie mit der Schaltfläche AUTOKORREKTUR zum Dialog AUTOKORREKTUR-OPTIONEN.

Das gewählte Bruchzeichen steht bereits im Feld DURCH.

6. Tragen Sie den Bruch in Schrägstrichschreibweise ins Feld ERSETZEN ein.
7. HINZUFÜGEN
8. OK

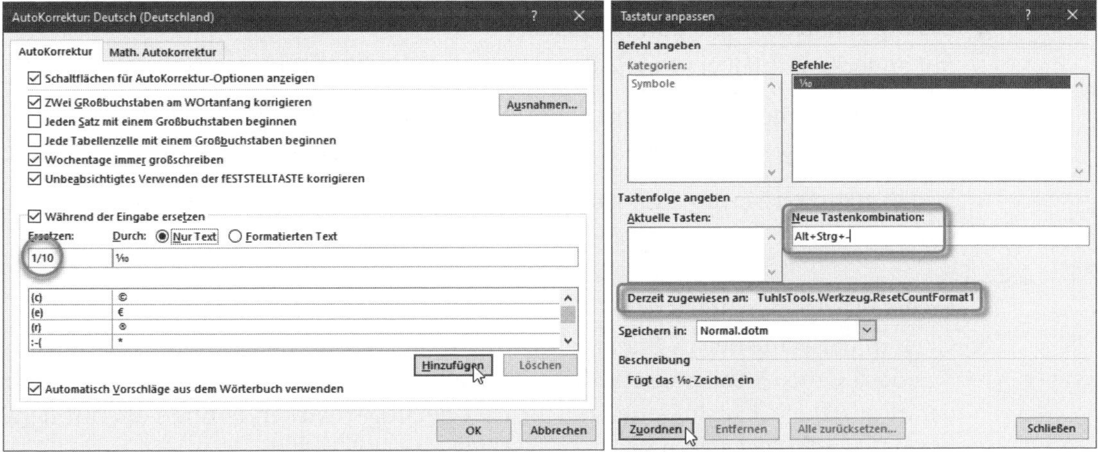

Abb. 5.3: AutoKorrektur oder Tastenkombination für oft benötigte Brüche anlegen

Lösung 3: Per eigener Tastenkombination

Gehen Sie vor wie in Lösung 2 bis Schritt 4.

5. Wechseln Sie mit der Schaltfläche TASTENKOMBINATION zum Dialog TASTATUR ANPASSEN.

Das Zeichen ist bereits im Feld BEFEHLE eingetragen.

6. Setzen Sie den Cursor ins Feld NEUE TASTENKOMBINATION.
7. Betätigen Sie die gewünschte Tastenkombination.

Im Bereich darunter wird Ihnen angezeigt, ob diese Tastenkombination schon anderweitig vergeben ist.

8. Wählen Sie bei SPEICHERN IN aus, ob die Tastenkombination global (Normal.dotm) oder nur in einer bestimmten Dokumentvorlage wirksam sein soll.
9. ZUORDNEN
10. SCHLIESSEN

5.2.2 Eigene Bruchzahlen erstellen

Es kann vorkommen, dass Sie einen speziellen Bruch selbst im exotischsten Fraction-Font nicht finden.

Lösung 1: Mittels ⅟

Der Code 215F, der mit Alt+C zu ⅟umgewandelt wird, bietet die Basis für beliebige Brüche mit einer 1 im Zähler. So können Sie beliebige Divisoren daran ansetzen, allerdings bitte als Index X_2 formatiert, z.B. ⅟$_{24}$.

Lösung 2: Mittels Hoch- und Tiefstellung

Mit anderen Zahlen als 1 im Zähler müssen Sie mit X^2 und X_2 tricksen.

1. Schreiben Sie den Bruch in Schrägstrich-Schreibweise, z.B. 21/543.
2. Formatieren Sie die Zahl vor dem Schrägstrich mit X^2 als hochgestellt.
3. Formatieren Sie die Zahl nach dem Schrägstrich mit X_2 als tiefgestellt.

Ergebnis: $^{21}/_{543}$

Exkurs »Divisionsschrägstrich«

Ganz in der Nähe der 18 Standard-Brüche finden Sie an der Position 2215 hex im Standard-Unicodezeichensatz den »offiziellen« Divisionsschrägstrich, mit dem derart gestaltete Brüche je nach Schriftart gefälliger wirken können als mit dem normalen Schrägstrich: normal $^{21}/_{543}$, Division: $^{21}∕_{543}$.

Alternativ zu Alt+C, AutoKorrektur oder Tastenbelegung lässt sich der Divisionsschrägstrich mit den Funktionen der *Mathematischen AutoKorrektur* einfügen. Schalten Sie zu diesem Zweck in den AUTOKORREKTUR-OPTIONEN, Register

MATH. AUTOKORREKTUR die Option MATHEMATISCHE AUTOKORREKTURREGELN IN NICHT MATHEMATISCHEN BEREICHEN VERWENDEN ein.

Geben Sie einen der folgenden Codes gefolgt vom Leerzeichen ein, um den Divisionsschrägstrich zu erhalten: `\ldiv` `\ldivide` `\sdiv` oder `\sdivide`.

Lösung 3: Mit der EQ-Funktion

Die EQ-Funktion ermöglicht Brüche mit waagrechtem Bruchstrich.

1. Fügen Sie mit [Strg]+[F9] ein Feld ein, in das Sie folgenden Inhalt schreiben: `{ EQ \f (Zähler;Nenner)}`
2. Bleiben Sie mit der Schreibmarke im Feld und drücken Sie [F9] zum Aktualisieren.

Die Feldfunktion wandelt die Argumente um zu $\frac{\text{Zähler}}{\text{Nenner}}$, also `{ EQ \f (21;543) }` zu $\frac{21}{543}$.

Erklärung

zum Bugfix

EQ steht für »Equation«; dieses Feld hilft, im Fließtext kleinere Formeln, Gleichungen und Terme aufzubauen, lässt sich aber auch für andere Zwecke einsetzen.

Das EQ-Feld versteht eine Vielzahl von Anweisungen, z.B. den Schalter `\f` für einen Bruchstrich, dessen Zähler und Nenner aus in Klammern nachgesetzten Argumenten stammen. Der Bruch wird automatsch horizontal in sich und vertikal in der Zeile zentriert.

Nachteil

Leider vergrößert diese Variante die Zeilenabstände ober- und unterhalb der Zeile.

Vorsicht

Doppelklicken Sie kein EQ-Feld, denn daraufhin konvertiert Word es in eine Formel des alten Formel-Editors 3.0, das sich mit Bordmitteln nicht mehr bearbeiten lässt.

5.3 Darstellung von Kalenderdaten anpassen

Da selbst die DIN 5008 vom Standard *tt.mm.jjjj* abweichende Datumsschreibweisen zulässt und im internationalen Schriftverkehr *jjjj-mm-tt* empfiehlt, kommt man um gelegentliche Korrekturen dieses Formats nicht herum, wenn das Datum manuell eingegeben wurde.[2]

2 Bei Kalenderdaten per Feldfunktionen ist die Formatierung vom Feld vorgegeben, vgl. Anhang A

Lösung

1. Markieren Sie den zu korrigierenden Bereich und öffnen Sie den ERSETZEN-Dialog mit Strg+H.
2. SUCHEN NACH: `([0-9]{4})-([0-9]{2})-([0-9]{2})`
3. ERSETZEN DURCH: `\3.\2.\1`
4. ☑ `Platzhalter verwenden`
5. ALLE ERSETZEN

Erklärung

Das Sonderformat AUSDRUCK gruppiert die Zeichen im Feld SUCHEN NACH. Im Beispiel haben wir drei Gruppen, je eine für das Jahr (`[0-9]{4}`), den Monat (`[0-9]{2}`) und den Tag (`[0-9]{2}`).

Im Feld ERSETZEN durch wird per \ als Steuerzeichen angegeben, in welcher neuen Reihenfolge die Ausdrücke erscheinen sollen.

Die Ausdrücke selbst bestehen jeweils aus einem Bereich in [eckigen Klammern], der als Suchbegriff alle Ziffern von 0 bis 9 definiert. Die {geschweifte Klammer} danach gibt an, wie viele der Suchzeichen im Bereich vorkommen sollen, beim Jahr also vierstellig, bei Monat und Tag zweistellig.

Um sowohl vierstellige als auch zweistellige Jahreszahlen sowie ein- und zweistellige Monats- und Tageszahlen zu erfassen, bedarf es einer Erweiterung:

1. Markieren Sie den zu korrigierenden Bereich und öffnen Sie den ERSETZEN-Dialog mit Strg+H.
2. SUCHEN NACH: `([0-9]{2;4})-([0-9]{1;2})-([0-9]{1;2})`
3. ERSETZEN DURCH: `\3.\2.\1`
4. ☑ `Platzhalter verwenden`
5. ALLE ERSETZEN

Das Semikolon in einer geschweiften Klammer ist für die Suche ein Trennzeichen[3] für die Argumente *von* und *bis*. Steht nach dem Semikolon keine Zahl, können beliebig viele Zeichen der gesuchten Art folgen, aber mindestens so viele, wie vor dem Semikolon angegeben.

Vorsicht

Bei US-Daten muss die Reihenfolge im Feld ERSETZEN DURCH an die dort übliche Schreibweise *mm-dd-yyyy* angepasst werden:

SUCHEN NACH: `([0-9]{1;2})-([0-9]{1;2})-([0-9]{2;4})`

ERSETZEN DURCH: `\2.\1.\3`

3 Die Trennzeichen sind national unterschiedlich. In Kapitel 10 gibt es dazu weitere Informationen und Hilfestellungen.

Kapitel 6

Sonderzeichen und Symbole

Kaum eine Sprache kommt ohne Sonderzeichen, z.B. abgewandelte Buchstaben des lateinischen Alphabets, aus. Die Unicode-Fonts enthalten alle üblichen Zeichenvarianten, die mit angepassten Tastaturlayouts auch leicht zu erreichen sind. EINFÜGEN|SYMBOL zeigt Ihnen für jede installierte Schrift den Zeichenumfang an. Haben Sie oben in der Schriftartenliste »(normaler Text)« gewählt, sehen Sie die Standard-Zeichenauswahl der meisten Fonts. Nach Markieren eines Zeichens sehen Sie unten Informationen zum Zeichen.

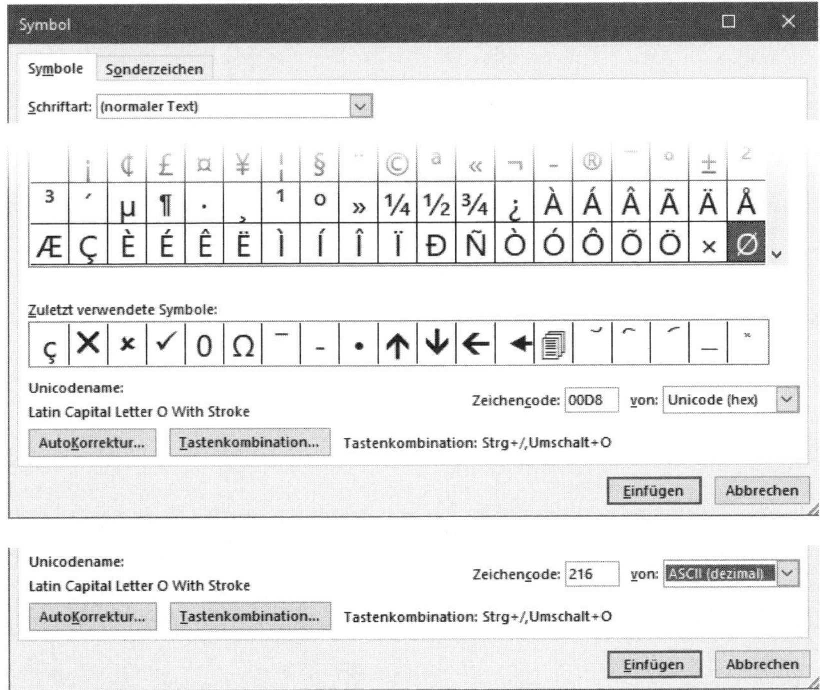

Abb. 6.1: Informationen im SYMBOL-Dialog

6.1 Schneller zum Symbol

Das Aufrufen des SYMBOL-Dialogs und Stöbern in der langen Zeichenauswahl ist mühsam und lässt sich erleichtern.

6.1.1 Sonderzeichen per Zeichencode

Rechts unten wird ein Zeichencode angezeigt, den Sie wie folgt verwenden können.

Lösung 1: Dezimalcode

Ist im Dialog EINFÜGEN|SYMBOL rechts neben dem Zeichencode die Darstellung »ASCII (dezimal)« eingestellt, geben Sie den Code bei gedrückter Alt-Taste auf vier Stellen durch führende Nullen ergänzt mit der Zifferntastatur ein, z.B. Alt+0 2 3 1 für ç.

Lösung 2: Hexadezimalcode

Ist rechts neben dem Zeichencode die Darstellung »ASCII (hex)« oder »Unicode (hex)« eingestellt, schreiben Sie den Code in den Text und betätigen dann Alt+C.

Alt+C wirkt als »Schaukelfunktion« und eignet sich auch, um den Code eines Zeichens festzustellen: Setzen Sie die Schreibmarke hinter ein Zeichen und betätigen Sie Alt+C, wandelt Word das Zeichen in seinen Unicode-Wert um.

Wichtig

Die Anleitung unten mittig im Dialog, für diese Methode Alt+X zu verwenden, ist falsch. Richtig ist einzig und allein Alt+C!

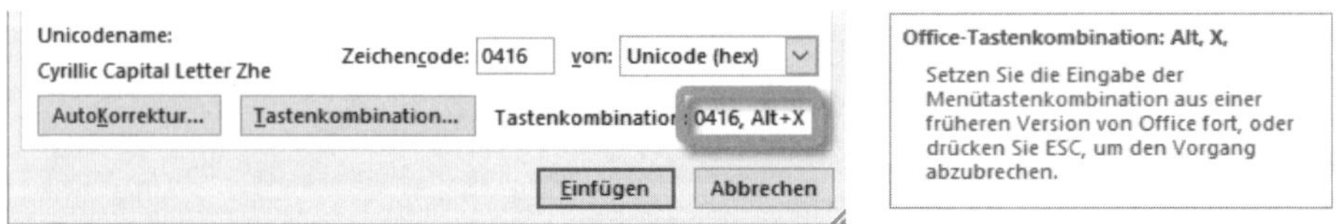

Abb. 6.2: Falscher Hinweis im SYMBOL-Dialog

Symbole für Hamburger- und Dreipunkt-Menü

Für Dokumentationen zu mobilen Kommunikationsgeräten benötigt man neuerdings die Zeichen für die neuen Menüsymbole. Sie finden sie an den Unicode-Positionen
2630 für das Hamburger-Menü ☰ und
205d für das Dreipunkt-Menü ⁝.

Für das liegende Dreipunkt-Menü ••• gibt es kein Symbol in den Standard-Fonts.

6.1.2 Sonderzeichen per AutoKorrektur oder Tastenkombination einfügen

Es ist mühsam, immer wieder dieselben Sonderzeichen mit Codes einzugeben.

Lösung 1: AutoKorrektur

Links unten im SYMBOL-Dialog finden Sie die Schaltfläche AUTOKORREKTUR. Mit ihr lässt sich für das ausgewählte Symbol eine Zeichenfolge festlegen, die automatisch beim Schreiben durch das Symbol ersetzt wird. Anhang C gibt dazu ausführliche Hinweise.

Lösung 2: Standard-Tastenkombination verwenden

Im Informationsbereich des SYMBOL-Dialogs werden Tastenkombinationen oder -abfolgen für das markierte Zeichen angezeigt, die nicht immer zutreffen, weil unangepasst vom US-Tastaturlayout übernommen. Hier hilft nur die Methode »Versuch macht klug.«[1]

Lösung 3: Eigene Tastenkombinationen verwenden

Mit der Schaltfläche TASTENKOMBINATION im SYMBOL-Dialog legen Sie sich für das markierte Zeichen ein eigenes Tastenkürzel an, wie in Anhang C beschrieben.

Wichtig

- Wenn das Sonderzeichen per EINFÜGEN|SYMBOL aus dem SYMBOL-Dialog mit der Einstellung *»(normaler Text)«* ausgewählt oder per Tastenkombination ohne Formatierung eingegeben wird, passt es sich beim Wechsel der Schriftart an. Sollte die neue Schriftart nicht über dieses Sonderzeichen verfügen oder ein anderes Zeichen diese Position einnehmen, wird die Anzeige nicht mehr stimmen.
- Fügen Sie das Sonderzeichen jedoch *nach Auswahl einer bestimmten Schriftart* mit dem SYMBOL-Dialog ein, bleibt das Zeichen in dieser Schriftart erhalten, auch wenn der umgebende Text auf eine andere Schriftart umgestellt wird.

6.1.3 Sonderzeichen per PowerToys einfügen

Das von Microsoft zum kostenlosen Download angebotene Tool-Paket »PowerToys«[2] zeigt beim Aufruf mit Win+. zunächst eine Liste mit Smileys, enthält aber im Register Ω etliche Sonder- und Satzzeichen.

---

1 Die in Abbildung 6.1 gezeigte Tastenkombination für Ø stimmt erstaunlicherweise, obwohl das QWERTZ-Tastaturlayout überhaupt keine Taste / kennt. Mit Strg+⇧+7, 0 klappt es dennoch.

2 Herunterzuladen im Microsoft Store

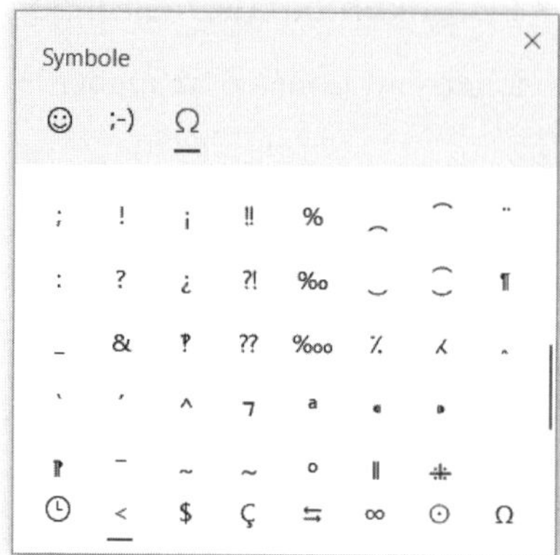

Abb. 6.3: Das Symbolregister Ω der PowerToys

6.2 Nicht verfügbare Sonderzeichen selbst konstruieren

Der Bedarf an Sonderzeichen ist durch Unicode nicht vollständig abgedeckt.

Lösung 1: Diakritische Zeichen

In Unicode-Fonts finden Sie die Subsets

- KOMBINIERENDE DIAKRITISCHE ZEICHEN,
- ZUSÄTZLICHE KOMBINIERENDE DIAKRITISCHE ZEICHEN und
- KOMBINIERENDE HALBE DIAKRITISCHE ZEICHEN.

Dort sind alle Arten von Akzentzeichen etc. versammelt, jedoch mit einigen Eigenheiten behaftet.

Wichtig

- Die Akzente aus dem Subset KOMBINIERENDE DIAKRITISCHE ZEICHEN haben die Eigenart, auf das *vorangehende* Zeichen zu rutschen. Also genau *andersherum* als die Akzente der Tastatur, bei denen das nachfolgend eingegebene Zeichen unter den Akzent rutscht!
- Akzente aus den Subsets ZUSÄTZLICHE KOMBINIERENDE DIAKRITISCHE ZEICHEN und KOMBINIERENDE HALBE DIAKRITISCHE ZEICHEN dagegen verhalten sich wie die Tastaturakzente [^], [´] und [⇧]+[´]: Sie erscheinen erst nach Eingabe des *folgenden* Buchstaben über diesem.

Lösung 2: Zeichenkombinationen der mathematischen AutoKorrektur

In den Codes der mathematischen AutoKorrektur sind auch einige Zeichenkombinationen mit Akzenten enthalten. Erforderlich dafür ist, dass die Option MATHEMATISCHE AUTOKORREKTURREGELN IN NICHT MATHEMATISCHEN BEREICHEN VERWENDEN aktiviert ist.

Zeichenfolge	wird zu	Zeichenfolge	wird zu	Zeichenfolge	wird zu
x\acute	$\acute{x}$	x\grave	$\grave{x}$	x\hat	$\hat{x}$
x\tilde	$\tilde{x}$	x\bar	$\bar{x}$	x\Bar	$\bar{\bar{x}}$
x\breve	$\breve{x}$	x\check	$\check{x}$	x\dot	$\dot{x}$
x\ubar	$\underline{x}$	x\Ubar	$\underline{\underline{x}}$		

Abb. 6.4: Akzente der mathematischen AutoKorrektur (x steht als Platzhalter für beliebige Buchstaben)

Lösung 3: Überlagern mit der EQ-Funktion

Der Schalter \o in einer EQ-Funktion schiebt die Argumente innerhalb einer nachfolgenden Klammer übereinander. Wie die Überlagerung orientiert ist, entscheidet ein weiterer Schalter:

\al linksbündig
\ac zentriert (Standardeinstellung, auch ohne \ac)
\ar rechtsbündig

Beispiele

{ EQ \o (0;|) } wird zu O|,
{ EQ \o \al (0;|) } wird zu |O,
{ EQ \o \ar(0;|) } wird zu O|.

Die Ausrichtung bezieht sich auf die Letternbreite, nicht auf die Zeichenbreite.

Vorsicht

Da das Kürzel \o schon durch die mathematische AutoKorrektur belegt ist, wandelt sie \o in das Omikron-Zeichen um (sieht auch nicht anders aus als ein o). Deshalb müssen Sie nach der Eingabe des Leerschritts nach \o sofort [Strg]+[Z] betätigen.

6.3 Das versale Eszett

Das große ß gehört seit 2017 zum offiziellen deutschen Zeichensatz. Das Zeichen wurde eingeführt, um in Versalschreibweise nicht immer das ß durch Doppel-S substituieren zu müssen. Sie fügen das Zeichen ein,

- sofern Windows 10 oder 11 installiert ist, mit [⇧]+[AltGr]+[ß], ansonsten durch
- [Alt]+[7][8][3][8] auf dem Ziffernblock oder durch
- das Eintippen des Unicode-Hexwerts 1E9E, dann [Alt]+[C].

Die Sache hat allerdings mehrere Haken.

Nicht in jedem Zeichensatz verfügbar

ß ist nur in Unicode-Zeichensätzen anzutreffen. Obwohl bereits 2008 in den Unicode-Zeichensatz aufgenommen, verfügen bis heute nicht alle Standardschriften über das versale ß.

Font	Aptos	Arial	Calibri	Montserrat	Seaford	Segoe	Source	Tahoma	Verdana	Cambria	Georgia	Cormorant	Times	Courier
Minuskel	ß	ß	ß	ß	ß	ß	ß	ß	ß	ß	ß	ß	ß	ß
Majuskel	ẞ	ẞ	ẞ	ẞ	ẞ	ẞ	ẞ	ẞ	ẞ	ẞ	ẞ	ẞ	ẞ	ẞ

Abb. 6.5: Standard-Fonts mit versalem ß

Probleme bei Versal- und Kapitälchenschrift

Nicht jeder auf Ihrem Computer installierte Zeichensatz enthält das neue Zeichen. Von den mit Windows und MS Office/365 mitgelieferten Fonts sind gerade mal die in Abbildung 6.5 mit ß ausgestattet. Auf dem »freien Markt« finden sich weitere, auch kostenlose Fonts mit dieser Ergänzung.

Fehlt im verwendeten Zeichensatz das ß, ersetzt Word es

- in *Serifenschriften* durch das ẞ aus *Cambria* und
- in *serifenlosen Schriften* durch das ẞ aus *Calibri,*

was gelegentlich wie ein »Zwiebelfisch«[3] aussieht.

Beim Umwandeln von Text in Versal- oder Kapitälchenschreibweise sieht das versale ß in manchen Schriftarten seltsam aus, egal ob substituiert oder in der Schrift enthalten.

Vorsicht

Beim Wechsel der Schreibweisen mit der Schaltfläche Aa▾ auf GROSSBUCHSTABEN wird weiterhin das Doppel-S-Substitut verwendet. Dieser Wechsel ist *nicht reversibel,* wenn Sie anschließend eine der anderen Varianten wählen.

3 Zwiebelfisch ist der Setzerausdruck für einen Buchstaben aus einer anderen Schrift, der sich ins Wort gemogelt hat.

Kapitel 7

Interpunktion

Korrekte Interpunktion im Text ist nicht nur wichtig für die gute Lesbarkeit eines Texts, sondern auch für das reibungslose Funktionieren eines Textprogramms. Word arbeitet strikt nach *nationalen* Zeichensetzungsregeln.[1] Viele Automatismen setzen korrekte Zeichensetzung voraus, um richtig zu funktionieren.

Manche eigenartige Reaktion von Word hat ihre Ursache in falscher Zeichensetzung, die korrekt interpretiert wird, aber in ihrer Korrektheit den Fehler verstärkt.

In vielen Fällen fehlerhafter Interpunktion, z.B. an zugelieferten oder aus anderen Quellen übernommenen Texten hilft die Funktion SUCHEN UND ERSETZEN, ausführlich in Kapitel 10 erklärt, im Folgenden an ausgewählten Beispielen eingesetzt.

7.1 Überflüssige Leerzeichen

Typisch sind z.B. falsch platzierte oder mehrfach hintereinander auftretende Leerzeichen. Word betrachtet Leerzeichen als Möglichkeit zum Zeilenumbruch.[2]

7.1.1 Leerzeichen suchen

Ein Leerzeichen, als Suchbegriff mit `Leertaste` eingegeben, findet nicht nur das normale Leerzeichen [0020], sondern auch das geschützte [00A0] und das Viertelgeviert-Leerzeichen [2005], das identisch mit dem normalen ist, aber eine eigene Position im Unicode-Zeichensatz besitzt.

Kurz: Ein Leerzeichen ␣ als Suchbegriff findet alle ¼" breiten Leerzeichen.

7.1.2 Mehrfach-Leerzeichen entfernen

Es kommt immer wieder vor, dass die Leertaste versehentlich doppelt gedrückt wird. Auch bei eingeschalteter Steuerzeichenanzeige übersieht man leicht die zwei·· nebeneinander.

1 Dieses Kapitel bezieht sich auf deutsche Interpunktionsregeln, auch im deutschsprachigem Ausland nebst Sonderregeln für die Schweiz.

2 Abschnitt 4.2 beschreibt Abhilfen für unerwünschte Zeilenumbrüche an notwendigen Leerzeichen.

Lösung

1. Markieren Sie den zu korrigierenden Bereich und öffnen Sie den ERSETZEN-Dialog mit [Strg]+[H].
2. SUCHEN NACH: ^w
3. ERSETZEN DURCH: ␣[3]
4. ALLE ERSETZEN

Erklärung

Das Leerzeichen-Ersatzzeichen ^w findet ebenso wie das per Tastatur eingegebene Leerzeichen ␣alle ¼" breiten Leerzeichen, markiert aber mehrere aufeinanderfolgende ¼" breiten Leerzeichen als *eine* Fundstelle. Dabei ist es egal, in welcher Kombination die drei Varianten auftreten. Erst ein anderes Zeichen beendet die Markierung.

Damit ist dieser Suchbegriff ideal zum Reduzieren von Leerzeichen-Rudeln auf das eine benötigte ␣.

7.1.3 Leerschritte vor Satzzeichen korrigieren

Manche Zeitgenossen rahmen Satzzeichen gern mit Leerzeichen ein, im Fachjargon »Plenks«[4] genannt.

Lt. DIN 5008 folgt auf ein Satzzeichen ein Leerzeichen, aber es geht ihm keins voran.

Lösung

1. Markieren Sie den zu korrigierenden Bereich und öffnen Sie den ERSETZEN-Dialog mit [Strg]+[H].
2. SUCHEN NACH: `(␣)([.:,;\)\?\!])`
3. ERSETZEN DURCH: `\2`
4. ☑ `Platzhalter verwenden`
5. ALLE ERSETZEN

Erklärung

Bei der Mustersuche (Platzhaltersuche) haben runde Klammern im Suchbegriff die Aufgabe, den Inhalt zu gliedern.

Zeichen in [eckigen Klammern] werden als Suchbereich gewertet und jedes für sich gesucht. Mit obigem Suchbegriff gilt also jedes der [eingeklammerten] Satzzeichen als Treffer.

Gesucht wird also nach Leerzeichen, die vor einem Satzzeichen stehen.

---

3 ␣= einfaches Leerzeichen

4 Vom Englischen »blank« abgeleitet

Im Suchbereich tauchen drei \ auf, die das nachfolgende Zeichen als zu suchendes Zeichen und nicht als Steuerzeichen der Platzhaltersuche kennzeichnen. Gesucht wird also nach ␣, gefolgt von . : , ;) ? oder !.

Beim Ersetzen kommt die Ausdrucksdefinition durch runde Klammern im Suchbegriff zum Tragen. Das Plenk als erster Ausdruck wird nicht gebraucht, also bleibt zum Ersetzen nur der zweite Ausdruck, wobei natürlich nur das gefundene Zeichen erscheint.

Und was ist mit öffnenden Klammern?

Bei öffnenden Klammern liegen die Verhältnisse umgekehrt, da gehört das Leerzeichen vor die Klammer und nicht dahinter.

1. Markieren Sie den zu korrigierenden Bereich und öffnen Sie den ERSETZEN-Dialog mit `Strg`+`H`.
2. SUCHEN NACH: `(^w`
3. ERSETZEN DURCH: `␣(`
4. ALLE ERSETZEN

Hinweis

Das Ersetzen von Plenks an eckigen und geschweiften Klammern wird hier nicht erwähnt, weil beide im Fließtext selten auftreten.

Im Bedarfsfall müssen sie dem Suchbereich als \[und \{ zugefügt werden. Für öffnende Klammern ist dann folgende Konstellation notwendig:

SUCHEN NACH: `([\[\{\(])(␣)`

ERSETZEN DURCH: `\1`

☑ `Platzhalter verwenden`

7.1.4 Überflüssige Leerzeichen am Absatzende entfernen

Gelegentlich wird ein Absatz in zwei aufeinanderfolgende aufgeteilt. Dabei wird meist vergessen, das überflüssige Leerzeichen, das zuvor zwei Sätze getrennt hatte, zu entfernen. So steht es dann verlassen zwischen Punkt und Absatzmarke. ␣¶

Lösung

1. Markieren Sie den zu korrigierenden Bereich und öffnen Sie den ERSETZEN-Dialog mit `Strg`+`H`.
2. SUCHEN NACH: `^w^p`
3. ERSETZEN DURCH: `^p`
4. ALLE ERSETZEN

Erklärung
Diese Kombination aus Such- und Ersatzbegriff entfernt auch mehrere Leerzeichen vor der Absatzmarke.

7.1.5 Führende Leerzeichen entfernen

Manchmal begegnet man Einrückungen, die mit überlieferter Schreibmaschinen-Bedienweise durch eines oder mehrere Leerzeichen erzeugt wurden.

Lösung

1. Schalten Sie die Formatierung der betroffenen Absätze mit [Strg]+[E] oder [≣] auf »zentriert« um.
2. Schalten Sie die Formatierung der betroffenen Absätze mit [Strg]+[L] oder [≣] auf »linksbündig« zurück. (Verwenden Sie *nicht* ↶ oder [Strg]+[Z]!)

Erklärung
In der Funktion »Zentrieren« ist das Entfernen führender Leerzechen enthalten.

7.2 Binde- und Trennstriche

Für Binde- und Trennstriche kommen unterschiedliche Strichlängen zum Einsatz:

- Bindestrich (Viertelgeviertstrich) für zusammengesetzte Wörter [-],
- Silbentrennstrich, identisch mit dem Bindestrich [-],
- Gedankenstrich (Halbgeviertstrich) [Strg]+[-] auf dem Ziffernblock[5], neu [AltGr]+[⇧]+[-],
- Geviertstrich (z.B. als Auslassungszeichen nach dem Komma bei glatten Beträgen) [AltGr]+[-] auf dem Ziffernblock.

7.2.1 Bindestriche in Gedankenstriche umwandeln

Praktischer als die manuelle Eingabe ist es, Word einfache Bindestriche automatisch zu Gedankenstrichen umwandeln zu lassen.

Lösung
Aktivieren Sie in der AUTOKORREKTUR, Register AUTOFORMAT WÄHREND DER EINGABE die Option BINDESTRICHE DURCH GEVIERTSTRICH.

Erklärung
Ist ein Bindestrich von Leerzeichen umgeben, ersetzt Word ihn nach Abschluss *des darauffolgenden Worts* durch einen Halbgeviertstrich.

5 Microsoft hat diese Tastenkombinationen im Frühjahr 2023 für Office 365 neu belegt. Abhilfe in Anhang C.

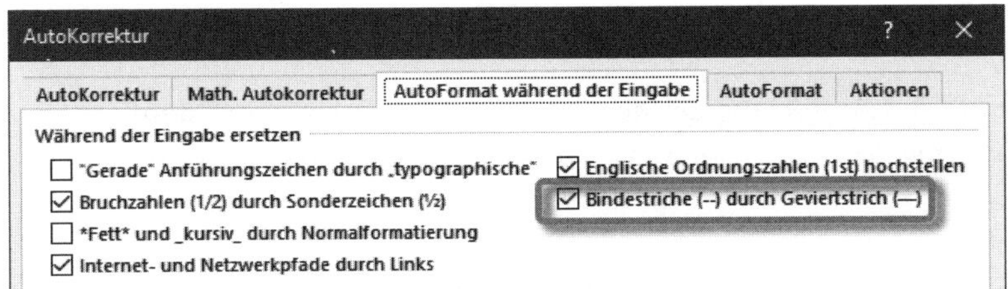

Abb. 7.1: Falsche Beschreibung der Gedankenstrich-AutoKorrektur

7.2.2 Fehlerhafte AutoKorrektur des Geviertstrichs

Lt. AutoKorrektur-Option sollen zwei aufeinanderfolgende Bindestriche durch einen Geviertstrich ersetzt werden, es passiert aber nichts.

Erklärung

Die Beschreibung »Bindestriche (--) durch Geviertstrich (—)« ist von jeher irreführend, denn mit dieser Option schalten Sie die Gedankenstrich-Automatik (Hack 7.2.1) ein. Ob dort ein oder zwei Bindestriche stehen, ist irrelevant.

Für einen Geviertstrich benötigen Sie auf jeden Fall die Tastenkombination [AltGr]+[-] auf dem Ziffernblock.

7.3 Problemfall Apostroph

Der Apostroph ist sowohl sprachlich als auch typografisch ein Problem. Nach deutscher Grammatik ist der Apostroph ein reines Auslassungszeichen; andere Verwendungen – in anderen Sprachen üblich – gibt es nicht.

Zu allem Überfluss macht auch Word (wie nahezu alle Textprogramme) einige Sperenzchen beim Apostroph-Einsatz.

7.3.1 Typografischen Apostroph eingeben

Ohne automatische Umwandlung der Anführungszeichen erzeugt [⇧]+[#] ein gerades, einfaches Anführungszeichen der Schreibmaschinenära '. Ein korrekter Apostroph ist allerdings kein senkrechter Strich oder Keil, sondern ein hochgestelltes Komma ’ mit dem Zeichencode 0146.[6]

Wenn Sie in den AUTOKORREKTUR-OPTIONEN, Register AUTOFORMAT WÄHREND DER EINGABE die Option "GERADE" ANFÜHRUNGSZEICHEN DURCH „TYPOGRAPHISCHE“ ERSETZEN eingeschaltet haben, wendet Word diese Option auch auf den Apostroph an, leider falsch!

6 Aha, daher die Bezeichnung »Hochkomma«!

Was da erzeugt wird, ist ebenfalls kein Apostroph, sondern je nach Stellung im Text das Zeichen
0130, *öffnendes einfaches Anführungszeichen*, wenn es vor einem Wort steht,
0145, *schließendes einfaches Anführungszeichen*, wenn es auf ein Wort folgt.

Abb. 7.2: Der Apostroph und seine »Verwandten«

Viele serifenlose Schriften (Abbildung 7.3 links) enthalten sehr ähnlich erscheinende Zeichen für Apostroph und einfaches Abführungszeichen. Bei Serifenschriften fällt der Unterschied deutlich auf.

Schrift	g	Ok	AK	Schrift	g	Ok	AK
Aptos	'	’	‘	Baskerville	'	’	‘
Arial	'	’	‘	Bookman	'	’	‘
Calibri	'	’	‘	Century	'	’	‘
Segoe	'	’	‘	Palatino	'	’	‘
Tahoma	'	’	‘	Times	'	’	‘
Verdana	'	’	‘	Walbaum	'	’	‘

Abb. 7.3: Apostrophe in verschiedenen Zeichensätzen (g = gerade, Ok = korrekt, AK = falsche AutoKorrektur)

Lösung

Einen echten Apostroph bekommen Sie also nur, indem Sie [Alt]+[0][1][4][6] eingeben oder eine eigene Tastenkombination für das Zeichen ’ 0146 anlegen (Anhang C oder Listing 7.1).

Standardmäßig ist die Taste [#] nur mit # und umgeschaltet mit dem von der AutoKorrektur interpretierten ' belegt; so stehen mit [Alt]+[#] und [AltGr]+[#] Möglichkeiten für den fest zu definierenden korrekten und den geraden Apostroph (Hack 7.3.2) zur Verfügung.

7.3.2 Geraden Apostroph eingeben

Ist die AutoKorrektur-Option "GERADE" ANFÜHRUNGSZEICHEN DURCH „TYPOGRAPHISCHE“ ERSETZEN eingeschaltet, wird *immer* ein einfaches Anführungszeichen beim Druck auf [⇧]+[#] erzeugt, auch wenn ein gerader Apostroph benötigt wird.

Lösung 1: ad hoc

Betätigen Sie nach [⇧]+[#] sofort [Strg]+[Z], um die Umwandlung zu revidieren.

Lösung 2: eigene Tastenkombination für ’

Legen Sie sich eine eigene Tastenkombination (Anhang C) für den geraden Apostroph an. Leider lässt sich mit der normalen Zuordnungsmethode keine Tastenkombination der Art [⇧]+[Any Key] anlegen, also kommt ein Umwidmen von [⇧]+[#] mit der Funktion TASTATUR ANPASSEN nicht in Betracht.

Lösung 3: [⇧]+[#] umwidmen mit VBA

VBA hat die Beschränkungen von Lösung 2 nicht. Mit dem Makro aus Listing 7.1 lässt sich der korrekte Apostroph auch auf die Tastenkombination [⇧]+[#] legen.

```
001 Sub Apo_SingleQ()
002     With Application
003         .CustomizationContext = NormalTemplate
004         .KeyBindings.Add KeyCode:=BuildKeyCode(wdKeyShift, 191),
    KeyCategory:=wdKeyCategorySymbol, Command:=Chr(146)
005         .KeyBindings.Add KeyCode:=BuildKeyCode(wdKeyControl, wdKeyAlt,
    wdKeyShift, 191), KeyCategory:=wdKeyCategorySymbol, Command:=Chr(39)
006         .KeyBindings.Add KeyCode:=BuildKeyCode(wdKeyAlt, 191),
    KeyCategory:=wdKeyCategorySymbol, Command:=Chr(130)
007         .KeyBindings.Add KeyCode:=BuildKeyCode(wdKeyAlt, wdKeyShift, 191),
    KeyCategory:=wdKeyCategorySymbol, Command:=Chr(145)
008         NormalTemplate.Save
009     End With
010 End Sub
```

Listing 7.1: Apostroph-Taste umdefinieren

Erklärung

Die Taste [#] kann nur über ihren Zahlencode `191` angesprochen werden. `146` ist die ANSI-Position des korrekten Apostrophs. Mit `NormalTemplate` wird die Basis-Dokumentvorlage `Normal.dotm` als Ziel der Tastenbelegung bestimmt. So gilt diese Tastendefinition immer, wenn Sie Word starten.

Die Codezeilen `004` und `005` legen die Tastenkombinationen wie folgt neu fest:
[⇧]+[#] typografischer Apostroph ’ ANSI 146
[AltGr]+[#] gerader Apostroph ' ANSI 39

Die Zeilen `006` und `007` gehören zu Hack 7.4.3.

> **Wichtig**
>
> Die Option "GERADE" ANFÜHRUNGSZEICHEN DURCH „TYPOGRAPHISCHE“ ERSETZEN muss **ab**geschaltet sein. AutoKorrektur hat Priorität vor Tastenkombination.

7.3.3 Falsche Apostrophe korrigieren

In aus anderen Quellen übernommenen Texten sind meist fehlerhafte Apostrophe enthalten. Auch hier hilft SUCHEN UND ERSETZEN.

Lösung

1. Markieren Sie den zu korrigierenden Bereich und öffnen Sie den ERSETZEN-Dialog mit [Strg]+[H].
2. SUCHEN NACH: `['‘]`
3. ERSETZEN DURCH: ’
4. ☑ `Platzhalter verwenden`
5. ALLE ERSETZEN (alternativ: WEITERSUCHEN)

Alternativ

Sofern nicht alle geraden Apostrophe ersetzt werden sollen, starten Sie den Suchlauf nicht mit ALLE ERSETZEN, sondern mit WEITERSUCHEN, um dann mit ERSETZEN oder WEITERSUCHEN an jeder Fundstelle zu entscheiden, ob das gefundene Zeichen ersetzt werden soll oder nicht.

7.4 Anführungszeichen

Bei den Anführungszeichen[7] lässt Word seine Benutzer von jeher im Regen stehen. Mit [⇧]+[2] werden zwar „typografisch korrekte“ An- und Abführungszeichen gesetzt, aber was korrekt ist, liegt im Ermessen der Microsoft-Entwickler.

Typ	Serifenschrift		Serifenlose Schrift	
	öffnend	schließend	öffnend	schließend
gerade	"	"	"	"
typografisch D/A	„	“	„	“
typografisch CH	«	»	«	»
Chevrons	»	«	»	«

Abb. 7.4: Im deutschen Sprachraum übliche Anführungszeichen

Wenn Sie in den AUTOKORREKTUR-OPTIONEN, Register AUTOFORMAT WÄHREND DER EINGABE die Option "GERADE" ANFÜHRUNGSZEICHEN DURCH „TYPOGRAPHISCHE“ ERSETZEN eingeschaltet haben, erscheinen auf [⇧]+[2] keineswegs immer dieselben An- und Abführungszeichen. Word macht die Form abhängig vom im Betriebssystem eingestellten Sprachschema. In ⊞ STARTMENÜ|⚙ EINSTELLUNGEN|ZEIT UND

7 Korrekt wäre »Anführungs- und Abführungszeichen«, im heutigen Sprachgebrauch allerdings fast ausschließlich »öffnende und schließende Anführungszeichen« genannt.

SPRACHE|REGION können Sie aus verschiedenen Regional-Spezifika auswählen, was sich u.a. auf die AutoKorrektur der Anführungszeichen auswirkt.

7.4.1 Automatische Anführungszeichen wechseln

In der Schweiz sind «Guillemets» als An- und Abführungszeichen vorgegeben – soweit die Theorie. In geschäftlicher Korrespondenz werden jedoch überwiegend „deutsche Anführungszeichen" verwendet. Ein Wechsel der Regionaleinstellungen schafft keine wirkliche Abhilfe, weil dabei auch die Rechtschreibkontrolle umgestellt würde, die dann nicht mehr eidgenössisches Deutsch zugrunde legte.

Lösung

Verwenden Sie in STARTMENÜ|EINSTELLUNGEN|ZEIT UND SPRACHE|REGION die Spracheinstellung »Deutsch (Liechtenstein)«. Sie vereint ß-freie Rechtschreibung mit deutschen Anführungszeichen.

7.4.2 Zoll-Zeichen (gerades Anführungszeichen)

Das gerade Anführungszeichen " hat weitere Bedeutungen als Symbol für die Maßeinheiten Zoll/Inch und Sekunde. Da auf die Maßzahl ein Leerzeichen folgt und dann erst das Symbol, macht die AutoKorrektur daraus konsequent ein „. Verwenden Sie als Abstand nach der Zahl das korrekte *Schmale geschützte Leerzeichen*, hilft das auch nichts, denn das interpretiert Word nicht als Leerzeichen und macht aus [⇧]+[2] prompt ein ".

Lösung 1: Ad hoc

Wurde das gerade Anführungszeichen per AutoKorrektur in ein typografisches geändert, hilft ein sofortiges [Strg]+[Z], um die automatische Änderung zurückzunehmen.

Lösung 2: Tastenkombination

In Hack 7.4.4, Listing 7.2, belegt Zeile 005 die Tastenkombination [⇧]+[AltGr]+[2] mit dem geraden Anführungszeichen (Code-Nr. 34).

Erklärung

Die Belegung der Tastenkombination allein genügt nicht, denn auch in dieser Form würde die AutoKorrektur eingreifen. Es ist also erforderlich, dass auch die Automatik für typografische Anführungszeichen abgeschaltet wird und benutzerdefinierte Anführungszeichen gem. Hack 7.4.4 verwendet werden.

7.4.3 Einfache Anführungszeichen

Für An- und Abführungen ›zweiten Grades‹ innerhalb eines in Anführungszeichen gebetteten Texts kommen deren einfache Varianten zum Einsatz, also ‚ und ' oder einfache ‹Guillemets› bzw. ›Chevrons‹. Bei eingeschalteter Option "GERADE"

ANFÜHRUNGSZEICHEN DURCH „TYPOGRAPHISCHE" ERSETZEN fungiert die Apostroph-Tastenkombination [⇧]+[#] sprachabhängig als Pendant für [⇧]+[2]. Wollen Sie andere einfache Anführungszeichen einsetzen, benötigen Sie ein Workaround.

Workaround

Abbildung 7.5 zeigt die Eingabecodes für alle Arten von An- und Abführungszeichen. Sie sind in allen Schriftarten enthalten.

Typ		[Alt]+		[Alt]+		[Alt]+		[Alt]+
typografisch D/A	„	0132	"	0147	‚	0130	'	0145
typografisch CH	«	0171	»	0187	‹	0139	›	0155
Chevrons	»	0187	«	0171	›	0155	‹	0139

Abb. 7.5: Anführungszeichen und ihre Eingabecodes mit [Alt] und Zifferntasten

Sie geben die Zeichen entweder über [Alt]+Zeichencode ein oder legen sich, falls sie öfter gebraucht werden, dafür Tastenkombinationen an (siehe Hack 7.3.2 und Anhang C).

7.4.4 Individuelle Anführungszeichen auf [⇧]+[2]

Wollen Sie erreichen, dass beim Druck auf [⇧]+[2] andere als die von der Regionalisierung vorgegebenen Anführungszeichen erscheinen, bedarf es einer Umprogrammierung dieser Tastenkombination.

Lösung – Teil 1: Tastenbelegung

Wie beim Apostroph (Hack 7.3.2) lässt sich die Tastenkombination [⇧]+[2] mit den Bordmitteln nicht anders belegen, aber mit VBA:

```
001 Sub Shift2()
002 With Application
003    .CustomizationContext = NormalTemplate
004    .KeyBindings.Add KeyCode:=BuildKeyCode(wdKeyShift, 50),
    KeyCategory:=wdKeyCategoryMakro, Command:="UserQuotes"
005    .KeyBindings.Add KeyCode:=BuildKeyCode(wdKeyControl, wdKeyAlt,
    wdKeyShift, 50), KeyCategory:=wdKeyCategorySymbol, Command:= Chr(34)
006    NormalTemplate.Save
007 End With
008 End Sub
```

Listing 7.2: [⇧]+[2] umwidmen

Erklärung

Der Tastencode für die Taste [2] ist 50. Dieser Taste wird bei gleichzeitig gedrückter [⇧]-Taste in Zeile 004 mit `wdKeyCategoryMakro, Command:="UserQuotes"` das Makro *UserQuotes* (siehe Listing 7.3) zugewiesen, denn es reicht hier nicht, wie

beim Apostroph einfach ein Sonderzeichen zuzuweisen. Ein Algorithmus muss prüfen, ob ein öffnendes oder schließendes Anführungszeichen zu setzen ist. Mit `NormalTemplate` wird die Basis-Dokumentvorlage `Normal.dotm` als Ziel der Tastenbelegung bestimmt. So gilt diese Tastendefinition immer, wenn Sie Word starten.

Zeile 005 erledigt die in Hack 7.4.2 erwähnte Belegung der Tastenkombination für das gerade Anführungszeichen.

Wichtig

Die Option "GERADE" ANFÜHRUNGSZEICHEN DURCH „TYPOGRAPHISCHE" ERSETZEN muss abgeschaltet sein. AutoKorrektur hat Priorität vor Tastenkombination.

Lösung – Teil 2: Anführungszeichen-Logik

```
001 Sub UserQuotes()
002 Dim CharBefore As Range
003 Dim Qnr, CharBeforeNr As Integer
004 Qnr = 171 ' ANSI schließendes AnfZ
005 If Selection.Start = 0 Then
006     Qnr = 187 ' ANSI öffnendes AnfZ
007 Else
008     Set CharBefore = ActiveDocument.Range(Start:=Selection.Start - 1,
    End:=Selection.Start)
009     CharBeforeNr = Asc(CharBefore)
010     If CharBeforeNr < 33: Qnr = 187 ' ANSI öffnendes AnfZ
011 End If
012 Selection.TypeText Text:=Chr(Qnr)
013 End Sub
```

Listing 7.3: Von der umgeleiteten Tastenkombination ⇧+2 aufgerufene Prüfung auf An- oder Abführungszeichen

Erklärung

Der Variablen `Qnr` wird in Zeile 004 der ANSI-Code des gewünschten schließenden Anführungszeichens zugewiesen (wie Abbildung 7.5, ohne führende Nullen, hier exemplarisch für »Chevrons«).

Zeile 005 prüft, ob die Schreibmarke in der Startposition des Dokuments steht. Wenn ja, kann es sich nur um ein öffnendes Anführungszeichen handeln, dessen Wert in Zeile 006 `Qnr` überschreibt.

In allen anderen Fällen ist zu prüfen, ob in der Position vor der Schreibmarke ein Leerschritt oder Steuerzeichen steht (`CharBefore` in Zeile 008). Ist dessen ANSI-Wert kleiner als 33, ist `Qnr` mit dem Wert des öffnenden Anführungszeichens zu überschreiben (Zeile 011).

Zeile 012 schreibt schließlich das Zeichen mit dem Code in `Qnr` in den Text.

Zur Anwendung des Makros müssen Sie die Zeichencodes in den Zeilen 004, 006 und 010 an die von Ihnen gewünschten Anführungszeichen anpassen.

7.4.5 Anführungszeichen austauschen

Zum Tauschen von Anführungszeichen in eingefügten Fremdtexten können Sie die SUCHEN-UND-ERSETZEN-Funktion verwenden, doch nur mit besonderen Einstellungen.

Lösung 1: "Gerade" Anführungszeichen durch „typografische“ ersetzen

1. Markieren Sie den zu korrigierenden Bereich und öffnen Sie den ERSETZEN-Dialog mit [Strg]+[H].
2. AUTOKORREKTUR-OPTIONEN, Register AUTOFORMAT WÄHREND DER EINGABE: ☑ "GERADE" ANFÜHRUNGSZEICHEN DURCH „TYPOGRAPHISCHE“
3. SUCHEN NACH: "
4. ERSETZEN DURCH: "
5. ☑ `Platzhalter verwenden`
6. ALLE ERSETZEN

Erklärung

Dank der AutoKorrektur-Option werden die Anführungszeichen typografisch korrekt in die öffnende und schließende Form umgewandelt.

Tipp

Bei **aus**geschalteter Option "GERADE" ANFÜHRUNGSZEICHEN DURCH „TYPOGRAPHISCHE“ ERSETZEN eignet sich die Methode zum Rückwandeln typographischer Anführungszeichen in gerade.

Lösung 2: „Typografische Anführungszeichen“ durch »Chevrons« oder «Guillemets» ersetzen

1. Markieren Sie den zu korrigierenden Bereich und öffnen Sie den ERSETZEN-Dialog mit [Strg]+[H].
2. AUTOKORREKTUR-OPTIONEN, Register AUTOFORMAT WÄHREND DER EINGABE: ☑ "GERADE" ANFÜHRUNGSZEICHEN DURCH „TYPOGRAPHISCHE“

Durchgang 1
(öffnende Anführungszeichen):

3. SUCHEN NACH: `^0132`
4. ERSETZEN DURCH: `^0187`
5. ALLE ERSETZEN

Durchgang 2
(schließende Anführungszeichen):

6. SUCHEN NACH: `^0147`
7. ERSETZEN DURCH: `^0171`
8. ALLE ERSETZEN

Kapitel 8

Navigieren und markieren

Das Bewegen der Schreibmarke im Text und das Markieren gehören zu den Grundfertigkeiten beim Arbeiten mit einer Textverarbeitung. Außer dem Bewegen per Pfeiltasten oder dem Klick mit dem Mauszeiger ins Ziel hat Word allerlei Tricks zu bieten.

8.1 Im Text bewegen

Ein Klick mit der Maus oder ein Tipp auf den Touchscreen setzt die Schreibmarke an die gewünschte Stelle.

Per Tastatur bewegen Sie Ihre Schreibmarke mit

Tasten	Bewegung	Tasten	Bewegung
←	um ein Zeichen nach links	→	um ein Zeichen nach rechts
Strg+←	um ein Wort nach links	Strg+→	um ein Wort nach rechts
Pos1	zum Beginn der Zeile	Ende	zum Ende der Zeile
↑	um eine Zeile nach oben	↓	um eine Zeile nach unten
Strg+↑	um einen Absatz nach oben	Strg+↓	um einen Absatz nach unten
Strg+Pos1	zum Beginn des Dokuments	Strg+Ende	zum Ende des Dokuments

Tabelle 8.1: Schreibmarke per Tasten im Text bewegen

8.1.1 Schneller im Text bewegen

Mit Scrollrad oder Laufleiste eine bestimmte Stelle im Text zu finden, kann mühsam sein.

Lösung

Öffnen Sie mit F5 das Register GEHE ZU des SUCHEN-UND-ERSETZEN-Dialogs.

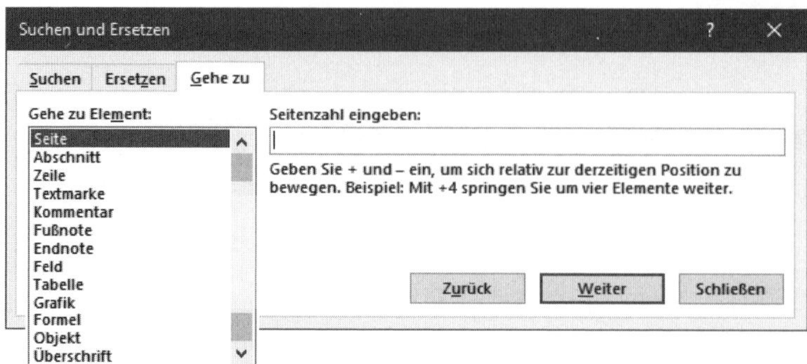

Abb. 8.1: Die Sprungziele der Objektsuche

Erklärung

Links wählen Sie aus, zu welcher Art von Objekt Sie die Schreibmarke versetzen möchten. Rechts geben Sie genauere Spezifikationen an, z.B. die Seitennummer oder den Textmarkennamen.

Bleibt das Feld rechts leer, springt Word mit ZURÜCK oder WEITER zum letzten oder nächsten Objekt des links ausgewählten Typs.

Tipp

Sind korrekt formatierte[1] Überschriften im Text, führt der schnellste Weg zu Überschriften über den Navigationsbereich.[2]

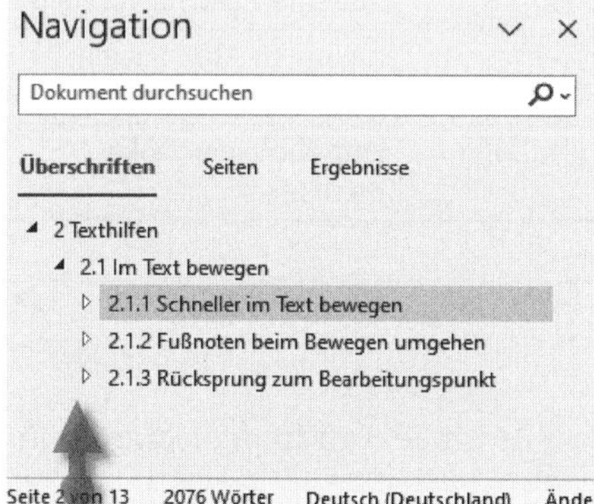

Abb. 8.2: Schnell ins Navi, schnell zur Überschrift

1 Der Navigationsbereich zeigt nur mit den Formatvorlagen Überschrift 1 bis Überschrift 9 formatierte Überschriften an.

2 ANSICHT| *Anzeigen:* NAVIGATIONSBEREICH

8.1.2 Navigieren in Fußnoten

Wenn Sie mit [↓] oder [↑] über einen Seitenumbruch gehen, vor dem eine Fußnote steht, reagiert Word seit jeher eigenartig. Statt die Fußnote zu überspringen, läuft die Schreibmarke durch die Fußnote hindurch. Das führt beim Markieren mit [⇧]+[↑]/[↓] sogar dazu, dass der Fußnotentext mitmarkiert und von der darauffolgenden Aktion erfasst wird.

Lösung zur Umgehung von Fußnoten

Umgehen Sie die Fußnote

- von oben kommend mit [Ende], gefolgt von [→] in der Zeile über der Fußnote,
- von unten kommend mit [Pos1], gefolgt von [←] in der obersten Zeile der auf die Fußnote folgenden Seite.

Lösung innerhalb von Fußnoten

Andererseits kann es manchmal nützlich sein, direkt von einer Fußnote zur anderen zu navigieren und den Fließtext zu überspringen.

Wenn Ihre Schreibmarke innerhalb einer Fußnote steht und Sie sie mit den Pfeiltasten verschieben, bewegt sie sich

- vom Anfang des Fußnotenbereichs
  - mit [←] zur vorherigen Fußnote,
  - mit [↑] zum darüberliegenden Text,
- vom Ende des Fußnotenbereichs
  - mit [→] zur nächsten Fußnote,
  - mit [↓] zur ersten Zeile der folgenden Seite.

8.1.3 Zur zuletzt bearbeiteten Position zurückspringen

Wenn Sie während des Schreibens ein paar Seiten zurückblättern, um dort etwas nachzuschauen, verlieren Sie den Fokus zum Weiterarbeiten.

Lösung

Betätigen Sie [⇧]+[F5].

Erklärung

Word merkt sich die letzten drei Bearbeitungspositionen und steuert sie mit dieser Tastenkombination reihum an.

8.2 Text markieren

Um Text zu bearbeiten und zu formatieren, muss er in den meisten Fällen markiert sein. Die üblichen Markierungsmethoden können als bekannt gelten; hier geht es um einige »Spezialitäten« der Markiertechnik.

Merksatz

Erst markieren, dann agieren!

8.2.1 Nachfolgende Leerzeichen und Absatzmarken nicht markieren

Beim Markieren durch Überstreichen mit der Maus kommen beim Überschreiten einer Wortgrenze »intelligente« Algorithmen zum Einsatz, die nachfolgende Leerschritte und Absatzmarken in die Markierung einbeziehen. Das kann bei weiteren Aktionen problematisch werden, weil die Absatzmarke auch Formatierungsinformationen zum zugehörigen Absatz enthält, die dann gelöscht oder mitgezogen werden.

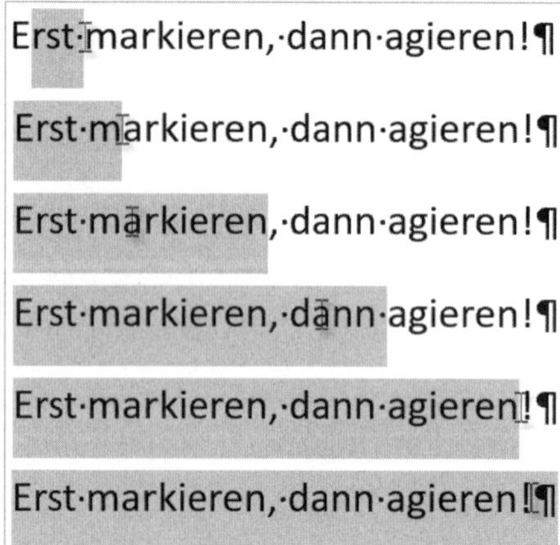

Abb. 8.3: Einbezogene Leerzeichen und Absatzmarke beim Markieren

Lösung 1: Ad hoc

Zu viel markierte Leerzeichen lassen sich nur durch Reduzieren der Markierung durch sofortiges Zurückziehen des Cursors oder mit [⇧]+[←] wieder entfernen.

Lösung 2: Dauerhaft

Das Miteinbeziehen der Absatzmarke können Sie generell unterbinden, indem Sie die Optionen DATEI|OPTIONEN|ERWEITERT|*Bearbeitungsoptionen:* INTELLIGENTE ABSATZMARKIERUNG und AUTOMATISCH GANZE WÖRTER MARKIEREN deaktivieren.

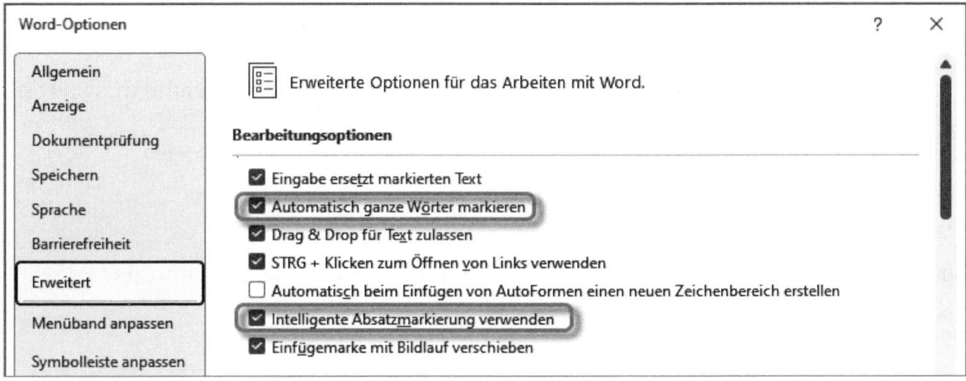

Abb. 8.4: Die für »intelligente« Markierungen verantwortlichen Optionen

8.2.2 Mehr Text per Mausklick markieren

Das Darüberstreichen mit gedrückter Maustaste ist bei größeren Textmengen aufwendig.

Lösung 1

Um einen Satz zu markieren, klicken Sie bei gedrückter Strg-Taste in den Satz.

Lösung 2

Bewegen Sie den Mauszeiger so weit in den linken Randbereich, dass er nach rechts weist. Je nach Anzahl der dort vorgenommenen Klicks markieren Sie unterschiedliche Textmengen (Abbildung 8.5).

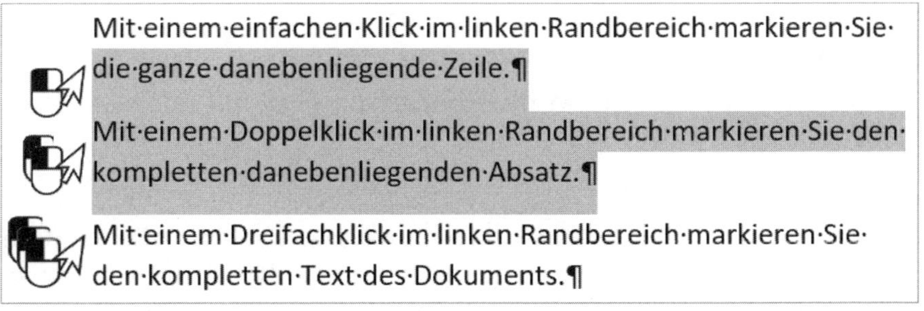

Abb. 8.5: Der Mauszeiger beim großflächigen Markieren im linken Marginal

8.2.3 Mehrere Textauszüge markieren

Um Auszüge aus einem Text zusammenzuführen, sollen mehrere Textpassagen markiert und gemeinsam in die Zwischenablage kopiert werden.

Lösung 1: Hilfreiche [Strg]-Taste

1. Markieren Sie mit der Maus die erste Textpassage.
2. Halten Sie die Taste [Strg] gedrückt, wenn Sie weitere Textbereiche markieren.

Die üblichen Maustechniken funktionieren auch bei gedrückter [Strg]-Taste:

- **Wörter** durch Doppelklick,
- **Wortgruppen** durch Überstreichen,
- **Zeilen** durch einfachen Klick in den linken Rand in Zeilenhöhe und
- **Absätze** durch Doppelklick in den linken Rand.

Abb. 8.6: Unabhängige Mehrfachmarkierung mit Maus und [Strg]

Lösung 2: Text mit Textmarker kopieren

Lösung 1 hat leider einen Nachteil: Ein Zittern im falschen Moment kann die bisherigen Markierungen aufheben. Sicherer geht es so:

1. Markieren Sie alle benötigten Textauszüge mit dem Texthervorhebungswerkzeug [ab] in START|SCHRIFTART. Die Farbe spielt keine Rolle.
2. START|*Bearbeiten:* SUCHEN ⌄|ERWEITERTE SUCHE
3. Klicken Sie im SUCHEN-Dialog auf ERWEITERN.
4. Klappen Sie mit Klick auf FORMAT die Formatierungsliste auf und wählen Sie dort HERVORHEBEN.
5. Öffnen Sie die Auswahl SUCHEN IN und wählen Sie dort HAUPTDOKUMENT.

Word markiert Ihnen alle mit der Hervorhebung versehenen Texte, die Sie nach dem Schließen des SUCHEN-Dialogs mit [Strg]+[C] in die Zwischenablage kopieren und mit [Strg]+[V] ins neue Dokument einbringen können. Beim Einfügen werden zwischen die einzelnen Auszüge Absatzmarken gesetzt.

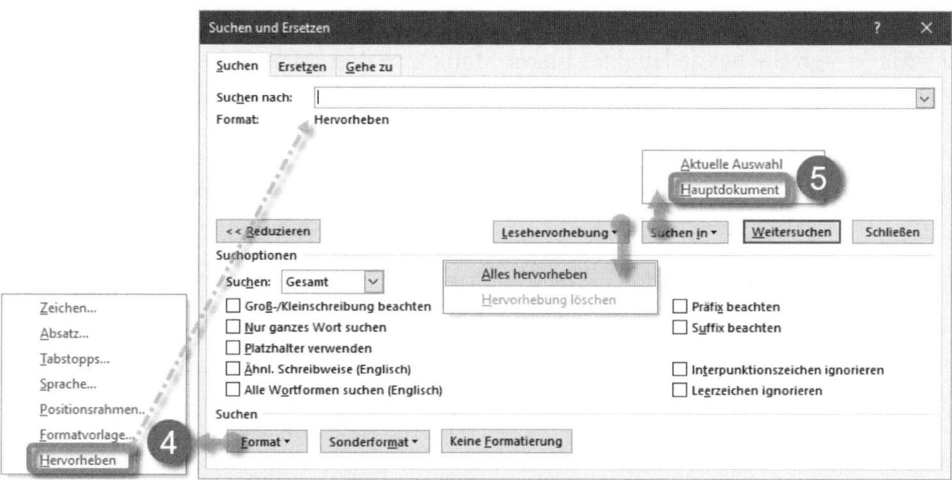

Abb. 8.7: Textauszüge mit dem Textmarker erstellen

8.2.4 Textblock markieren

Die Blockmarkierung ist hilfreich, wenn Sie einen zugelieferten Text zurichten müssen, der mittels Tabsprüngen und Leerzeichen zu einer Pseudotabelle »hoppelformatiert« wurde. Statt mühsam die überflüssigen Zeichen zeilenweise zu löschen, markieren und löschen Sie ganze Blöcke und erhalten so wesentlich effizienter ein Ergebnis, das sich in eine ordentliche Tabelle umwandeln lässt.

Lösung 1: Blockmarkierung mit der Tastatur

[Strg]+[⇧]+[F8] startet den Rechteck-Markiermodus, in dem Sie mit den Pfeiltasten den Markierungsbereich wie in einer Tabelle definieren.

Strg+⇧+F8 — Entf

Messreihe 04

Datum	Uhrzeit	Besonderheiten	Ionendosis [C/kg]
01.04.2001	03:05:17		222,58E-4
01.04.2001	06:12:56		245,37E-4
01.04.2001	08:56:12		275,86E-4
01.04.2001	11:55:04		299,87E-4
01.04.2001	15:16:17		311,76E-4
02.04.2011	18:05:03		334,56E-4
02.04.2011	21:02:15		367,89E-4
02.04.2011	00:11:07		398,22E-4
02.04.2011	03:02:01		549,65E-4
02.04.2011	05:55:34		601,73E-4

Abb. 8.8: Rechteckig markierter Textbereich wird ausgeschnitten.

Lösung 2: Blockmarkierung mit der Maus

Noch einfacher lassen sich rechteckige Textblöcke mit der Maus markieren:

1. Drücken Sie [Alt] und halten Sie sie fest.
2. Markieren Sie bei gedrückter linker Maustaste den zu markierenden Bereich.

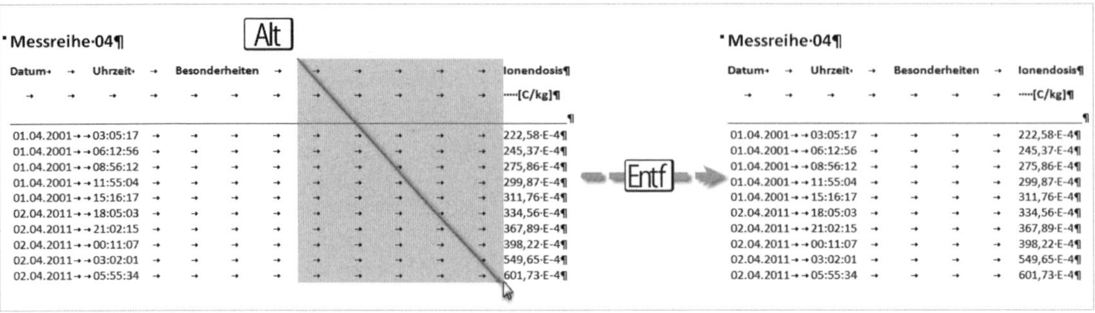

Datum	Uhrzeit	Besonderheiten	Ionendosis [C/kg]
01.04.2001	03:05:17		222,58E-4
01.04.2001	06:12:56		245,37E-4
01.04.2001	08:56:12		275,86E-4
01.04.2001	11:55:04		299,87E-4
01.04.2001	15:16:17		311,76E-4
02.04.2011	18:05:03		334,56E-4
02.04.2011	21:02:15		367,89E-4
02.04.2011	00:11:07		398,22E-4
02.04.2011	03:02:01		549,65E-4
02.04.2011	05:55:34		601,73E-4

Abb. 8.9: Blockmarkierung mit [Alt] und Maus

8.2.5 Einzelne Seite markieren

Eigentlich ist »Seite« für das fließtextorientierte Word keine echte Textmenge. Bei Bedarf wird der Text umbrochen und eine neue Seite angelegt. Der automatische Seitenumbruch ist keine Marke, an der die Markierung irgendwie festzumachen wäre. Deshalb gibt es in den Markierungsfunktionen mit Maus und Tastatur auch keine direkte Funktion dafür.

Lösung

Das Register GEHE ZU des SUCHEN-UND-ERSETZEN-Dialogs verfügt über einige »Spezialziele«.

1. Setzen Sie die Schreibmarke in die Seite, die markiert werden soll.
2. Öffnen Sie GEHE ZU mit [F5].
3. Wählen Sie in GEHE ZU ELEMENT die Rubrik SEITE.
4. Tragen Sie in SEITENZAHL EINGEBEN: `\page` ein.
5. Klicken Sie GEHE ZU.

Der Inhalt der Seite (ohne Kopf- und Fußzeilen) wird markiert.

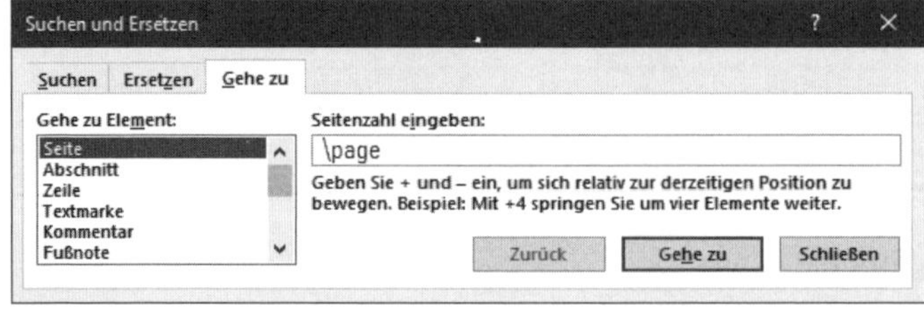

Abb. 8.10: GEHEZU als Seitenmarkierer

8.2.6 Den gesamten Text markieren

Die Tastenkombination [Strg]+[A] zum Markieren eines kompletten Dokumentinhalts ist den meisten Anwendern bekannt. Manchmal braucht man jedoch den kompletten Text, aber ohne die letzte Absatzmarke, z.B. wenn wegen unerklärlicher Fehler ein neues Dokument mit dem bisherigen Text angelegt werden muss. *Dabei darf die letzte Absatzmarke nicht mitkopiert werden.*

Erläuterung

In der letzten Absatzmarke sind grundlegende Informationen über die Gestaltung und Formatierung des Dokuments gespeichert. Bei der Übernahme in ein anderes Dokument könnten diese Informationen störend sein. Die in Hack 8.2.1 erwähnte Methode, die Markierung mit [⇧]+[←] um dieses Zeichen zu kürzen, funktioniert hier natürlich, aber es geht einfacher.

Lösung

1. Öffnen Sie GEHE ZU mit [F5].
2. Wählen Sie in GEHE ZU ELEMENT die Rubrik SEITE.
3. Tragen Sie in SEITENZAHL EINGEBEN `\doc` ein.
4. Klicken Sie GEHE ZU.

Der komplette Inhalt des Dokuments ohne die letzte Absatzmarke wird markiert.

8.3 Text verschieben und kopieren

Beim **Verschieben beliebiger Textmengen** um nur wenige Zeilen oder Absätze ist die Maus der Tastatur an Effizienz weit überlegen. Klicken Sie mit der linken Maustaste in die Markierung, halten Sie die Maustaste fest und schieben Sie sie an die Zielposition, wo Sie die Maustaste wieder loslassen – fertig.

Wollen Sie den markierten Text an diese Stelle **kopieren**, halten Sie beim Transfer mit der Maus die Taste [Strg] fest.

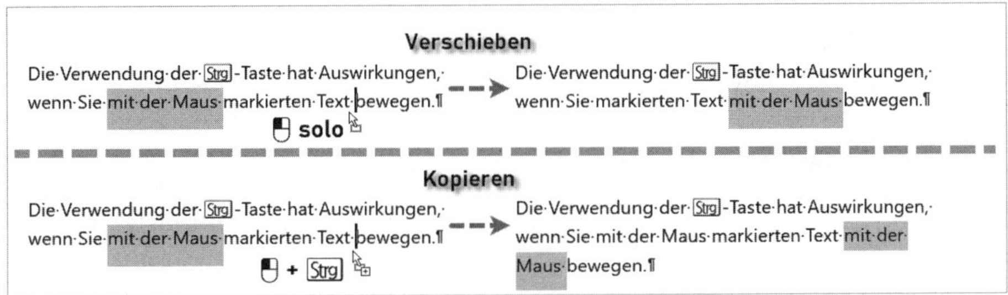

Abb. 8.11: Verschieben und kopieren mit der Maus

8.3.1 Text als Verknüpfung kopieren

Soll ein Text als von Änderungen abhängige Kopie an anderer Stelle erscheinen, gibt es neben dem Querverweis (Abschnitt 17.1) eine Methode für nahe beieinanderliegende Textstellen.

Lösung

1. Markieren Sie die Textquelle.
2. Rechtsklicken Sie in die Markierung und bewegen Sie den Mauszeiger zum Zielort.

Sobald Sie die Maustaste loslassen, erscheint ein Kontextmenü, das Verschieben und Kopieren, aber auch VERKNÜPFUNG ERSTELLEN anbietet.

Der so kopierte Text passt sich Änderungen der Textquelle nachträglich an, muss dazu aber mit [F9] aktualisiert werden.

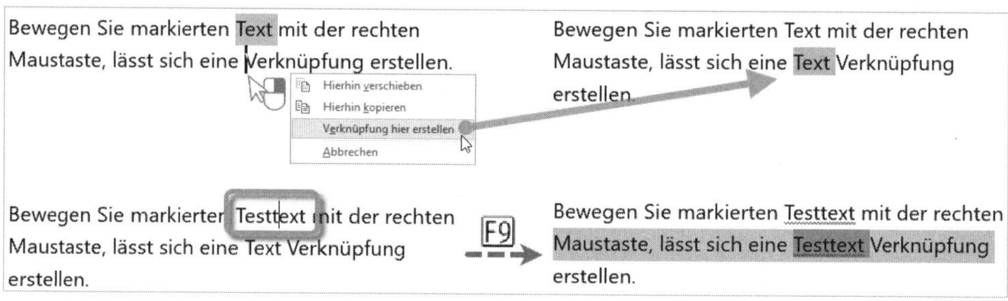

Abb. 8.12: Verknüpfter Text

8.3.2 Einzelne Absätze verschieben

Wenn Absätze über kurze Strecken verschoben werden sollen, erübrigen sich Markierungen und der Griff zur Maus.

Lösung

Bewegen Sie den Absatz, in dem die Schreibmarke steht, ganz einfach

- mit [Alt]+[⇧]+[↑] aufwärts oder
- mit [Alt]+[⇧]+[↓] abwärts.

8.3.3 Verschieben strukturierter Texte

Wollen Sie mit Überschriften versehene Texte verschieben, bieten sich mehrere Methoden an.

Lösung 1: Gliederungsansicht

Die strukturierte Darstellung in der Gliederungsansicht ermöglicht es Ihnen, mit einem Klick ganze Textabschnitte zu markieren.

1. Klicken Sie auf einen der Markierungspunkte, um einen Absatz zu markieren.
2. Doppelklicken Sie das Symbol ⊕ vor einer Überschrift, um diese nebst zugehörigen Untergliederungen zu markieren.

Die so markierten, logisch zusammengehörenden Textpassagen lassen sich per Drag&Drop mit der Maus oder via Zwischenablage transferieren.

Für kleinere Bewegungen, z.B. zum Vertauschen von Absätzen, genügen die Pfeilsymbole in der Registerkarte GLIEDERUNG:

^ bewegt den markierten Text einen Absatz nach oben,

˅ bewegt den markierten Text einen Absatz nach unten.

Hinweis

Beim Einfügen am Ziel werden die Nummerierungen von Kapiteln und Abschnitten an den neuen Standort im Text angepasst.

Wichtig

Gehört zur Markierung eine Überschriftenebene, werden ggf. vorhandene Absätze an der neuen Position in die Hierarchie dieser Überschrift einbezogen und auch die Nummerierung wird angepasst.

Lösung 2: Navigationsbereich

Strukturierter Text lässt sich im Navigationsbereich[3] ebenso verschieben wie in der Gliederungsansicht. Greifen Sie eine Überschrift mit der Maus und verschieben Sie sie an eine andere Position, so werden alle zu dieser Überschrift gehörenden Unterebenen an die neue Position verschoben und die Nummerierung neu geordnet.

Vorsicht

Es gibt Situationen, in denen diese Methode fehlerhaft arbeitet, z.B. wenn Gliederungsüberschriften in Tabellen stehen.[4] Diese erkennt der Navigationsbereich nicht. Die Gliederungsansicht arbeitet da gründlicher.

---

3 ANSICHT| *Anzeigen:* NAVIGATIONSBEREICH

4 Solche Eskapaden sollte man aber ohnehin vermeiden.

8.3.4 Textstruktur ändern

Die waagerechten Pfeilsymbole in der Gliederungsansicht erlauben es, die markierten Texte in andere Gliederungsebenen zu verschieben. Die einfachen Pfeile stufen eine Ebene höher oder tiefer, die Doppelpfeile definieren die markierte Ebene direkt zu Überschrift 1 bzw. als Textkörper.

Auch der Navigationsbereich ist für diese Umstrukturierungen nutzbar. Im Kontextmenü finden Sie die zugehörigen Funktionen.

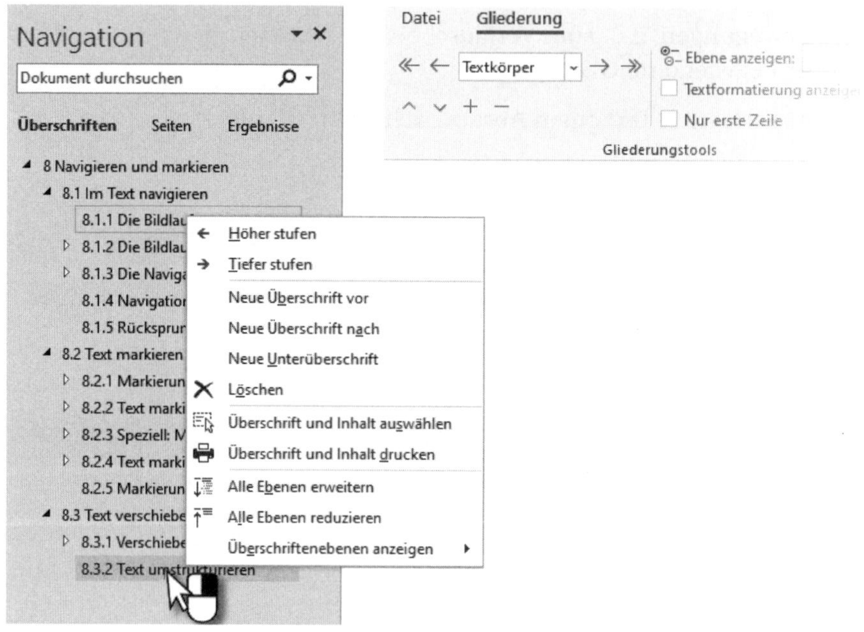

Abb. 8.13: Gliederungsbearbeitung im Navigationsbereich (links) und in der Gliederungsansicht (oben rechts)

Kapitel 9

Text korrigieren

Verschreiben und vertippen gehören zum Alltag beim Schreiben. Die in Word zur Verfügung stehenden Mittel zur Fehlervermeidung sind manchmal hilfreich, manchmal nervenaufreibend.

9.1 Rechtschreibung prüfen lassen

Seit Version 2021 verfügt Word über ein neues Korrekturhilfe-Instrument: den Editor, der den früheren Aufgabenbereich »Rechtschreibung«[1] ersetzt. Ein mächtiges Instrument mit diversen Funktionen, viele davon allerdings im schreibenden Alltag nicht besonders nützlich.

Um diese Funktionen Ihren Bedürfnissen entsprechend einzurichten, gibt es diverse Einstellmöglichkeiten in DATEI|OPTIONEN|DOKUMENTPRÜFUNG.

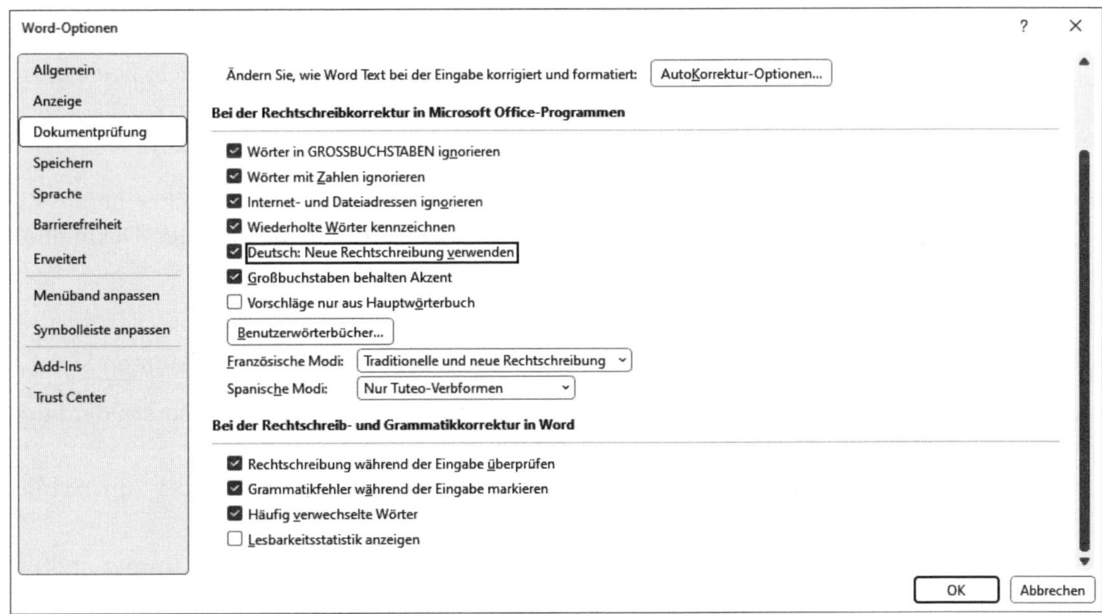

Abb. 9.1: Optionen für die Rechtschreibkontrolle

1 Im Folgenden steht »Editor« synonym für »Aufgabenbereich Rechtschreibung«.

Tipps

- Schalten Sie vor dem Start der Rechtschreibprüfung die Steuerzeichenanzeige mit [Strg]+[⇧]+[+] oder der Schaltfläche [¶] aus, sonst moniert Word auch Indexeinträge.
- Sie können die Prüfung durch vorheriges Markieren auf einen Teil des Texts begrenzen.

Hinweis

Um auf gefundene Rechtschreibfehler außerhalb des aktuell gezeigten Texts aufmerksam zu machen, blendet Word in der Statuszeile am unteren Bildschirmrand ein Hinweissymbol ein, sofern Sie nach Rechtsklick auf die Statuszeile RECHTSCHREIB- UND GRAMMATIKPRÜFUNG aktiviert haben. Ein Klick auf das Symbol öffnet den Editor.

Abb. 9.2: Hinweis, dass noch Rechtschreibfehler existieren

9.1.1 Behandeln vermeintlicher Rechtschreibfehler

Egal ob Rechtschreibprüfung während der Eingabe oder nachträglich, beide beanstanden häufig vermeintliche Fehler, die gar keine sind.

Erläuterung

Für die Rechtschreibprüfung zieht Word verschiedene Wörterbücher heran, die viele gültige Begriffe nicht enthalten und auch Probleme mit der Deklination haben.

Lösungen

Durch Anklicken im Kontextmenü zu einem beanstandeten Wort können Sie

- einen der Korrekturvorschläge durch Anklicken übernehmen, sofern der tauglich sein sollte,
- mit Klick auf ALLE IGNORIEREN die bemängelte Schreibweise bis zum Schließen dieses Dokuments akzeptieren lassen,
- mit Klick auf HINZUFÜGEN ZUM WÖRTERBUCH als künftig immer gültige Schreibweise definieren oder
- ab Word 2021 mit Klick auf MEHR ANZEIGEN den »Editor« einblenden.

9.1.2 Typische Vertipper automatisch korrigieren lassen

Jeder hat typische Tippfehler, die immer wieder vorkommen. Sie immer erst über die Rechtschreibprüfung ändern zu müssen, ist nervig.

Lösung
Klicken Sie die Schaltfläche **>** rechts neben dem Korrekturvorschlag und wählen im dann aufklappenden Menü ZUR AUTOKORREKTUR HINZUFÜGEN.

Erklärung
Die AutoKorrektur ersetzt künftig automatisch das fehlgeschriebene Wort durch die korrekte Fassung.

Leider nicht in den Versionen 2013 und 2016

Leider ist diese nützliche Querverbindung zur AutoKorrektur bei Word 2013 und 2016 nicht im Kontextmenü der Rechtschreibprüfung enthalten. So bleibt nur der »klassische« Weg, die AutoKorrektur-Optionen[2] von Hand zu erweitern.

9.1.3 Persönliche Wörterbücher verwenden

Word verwendet ein globales, mitgeliefertes Wörterbuch. Sie können zusätzlich verschiedene persönliche Wörterbücher für eigene Begriffe, die nicht vom Standard-Wörterbuch erfasst sind, hinzufügen.[3]

Erläuterung
Das vom System vorinstallierte Benutzerwörterbuch ist im Ordner `C:\User\(Benutzername)\AppData\Roaming\Microsoft\Proof\Custom.dic` gespeichert.

Lösung
Alle Aktionen zu den Wörterbüchern laufen im Dialog BENUTZERWÖRTERBÜCHER, zu dem Sie mit DATEI|OPTIONEN|DOKUMENTPRÜFUNG gelangen.

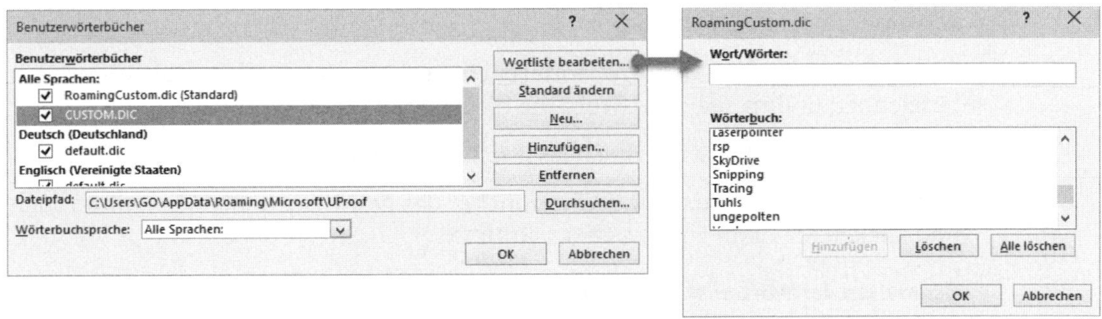

Abb. 9.3: Benutzerwörterbuch bearbeiten

2 DATEI|OPTIONEN|DOKUMENTPRÜFUNG
3 Ein Benutzerwörterbuch ist auf eine Größe von 64 kB begrenzt.

Neues Wörterbuch anlegen

1. Schalten Sie ggf. die Option VORSCHLÄGE NUR AUS HAUPTWÖRTERBUCH ab.
2. Klicken Sie auf BENUTZERWÖRTERBÜCHER.
3. Klicken Sie auf NEU.
4. Geben Sie dem neuen Benutzerwörterbuch im Feld DATEINAME einen Namen und klicken Sie anschließend auf SPEICHERN.

Vorhandenes Benutzerwörterbuch aktivieren

Im Dialog BENUTZERWÖRTERBÜCHER sehen Sie die verfügbaren Benutzerwörterbücher.

1. Klicken Sie auf HINZUFÜGEN.
2. Suchen Sie den Ordner mit dem gewünschten Benutzerwörterbuch auf und doppelklicken Sie auf die Datei.

Sprache für das Benutzerwörterbuch ändern

Beim Erstellen eines neuen Benutzerwörterbuchs wird das Wörterbuch auf ALLE SPRACHEN festgelegt. Das heißt, dieses Wörterbuch überprüft die Rechtschreibung in einem Text mit beliebiger Sprache. Sie können aber auch einem Benutzerwörterbuch eine bestimmte Sprache zuweisen, damit Word dieses Wörterbuch nur für in dieser Sprache abgefasste Texte verwendet.

1. Klicken Sie im Dialog BENUTZERWÖRTERBÜCHER auf das Wörterbuch, dem Sie eine Sprache zuordnen möchten.
2. Wählen Sie in der Liste WÖRTERBUCHSPRACHE diejenige Sprache aus, die mit dem Wörterbuch verknüpft werden soll.

Standardbenutzerwörterbuch wechseln

Wörter, die die Rechtschreibprüfung weder im Hauptwörterbuch noch in aktiven Benutzerwörterbüchern findet, werden mit der roten Wellenlinie markiert. Mit HINZUFÜGEN ZUM WÖRTERBUCH lässt sich ein solches Wort als korrekt definieren und wird im Benutzerwörterbuch gespeichert. Wohin aber, wenn mehrere Benutzerwörterbücher im Gebrauch sind?

Das dafür zuständige Benutzerwörterbuch wird als Standardbenutzerwörterbuch bezeichnet, in ihm speichert Word die hinzuzufügenden Wörter.

Als Standardbenutzerwörterbuch lässt sich jedes Benutzerwörterbuch definieren:

Markieren Sie in der Liste der Wörterbücher das gewünschte Benutzerwörterbuch und klicken Sie dann auf STANDARD ÄNDERN.

Bearbeiten der Wörterliste in einem Benutzerwörterbuch

Gelegentlich passiert es, dass man zu voreilig auf ZUM WÖRTERBUCH HINZUFÜGEN klickt. Sie können Ihre Benutzer-Wörterbücher pflegen, indem Sie im Dialogfeld BENUTZERWÖRTERBÜCHER

1. das Wörterbuch auswählen, das Sie bearbeiten möchten,
2. auf WORTLISTE BEARBEITEN klicken.
3. Tragen Sie im Feld WORT/WÖRTER ein neu aufzunehmendes Wort ein und klicken Sie dann auf HINZUFÜGEN oder
   markieren Sie im Feld WÖRTERBUCH ein fälschlicherweise aufgenommenes Wort und klicken Sie dann auf LÖSCHEN.

9.1.4 Die Sprache für die Rechtschreibung einstellen

Word kann mehrere Sprachen bei der Rechtschreibprüfung berücksichtigen.

Lösung

In ÜBERPRÜFEN|SPRACHE|SPRACHE FÜR DIE KORREKTURHILFEN FESTLEGEN teilen Sie Word mit, welche Sprache das Korrekturprogramm verwenden soll. Zum selben Dialog gelangen Sie mit einem Mausklick auf die Sprachanzeige in der Statuszeile.[4]

Erklärung

Im Dialog zu SPRACHEINSTELLUNGEN definieren Sie die im Dokument vorkommenden Sprachen. ALS STANDARD FESTLEGEN dient zur Bestimmung der Sprache, in der Sie hauptsächlich arbeiten. Diese Einstellung gilt generell.

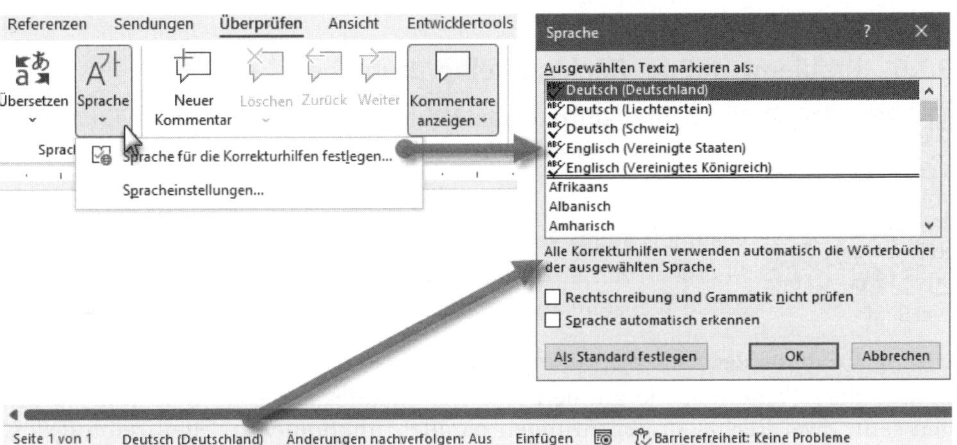

Abb. 9.4: Korrektursprache vorgeben

4 Die Sprache für die Rechtschreibprüfung hat nichts mit der Sprache für die Anzeige des Menübands, der Dialoge und der Aufgabenbereiche zu tun. Diese wird durch die Systemsteuerung vorgegeben, einzurichten mit STARTMENÜ|EINSTELLUNGEN|ZEIT UND SPRACHE|SPRACHE|WINDOWS-ANZEIGESPRACHE.

9.1.5 Sprachen für multilinguale Texte festlegen

Sobald ein Dokument Text in verschiedenen Sprachen enthält, kann die Rechtschreibprüfung durcheinanderkommen. Die Option SPRACHE AUTOMATISCH ERKENNEN arbeitet nicht immer zufriedenstellend.[5]

Lösung

Verwenden Sie unterschiedliche Formatvorlagen für unterschiedliche Sprachen:

1. START | FORMATVORLAGEN ↘
2. Klicken Sie unten die Schaltfläche [A+] NEUE FORMATVORLAGE.
3. Geben Sie der Formatvorlage im Formatvorlagendialog einen Namen.
4. Wählen Sie im Feld FORMATVORLAGE BASIERT AUF die zugrundeliegende Formatvorlage aus.
5. Öffnen Sie die Liste FORMAT am unteren Rand.
6. Wählen Sie in SPRACHE die gewünschte Sprache aus. (Der Dialog ist identisch mit Abbildung 9.4, gilt aber nur für mit dieser Formatvorlage formatierten Text.)
7. OK

Tipp

Wenn die Schreibmarke bei Schritt 4 bereits in einem Text mit der zugrundeliegenden Formatvorlage steht, wird diese automatisch gewählt.

9.1.6 Probleme mit der Rechtschreibprüfung beheben

zum Bugfix

Ein häufig auftretender Fehler ist das unerklärliche Totalversagen der Rechtschreibkorrektur.

Lösung 1: Bugfix verwenden

Microsoft hat ein Bugfix dazu veröffentlicht. Rufen Sie die verlinkte Webseite auf und folgen Sie den Anweisungen.

Lösung 2: Externe Rechtschreibprüfung entfernen

Eine andere Fehlerursache können Add-Ins dazugekaufter Rechtschreibprüfungen sein. Zwei Rechtschreibprüfungen parallel funktionieren selten reibungslos. Schalten Sie entweder die externe Rechtschreibprüfung oder die Option RECHTSCHREIBUNG BEI DER EINGABE PRÜFEN ab, wenn Sie ein derartiges externes Tool installiert haben und Probleme auftreten.

---

5 Sofern Sie nur einsprachige Texte bearbeiten, empfiehlt es sich, die Option SPRACHE AUTOMATISCH ERKENNEN abzuschalten.

9.1.7 Defektes Benutzerwörterbuch

Sollte der Befehl HINZUFÜGEN ZUM WÖRTERBUCH ausgegraut sein, dürfte Ihr Benutzerwörterbuch fehlerhaft sein.

Abhilfe

Prüfen Sie zunächst die zugehörigen Einstellungen:

DATEI|OPTIONEN|DOKUMENTPRÜFUNG|BENUTZERWÖRTERBÜCHER

Hier muss mindestens das Standard-Benutzerwörterbuch CUSTOM.DIC bzw. BENUTZER.DIC gelistet und ein Listeneintrag angehakt sein.

Sollte der Pfad auf ein Netzwerklaufwerk verweisen, prüfen Sie, ob dieses Netzlaufwerk im Zugriff ist und Sie auf diesem Laufwerk schreibberechtigt sind.

Versuchen Sie, die Wörterbuchdatei `C:\User\(Benutzername)\AppData\Roaming\Microsoft\Proof\Custom.dic` mit WORDPAD aus dem Windows-Zubehör zu öffnen. Wenn es dabei zu Lesefehlern kommt, muss die Datei neu angelegt werden.

Radikalkur: Benennen Sie die defekte Datei um, sofern Teile davon noch lesbar sind; anderenfalls löschen Sie sie. Word legt beim Neustart eine neue, leere Wörterbuchdatei an.

9.2 Grammatik und Stil prüfen

Zur automatischen Grammatikprüfung, die Beanstandungen mit einem doppelten blauen Unterstrich markiert, ist nicht viel mehr zu erwähnen als: »Nehmen Sie sie nicht zu ernst!« Abbildung 9.5 zeigt ein typisches Beispiel. Wenn die dahinter arbeitenden Algorithmen nicht mal die Dass/das-Regel beherrschen, kann der Rest auch nichts taugen.

Abb. 9.5: »Wir wissen auch nicht, was richtig ist.«

Eine komplexe Sprache mit komplizierter Grammatik wie die deutsche lässt sich nicht per Algorithmus analysieren. Die Korrekturvorschläge der Grammatikprüfung sind darum meist nutzlos bis kurios.

9.2.1 Übereifrige Grammatik- und Stilprüfung korrigieren

Es gibt für die Grammatik- und Stilprüfung keine »Lernfunktion« wie für das Benutzerwörterbuch.

Lösung

Hat Word einen vermeintlichen Grammatikfehler doppelt blau unterstrichen, markieren Sie diesen Begriff und weisen Sie ihm in den Spracheinstellungen die Eigenschaft RECHTSCHREIBUNG UND GRAMMATIK NICHT PRÜFEN zu.

Dauerhafte Lösung

Um dauerhaft nicht bemängelt zu werden, tragen Sie den Begriff

1. **ohne** »Nicht prüfen«-Attribut in die AutoKorrektur bei ERSETZEN ein und
2. **mit** »Nicht prüfen«-Attribut bei DURCH.

Bei jeder Eingabe des Begriffs schlägt künftig die AutoKorrektur zu, ersetzt ihn durch sein vor der Grammatikprüfung geschütztes Pendant und die Grammatikprüfung moniert ihn nicht.

Stilprüfung

Die Prüfungsvariante »Grammatik und Empfehlungen zum Sprachgebrauch« der neueren Versionen kommt mit eindrucksvollen Einstellungen daher, aber keinen wirklich brauchbaren Ergebnissen. Diese Hinweise bieten nur Anhaltspunkte, eine echte Stilempfehlung sind sie nicht.

Die zahlreichen Optionen in DATEI|OPTIONEN|DOKUMENTPRÜFUNG|GRAMMATIK & EMPFEHLUNGEN ZUM SPRACHGEBRAUCH können Sie also beherzt abwählen.

9.2.2 Worthäufigkeit ermitteln

Bestimmte Wörter oder Ausdrücke zu häufig zu verwenden, gilt als schlechter Stil. Dafür besitzt die Stilprüfung kein Instrument.

Lösung

1. Rufen Sie mit [Strg]+[F] die Suchfunktion im Navigationsbereich auf.
2. Tragen Sie ins Suchfeld den zu prüfenden Begriff ein.

Word zeigt Ihnen unterhalb des Suchfelds die Anzahl der Treffer an und markiert die Fundstellen sowohl im Navigationsbereich (soweit der Text mit Überschriften strukturiert ist) und im Text an. Mit [˅] und [˄] daneben steuern Sie die Fundstellen sequenziell an.

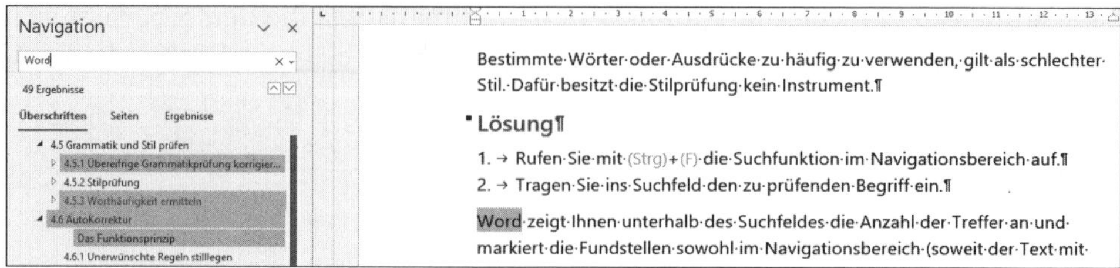

Abb. 9.6: Worthäufigkeit durch Suchen ermittelt

Kapitel 10

Suchen und ersetzen

Eine sehr wichtige Funktion beim Bearbeiten größerer Dokumente ist die Suchfunktion. Damit lassen sich Begriffe und mehr vorgeben, nach denen Word im Text sucht, dorthin springt und den gesuchten Text markiert.

Word verfügt momentan über drei Suchfunktionen:

1. die »klassische« Suche mit dem Dialog SUCHEN UND ERSETZEN per START|*Bearbeiten:* SUCHEN|ERWEITERTE SUCHE[1], als ERWEITERTE SUCHE auch aus allen anderen Modellen aufrufbar,
2. die Suche im Navigationsbereich und
3. die Suche nach »Aktionen, Text, Hilfe und mehr« in der Titelzeile, die eher eine Recherchefunktion ist.[2]

Der Dialog SUCHEN UND ERSETZEN (Abbildung 10.1 ❶) bietet die größtmögliche Vielfalt an Suchoptionen, ist aber auch teilweise nur schwer zu ergründen. Für die »schnelle Suche« tut es auch das Suchfeld im Navigationsbereich ❷.

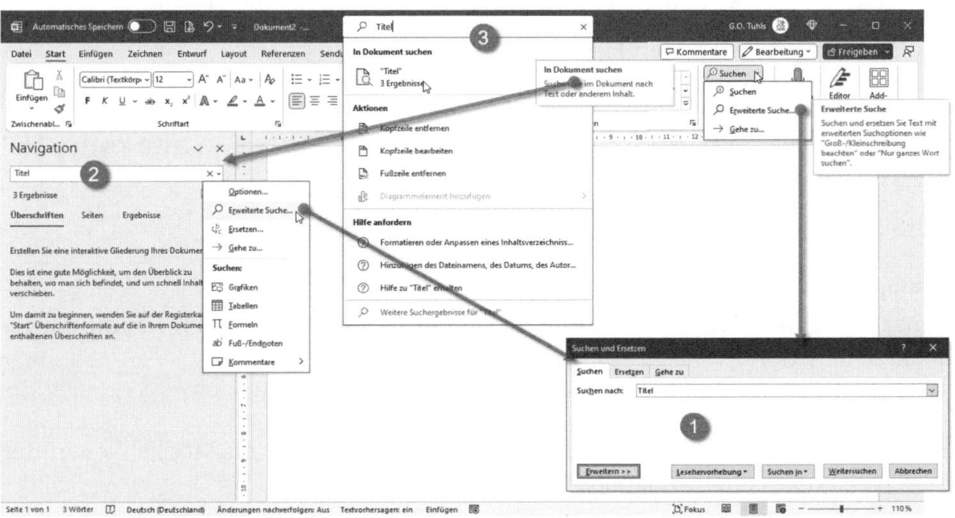

Abb. 10.1: Alle Wege führen zum Dialog SUCHENUNDERSETZEN.

1 Der »klassische« Suchen-Aufruf mit Strg+F ruft seit Word 2010 ebenso wie START|*Bearbeiten:*SUCHEN lediglich die Suche im Navigationsbereich auf.

2 Sie können aus dem Suchfeld ein dezentes Lupensymbol machen, indem Sie in DATEI|OPTIONEN|ALLGEMEIN|*Benutzeroberflächenoptionen*die OptionDAS MICROSOFT-SUCHFELD/SEARCH STANDARDMÄSSIG REDUZIEREN aktivieren.

10.1 Text suchen

Den mit [Strg]+[H] aufzurufenden Dialog SUCHEN UND ERSETZEN sollten Sie grundsätzlich in erweiterter Form benutzen, da nur so alle Möglichkeiten angeboten werden.

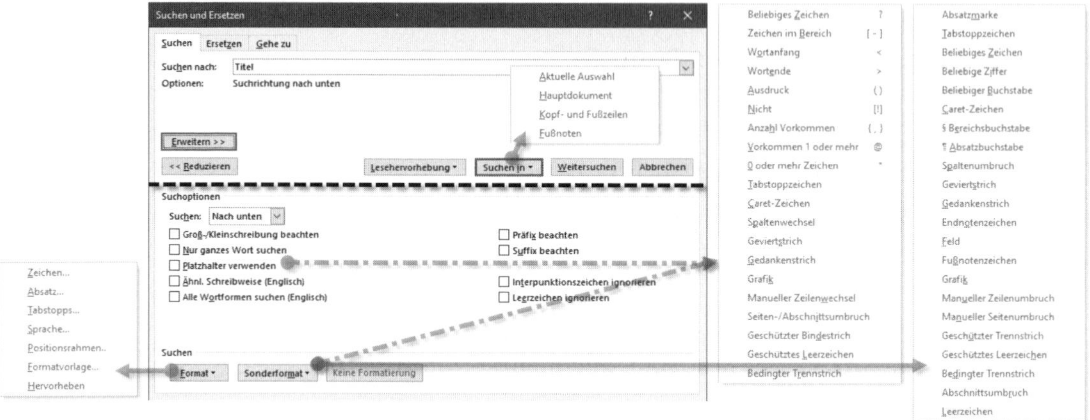

Abb. 10.2: Der erweiterte Suchen-Dialog

10.1.1 Alle Fundstellen anzeigen

Sie möchten zunächst eine Übersicht über die Lage der Fundstellen im Text haben und nicht zu den einzelnen Fundstellen springen.

Lösung 1: Lesehervorhebung

Klicken Sie nach Eingabe des Suchbegriffs im Feld SUCHEN NACH auf LESEHERVORHEBUNG | ALLES HERVORHEBEN.

Word zeigt alle Fundstellen wie mit Textmarker hinterlegt an.

Lösung 2: Lesehervorhebung im Navigationsbereich

Denselben Effekt erzielen Sie, indem Sie den Navigationsbereich für die Suche heranziehen, dort

1. den Suchbegriff eintragen,
2. mit Klick auf ⌄ neben dem Lupensymbol die erweiterten Möglichkeiten der Navigationssuche aufklappen,
3. die OPTIONEN öffnen und
4. die Option ALLES HERVORHEBEN aktivieren.

Word hebt nun nicht nur die Fundstellen im Text hervor, sondern auch die Fundstellen in der Struktur im Navigationsbereich. Mit Klick auf einen markierten Textbereich erreichen Sie die erste Fundstelle dort, mit den Schaltflächen [v] und [^] springen Sie von Fundstelle zu Fundstelle.

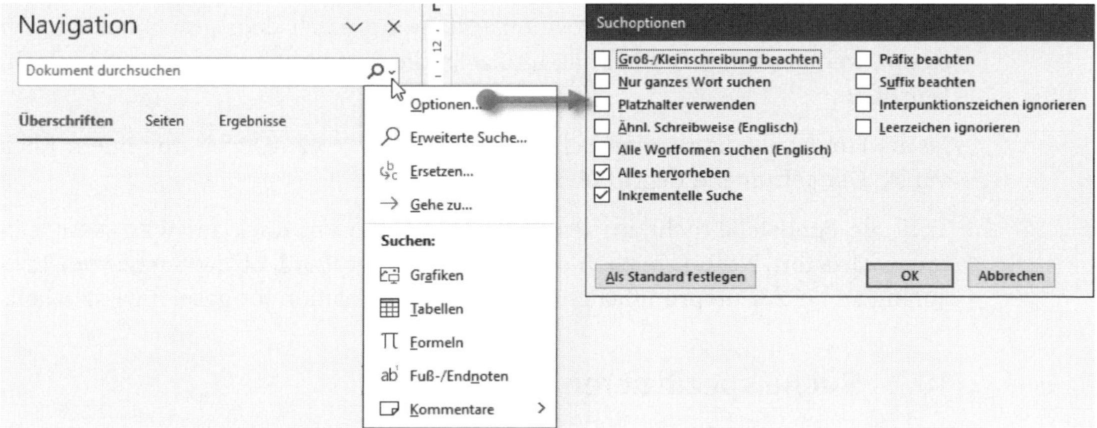

Abb. 10.3: Suchoptionen im Navigationsbereich

Hinweis

Die Option ALLES HERVORHEBEN bleibt

- im Navigationsbereich für künftige Suchläufe mit dem Navigationsbereich bestehen,
- während in der ERWEITERTEN SUCHE zwar die Markierungen erhalten bleiben, beim nächsten Aufruf des Dialogs aber wieder getilgt werden.

Lösung 3: Suchbegriff im Kontext anzeigen

Eine weitere Erleichterung beim Suchen bietet das Register ERGEBNISSE des Navigationsbereichs. Hier werden alle gefundenen Begriffe im Kontext gezeigt, sodass Sie bereits hier erkennen können, welche Fundstelle für Sie relevant ist.

Lösung 4: Inkrementelle Suche

Die INKREMENTELLE SUCHE im Navigationsbereich zeigt schon mit Eingabe des ersten Zeichens in die Suchmaske alle Treffer an; mit jedem weiteren Zeichen wird die Darstellung der Treffer aktualisiert.

10.1.2 Suchbegriff direkt ansteuern

Meist möchte man nicht alle Fundstellen anzeigen, sondern den gesuchten Begriff direkt ansteuern.

Lösung

Nachdem Sie im Feld *Suchen nach:* den gesuchten Begriff eingetragen haben, starten Sie mit WEITERSUCHEN die Suche.

Word sucht ab der aktuellen Position textabwärts nach dem gesuchten Begriff, stoppt, wenn es ihn gefunden hat, und zeigt die Fundstelle mit markiertem Suchbegriff an.

Ist die Fundstelle die richtige, schließen Sie den SUCHEN-Dialog mit einem Klick auf ✕. Der gefundene Begriff bleibt markiert.

Trifft die Fundstelle nicht zu, setzen Sie die Suche mit Klick auf WEITERSUCHEN textabwärts fort. Nach Erreichen des Textendes fragt Word, ob die Suche vom Textanfang an bis zur ursprünglichen Schreibmarkenposition fortgesetzt werden soll.

10.2 Suche spezifizieren

Suchen Sie nicht nur nach einem bestimmten Begriff, sondern einem besonders formatierten Begriff, dann finden Sie nach einem Klick auf ERWEITERN zusätzliche Suchoptionen.

Wichtig

Die Klammerzusätze *(Englisch)* bei den Optionen ÄHNL. SCHREIBWEISE und ALLE WORTFORMEN SUCHEN bedeuten, dass diese Art der Suche nur in der englischen Sprache mit ihren einfachen grammatikalischen Strukturen funktioniert, wenn die *Korrektursprache* auf Englisch gesetzt wurde.

10.2.1 Nach Textmerkmalen (z.B. fett oder kursiv) suchen

Sie möchten die Suche einschränken auf Wörter, die eine bestimmte Formatierung aufweisen müssen.

Lösung

Ein Klick auf FORMAT öffnet eine Liste mit unterschiedlichen Spezifikationen. Jeder Eintrag dort führt einem Dialog der entsprechenden Formatierung, identisch mit den Dialogen zum Gestalten des Texts, hier jedoch nur zur Definition der Suchkriterien.

Beispiel

Wählen Sie z.B. für das gesuchte Wort die Formatart FORMATVORLAGE und dort »Überschrift 1«, so findet die Suchfunktion das gesuchte Wort nur, wenn es in Kapitelüberschriften (= Formatvorlage »Überschrift 1«) auftritt. Alle anderen Fundstellen desselben Worts werden ignoriert.

Hinweise

- Die Kriterien sind kumulativ anwendbar, das heißt, Sie können die Suche sehr spezifisch eingrenzen.
- Die Spezifikationen werden unter dem Feld *Suchen nach:* aufgezählt.
- Steht im Feld *Suchen nach:* kein Text, findet Word jeden Text, auf den die Format-Kriterien zutreffen.

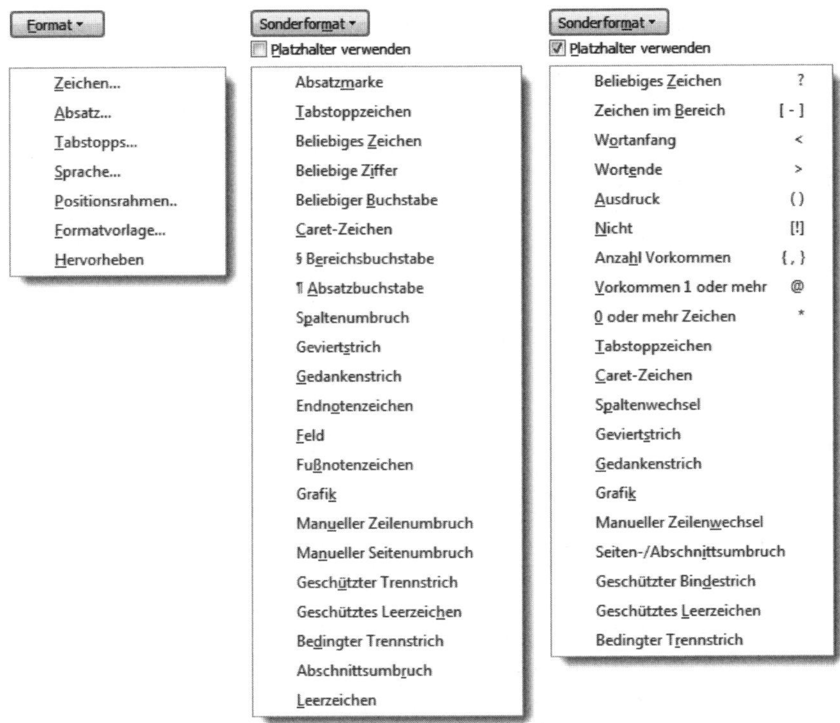

Abb. 10.4: Suchoptionen im erweiterten Einstellbereich

10.2.2 Nach Sonder- und Steuerzeichen suchen

In das Feld SUCHEN NACH: kann beliebiger Text eingetragen werden, jedoch keine Steuerzeichen.

Hinweis

Es nützt nichts, ein Steuerzeichen als Muster aus dem Text via Zwischenablage ins Suchfeld einzufügen. Word trägt in die Suchmaske das Bildschirmersatzzeichen des Steuerzeichens ein.

Lösung 1: Suchen mit Suchcodes

Steuerzeichen und einige spezielle Sonderzeichen lassen sich in der erweiterten Suche aus der Liste SONDERFORMAT[3] ins Suchfeld einfügen.

> **Wichtig**
>
> Beachten Sie, dass die Liste SONDERFORMAT zwei unterschiedliche Darstellungen für normale Suche und Platzhaltersuche (Mustervergleich, Abschnitt 10.3) aufweist.

Wenn Sie eines der Sonderzeichen anklicken, erscheint im Suchfeld ein zweistelliger Code, bestehend aus einem Zirkumflex ^ und einem Buchstaben.

Alternativ lassen sich die Codes auch von Hand eingeben, indem Sie die Zirkumflex-Taste drücken und den Codebuchstaben direkt folgen lassen.

Manche Suchcodes wie z.B. `^w` haben besondere Eigenschaften gegenüber dem eigentlichen Zeichen.

Gesuchte Zeichen	Zeichen	Anmerkungen
Beliebiges Zeichen	`^?`	nicht bei Platzhaltersuche, dort zu ersetzen durch ? oder *
Beliebiger Buchstabe	`^$`	nicht bei Platzhaltersuche, dort zu ersetzen durch [a–z][A–Z]
Beliebige Ziffer	`^#`	nicht bei Platzhaltersuche, dort zu ersetzen durch [0–9]
ASCII-Zeichencode	`^`*nnn*	auch Steuerzeichen
ANSI-Zeichencode	`^0`*nnn*	
Fußnotenzeichen	`^f`	bei Platzhaltersuche `^2`
Endnotenzeichen	`^e`	nicht bei Platzhaltersuche
Zirkumflex	`^^`	
Leerzeichen	`^w`	bei Platzhaltersuche ␣
Geschütztes Leerzeichen	`^s`	
Geviertstrich	`^+`	
Gedankenstrich	`^=`	
Geschützter Trennstrich	`^~`	
Bedingter Trennstrich	`^-`	

Tabelle 10.1: Codes für die einfache Suche

3 Die Schaltfläche SONDERFORMAT irritiert vom Namen her. Sie hat mit »Formaten« wenig zu tun.

Gesuchte Zeichen	Zeichen	Anmerkungen
Steuerzeichen		
Tabstopp	`^t`	bei Platzhaltersuche `^9`
Absatzmarke	`^p`	bei Platzhaltersuche `^13`
Manueller Zeilenumbruch	`^l`	bei Platzhaltersuche `^11`
Manueller Spaltenumbruch	`^n`	bei Platzhaltersuche `^14`
Manueller Seitenumbruch	`^m`	findet bei Platzhaltersuche auch Abschnittswechsel
Abschnittswechsel	`^b`	bei Platzhaltersuche `^12`; erzeugt im Feld ERSETZEN DURCH manuellen Seitenumbruch
Bild	`^g`	nicht bei Platzhaltersuche; nicht für umflossene Grafiken
Feld	`^d`	bei Platzhaltersuche `^19` oder `^21` und nur wenn `{Feldfunktionen}` sichtbar sind (Alt+F9)
Kommentar	`^a`	bei Platzhaltersuche `^5` und nur bei Inline-Darstellung

Tabelle 10.1: Codes für die einfache Suche (Forts.)

Hinweise

- Benötigen Sie in Ihrer zu suchenden Zeichenfolge einen Zirkumflex, geben Sie ihn zweimal hintereinander ein. In der Auswahl ist er als *Caret-Zeichen* aufgeführt.
- Die in der Liste SONDERFORMAT im SUCHEN-Dialog aufgeführten Begriffe »¶ Absatzbuchstabe« und »§ Bereichsbuchstabe« sind lediglich irreführende Umschreibungen für die Zeichen ¶ (nicht die Absatzmarke!) und §.
- Wenn Sie nach Absatzmarken suchen, verwenden Sie im Feld SUCHEN NACH nicht `^13`, sondern `^p`, weil `^p` die Formatierungsinformationen des Absatzes übernimmt, während `^13` ein simples *carriage return*-Zeichen ohne Metadaten einfügt.
- Das Tabellensymbol für Zellen- und Zeilenenden ¤ (ugs. »Sputnik« oder »Seemine«) lässt sich nicht suchen.

Lösung 2: Suchen per Zeichencode

Word versteht als Suchbegriff auch andere Codierungen. Folgt dem Zirkumflex eine Zahl, sucht das Programm nach dem Zeichen, dem diese Zahl als ASCII-Zeichencode im Zeichensatz entspricht. Die ASCII-Codierung erfahren Sie, indem Sie in der Symbolauswahl von EINFÜGEN|SYMBOL|(WEITERE SYMBOLE) das zu suchende Symbol anklicken.

Wichtig

Stellen Sie in der Liste ganz rechts in der Symbolauswahl auf *ASCII (dezimal)* um und ergänzen Sie beim Eingeben die Zahl ggf. mit führenden Nullen auf vierstellig.

10.2.3 Spezialitäten bei der Leerzeichensuche

Wenn Sie geschützte oder ¼-Geviert-Leerzeichen in Ihrem Text verwendet haben, möchten Sie in der Regel, dass bei der Suche alle verschiedenen Leerzeichen-Typen gefunden werden. Weiterhin kann es nützlich sein, doppelte Leerzeichen im Text aufzuspüren.

Lösung

- Steht in SUCHEN NACH: ein Leerzeichen oder ^w, findet Word auch geschützte Leerzeichen und ¼-Geviert-Leerzeichen (Code 2005hex).
- Steht in SUCHEN NACH: ein Leerzeichen, gefolgt von ^w, findet Word eine beliebige Anzahl aufeinanderfolgender Leerzeichen, geschützter Leerzeichen und ¼-Geviert-Leerzeichen. Damit ist diese Kombination ideal für das Aufspüren und Entfernen von Mehrfach-Leerzeichen im Text:
  SUCHEN NACH: ␣^w
  ERSETZEN DURCH: ␣

10.3 Suchen mit Platzhaltern (Mustervergleich)

Häufig gerät man in die Situation, ein Wort suchen oder ersetzen zu müssen, dessen genaue Schreibweise nicht bekannt ist oder im Text variiert, z.B. bei den unterschiedlichen Schreibweisen des Namens »Meier«. Für diese Fälle bietet die Suchfunktion an, nicht die komplette Buchstabenfolge als Suchbegriff vorzugeben, sondern *Platzhalter* genannte Jokerzeichen einzusetzen. Sie finden die Jokerzeichen zur Auswahl per Klick, wenn Sie in der erweiterten Suche bei gesetzter Option PLATZHALTER VERWENDEN auf die Schaltfläche SONDERFORMAT klicken (siehe Abbildung 10.4).

10.3.1 Die Platzhalter-Codes

Wenn Sie mit der Suche im Navigationsbereich arbeiten, haben Sie keinen Zugriff auf die Schaltfläche SONDERFORMAT der erweiterten Suche. Außerdem kann es mühevoll sein, die Platzhalter jedes Mal aus der Liste auszuwählen.

Lösung

Jokerzeichen lassen sich auch von Hand eingeben. Tabelle 10.2 zeigt eine Übersicht mit Anwendungsbeispielen.[4] Die Option PLATZHALTER VERWENDEN muss auch bei manueller Eingabe gesetzt sein.

Zeichen	steht für	Beispiele
?	ein einzelnes unbekanntes Zeichen, mehrere ?? für eine exakte Anzahl unbekannter Zeichen	*Me?er* findet sowohl Meier als auch Meyer. *M??er* findet Meier, Meyer, Maier und Mayer, aber auch Maler, Meter etc.
*	mehrere unbekannte Zeichen unbekannter Zahl	*M*er* findet neben den oben genannten Meier-Varianten auch Müller, Mutter, Mittermaier etc.
<abc	die nach dem Symbol < angegebene Zeichenfolge zu Beginn eines Worts	*<vor* findet alle Wörter, die mit der Vorsilbe »vor« beginnen und das allein stehende Wort »vor«.
abc>	die vor dem Symbol > angegebene Zeichenfolge am Ende eines Worts	*ung>* findet alle Wörter, die auf »ung« enden; sehr nützlich bei der Schlussredaktion juristischer Texte!
[*abc*]	eines der zwischen den eckigen Klammern stehenden Zeichen	*M[ae][iy]er* findet alle Meier-Varianten, keine anderen Wörter.
[*a-b*]	eines der Zeichen aus der alphabetisch aufsteigenden Reihe zwischen den um den Bindestrich angegebenen Buchstaben	*[a-m]aul* findet faul, Gaul, Maul, aber nicht Paul und Saul. *[0-9]* findet jede Ziffer.
[!*a-b*]	jedes Zeichen, das *nicht* in der alphabetisch aufsteigenden Reihe zwischen den um den Bindestrich angegebenen Buchstaben steht	*[!a-m]aul* findet Paul und Saul, aber nicht faul, Gaul, Maul.
{*n*}	das *exakt* n-fache Vorkommen des vor der geschweiften Klammer stehenden Zeichens	*Kar{2}* findet Karre und Karree, aber nicht Karte.
{*n;*}	das *mindestens* n-fache Vorkommen des vor der geschweiften Klammer stehenden Zeichens	*Schif{2,}ahrt* findet das deutsche Wort für Nautik in alter und neuer Schreibweise und auch Falschschreibungen mit mehr als drei f.
{*n;m*}	das n- bis m-fache Vorkommen des vor der geschweiften Klammer stehenden Zeichens	*Schif{2,3}ahrt* findet das deutsche Wort für Nautik in alter und neuer Schreibweise, aber keine Falschschreibung mit mehr als drei f.
@	das beliebig häufig aufeinanderfolgende Vorkommen des vor dem @ stehenden Zeichens (einschl. einfach!)	*Her@mann* findet Hermann und Herrmann.
(*ab*)(*cd*)	Gruppierung einzelner Teile des Suchbegriffs	Ist erforderlich zum Umgruppieren beim Ersetzen

Tabelle 10.2: Codes für Platzhaltersuche

4 Weitere Beispiele finden Sie im sachlichen Kontext zu diversen Hacks.

Wichtig

- Um ein Zeichen zu suchen, das als Platzhalterdefinition verwendet wird, muss davor ein Backslash stehen, also z.B. \?, um nach einem Fragezeichen zu suchen.
- Bei der Platzhaltersuche findet Word nur Text, der genau mit dem angegebenen Text übereinstimmt. Die Optionen GROSS-/KLEINSCHREIBUNG und NUR GANZES WORT SUCHEN sind ausgegraut, was allerdings bedeutet, dass sie vom System her aktiviert sind und nicht deaktiviert werden können.
- Kennbuchstaben nach einem Zirkumflex sind im Mustervergleich ungültig, nehmen Sie die ASCII-Codes, also z.B. ^13 statt ^p für ¶, siehe Liste oben.
- Die Platzhaltersuche ist auf maximal sieben Ausdrücke in eckigen Klammern begrenzt und findet keine Absatzmarken ¶.

10.3.2 Platzhaltersuche gibt Fehlermeldung aus

Obwohl der Mustervergleich korrekt gemäß Online-Hilfe eingegeben wurde, bringt die Suche eine Fehlermeldung.

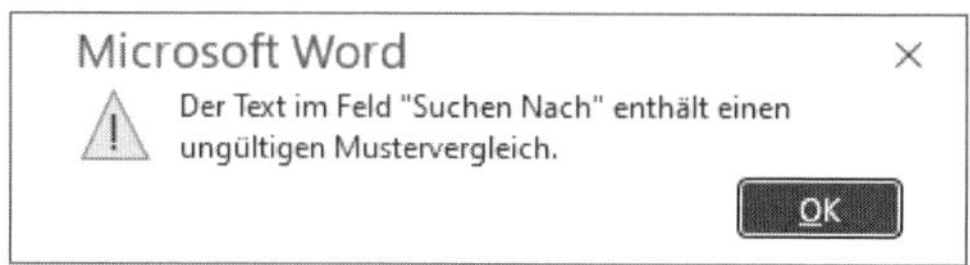

Abb. 10.5: Die nicht sehr hilfreiche Fehlermeldung

Lösung

Wenn Ihr Suchbegriff in {geschweiften Klammern} ein Komma enthält, tauschen Sie es gegen ein Semikolon aus.

Versuch einer Erklärung

Niemand weiß, warum ständig Funktionen von den Microsoft-Entwicklern verändert werden, die die Nutzer nur verwirren und bei der Arbeit behindern. Ein Beispiel davon sind die Trennzeichen, mit denen u.a. bei der *Suche mit Mustervergleich* Argumente für die *Anzahl* voneinander getrennt werden.

Eine Zeitlang war dafür das Semikolon für die in { } zu setzenden Argumente, da stand dann z.B. {1;3} für die Suche nach dem ein- bis dreimaligen Auftreten des vor der Klammer stehenden Zeichens. Dann änderte sich das mal zum Komma, also für das genannte Beispiel {1,3}, dann wurde daraus wieder das Semikolon, ohne Online-Hilfe oder das Symbol in der Funktionsauswahl zu ändern. Ein ewiger Quell der Freude. Wird für diese Suche das falsche Trennzeichen benutzt, verweigert Word die Arbeit mit der Fehlermeldung aus Abbildung 10.5.

Aktuelles Trennzeichen ermitteln

Um die Austauschroutinen fehlerfrei nutzen zu können, müssen Sie also wissen, welches Trennzeichen Ihre Word-Version erwartet. Dies erfahren Sie am einfachsten, indem Sie wie folgt vorgehen:

1. Rufen Sie mit [Strg]+[H] Dialog SUCHEN UND ERSETZEN auf.
2. ERWEITERN Sie den Dialog auf die Zusatzfunktionen.
3. Aktivieren Sie PLATZHALTER VERWENDEN.
4. Öffnen Sie das Menü SONDERFORMAT.
5. Klicken Sie auf ANZAHL VORKOMMEN.

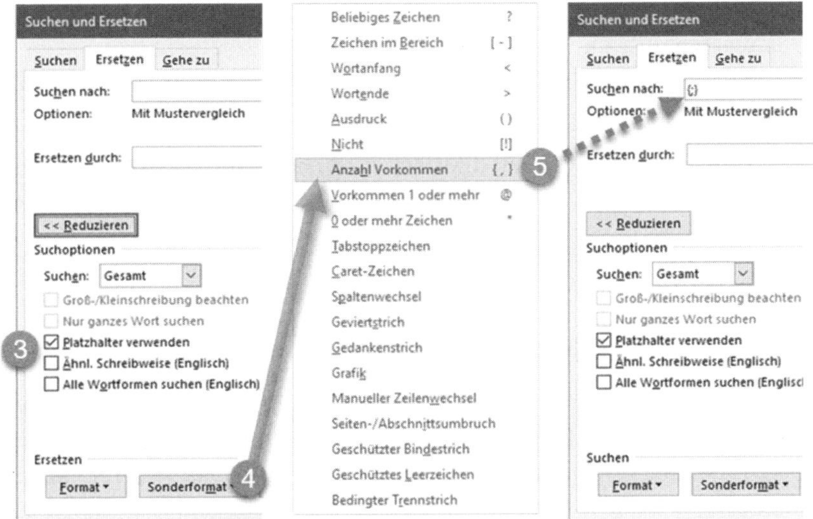

Abb. 10.6: Herausbekommen, welches Trennzeichen Word denn diesmal möchte

Ins Suchfeld wird mit Schritt 5 eine Klammer eingestellt, die das korrekte Trennzeichen enthält, auch wenn im Menübefehl ANZAHL VORKOMMEN {,} *stets* ein Komma steht.

10.4 Ersetzen

Sie gelangen mit [Strg]+[H] direkt in den Dialog SUCHEN UND ERSETZEN für den Austausch eines gefundenen Begriffs gegen einen anderen.

Im Feld SUCHEN NACH: tragen Sie den gesuchten Begriff ein, im Feld ERSETZEN DURCH: den neuen Begriff. Mit einem Klick auf WEITERSUCHEN starten Sie die Suche.

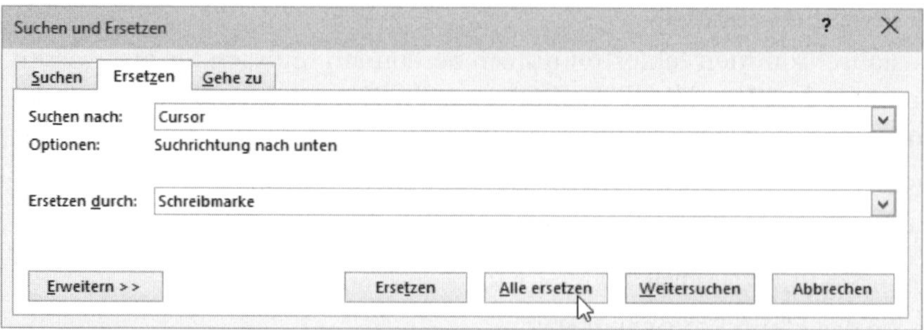

Abb. 10.7: ERSETZEN-Dialog

Wie ein Treffer behandelt wird, entscheiden Sie wie folgt:

- Ein Klick auf WEITERSUCHEN übergeht den Treffer beim Ersetzen.
- Ein Klick auf ERSETZEN ersetzt den Treffer durch den neuen Begriff und springt sofort zum nächsten Treffer weiter.
- Ein Klick auf ALLE ERSETZEN wandelt alle Treffer ohne Nachfrage in die Neufassung um.

Die erweiterten Suchoptionen (Abschnitt 10.2) sind nach einem Klick auf ERWEITERN auch für das Ersetzen vorhanden.

10.4.1 Klein- und Großschreibung beim Ersetzen

Klein- und Großschreibung wird beim Ersetzen an die Schreibweise des gefundenen Begriffs angepasst. Ein Suchbegriff »ersetzen« mit dem Ersatzbegriff »austauschen« ersetzt »Ersetzen« durch »Austauschen« und »ersetzen« durch »austauschen«.

Aber: Eine Suche nach »Maß« mit dem Ersatzbegriff »Bierhumpen« ersetzt »Maß« durch »Bierhumpen«, aber auch das Verb »maß« durch »bierhumpen«.

Lösung

Um dem zu begegnen, können Sie in den erweiterten Optionen die Suchbedingung GROSS- UND KLEINSCHREIBUNG BEACHTEN aktivieren.

Mit dieser Option wird als Treffer nur gewertet, was exakt der Schreibweise im Feld SUCHEN NACH: entspricht.

Tipp

Diese Option hilft auch beim Ersetzen von Groß- durch Kleinschreibung. So würde SUCHEN NACH: »Ihnen« ERSETZEN DURCH: »ihnen« mit dieser Option ersetzt, ohne GROSS- UND KLEINSCHREIBUNG BEACHTEN bliebe »Ihnen« unverändert.

10.4.2 Ergänzen statt ersetzen

Gelegentlich muss ein Suchbegriff nicht ersetzt, sondern ergänzt werden.

Beispiel
Sie haben beim Schreiben Ihres Texts mehrfach nur den Hauptautor einer Quelle angeführt und möchten diesen Hinweis in der Endfassung um »und andere« ergänzen.

Lösung
Geben Sie im ERSETZEN-Feld zunächst ein ^& ein, gefolgt vom Ergänzungstext, im Falle des Beispiels also: »^& und andere«. Word lässt dann den Suchbegriff an den Fundstellen stehen und trägt die Ergänzung nach.

Erklärung
^& ist eines der zwei Ersatzzeichen, die im Feld ERSETZEN DURCH: zum Einsatz kommen:

^& wiederholt den Suchtext beim Ersetzen,

^c ersetzt den Suchtext durch den Inhalt der Zwischenablage.

10.4.3 Formatierungen ändern (z.B. fett zu kursiv)

Der Suchtext soll nicht ersetzt, sondern nur anders formatiert werden.

Lösung
1. Geben Sie im Feld ERSETZEN DURCH ^& ein.
2. Lassen die Schreibmarke dort stehen und wählen in der Auswahl der Schaltfläche FORMAT jene Formatierungen aus, die dem Suchtext zugewiesen werden soll.

Die Formatierungsänderungen werden unterhalb des Felds ERSETZEN DURCH angezeigt.

10.5 Wörter vertauschen und entfernen

Eine Sonderstellung nehmen beim Ersetzen mit Mustervergleich runde (Klammern) im Feld *Suchen nach:* und der Backslash \ im Feld *Ersetzen durch:* ein: In runde Klammern gesetzte Ausdrücke werden ebenso gefunden wie ohne Klammern, jedoch kann das Suchergebnis mithilfe eines Backslashs im Feld ERSETZEN DURCH:, gefolgt von einer Nummer, in anderer Reihenfolge eingebunden werden.

Die Suchfunktion ordnet jeder Klammer eine laufende Nummer zu; die Zahlen hinter den Backslashs bestimmen die neue Reihenfolge.

10.5.1 Suchbegriff nur unter bestimmten Bedingungen ändern

Um eine Suche sehr speziell einzugrenzen, sind manchmal zusätzliche Angaben nötig, die aber nicht ausgetauscht werden sollen, sondern nur der eigentliche Suchbegriff.

Beispiel

In einem Text soll das Wort »Paragraph« durch das §-Zeichen ausgetauscht werden, aber nur, wenn es tatsächlich einen Paragraphen bezeichnet (erkennbar an der nachfolgenden Nummer) und nicht solitär im Text erwähnt wird.

Lösung

1. SUCHEN NACH: `Paragraph^w([0-9])`
2. ERSETZEN DURCH: `^§^s\1`
3. ☑ PLATZHALTER VERWENDEN
4. ALLE ERSETZEN

Erklärung

Auf diese Weise werden alle von einem numerischen Wert gefolgten Wörter »Paragraph« ersetzt durch »§« mit der bisher folgenden Zahl, getrennt durch ein geschütztes Leerzeichen `^s`; das Wort »Paragraph« ohne nachfolgende Zahl wird nicht ersetzt.

10.5.2 Teile des Suchbegriffs weglassen

Sie stellen fest, dass Sie in einem Text häufig einen Begriff verwenden, der sich auch kürzer fassen ließe, z.B. soll bei »Carl Friedrich Gauß« der zweite Vorname abgekürzt werden, doch ist zu verhindern, dass »Friedrich« in anderem Zusammenhang geändert wird.

Lösung

1. SUCHEN NACH: `(Carl ␣)(Friedrich ␣)(Gauß)`
2. ERSETZEN DURCH: `\1F. ␣\3`
3. ☑ PLATZHALTER VERWENDEN
4. ALLE ERSETZEN

Kapitel 11

Text gestalten

Ob Überschriften oder besondere Hinweise im Fließtext: Ohne Schriftattribute zur Hervorhebung oder Betonung kommen Sie bei keinem anspruchsvollen Text aus.

Jedoch:

Betonen Sie bedacht und in Maßen. Zu viel Betonung verwirrt beim Lesen.

11.1 Schriftattribute

Zu den Schriftattributen gehört jedwede Variante der Schriftdarstellung wie fett, kursiv oder farbig.

11.1.1 Schriftgröße oder Schriftgrad

Unterschiedliche Schriftarten sind bei gleichem Schriftgrad unterschiedlich hoch.

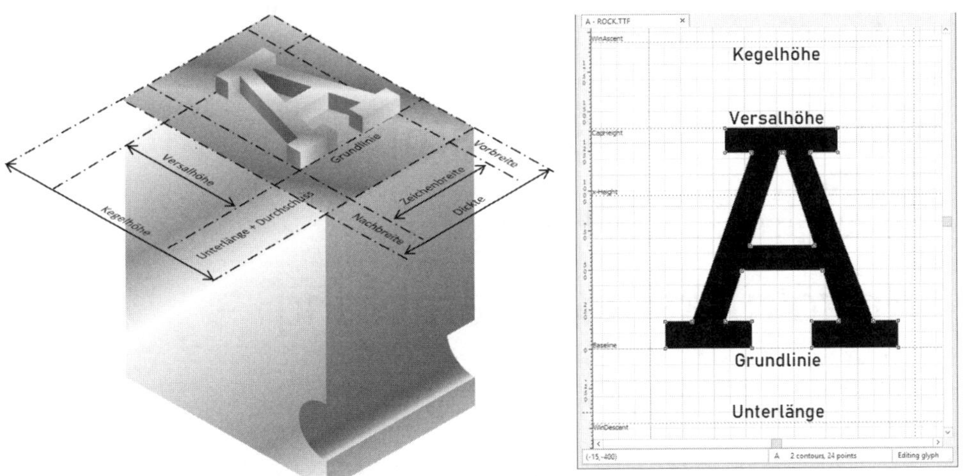

Abb. 11.1: Maße eines Zeichens auf dem Druckkegel (links) und das virtuelle Pendant im Font-Editor (rechts)

Erläuterung

In Textprogrammen taucht häufig der Begriff »Schriftgrad« als Synonym für Schriftgröße auf; es sind jedoch zwei unterschiedliche Maße. Hier müssen wir zum Verständnis auf die »alte« Buchdruckerkunst zurückgreifen, in der die Schriftgröße die Höhe des den Buchstaben tragenden Körpers (fachsprachlich *Kegel* genannt) angab – diese Größe wird als *Kegelhöhe* oder *Schriftgrad* bezeichnet.

Abb. 11.2: Die Höhenmaße des Schriftsatzes

Beim Druck wird die Schriftgröße in der Maßeinheit *Typografischer Punkt*[1] (pt) angegeben. Es gibt deren verschiedene:

- den europäischen *Didot-Punkt* mit 0,376 mm,
- den amerikanischen *Pica-Punkt* mit 0,351 mm und
- den *DTP-Punkt* mit 0,3527 mm im Bereich des Computersatzes.[2] Auch Word verwendet den DTP-Punkt; in Einstellfeldern in MS Office wird er vom standardmäßigen *pt* abweichend mit *Pt.* abgekürzt.

Abb. 11.3: Alle fünf Schriften sind vom Schriftgrad her gleich groß.

1 Der Plural von *Punkt* ist *Punkt*. Wie alle Maßeinheiten wird auch das Maß *Punkt* im Deutschen nicht flektiert.

2 Der DTP-Punkt misst 1/864 *Fuß* und damit 1/72 *Zoll (inch)*.

Schriften mit gleicher Schriftgradangabe sind nicht zwingend gleich groß. Abhängig davon, wie das eigentliche Zeichen die Kegelhöhe ausnutzt, kann die Schrift unterschiedlich groß sein.

11.1.2 Fett und kursiv erscheinen nicht korrekt

Das Betätigen der Schaltflächen **F** und *K* verändern die Schrift zwar, aber die Schrift wirkt eigenartig und verzerrt.

Erläuterung

Um Schrift fett oder kursiv darzustellen, gibt es bei Windows zwei technische Alternativen.

Sind diese Schriftschnitte im Font-Ordner vorhanden und durch Metadaten der Datei mit der Grundschrift zugeordnet[3], verwendet Word sie beim Anklicken von **F** oder *K* und weist sie der Markierung zu.

Existieren keine derartigen Dateien für die beiden Schriftschnitte, versucht Word, sie durch berechnete Veränderungen der Grundschrift zu substituieren. Das sieht häufig nicht gut aus. Besonders beim Attribut *kursiv* fällt dieser Fake ins Auge (siehe Abbildung 11.4).

Grundschrift Heizölrückstoßabdämpfung

oblique *Heizölrückstoßabdämpfung*

kursiv *Heizölrückstoßabdämpfung*

Abb. 11.4: Unterschiedliche Auswirkung des Attributs »kursiv«

»Kursiv« können nur Serifenschriften sein, bei serifenlosen »Groteskschriften« nennt man die schräge Schrift »oblique«. Das ist nicht nur ein Unterschied in der Bezeichnung, auch das Aussehen kursiver und obliquer Stile unterscheidet sich. Oblique ist einfach nur schräg gestellt, ohne dass sich das Aussehen einzelner Buchstaben verändert. Kursive Schnitte dagegen verändern das Aussehen einiger Buchstaben erheblich.

3 Beim Mac ist die Schriftschnitte-Organisation anders geregelt, aber in der Wirkung vergleichbar.

Wenn die Schnittdatei für den Kursivstil fehlt, stellt Word die Schrift kurzerhand schräg, imitiert also einen Oblique-Schnitt. Bei Serifenschrift fällt so ein falsches Kursiv unangenehm auf.

Lösung

Verwenden Sie eine Schrift, die über die erforderlichen Schnitte verfügt.

Wichtig

Vermeiden Sie fettkursive Schrift. Diese beiden Schriftstile behindern sich in Kombination meist gegenseitig und sehen so in den seltensten Fällen gut aus. Unter Typographen ist diese Kombination verpönt.

11.1.3 Automatische Umwandlung von *Fett*- und _Kursiv_kennzeichnungen

Im Internet werden in rein textbasierten Diskussionsgruppen anstatt der Textattribute Auszeichnung wie *fett* und _kursiv_ verwendet, was eine Übernahme des Texts als Zitat erschwert.

Lösung

Schalten Sie die Option DATEI | OPTIONEN | DOKUMENTPRÜFUNG | AUTOKORREKTUR-OPTIONEN | Register AUTOFORMAT WÄHREND DER EINGABE | Option *FETT* UND _KURSIV_ DURCH NORMALFORMATIERUNG ein.

Hinweise

- Diese Autoformatierung wirkt auch, wenn Sie die Sternchen oder Unterstriche nachträglich setzen.
- Mit der korrespondierenden Option im Register AUTOFORMAT lässt sich importierter Text dieser Form ebenfalls in echte Schriftattribute umsetzen.

11.1.4 Standardschrift umstellen

Gefällt Ihnen die voreingestellte Standardschrift nicht, lässt sie sich dauerhaft ändern.

Lösung

1. Rechtsklicken Sie die Datei `Normal.dotm` | ÖFFNEN.[4]
2. ENTWURF | *Dokumentformatierung*: SCHRIFTARTEN | SCHRIFTARTEN ANPASSEN
3. Ändern Sie im Dialog NEUE DESIGNSCHRIFTARTEN ERSTELLEN die Schriftarten für *Textkörper* und *Überschriften* auf die gewünschten Schriften.

4 Wo Sie die Normal.dotm finden, lesen Sie in Kapitel 15.

4. SPEICHERN
5. ALS STANDARD FESTLEGEN

11.2 Unterstreichen

Der Effekt der Unterstreichung liegt zwischen jenen von Fett- und Kursivdruck. Die Betonung beim Betrachten der ganzen Seite ist nicht so stark wie beim Fett-Attribut, beim Lesen aber stärker als kursiv; sozusagen der Stolpereffekt mit dem Holzhammer.

- START | *Schriftart* | UNTERSTREICHUNG oder
- Mausklick auf [▾] neben der Schaltfläche [U▾]

Die einfache, gerade Unterstreichung erhalten Sie einem Klick auf [U] und mit der Tastenkombination [Strg]+[⇧]+[U], die doppelte Unterstreichung mit [Strg]+[⇧]+[D], die wortweise Unterstreichung mit [Strg]+[⇧]+[W].

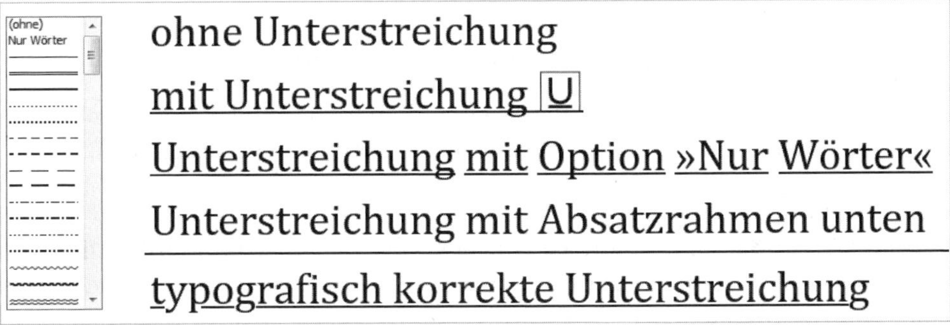

Abb. 11.5: Unterstrich-Variationen

11.2.1 Unterstrich durchschneidet Unterlängen bei g j p q und y

Typografisch ist der von vielen Textprogrammen – auch Word – angebrachte Unterstrich nicht korrekt. Zeichen mit Unterlängen dürfen nicht unterstrichen werden, weil der Unterstrich mit der Unterlänge kollidiert.

Anstatt einer solchen Funktion hat Microsoft die weniger nützliche Option NUR WÖRTER eingebaut, die Leerzeichen innerhalb einer unterstrichenen Wortfolge ausnimmt.

Lösung

1. Rufen Sie mit [Strg]+[H] den Dialog SUCHEN UND ERSETZEN auf.
2. Öffnen Sie mit ERWEITERT den kompletten Dialog.

3. `Suchen nach:` [gjpqy]
4. FORMAT|ZEICHEN|*Unterstreichung:* (Auswahl Unterstrich)
5. `Ersetzen durch:` ^&
6. FORMAT|ZEICHEN|*Unterstreichung:* (ohne)
7. ☑ `Platzhalter verwenden`
8. ALLE ERSETZEN

Erklärung

Mit dem Ausdruck in [eckigen] Klammern sucht die Platzhaltersuche jedes einzelne darin enthaltene Zeichen und wendet die Ersetzung darauf an. ^& im ERSETZEN-Feld ändert nicht das Zeichen, sondern nur die Formatierung.

> **Tipp**
>
> Da ß und f je nach Schriftart – in manchen Schriften nur im Kursiv-Stil – Unterlänge besitzen oder nicht, ist der Ausdruck in [Klammern] ggf. zu ergänzen.

11.2.2 Ungewollte »Unterstreichungen« entfernen

Manchmal taucht unter einem Absatz ein Unterstrich auf, den Sie vermeintlich gar nicht dort angebracht haben und der sich partout nicht entfernen lässt.

Erläuterung

Vermutlich hat Sie eine AutoKorrektur erwischt, die auf eine Kombination von drei aufeinanderfolgenden Zeichen mit abschließendem ↵ reagiert und daraus eine Absatzrahmenlinie erstellt.

Lösung

1. Setzen Sie die Schreibmarke in den der Linie vorangehenden Absatz.
2. Klappen Sie in der Registerkarte START die Rahmenauswahl mit einem Klick auf ⌄ der Schaltfläche RAHMEN auf.
3. Klicken Sie auf RAHMENLINIE UNTEN.

Erklärung

Die Rahmenlinien sind sogenannte »Schaukelfunktionen«: Gibt es noch keinen Rahmen, wird einer eingefügt; gibt es einen Rahmen, werden die von der jeweiligen Rahmenfunktion angesprochenen Rahmen entfernt.

11.3 Texthintergrund einfärben

Besonders augenfällig sind farbig hinterlegte Textteile.

Wichtig

Beim Schwarz-Weiß-Druck werden Farben in Graustufen umgerechnet, die eher unauffällig sind. Vermeiden Sie deshalb farbigen Text, wenn das Werk nicht farbig ausgegeben werden soll.

11.3.1 Text farbig hinterlegen (Schattierung)

Die Werkzeuge zur farbigen Hinterlegung von Text arbeiten unterschiedlich.

Erklärung

Sie hinterlegen Text farbig mit

- SCHATTIERUNG [5] in START|*Absatz,*
- TEXTHERVORHEBUNG in START|*Schriftart* mit eingeschränkter Farbauswahl und
- ZEICHNEN|*Zeichentools* als TEXTMARKER-Werkzeug mit voller Farbauswahl.

Während der TEXTMARKER immer als farbiges Rechteck dargestellt wird, mit dem der hervorzuhebende Text überstrichen wird, arbeiten SCHATTIERUNG und TEXTHERVORHEBUNG abhängig von bestehenden Markierungen unterschiedlich:

- Ist nichts markiert,
  - verwandelt die TEXTHERVORHEBUNG den Cursor in das Symbol, mit dem Sie den zu betonenden Text bei gedrückter linker Maustaste überstreichen;
  - färbt die SCHATTIERUNG den Hintergrund des aktuellen Absatzes komplett ein – vollständig zwischen linker und rechter Textbegrenzung.
- Besteht eine Markierung, färben beide Funktionen den Hintergrund der markierten Wörter exakt vom ersten bis zum letzten Buchstaben ein.
- Geht die Markierung über mehrere Zeilen (aber ohne Absatzmarke), wird von beiden Funktionen jede Zeile für sich eingefärbt. Das bedeutet, dass
  - die Enden der Einfärbung einem Flatterrand folgen und
  - Durchschuss zwischen den Zeilen ungefärbt bleibt.

5 »Schattierung« ist ein von jeher von Word verwendeter falscher Terminus für »Hinterlegung«.

- Erfasst die Markierung mindestens einen kompletten Absatz, wird
  - mit der TEXTHERVORHEBUNG ebenso eingefärbt wie bei der Zeilenmarkierung,
  - mit der SCHATTIERUNG die gesamte Fläche hinter dem markierten Absatz eingefärbt – vollständig zwischen linker und rechter Textbegrenzung und auch im Durchschuss; ebenso bei mehreren markierten Absätzen.

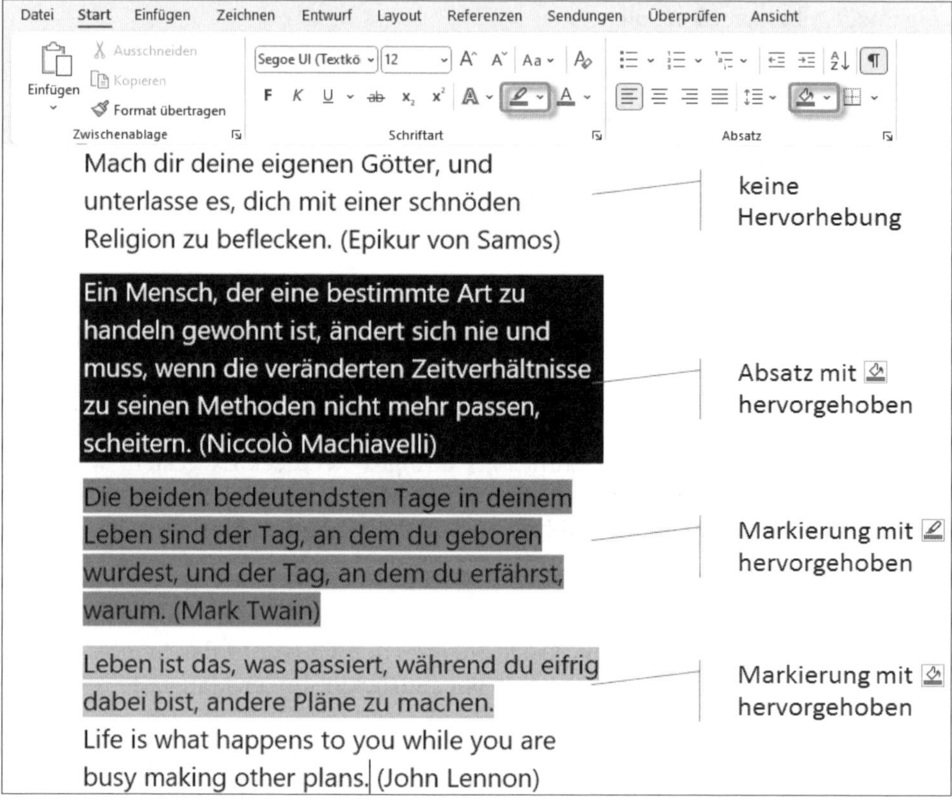

Abb. 11.6: Unterschiedliche Begrenzungen der Texthervorhebung und Schattierung

Gemein ist beiden Werkzeugen, dass beim Anklicken des Symbols die darunter angegebene (zuletzt verwendete) Farbe zum Einfärben benutzt wird; ein Klick auf daneben klappt die Farbpalette auf, die sich bei der TEXTHERVORHEBUNG auf wenige Signaltöne beschränkt.

11.3.2 Besonderheiten beim Einfärben mit dem Textmarker

Der Textmarker aus der Registerkarte ZEICHNEN folgt sowohl bei der Maus- als auch bei der Touch-Bearbeitung dem Weg des Cursors und hinterlässt seine Spur.

Wenn Sie in den Einstellungen zum Textmarker AN TEXT AUSRICHTEN aktivieren, orientiert sich die Spur an der Zeile.

Um einen Absatz zu hinterlegen, führen Sie eine Kreisbewegung gegen den Uhrzeigersinn aus.

Soll eine mit dem Textmarker angebrachte Hinterlegung zurückgenommen werden, führen Sie die Bewegung in Gegenrichtung aus.

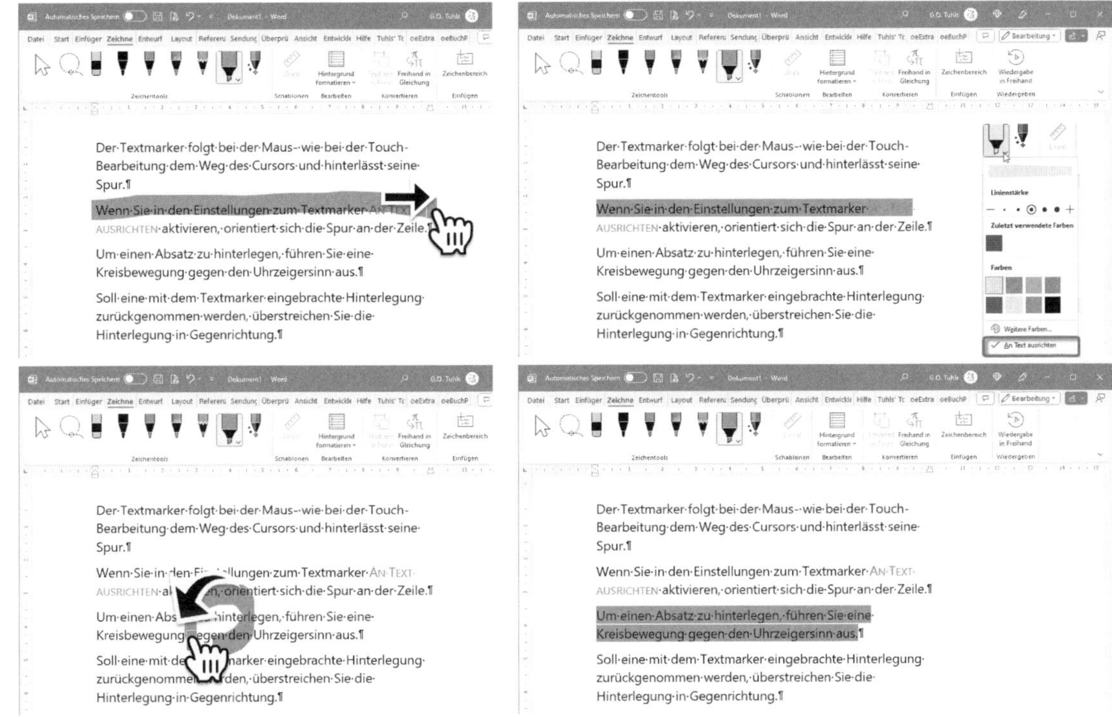

Abb. 11.7: Texthervorhebungen mit dem Textmarker-Werkzeug, links die Bewegungen, rechts deren Umsetzungen; Markierung entfernen mit Bewegung in Gegenrichtung

11.3.3 Wenn sich die Hinterlegung nicht entfernen lässt

Das Entfernen einer Hinterlegung ist von der Art der Hinterlegung abhängig.

Lösung 1: Menübefehl KEINE FARBE

Um SCHATTIERUNG und TEXTHERVORHEBUNG zu entfernen, markieren Sie den Text und weisen via neben dem jeweils zuständigen Werkzeug die Option KEINE FARBE zu.

Lösung 2: Formatierung zurücksetzen (nur bei SCHATTIERUNG)

Setzen Sie den markierten Text mit [Strg]+[Leertaste] oder [Strg]+[Q] auf die Formatvorlagenwerte zurück.

Lösung 3: Formatierung wegstreichen (nur bei TEXTMARKER)

Soll eine mit dem Textmarker eingebrachte Hinterlegung zurückgenommen werden, führen Sie die Bewegung in Gegenrichtung aus.

Kapitel 12

Absätze gestalten

Texte müssen zur besseren Übersicht gegliedert werden; die kleinste Gliederungseinheit sind Absätze, bei eingeblendeten Steuerzeichen erkennbar an der Absatzmarke ¶ am Ende.

12.1 Absatzumbrüche

Mit *einmal* [↵] wird ein Absatz beendet und ein neuer Absatz beginnt. Der optische Abstand zwischen den Absätzen ergibt sich aus den Einstellungen im ABSATZ-Dialog: START|*Absatz:* ↘.

Wird innerhalb eines Absatzes ein *Zeilen*umbruch benötigt, benutzen Sie [⇧]+[↵], das fügt einen zwingenden Zeilenwechsel ein, aber die neue Zeile gehört weiter zu diesem Absatz.

Der Unterschied wird bei eingeschalteter Steuerzeichenanzeige [¶] deutlich:

- Absatzumbrüche sehen aus wie das Symbol auf der Schaltfläche für die Steuerzeichenanzeige: ¶;
- feste Zeilenumbrüche dagegen werden mit dem Symbol ↵ gekennzeichnet.

12.1.1 Leere Absätze entfernen

Die doppelte Absatzmarke zum Erzeugen von Absatzabständen lässt sich zwar nicht ausrotten, aber in bestehenden Texten wenigstens leicht beseitigen.

Erläuterung

Die Absatzfunktionen werten auch einen leeren Absatz als Absatz und wenden die Seitenumbruchsregeln des Absatzdialogs (Abbildung 12.1) darauf an. Wenn z.B. der Folgeabsatz ein leerer Absatz ist, scheint Word die Regel »Nicht vom nächsten Absatz trennen« zu brechen, dabei wird sie korrekt auf den nächsten, aber leeren Absatz angewandt.

Absatzabstände lassen sich im Absatzdialog (Hack 12.1.2) besser einstellen.

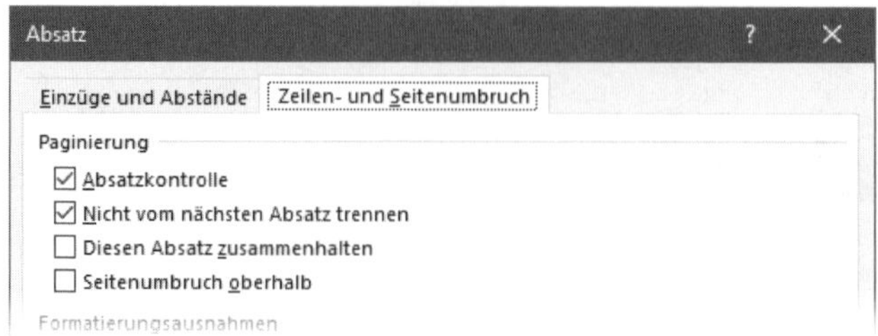

Abb. 12.1: Absatzumbruchregeln

Lösung

1. Markieren Sie den zu korrigierenden Bereich und öffnen Sie den ERSETZEN-Dialog mit [Strg]+[H].
2. `Suchen nach: ^p{2;}`
3. `Ersetzen durch: ^p`
4. Platzhaltersuche verwenden
5. ALLE ERSETZEN

Erklärung

`^p` ist der Suchcode für Absatzmarken, der {Klammerbegriff} dahinter besagt, dass als Treffer nur mehrfach auftretende Absatzmarken gelten, die dann gegen die eine benötigte ausgetauscht werden.

12.1.2 Durchschuss zwischen Absätzen

Die meist verwendete Methode, zwei Absätze optisch voneinander deutlich zu trennen, ist der Absatzabstand (Durchschuss).

Lösung

Wenn Sie Absätze durch Abstände trennen wollen, sollten Sie mindestens die Hälfte der Schriftgröße als Abstandswert angeben, also bei 10 bis 12 pt Schriftgröße 6 pt Absatzabstand:

- START|ABSATZ ↘|Gruppe ABSTAND, VOR ODER NACH oder
- [SEITEN]LAYOUT|Gruppe ABSATZ, ABSTAND VOR ODER NACH

Diese Einstellungen gelten für den aktuellen Absatz oder für die markierten Absätze. Da die Absatzabstände einheitlich durch das gesamte Dokument sein sollen, ist es sinnvoll, den Absatzabstand für die Formatvorlage »Standard« umzustellen, wie in Kapitel 15 beschrieben.

Hinweis

Die Vorgabeeinstellungen von Word zum Absatzabstand in der Formatvorlage »Standard« sind seit jeher nicht zu gebrauchen. War bis 2003 überhaupt kein Absatzabstand vorgegeben, hat man es in den neueren Versionen gleich übertrieben.

Tipp

Mit dem Tastenkürzel [Strg]+[0] lässt sich ein *Abstand vor* von 12 pt manuell hinzufügen oder ein bestehender Abstand entfernen. In Microsoft 365 ist dieses Tastenkürzel der Funktion »Zoom 100 %« zugewiesen worden, es bleibt nur der Weg über START|*Absatz:* ZEILEN- UND ABSATZABSTAND.

12.1.3 Abstand vor oder nach dem Absatz?

Es ist keine philosophische, sondern eine typografische Frage, ob ein Absatz mit einem *Abstand vor* von seinem Vorgänger getrennt wird oder mit einem *Abstand nach* seinen Nachfolger ein Stück nach unten schiebt.

Interessant wird es am unteren Seitenrand. Es kann vorkommen, dass ein Absatz noch vollständig auf der Seite Platz hätte. Aber wenn da noch ein *Abstand nach* von 6 pt dranhängt, sieht man den zwar nicht, aber Word berücksichtigt ihn und bringt ihn nicht mehr unter, umbricht also die letzten beiden Zeilen auf die nächste Seite. Mit *Absatz vor* wäre das nicht passiert. Nun hört man häufig Einwände, der *Absatz vor* würde auf einer neuen Seite den Absatz nach unten schieben, wenn er auf dieser Seite beginnt. Wenn das passiert, ist etwas falsch an den Layoutoptionen.

Lösung

Aktivieren Sie

DATEI|OPTIONEN|ERWEITERT|KOMPATIBILITÄTSOPTIONEN|Option 'ABSTAND VOR' NACH SEITEN- ODER SPALTENUMBRUCH UNTERDRÜCKEN.

12.2 Absatzwechsel-Variationen

In der Satzlehre gibt es neben den vorgenannten Absatzabständen unterschiedliche Methoden, Absätze voneinander abzuheben. Die Werkzeuge dafür stellt Word im ABSATZ-Dialog zur Verfügung, den Sie mit

- START|*Absatz*,
- ABSATZ im Kontextmenü,
- Doppelklick auf eines der Einzugssymbole im Lineal oder
- ZEILENABSTANDSOPTIONEN im Menü ZEILEN- UND ABSATZABSTAND

öffnen.

12.2.1 Erstzeileneinzüge

Der Erstzeileneinzug als Absatztrenner ist ein Rückgriff auf Schreibmaschinenpraktiken: Damals wurden einige Leerschritte an den Anfang jedes Absatzes gestellt. Am Computer sollte man auf derartige Handarbeit verzichten und stattdessen eine Einrückung verwenden.

Lösung

1. Setzen Sie die Schreibmarke in einen mit »Standard« formatierten Absatz.
2. Erzeugen Sie mit RECHTSKLICK|FORMATVORLAGE|FORMATVORLAGE eine Kopie der Formatvorlage »Standard«, der Sie den Namen »Erster Absatz« o.Ä. geben. Diese Aktion dient zur Vorbereitung der im Abschnitt »Sonderfall erster Absatz« beschriebenen Arrondierung der Einzugslösung.
3. Setzen Sie die Schreibmarke wiederum in einen mit »Standard« formatierten Absatz.
4. START|ABSATZ ↘|ABSTAND|*Sondereinzug*: ERSTE ZEILE
5. Tragen Sie einen Wert für den gewünschten Einzug ein.
6. OK
7. Rechtsklicken Sie in START|*Formatvorlagen* in die Formatvorlage »Standard« und wählen Sie dann STANDARD AKTUALISIEREN, UM DER AUSWAHL ZU ENTSPRECHEN.

Einziehen mit der Maus

Neben den Einstellungen im Absatzdialog lassen sich die Einzüge auch visuell einstellen. Dazu müssen Sie ggf. das Lineal mit ANSICHT|LINEAL einblenden.

Greifen Sie im Lineal mit dem Mauszeiger

- das obere Dreieck, so verschieben Sie den linken Einzug der ersten Zeile,
- das untere Dreieck, so verschieben Sie den linken Einzug der Folgezeilen,
- das Rechteck, so verschieben Sie beide linken Einzüge gemeinsam.

Für den rechten Einzug gibt es nur ein unteres Dreieck, das alle Zeilen gleich einzieht.

Beim Verschieben erscheint unter dem Symbol eine senkrechte, gestrichelte Linie, die die Position zum Text anzeigt. So können Sie die Einzüge an anderen Absätzen oder Objekten auf der Seite orientieren.

Tipp

Die Einzüge lassen sich mit der Maus nur in Viertelzentimeterschritten verschieben. Halten Sie beim Verschieben die Alt-Taste gedrückt, ist dieses Raster aufgehoben, und Sie können den Einzug auf jede beliebige Position setzen.

Sonderfall erster Absatz

Einen Absatz sollten Sie von der Einrückung ausnehmen, nämlich den ersten eines Kapitels oder Abschnitts, denn er bedarf keiner Abgrenzung. Hier sorgt die Überschrift für die Separierung.

Es gibt keine Automatik dafür.

Workaround

1. Öffnen Sie mit Rechtsklick auf die Formatvorlage »Erster Absatz« (aus Schritt 2 in der vorigen Lösung) und ÄNDERN den Dialog FORMATVORLAGE ÄNDERN.
2. Wählen Sie im Feld FORMATVORLAGE FÜR FOLGENDEN ABSATZ den Eintrag »Standard«.
3. OK
4. Öffnen Sie mit Rechtsklick|ÄNDERN nacheinander für alle Überschriftenformatvorlagen den Dialog FORMATVORLAGE ÄNDERN und wählen dort jeweils im Feld FORMATVORLAGE FÜR FOLGENDEN ABSATZ »Erster Absatz«.
5. OK

Erklärung

Mit diesen Einstellungen erreichen Sie, dass auf jede Überschrift ein Absatz ohne Erstzeileneinzug (»Erster Absatz«) folgt, die darauffolgenden aber bis zur nächsten Überschrift eingezogen werden (»Standard«).

12.2.2 Einzug und Tabstopp

Word erzeugt beim Anlegen von Erstzeileneinzügen zusätzlich zum Einzug einen Tabstopp an der Position des Einzugs. Der stört so nicht weiter, wenn Sie jedoch den Einzug nachträglich mit der Maus ändern wollen, greifen Sie beim Anklicken zuerst das Tabstopp-Symbol; erst wenn dieses verschoben oder gelöscht ist, können Sie auch das Einzugssymbol greifen.

Lösung

Wollen Sie den Tabstopp vermeiden, weil ja der Einzug seine Funktion übernimmt, aktivieren Sie in DATEI|OPTIONEN|ERWEITERT|KOMPATIBILITÄTSOPTIONEN die Option BEI HÄNGENDEM EINZUG KEINEN AUTOMATISCHEN TABSTOPP HINZUFÜGEN[1].

12.2.3 Absätze durch Linien trennen

Wollen Sie einen Absatz vom nächsten durch eine über die Seiten-/Spaltenbreite verlaufende Linie trennen, weil es eine besonders deutliche Trennung sein soll, benutzen Sie keinen Unterstrich, sondern einen Absatzrahmen.

1 In der chaotischen Liste finden Sie die Option in den obersten Einträgen.

Lösung

Speziell für den Zweck der Absatztrennung besitzt die Rahmenfunktion einen ganz simplen Assistenten:

START|Gruppe *Absatz:* ▾| HORIZONTALE LINIE bewirkt, dass

- vor der aktuellen Position der Schreibmarke ein Absatz eingefügt wird. Sollte die Schreibmarke innerhalb einer Zeile stehen, wird die Zeile an dieser Stelle in zwei Absätze aufgeteilt.
- In den leeren Absatz fügt Word eine Linie in voller Spaltenbreite als Grafik ein.

Die *Horizontale Linie* lässt sich – anders als ein Absatzrahmen – wie ein »Mit Text in Zeile« eingefügtes Grafikobjekt[2] markieren und an eine andere Textposition schieben oder mit [Entf] wieder löschen. Ein Doppelklick öffnet einen Dialog mit geringen und zum Teil eigenartigen Einflussmöglichkeiten auf die Gestaltung der Linie:

- Die *Breite* ist von der Grundeinstellung her in Prozent angegeben. Diese Relation bezieht sich auf die Breite des Satzspiegels. Sie lässt sich auch auf eine fixe Maßangabe in cm umstellen. Ist die Linie kürzer als der Satzspiegel breit, bestimmen Sie im Bereich Ausrichtung, wo die Linie platziert wird.
- *Höhe* und *Farbe* beziehen sich nicht auf die Linie! Wählen Sie eine größere Höhe, wird aus der Linie ein grauer Rahmen in der angegebenen Höhe, den Sie farbig füllen können. Das Auswahlkästchen steht – anders als beschriftet – für Füllung oder keine Füllung dieses Rahmens. In den Rahmen lässt sich nichts anderes als Farbe füllen, kein Text, keine Bilder.

Automatische Absatztrennlinie

Geben Sie in einem leeren Absatz dreimal hintereinander den Bindestrich ein und drücken dann auf [↵], ersetzt Word die drei Bindestriche durch eine durchgehende Linie über die volle Spaltenbreite.

Dieser Trennlinienassistent besitzt einige Varianten.

Eingabe	3-mal tippen	Ergebnis nach [↵]
---	[-]	Einfache dünne Linie
___	[⇧]+[-]	Fette Linie
***	[⇧]+[+]	Unterbrochene fette Linie
===	[⇧]+[0]	Doppellinie
###	[#]	Dreifachlinie
~~	[AltGr]+[+]	Wellenlinie

Tabelle 12.1: Schnelle Absatztrennlinien per AUTOFORMAT WÄHREND DER EINGABE

2 Siehe Kapitel 16

> **Wichtig**
>
> Diese Linien sind keine Zeichen, sondern Absatzattribute! Sie sind nur mit START|*Absatz:* RAHMEN wieder zu entfernen.

12.3 Absätze betonen

Wenn Absätze optisch hervorgehoben werden sollen, eignet sich die Rahmung als dezentes und dennoch wirkungsvolles Mittel.

Es muss nicht immer ein vierseitiger Rahmen sein. Seitliche Balken, evtl. farbig und von hinreichend auffälliger Stärke reichen aus, um den Blick des Lesers auf einen bestimmten Absatz zu lenken. Umschließende Rahmen sind eher geeignet, einen Absatz aus dem Kontext zu lösen, z.B. für Erläuterungen oder andere Hinweise, die zu umfangreich für eine Fußnote sind.

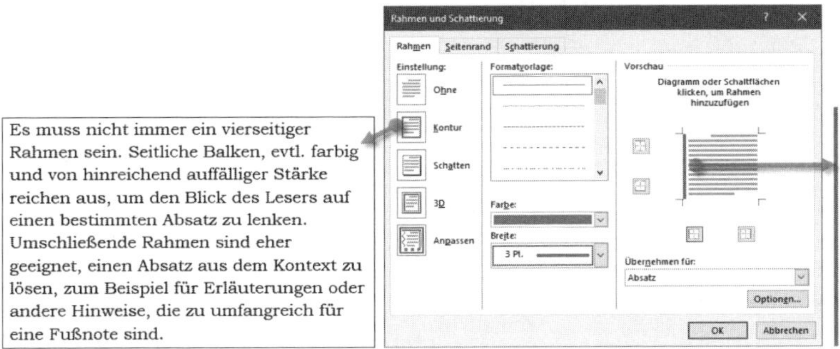

Abb. 12.2: Vollrahmen (links) und einseitige Rahmenlinie (rechts)

12.3.1 Absätze rahmen oder mit Linie am Rand markieren

Die Einstellungen zum Umrahmen eines Absatzes besitzen eine eigene Logik, die sich häufig nicht gleich erschließt. Das Auswahlmenü START|*Absatz:* RAHMEN bietet zwar diverse Linienorientierungen, doch Farbe und Stärke lassen sich hier nicht einstellen.

Lösung

Einfluss auf das Linienformat nehmen Sie im Dialog RAHMEN UND SCHATTIERUNG, den Sie mit START|*Absatz:* RAHMEN|RAHMEN UND SCHATTIERUNG| Register RAHMEN öffnen. Der Dialog gliedert sich in drei Zonen, die seit jeher etwas unglücklich angeordnet sind:

Sie beginnen im mittleren Bereich mit der Auswahl von Linienart, -farbe und -stärke.

Anschließend

- wählen Sie im linken Bereich zwischen drei verschiedenen umlaufenden Rahmenvariationen oder
- legen im rechten Bereich fest, an welchen Seiten des Absatzes Sie Rahmenlinien wünschen.

Die Rahmenlinien im rechten Bereich können Sie wahlweise durch Anklicken einer der vier Schaltflächen oder einer der vier Kanten des Vorschaubilds zuweisen. Das Klicken auf eine in der Vorschau angezeigte Rahmenlinie oder deren zugehörige Schaltfläche entfernt diese Linie wieder. Erst mit Klick auf OK wird der Rahmen auf den Absatz angewandt.

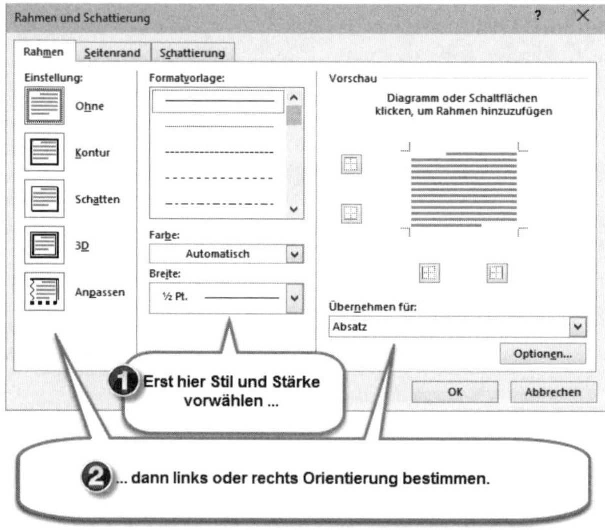

Abb. 12.3: Reihenfolge bei der Rahmeneinstellung beachten!

Wichtig

Die in der Mitte gewählten Attribute gelten für alle nachfolgend mit der Rahmenschnellwahl per Schaltfläche RAHMEN in der Registerkarte START, Gruppe *Absatz*, zugewiesenen Rahmen und Rahmenlinien.

12.3.2 Rahmen bündig zum umgebenden Text

Absatzrahmen liegen seitlich immer außerhalb der Spaltenbreite. Sollten Sie einen Abschluss mit der Textbegrenzung wünschen, brauchen Sie links und rechts Einrückungen, die die seitlichen Rahmenlinien mitziehen.

Lösung

Addieren Sie die Maße der Rahmenstärke und des Rahmenabstands:
`Einzug = (Rahmenstärke [pt] + Rahmenabstand vom Text [pt]).`

Das Ergebnis tragen Sie *mit der Einheit pt.* in das Feld EINZUG LINKS des ABSATZ-Dialogs ein.[3]

Erklärung

Zwar ist die Vorgabeeinheit für Einzüge Zentimeter, doch wie die meisten Eingabefelder für Maße akzeptiert Word auch hier andere Einheiten. Sie müssen aber korrekt eingetragen werden.

12.3.3 Gerahmter Text zu nah am umgebenden Text

Gerahmte Absätze fügen sich manchmal nicht gut in den Fließtext ein; der gerahmte Text wirkt wie »dazwischengequetscht«.

Lösung

Die Einstellungen für

- den oberen und den unteren *Rahmenabstand* (Abbildung 12.3, Schaltfläche OPTIONEN)

arbeiten mit

- dem *Absatzabstand* (START | *Absatz:* ↘ | ABSTAND)

in der Weise zusammen, dass der *Absatzabstand außerhalb* des Rahmens angewandt wird, der *Rahmenabstand innerhalb.*

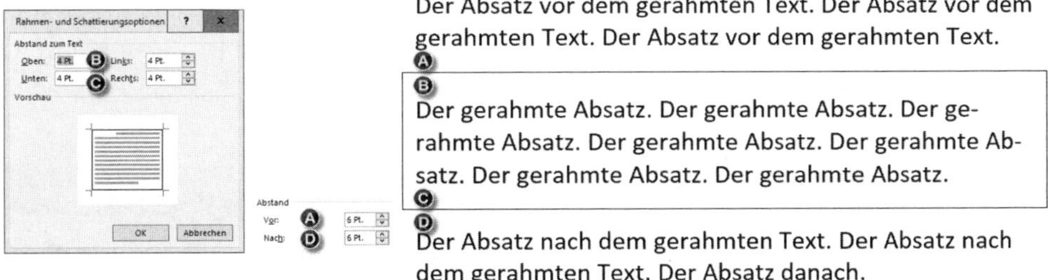

Abb. 12.4: Zusammenspiel von Absatzabstand und vertikalem Rahmenabstand

3 Achten Sie auf den Punkt hinter pt! Das ist zwar nicht korrekt, aber die MS-Entwickler möchten das so; korrekte Kleinschreibung dagegen wird anstandslos akzeptiert. Fehlt der Punkt, erscheint die Fehlermeldung: »Dies ist kein gültiges Maß.«. Nein, Microsoft, *pt* ist ein gültiges Maß, euer geliebtes *Pt.* ist keines.

12.3.4 Zwei aufeinanderfolgende gerahmte Absätze fügen sich nicht zusammen.

Rahmen orientieren sich an den Absatzeinzügen. Haben Sie zwei aufeinanderfolgende Absätze gerahmt, die unterschiedliche Einzüge besitzen, wird jeder Absatz separat gerahmt.

Lösung
Gleichen Sie die Einzüge für einen gemeinsamen Rahmen an.

12.4 Absatzhintergrund einfärben

Um Absätze durch eine farbige Hinterlegung vom sonstigen Text abzuheben, eignen sich die in Abschnitt 11.3 beschriebenen Methoden ebenso.

12.4.1 Hinterlegung mit Graustufen und Rastern

Welche Hinterlegung empfiehlt sich, wenn kein Farbdruck vorgesehen ist?

Lösung 1: Muster (Raster)
Im Dialog RAHMEN UND SCHATTIERUNG, den Sie mit Klick auf ⌄ der Auswahl RAHMEN|RAHMEN UND SCHATTIERUNG aufrufen, gibt es im Register SCHATTIERUNG den Bereich MUSTER, in dem Sie aus der Liste LINIENART abgestufte Graustufen und Linienraster als Texthintergrund abrufen können. Mit diesen Rastern bestimmen Sie von vornherein, wie die Hinterlegung im Schwarz-Weiß-Druck erscheinen wird.

Wichtig

Zu geringe Tönungen (< 10 %) fallen meist nicht auf, zu starke (> 50 %) können die Lesbarkeit beeinträchtigen.

Vorsicht

Bei dünnen Strichbreiten kann die Schrift in der Hinterlegung untergehen. Wählen Sie besser einen fetten oder halbfetten Schnitt.

Lösung 2: Inverse Schrift
Eine Abart der Hinterlegung ist die inverse Schrift, also weiße Zeichen auf dunklem Hintergrund. Auch hier empfiehlt es sich, einen (halb-)fetten Schnitt zu nehmen, weil sonst die Schrift vom Hintergrund erdrückt wird. Außerdem ist es sinnvoll, je einen geschützten Leerschritt vor und hinter dem Text einzufügen und ihnen dasselbe Farbattribut zuzuordnen.

Hilfreiche Automatik

Ab einer Hinterlegung von 80 % Graustufe schaltet Word automatisch auf weiße Schrift um.

12.4.2 Hinweiskästen mit Titelbalken

Sehr auffällig sind voll gerahmte Absätze mit Überschrift, bei denen die Überschriftzeile durch eine andere Farbgestaltung zusätzlich betont wird.

Der mit Hintergrundfarbe versehene Überschriftabsatz ist trotz gleicher Einzüge schmaler als der Rahmen um den folgenden Absatz.

Lösung

Achten Sie in diesem Fall darauf, dass Rahmen und Überschrifthintergrund dieselbe Farbe haben und auch die Überschriftzeile – zusätzlich zur Hinterlegung – einen gleichfarbigen Rahmen erhält.

Kastentext

Sehr auffällig sind voll gerahmte Absätze mit Überschrift, bei denen die Überschriftzeile durch eine andere Farbgestaltung zusätzlich betont wird. Achten Sie in diesem Fall darauf, dass Rahmen und Überschrifthintergrund dieselbe Farbe haben und auch die Überschriftzeile – zusätzlich zur Hinterlegung – einen Rahmen erhält. Fehlt der Überschriftzeile der Rahmen, entsteht am Übergang zum Kastentext eine unschöne Stufe.

Kastentext

Sehr auffällig sind voll gerahmte Absätze mit Überschrift, bei denen die Überschriftzeile durch eine andere Farbgestaltung zusätzlich betont wird. Achten Sie in diesem Fall darauf, dass Rahmen und Überschrifthintergrund dieselbe Farbe haben und auch die Überschriftzeile – zusätzlich zur Hinterlegung – einen Rahmen erhält. Fehlt der Überschriftzeile der Rahmen, entsteht am Übergang zum Kastentext eine unschöne Stufe.

Abb. 12.5: Angleichung von Überschrift und gerahmtem Text

Kapitel 13

Listen, Aufzählungen, Gliederungen

Die Listenfunktionen in Word sind ein beständiges Ärgernis, weil sie anfangs schlecht programmiert und danach nie verbessert worden sind. Verwirrend ist vor allem, dass die Automatismen nicht eingängig und die Bezeichnungen Aufzählung, Nummerierung, Gliederung und Liste recht willkürlich besetzt sind. Deshalb vorab eine kurze Begriffsbestimmung:

- **Liste** ist der Oberbegriff für Aufzählungen und Nummerierungen, zugleich auch Name der einschlägigen Formatvorlagen.
- Als **Aufzählungen** werden in Word *nicht nummerierte* Listen bezeichnet, deren Absätze durch Aufzählungszeichen eingeleitet werden, um den Neubeginn eines Elements der Aufzählung zu kennzeichnen,
  so wie in diesem Textteil.
- **Nummerierungen** sind Listen, bei denen jedem Absatz eine laufende Nummer vorangestellt wird, weil die Elemente der Liste einer bestimmten Reihenfolge zuzuordnen sind,
  so wie die Schritt-für-Schritt-Anleitungen in diesem Buch.
- Mit **Gliederungen** (Abschnitt 13.2) sind nummerierte Listen gemeint, die nicht linear, sondern in verschiedenen Ebenen hierarchisch nummeriert sind, *so wie die Überschriften in diesem Buch.*

13.1 Automatische Listen

Geben Sie am Beginn eines neuen Absatzes einen Bindestrich und dann einen Leerschritt ein, schließt die AutoKorrektur daraus, dass Sie eine Aufzählung schreiben möchten und formatiert diesen Absatz *sofort* um.

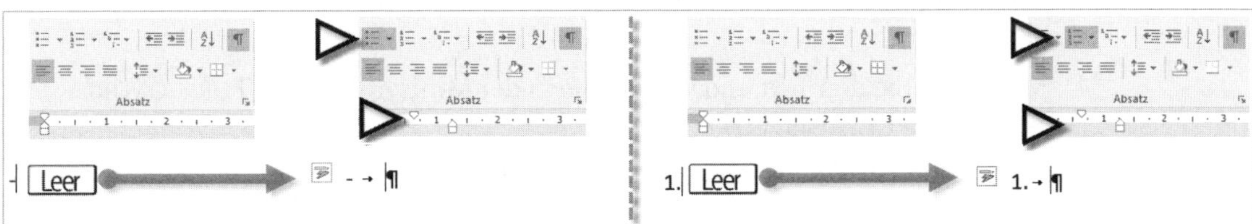

Abb. 13.1: Wirkungsweise der Listenautomatik

Gleiches gilt, wenn Sie am Anfang eines neuen Absatzes eine Ordnungszahl und dann einen Leerschritt eingeben: Daraus schließt die AutoKorrektur, dass Sie eine nummerierte Liste zu schreiben gedenken und formatiert diesen Absatz *sofort* um.

Liste beenden

Jeder folgende Absatz wird genauso formatiert und die Nummerierung fortgeführt, bis Sie die Liste durch

- Abschalten der Funktion ☰ bzw. ☰ in START|*Absatz* oder
- mit zweimal [↵] oder
- [←]

beenden.

13.1.1 Listenformat ist nicht übertragbar

Die mit den Schaltflächen ☰ und ☰ einzuschaltenden Aufzählungen und Listen haben einen eklatanten Nachteil: Sie lassen sich zwar anpassen, doch diese Anpassung gilt nur für *dieses* Dokument auf *diesem* Rechner. Geben Sie eine mit diesen Standardlisten formatierte Datei weiter, erhält sie auf dem Zielrechner ggf. ein völlig anderes Aussehen.

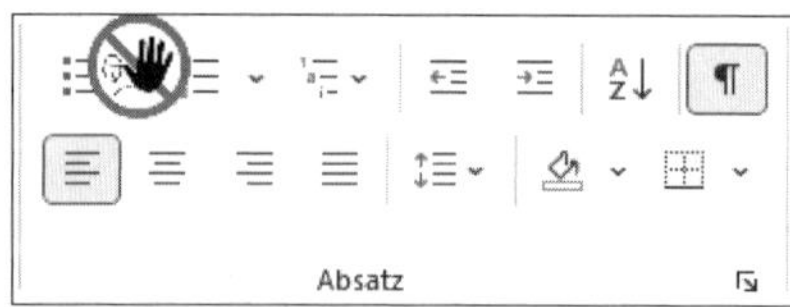

Abb. 13.2: Finger weg von den Standardlisten!

Lösung

Arbeiten Sie ausschließlich mit selbst erstellten Formatvorlagen für Listen:

1. Formatieren Sie einen Absatz mit der Schaltfläche ☰ oder ☰.
2. Richten Sie die Zählung, Einrückungen etc. ein wie in den nachstehenden Hacks beschrieben.
3. Legen Sie mit dieser Formatierung eine Formatvorlage ein wie in Abschnitt D1 beschrieben.
4. Markieren Sie den Text und wählen Sie in der Minisymbolleiste FORMATVORLAGEN | FORMATVORLAGE ERSTELLEN.
5. Tragen Sie im Dialog NEUE FORMATVORLAGE ERSTELLEN einen Namen für die Gliederungsformatvorlage ein.
6. [OK]

13.1.2 Listenautomatik an- und abschalten

Manchmal werden Eingaben von der Listenautomatik erfasst, die nicht als Liste formatiert werden sollen. Die Automatik jedes Mal von Hand abzuschalten oder zurückzusetzen, kann lästig sein. In diesem Fall ist es sinnvoll, die Automatik generell abzuschalten.

Lösung

Wechseln Sie in die AutoKorrektur-Optionen DATEI|OPTIONEN|DOKUMENTPRÜFUNG|AUTOKORREKTUR-OPTIONEN, um dort im Register AUTOFORMAT WÄHREND DER EINGABE die Optionen AUTOMATISCHE AUFZÄHLUNG und AUTOMATISCHE NUMMERIERUNG ein- oder auszuschalten.

13.1.3 Automatische Einrückung vermeiden

Üblich ist für Listen, dass das Aufzählungszeichen oder die Nummer linksbündig mit dem Fließtext abschließt und nur der Text per hängendem Einzug eingerückt wird. Die Standardeinstellung von Word ist jedoch ein totaler linker Einzug von 6,3 mm und ein hängender Einzug von weiteren 6,3 mm.

Lösung

1. Rechtsklicken Sie auf das eingezogene Aufzählungszeichen, bei einer nummerierten Liste auf die eingezogene Nummer.
2. Öffnen Sie mit *Kontextmenü:* LISTENEINZUG ANPASSEN den Dialog LISTENEINRÜCKUNGEN ANPASSEN.
3. Setzen Sie den Wert für die AUFZÄHLUNGSZEICHENPOSITION/NUMMERNPOSITION auf 0 cm und den Wert für den TEXTEINZUG auf den Wert Ihrer Wahl.
4. OK

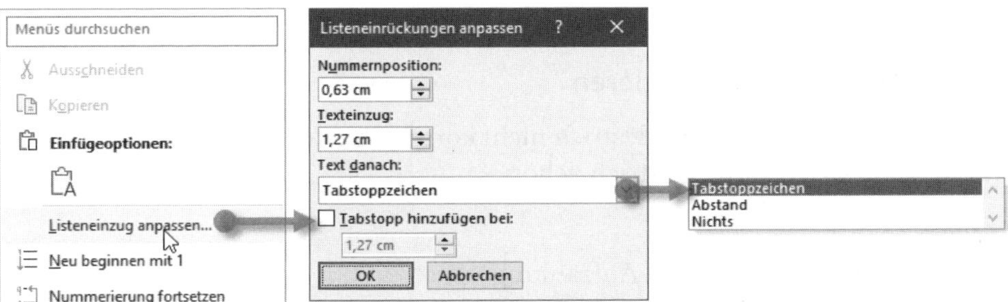

Abb. 13.3: Listeneinzug unterdrücken und Abstand zum Text einstellen

Erläuterung

Diese Einstellung gilt ab sofort für alle Listen mit demselben Aufzählungszeichen bzw. mit derselben Nummerierung. Sobald Sie ein anderes Aufzählungszeichen oder eine andere Nummerierung verwenden, wird wieder der Einzug angewandt, obwohl im neu aufzurufenden Dialog LISTENEINRÜCKUNGEN ANPASSEN bereits die Werte der letzten Anpassung vorhanden sind.

Hinweise

- TEXTEINZUG und die Option TABSTOPP HINZUFÜGEN BEI konkurrieren miteinander.
- Es ist nicht möglich, die Formatvorlage »Listeneinzug« anzupassen.
- Verwenden Sie alternativ die Formatvorlagen »Aufzählungszeichen« und »Listennummer« oder eigene (Hack 13.1.1).

13.1.4 Abstand zwischen Aufzählungszeichen/Nummer und Text festlegen

Die Beschreibungen im Bereich *Text danach* (Abbildung 13.3) sind ein typischer Fall von Nutzerverwirrung. Gemeint ist, welchen Abstand der Text zur Nummer/zum Aufzählungszeichen einhält.

Erläuterung

- *Tabstoppzeichen* meint Tabsprung, also der Text beginnt an der nächstfolgenden Tabstopp- oder Einrückungsposition.
- Mit *Abstand* beginnt der Text nach einem Abstand von ca. ¼ Geviertbreite ohne Leerzeichen.
- *Nichts* hält den Text ohne Abstand an der Nummer bzw. am Aufzählungszeichen.

Gemein ist allen drei Varianten, dass nach einem Absatzumbruch dieselbe Einrückung weitergeführt wird.

13.1.5 Spiegelstrich korrigieren

Leider wandelt Word den Bindestrich nicht korrekt in einen Halbgeviertstrich um, wie es sich für einen Spiegelstrich gehört.

Lösung

Verwenden Sie zu Beginn der Aufzählung

- einen Halbgeviertstrich – [Strg]+[-] vom Ziffernblock bzw. neu [AltGr]+[⇧]+[-] oder
- einen Geviertstrich — [AltGr]+[-] vom Ziffernblock,

übernimmt Word die Strichlänge in die Aufzählung.

Weitere automatische Aufzählungszeichen

Die Automatik reagiert auch auf weitere Zeichen am Absatzbeginn, die in auffälligere Symbole aus dem Symbol-Font »Wingdings« umgewandelt werden

* zu •,

zwei Bindestriche -- zu ■ und

> zu ➢ .

13.1.6 Eigene Aufzählungszeichen definieren

Sie sind nicht auf die automatisch erzeugten Aufzählungszeichen angewiesen, sondern können jedes beliebige Zeichen, das die auf Ihrem Computer installierten Schriftarten hergeben, als Aufzählungszeichen verwenden.

Lösung

1. START|*Absatz:* AUFZÄHLUNGSZEICHEN ⌄|NEUES AUFZÄHLUNGSZEICHEN DEFINIEREN
2. Wählen Sie in Symbol und Schriftart ein Aufzählungszeichen aus.

Die Schaltfläche SYMBOL führt zu einer Auswahl aus reinen Symbol-Zeichensätzen, SCHRIFTART dagegen erlaubt die Auswahl aus allen Schriftarten. Darüber hinaus gestattet BILD auch das Verwenden eines beliebigen, als Grafik gespeicherten Bilds.

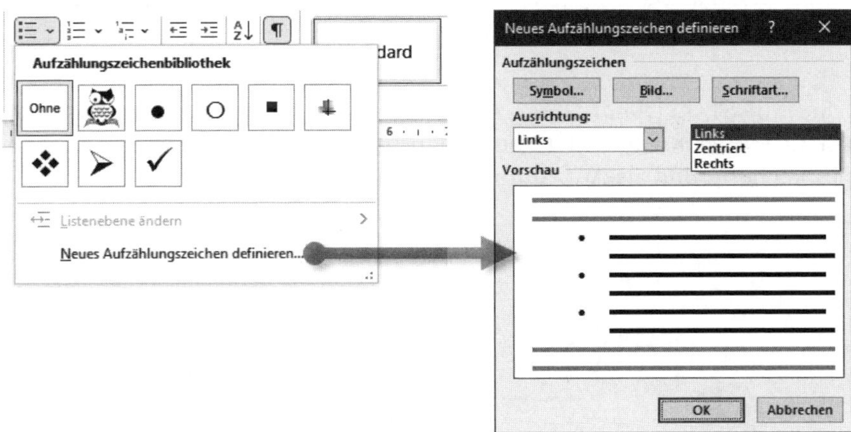

Abb. 13.4: Aufzählungszeichen nach Gusto

Beschränken Sie sich auf einfache geometrische Formen oder mit dem Text in Einklang stehende Symbole.

Pfeile?

Meiden Sie Pfeile als Aufzählungszeichen! Pfeile sind zu reservieren für besonders wichtige Passagen, auf die das Auge des Lesers gelenkt werden soll. Wenn Sie ständig Pfeile als Aufzählungszeichen verwenden, verlieren Sie ein auffälliges Symbol für Besonderheiten.

13.1.7 Bilder als Aufzählungszeichen

Mit der Schaltfläche BILDER im Dialog NEUES AUFZÄHLUNGSZEICHEN DEFINIEREN können Sie beliebige Bilder oder Icons als Aufzählungszeichen eingesetzt, die auf die Schriftgröße skaliert werden. Leider fehlt es an einer Möglichkeit, die Piktogramme aus EINFÜGEN|*Illustrationen:* PIKTOGRAMME als Aufzählungszeichen zu verwenden.

Workaround

1. Importieren Sie mit EINFÜGEN|*Illustrationen:* PIKTOGRAMME das gewünschte Piktogramm.
2. Rechtsklicken Sie das Bild.
3. Wählen Sie im Kontextmenü ALS GRAFIK SPEICHERN.

Wichtig

Speichern Sie nicht im angebotenen Grafikformat .svg, denn damit kann die Aufzählungszeichenfunktion nichts anfangen. Nehmen Sie .png oder .emf.

4. Rufen Sie mit START|*Absatz:* AUFZÄHLUNGSZEICHEN |NEUES AUFZÄHLUNGSZEICHEN DEFINIEREN|BILD die Bildauswahl auf und importieren Sie das eben gespeicherte Bild als Aufzählungszeichen.
5. OK

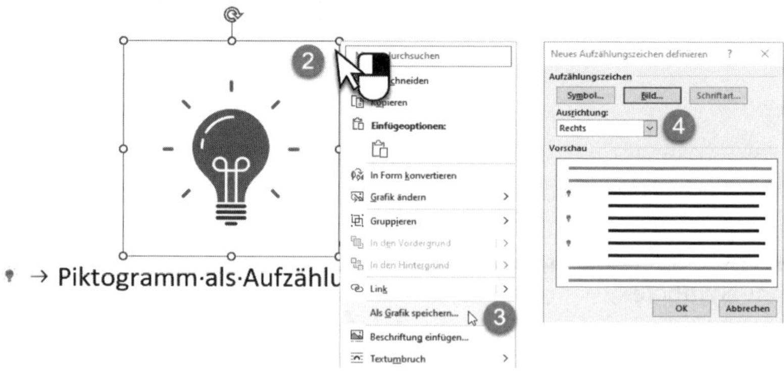

Abb. 13.5: Piktogramm als Aufzählungszeichen

Das Aufzählungszeichen wird automatisch auf die Höhe der Textzeile skaliert.

Das Aufzählungszeichen wird in die Bibliothek *für dieses Dokument* aufgenommen.

13.1.8 Eigenes Zahlenformat und Ergänzungen definieren

Bei der Auslegung, ob die einleitenden Zeichen Ordnungszahlen sind, ist Word sehr freizügig; die Automatik spricht auch auf die Buchstaben a und A an. Ein großes I oder kleines i wird zur Einleitung für eine römisch gezählte Liste.

Auch die Kennzeichnung als Ordinalzahl ist flexibel, die Automatik funktioniert, wenn das Zeichen von Punkt oder runder Klammer gefolgt oder von runden Klammern umgeben ist; z.B. a. a) (a).

Wichtig

Die Nummerierungsautomatik spricht nur auf den Startwert 1, a, A, i oder I an. Höhere Werte werden ignoriert.

Die Standardauswahl an Zahlenformaten deckt nicht alle Wünsche ab. So gibt es u.a. keine vorgefertigten Vorschläge für verbale Ergänzungen oder ein §-Zeichen zur Zahl. Hier ist manuelles Eingreifen in die Darstellung angesagt.

Lösung

Mittels START|*Absatz:* NUMMERIERUNG |NEUES ZAHLENFORMAT DEFINIEREN lassen sich die dürftigen Auswahllisten umgestalten.

Im Dialog NEUES ZAHLENFORMAT DEFINIEREN finden Sie

- eine Auswahl unterschiedlicher Zählweisen,
- die Möglichkeit, die Schriftart zu wechseln und
- eine Ausrichtungswahl (siehe Hack 13.1.10).

Erklärung

Aus der Liste ZAHLENFORMATVORLAGE wählen Sie die Grundform Ihrer Nummerierung. Diese lässt sich im Feld ZAHLENFORMAT ergänzen um zusätzliche Zeichen, z.B. Punkte, Klammern, §-Zeichen, »Kapitel«. Nur der grau hinterlegte Teil wird hochgezählt, die Ergänzungen bleiben statisch.

Das Vorschaufenster gibt einen guten Eindruck der künftigen Anmutung Ihrer Liste.

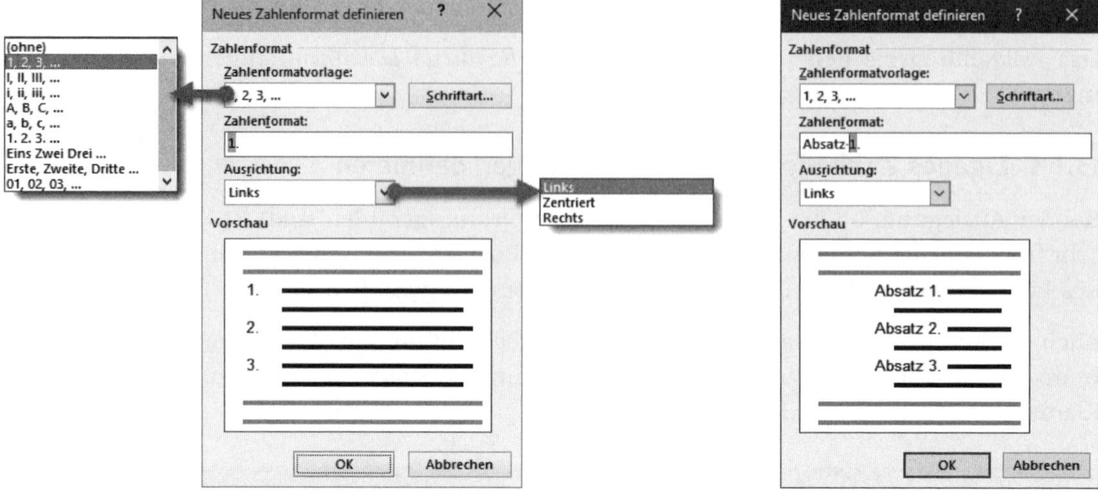

Abb. 13.6: Eigene Zahlenformate generieren, rechts mit Textergänzung

13.1.9 Nummerierung mit aa), bb), cc) ...

Es gibt im Dialog EIGENES ZAHLENFORMAT DEFINIEREN keine Möglichkeit, ein Format mit doppelten Buchstaben hinzuzufügen.

Lösung

Die freie Bestimmung des Startwerts (Hack 13.1.13) hilft auch bei dieser Nummerierung mit Buchstaben.

1. Bestimmen Sie ein Zahlenformat mit Buchstaben.
2. Tragen Sie im Feld BEGINNEN MIT bzw. WERT FESTLEGEN AUF »aa« ein.

Erklärung

Sobald Sie ein anderes als ein numerisches Zahlenformat eingestellt haben, wechselt auch die Nummernanzeige im Feld WERT FESTLEGEN AUF in dieses Format.

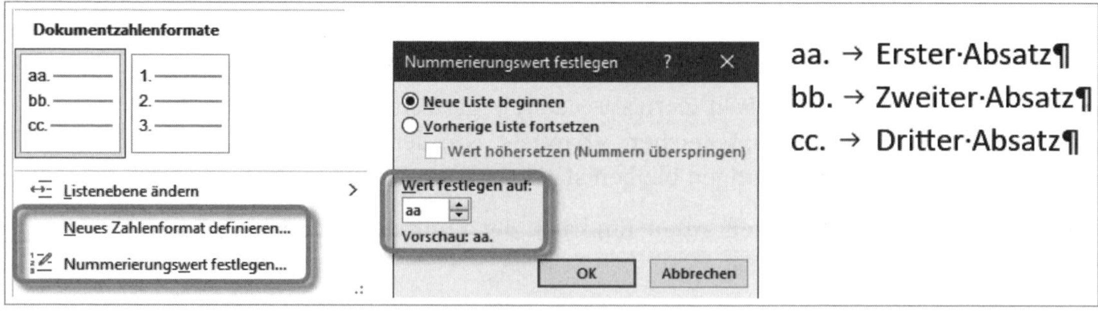

Abb. 13.7: Mit Doppelbuchstaben nummerieren

Die Zählung beginnt nun intern zwar mit 27, weil nach z = 26 weitergezählt wird, was aber bei dieser Darstellung nicht auffällt.

13.1.10 Mit griechischen Buchstaben nummerieren

Beim Nummerieren mit griechischen Buchstaben gibt es von jeher ein Problem: Der Standardfont »Symbol« und auch andere Fonts mit dem griechischen Alphabet orientieren sich an der Transkription ins Lateinische, nicht am originalen griechischen Alphabet. Damit stehen gerade mal sieben Zeichen in der korrekten alphabetischen Position (Abbildung 13.8).

α) ✓	α) ✓
β) ✓	β) ✓
χ) ?	γ) ✓
δ) ✓	δ) ✓

symbol.ttf ×

A	B	C	D	E	F	G	H	I	J	K	L	M	N	O	P	Q	R	S	T	U	V	W	X	Y	Z
Α	Β	Χ	Δ	Ε	Φ	Γ	Η	Ι	ϑ	Κ	Λ	Μ	Ν	Ο	Π	Θ	Ρ	Σ	Τ	Υ	ς	Ω	Ξ	Ψ	Ζ
a	b	c	d	e	f	g	h	i	j	k	l	m	n	o	p	q	r	s	t	u	v	w	x	y	z
α	β	χ	δ	ε	ϕ	γ	η	ι	φ	κ	λ	μ	ν	ο	π	θ	ρ	σ	τ	υ	ϖ	ω	ξ	ψ	ζ

AlphaBetaGamma ×

A	B	C	D	E	F	G	H	I	J	K	L	M	N	O	P	Q	R	S	T	U	V	W	X	Y	Z
Α	Β	Γ	Δ	Ε	Ζ	Η	Θ	Ι	Κ	Λ	Μ	Ν	Ξ	Ο	Π	Ρ	Σ	Τ	Υ	Φ	Χ	Ψ	Ω	ς	ϖ
a	b	c	d	e	f	g	h	i	j	k	l	m	n	o	p	q	r	s	t	u	v	w	x	y	z
α	β	γ	δ	ε	ϕ	η	ϑ	ι	κ	λ	μ	ν	ξ	ο	π	ρ	σ	τ	υ	φ	χ	ψ	ω	θ	ϕ

Abb. 13.8: Zeichensatz »Symbol« (oben) und korrekte alphabetische Reihenfolge (unten)

Damit sind diese Schriftarten nicht für Nummerierungen geeignet.

Lösung

1. Laden Sie sich den Freeware-Font »AlphaBetaGamma.ttf« von `https://oerttel.net/stuff` herunter.
2. Rechtsklick | INSTALLIEREN

Anwendung

1. Stellen Sie im Dialog NEUES ZAHLENFORMAT DEFINIEREN (Abbildung 13.6) oder NEUE LISTE MIT MEHREREN EBENEN DEFINIEREN (Abbildung 13.12 b) zunächst ein Buchstabenformat ein.
2. Sodann wählen Sie in SCHRIFTART »AlphaBetaGamma«.

13.1.11 Aufzählungszeichen und Nummer ausrichten

Die Einstellungen für die AUSRICHTUNG in NEUES AUFZÄHLUNGSZEICHEN DEFINIEREN und NEUES ZAHLENFORMAT DEFINIEREN arbeiten anscheinend nicht korrekt.

Links und *rechts* scheinen gerade die gegenteilige Orientierung zu bewirken.

Zentriert richtet zwar Aufzählungszeichen zentriert am linken Rand oder Einzug aus, aber Nummerierungen erscheinen nicht korrekt gemittet.

Lösung

Links und *rechts* beziehen sich auf die Position des linken Einzugs zu Aufzählungszeichen oder Nummer, also:

Links	Das Aufzählungszeichen/die Nummer steht *rechts* vom Einzug.
Zentriert	Das Aufzählungszeichen/die Nummer steht *mittig* auf dem Einzug.
Rechts	Das Aufzählungszeichen/die Nummer steht *links* vom Einzug.

Für die Berechnung der Mitte einer Nummer wird der Punkt dahinter mitgerechnet.

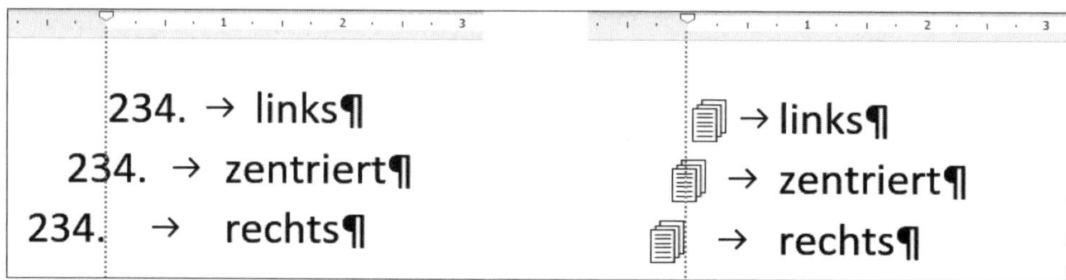

Abb. 13.9: Ausrichtung am Einzug (= linke Satzspiegelkante)

13.1.12 Aufzählungszeichen oder Nummerierung wird fett oder kursiv dargestellt

Wenn ein Absatz in einer Liste eine besondere Formatierung enthält, übernimmt die Nummer bzw. das Aufzählungszeichen diese Formatierung. Die Liste wirkt damit nicht homogen.

Workaround

Nummer oder Aufzählungszeichen lassen sich direkt nicht separat ändern.

1. Markieren Sie die Absatzmarke des Absatzes.
2. Setzen Sie die Formatierung mit START|*Schriftart:* ALLE FORMATIERUNGEN LÖSCHEN bzw. Strg+Leertaste zurück.

Erklärung

Die Formatierung der Nummer und des Aufzählungszeichens ist an die der Absatzmarke gekoppelt. Bei Änderungen bleibt der Text dazwischen unverändert.

13.1.13 Nummerierte Listen unterbrechen, fortsetzen, beenden oder neu beginnen

Ist eine Nummerierung vorhanden, zählt Word auch nach deren Beendigung munter weiter, sobald Sie erneut einem Absatz eine Nummerierung zuweisen. Dieses Verhalten können Sie händisch beeinflussen.

Erläuterung

Diese Eigenschaft ist günstig, wenn innerhalb einer Liste einige Absätze ohne Nummerierung eingeschoben werden, aber meist will man wohl eine neue Liste starten, beginnend mit 1.

Lösung für neue Liste ab 1 zählend

Um eine neue nummerierte Liste zu beginnen, klicken Sie mit der rechten Maustaste die Nummer an und wählen im Kontextmenü NEU BEGINNEN MIT 1.

Lösung für neue Liste mit freiem Startwert

Soll der Startwert für die neue Liste frei bestimmt werden, wählen Sie nach Rechtsklick auf die Nummer im Kontextmenü NUMMERIERUNGSWERT FESTLEGEN und stellen unter BEGINNEN MIT bzw. WERT FESTLEGEN AUF den gewünschten Startwert ein.

Vorsicht

Für den Fall, dass eine Nummer in einer Liste übersprungen werden soll, bietet Word eine Zusatzfunktion WERT HÖHERSETZEN an, die aber etwas unorthodox arbeitet. Sie bietet zwar den Vorteil, dass in einer Gliederung jede Ebene leicht einzeln beeinflussbar ist, aber bei dieser Festlegung fügt Word die fehlenden Nummern als ausgeblendeten Text mit einem ansonsten leeren Absatz ein. Sobald Sie die Steuerzeichenanzeige ¶ aktivieren, werden sie sichtbar und auch mitgedruckt, sofern Sie die Option AUSGEBLENDETEN TEXT DRUCKEN in DATEI | OPTIONEN, *Bereich* ANZEIGE | DRUCKEN aktiviert haben. Sauberer arbeitet da die obere Option NEUE LISTE BEGINNEN, die allerdings bei nachträglichen Einfügungen von Hand verwaltet werden muss.

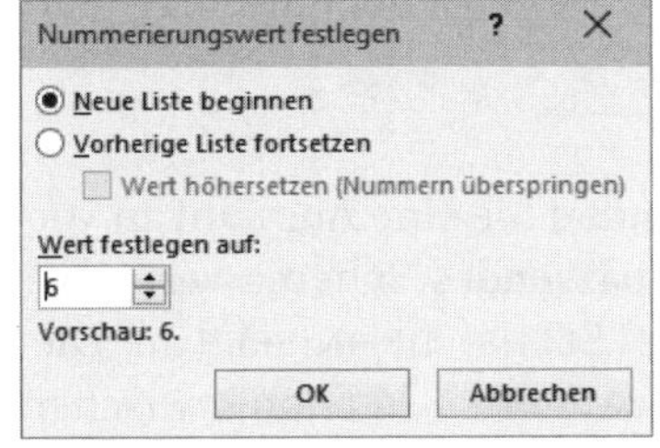

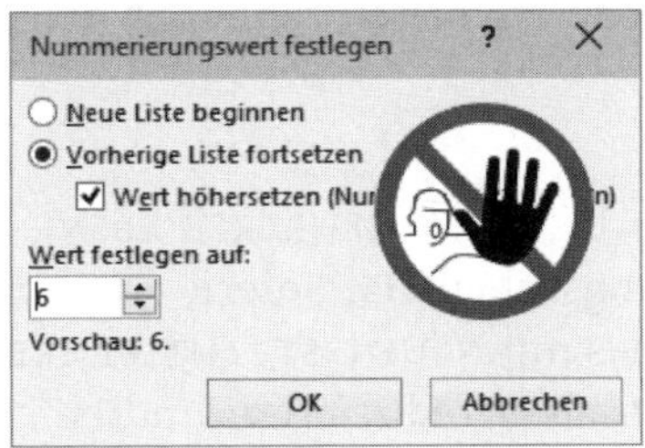

Abb. 13.10: Mit Vorsicht zu genießen: WERTHÖHERSETZEN

Lösung für Listenunterbrechung mit anschließender Fortzählung

1. Schreiben Sie zunächst den nicht mitzuzählenden Absatz als Bestandteil der Liste mit Nummerierung bzw. Aufzählungszeichen.
2. Schreiben Sie die Liste fertig.
3. Erst *dann* weisen Sie dem auszunehmenden Absatz die Standard-Formatvorlage zu.

Die Liste wird dann für diesen Absatz unterbrochen, die Zählung danach fortgesetzt.

13.2 Strukturiert nummerieren (Gliederung)

In Fachtexten kommt man mit einer eindimensionalen Nummerierung selten aus. Word bietet zwei verschiedene Formen der hierarchischen Gliederung an:

Geisteswissenschaften arbeiten meist mit einer abwechselnden Nummerierung aus Zahlen, Buchstaben und römischen Zahlen, die jeweils einer hierarchischen Ebene zugeordnet sind.

In den *MINT-Disziplinen* ist eher die rein numerische Notation anzutreffen, aus der sich unmittelbar die Gliederungsebene erkennen lässt.

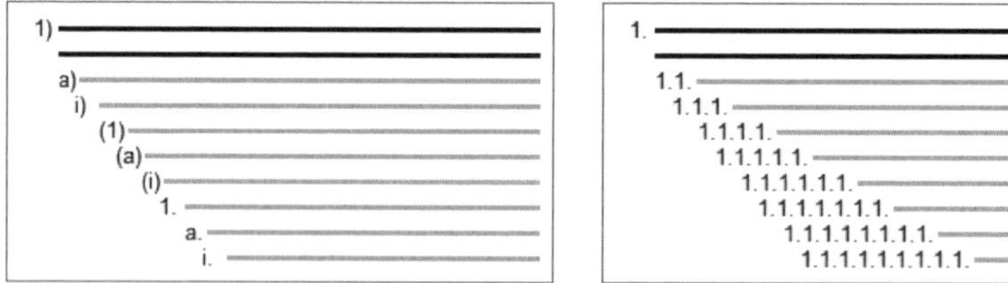

Abb. 13.11: Zwei Varianten gegliederter Nummerierung

Das schwierigste Word-Werkzeug überhaupt

Die Microsoft-Entwickler haben mit den Einstellungen, der Logik hinter den Gliederungswerkzeugen und den verwendeten Termini dafür gesorgt, dass jede verständliche Funktionsbeschreibung zum Hack wird. Fragen zur Gliederung und zu deren Absonderlichkeiten zählen zu den Spitzenreitern in einschlägigen Hilfeforen.

In START|*Absatz:* LISTE MIT MEHREREN EBENEN finden Sie eine Auswahl an vorgegebenen Gliederungsschemata. Sofern dort kein passendes Schema verfügbar ist, legen Sie sich eines mit NEUE LISTE MIT MEHREREN EBENEN DEFINIEREN an. Diesen Dialog gibt es in einer reduzierten und einer erweiterten Version, zwischen denen Sie mit den Schaltflächen ERWEITERN und REDUZIEREN (Abbildung 13.12 d) wechseln. Zum Einrichten sollten Sie die erweiterte Fassung benutzen.

Der Dialog Neue Liste mit mehreren Ebenen definieren

Die Einstellungen des Dialogs NEUE LISTE MIT MEHREREN EBENEN DEFINIEREN sind umfangreich, unübersichtlich und teilweise mit eigenartigen Bezeichnungen versehen. Die folgenden Hacks sollen Ihnen helfen, die »Logik« dahinter zu erfassen.

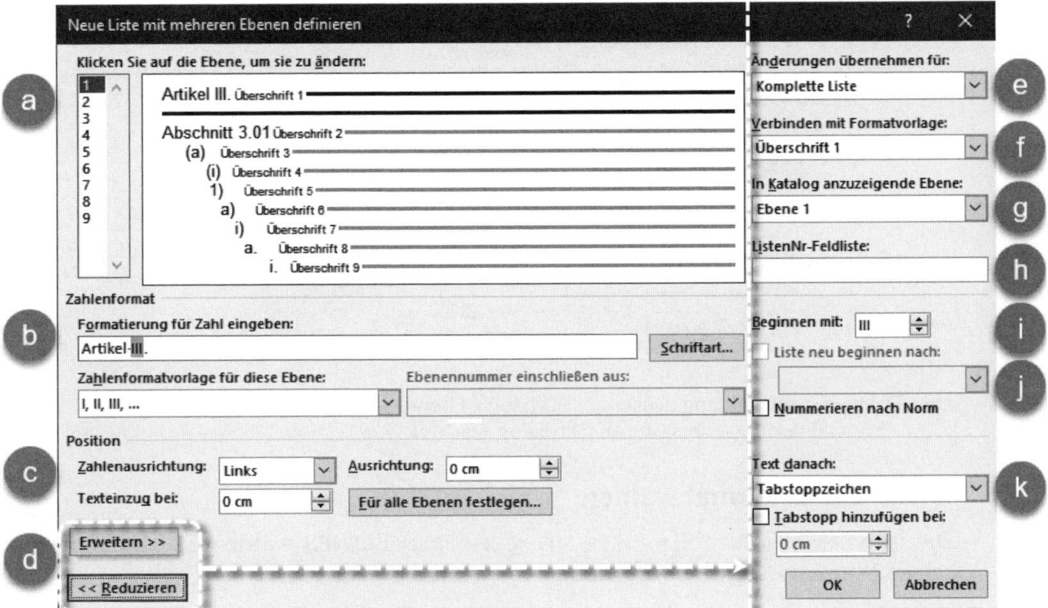

Abb. 13.12: Strukturierte Nummerierung einrichten

13.2.1 Gliederungsebenen mit anderen Strukturen verbinden

Jede der neun Gliederungsebenen kann separat ausgewählt (Abbildung 13.12 a) und bearbeitet werden. Die aktuell ausgewählte Ebene erkennen Sie an der links markierten Ziffer und den dunkleren Balken in der Vorschau. Alle weiteren Einstellungen beziehen sich ausschließlich auf diese Ebene.

Es ist sinnvoll, eine fertige, funktionierende Gliederung als Formatvorlage abzuspeichern, um sie jederzeit zur Verfügung zu haben. Da sich Gliederungen nicht mit den Formatvorlagendialogen einrichten lassen, beschreiten Sie bitte folgenden Weg:

VERBINDEN MIT FORMATVORLAGE (Abbildung 13.12 f) weist die aktuelle Gliederungsebene einer bestehenden (!) Formatvorlage zu. Die Formatvorlage wird so zur gegliederten Formatvorlage, die ihre Nummerierung gleich mitbringt – ideal für Überschriften.

Sie können die Gliederungsebenen (Abbildung 13.12 a) mit den Gliederungsebenen des ABSATZ-Dialogs (Abbildung 13.13, rechts) verknüpfen, um die Gliederungsebene im Inhaltsverzeichnis (vgl. Hack 16.2.1) erscheinen zu lassen. Wählen Sie dazu aus der Liste IM KATALOG ANZUZEIGENDE EBENE (Abbildung 13.12 g) die zugehörige Absatzebene aus. Haben Sie eine Überschriftenformatvorlage in VERBINDEN MIT FORMATVORLAGE zugewiesen, erübrigt sich diese Einstellung.

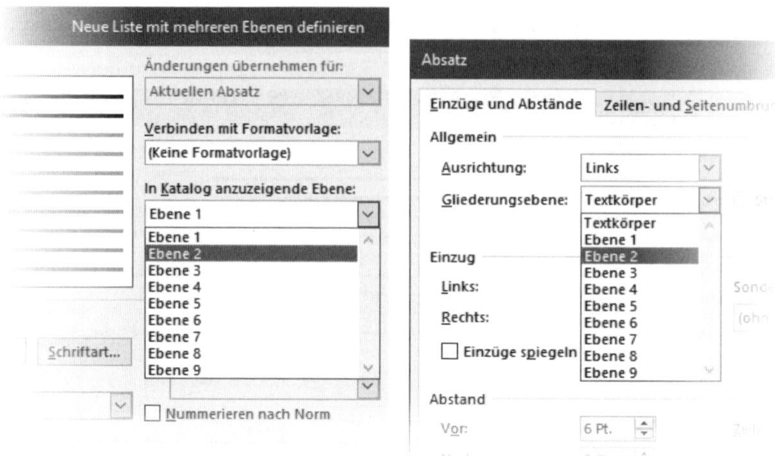

Abb. 13.13: Zusammenhang zwischen »Katalog«-Ebene der Gliederung (links) und Gliederungsebene im Absatzdialog (rechts)

13.2.2 Zahlenformat wählen

Die in START|*Absatz:* [icon] LISTE MIT MEHREREN EBENEN wählbaren alphanumerischen Notationen passen oft nicht.[1]

Lösung

Das ZAHLENFORMAT (Abbildung 13.12 b) wählen Sie für jede Ebene separat in der Auswahlliste FORMATIERUNG FÜR DIE ZAHL EINGEBEN (vgl. Hack 13.1.8). Hierzu gehört auch die Einstellung BEGINNEN MIT (Abbildung 13.12 i), die aus unerfindlichen Gründen im erweiterten Teil des Dialogs angesiedelt wurde.

13.2.3 Zwischen alphanumerisch und numerisch wechseln

Wenn Sie in Ihrer Gliederung zwischen Buchstaben und Zahlen wechseln wollen, findet sich hierfür auf den ersten Blick keine Option.

Lösung

Zwischen alphanumerischer und numerischer Notation einer Ebene wechseln Sie im Dialog NEUE LISTE MIT MEHREREN EBENEN DEFINIEREN mit der Option NUMMERIERUNG NACH NORM (Abbildung 13.12 j). Diese Bezeichnung hat mit der Funktion nichts zu tun; es entsteht keine normgerechte Nummerierung, sondern lediglich die Anzeige wechselt bei Ebenen mit buchstäblicher Nummerierung zu Zahlen.

1 Bei numerischer Notation gibt es dieses Problem nicht; dort gilt eine strikte Hierarchie ohne Zusätze.

13.2.4 Textergänzung der Nummerierung

Bei alphanumerischer Notation wird häufig eine textliche Ergänzung wie *Abschnitt, §§* u. Ä. benötigt.[1]

Lösung

Im Feld FORMATIERUNG FÜR DIE ZAHL EINGEBEN (vgl. Hack 13.1.8) ist die von der Gliederung erzeugte Zahl grau hinterlegt. Davor und dahinter können Sie Freitext eingeben, der mit der Nummer verbunden wird.

13.2.5 Höhere Ebenen in die Nummerierung einbeziehen

Die Nummerierung höherer Gliederungsebenen wird bei alphanumerischer Gliederung nicht der aktuellen Absatznummer vorangestellt, also in der vierten Ebene erscheint der dritte Eintrag als (3) und nicht unter Einbeziehung der höheren Ebenen (wie bei numerischer Gliederung) als z.B. 2)c)ii)(3).

Lösung

Setzen Sie den Cursor im Feld FORMATIERUNG FÜR ZAHL EINGEBEN **vor** den grau hinterlegten Eintrag.

Wählen Sie in EBENENNUMMER EINSCHLIESSEN AUS jene Ebenennummer(n), die übernommen werden sollen.

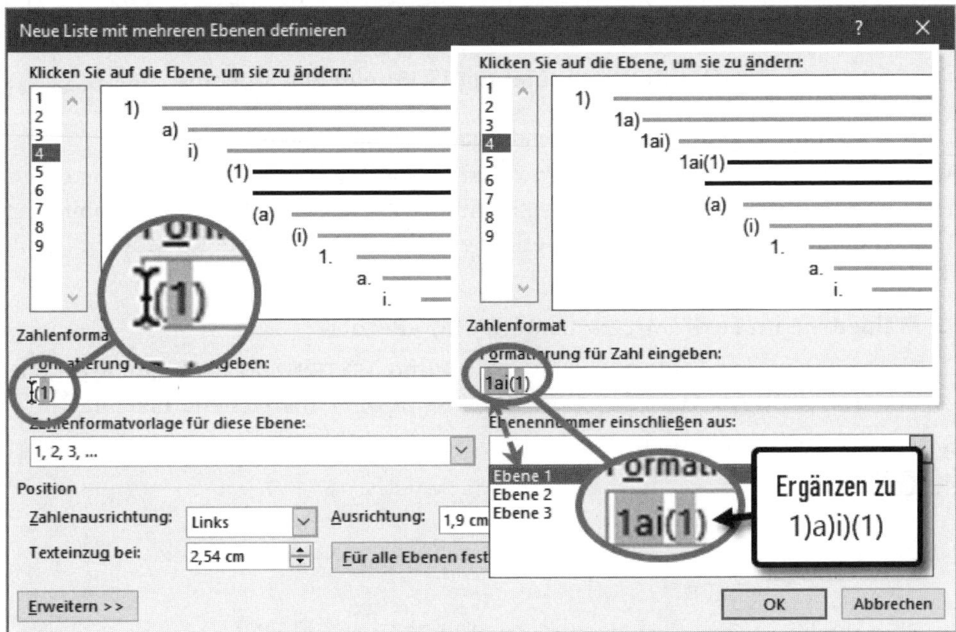

Abb. 13.14: Höhere Ebenennummer in die Gliederungsebene einschließen

Wichtig

Leider werden die Trennzeichen der übergeordneten Ebenen nicht übernommen; sie sind von Hand im Feld FORMATIERUNG FÜR ZAHL EINGEBEN nachzutragen.

13.2.6 Punkte hinter der letzten Ebene entfernen

Die Standardformate der Gliederungen schließen mit einem Punkt ab. Das entspricht nicht DIN 1421/ISO 2145 »Gliederung und Benummerung in Texten; Abschnitte, Absätze, Aufzählungen«.

Lösung

Unerwünschte abschließende Punkte hinter der letzten Gliederungsebene lassen sich im Feld FORMATIERUNG FÜR ZAHL EINGEBEN (Abbildung 13.12 b) leicht von Hand mit [←] entfernen.

13.2.7 Unnötige Einzüge entfernen

Die Einzüge der Standardeinstellungen für Gliederungen rücken die Zahlen ein, was für numerisch-hierarchische Listen unüblich ist[2]; die einzelnen Nummern sollten linksbündig beginnen.

Lösung 1: Alle Ebenen linksbündig ausrichten

Entfernen Sie die Erstzeileneinzüge (AUSRICHTUNG) und setzen den Folgezeileneinzug (TEXTEINZUG BEI) so, dass die längste Nummer noch genügend Platz davor hat (Abbildung 13.12 c).

Die dritte Kolonne »Outline« in Abbildung 13.15 zeigt das Ergebnis.

Lösung 2: Nummerierungen rechtsbündig zum Text ausrichten

Wenn kurze Zahlen bei Lösung 1 im Zusammenhang mit tiefer Gliederung große Lücken zum Text erzeugen, lässt sich mittels ZAHLENAUSRICHTUNG (Abbildung 13.12 c) ein Rechtstab-Ausrichtungseffekt erzielen, wie die letzte Kolonne in Abbildung 13.15 zeigt.

1. Wählen Sie im Feld ZAHLENAUSRICHTUNG »Rechts«.[3]
2. Geben Sie in den Feldern AUSRICHTUNG und TEXTEINZUG BEI einen Wert ein, der groß genug ist, dass davor die längste Nummer ausreichend Platz hat.
3. Für alle Ebenen übernehmen
4. [OK]

---

2 Es ist ohnehin unverständlich, wieso die Standard-Gliederungen mit Einrückungen arbeiten, heißt diese Form der Nummerierung doch im Herkunftsland von Word »Outline«.

3 Im Gegensatz zu Hack 8.1.11 bezieht sich hier die Ausrichtung tatsächlich auf die Zahl.

Grundeinstellung	Einzüge korrigiert	Outline	Zahlenausrichtung rechts
Triebwagen	1. Triebwagen	1. Triebwagen	1. Triebwagen
1.1 Verbrennungstriebwagen	1.1 Verbrennungstriebwagen	1.1 Verbrennungstriebwagen	1.1 Verbrennungstriebwagen
1.1.1 Hauptbahn	1.1.1 Hauptbahn	1.1.1 Hauptbahn	1.1.1 Hauptbahn
1.1.1.1Schnellverkehr	1.1.1.1 Schnellverkehr	1.1.1.1 Schnellverkehr	1.1.1.1 Schnellverkehr
1.1.1.2Bezirksverkehr	1.1.1.2 Bezirksverkehr	1.1.1.2 Bezirksverkehr	1.1.1.2 Bezirksverkehr
1.1.1.3Nahverkehr	1.1.1.3 Nahverkehr	1.1.1.3 Nahverkehr	1.1.1.3 Nahverkehr
1.1.2 Haupt- und Nebenbahn	1.1.2 Haupt- und Nebenbahn	1.1.2 Haupt- und Nebenbahn	1.1.2 Haupt- und Nebenbahn
1.1.3 Nebenbahn	1.1.3 Nebenbahn	1.1.3 Nebenbahn	1.1.3 Nebenbahn
1.1.4 Sonstige	1.1.4 Sonstige	1.1.4 Sonstige	1.1.4 Sonstige
1.1.4.1Ausflugsverkehr	1.1.4.1 Ausflugsverkehr	1.1.4.1 Ausflugsverkehr	1.1.4.1 Ausflugsverkehr
1.1.4.2Güterverkehr	1.1.4.2 Güterverkehr	1.1.4.2 Güterverkehr	1.1.4.2 Güterverkehr
1.1.4.3Dienstverkehr	1.1.4.3 Dienstverkehr	1.1.4.3 Dienstverkehr	1.1.4.3 Dienstverkehr
1.1.4.3.1Turmtriebwagen	1.1.4.3.1 Turmtriebwagen	1.1.4.3.1 Turmtriebwagen	1.1.4.3.1 Turmtriebwagen
1.1.4.3.2Sonstiger Dienstverkehr	1.1.4.3.2 Sonstiger Dienstverkehr	1.1.4.3.2 Sonstiger Dienstverkehr	1.1.4.3.2 Sonstiger Dienstverkehr
1.2 Elektro-Triebwagen	1.2 Elektro-Triebwagen	1.2 Elektro-Triebwagen	1.2 Elektro-Triebwagen

Abb. 13.15: Verbesserung der Gliederungsausrichtung

Hinweis

Da die Nummerierung vor dem linken Einzug steht, bedarf es keines Folgezeileneinzugs.

13.2.8 Fehlerhafte Einzüge korrigieren

Die Standard-Einzüge passen nicht zu den längeren Zahlen, die eine hierarchische Nummerierung mit sich bringt. Die Zahl ist länger als der Einzug und der Text beginnt am nächsten Standard-Tabulator. Bei mehrzeiligen Listeneinträgen gerät das Layout zum Fiasko, weil die Folgezeilen nicht mit der ersten Zeile bündig sind.

Erläuterung

Häufig ist auch der Einzug so knapp bemessen, dass der nachfolgende Text nicht genügend von der Nummerierung abgesetzt ist, sondern »an der Nummer klebt«.

In seltenen Fällen kommt es vor, dass eine auf 1 endende Nummerierung noch gerade so vor dem Tabstopp Platz findet, die folgenden, breiteren Zahlen aber nicht mehr und der Tabsprung zum nächsten Standardtabstopp weiterspringt.

Lösung

Abhilfe schafft ein Aufschieben der Einzüge mit dem Lineal oder TEXTEINZUG BEI (Abbildung 13.12 c).

Erklärung

TEXTEINZUG BEI ist hier die Bezeichnung für SONDEREINZUG ERSTE ZEILE und HÄNGEND des ABSATZ-Dialogs.

1. → Verbrennungstriebwagen¶
1.1.1.→Hauptbahn¶
1.1.1.1.1.Schnellverkehr¶
1.1.1.1.2. → Bezirksverkehr¶
1.1.1.1.3. → Nahverkehr¶

1. → Verbrennungstriebwagen¶
1.1.1.→Hauptbahn¶
1.1.1.1.1.→Schnellverkehr¶
1.1.1.1.2.→Bezirksverkehr¶
1.1.1.1.3.→Nahverkehr¶

Abb. 13.16: Automatisch gesetzte Einrückung bei Gliederung nachbessern

Hinweis

Die Abstandsdefinitionen in TEXT DANACH (Abbildung 13.12 k) funktionieren wie bei den linearen Nummerierungen (Hack 13.1.10).

13.2.9 Gliederung auf einen bestimmten Textbereich eingrenzen

Eine Gliederungsform gilt grundsätzlich für das gesamte Dokument. Gelegentlich soll eine besondere Gliederung aber nur auf einen Teilbereich gelten.

Lösung

Mit ÄNDERUNGEN ÜBERNEHMEN FÜR (Abbildung 13.12 e) bestimmen Sie, für welchen Bereich die Gliederung gelten soll:

- KOMPLETTE LISTE — aktuelle Liste, in der die Schreibmarke oder Markierung steht,
- DOKUMENT AB HIER — alle in diesem Dokument noch folgenden Listen,
- MARKIERTEN TEXT — ausschließlich der markierte Text, auch innerhalb einer bestehenden anderen Gliederung.

Mit DOKUMENT AB HIER und MARKIERTEN TEXT werden Abschnittswechsel eingefügt.

13.2.10 Untere Ebene zählt falsch weiter

Es kommt vor, dass sich durch unbedachte Änderungen einzelne Gliederungsebenen plötzlich seltsam verhalten, z.B., dass nach 1. – 1.1 – 1.2 – 1.3 – 2. nicht mit 2.1 etc. weitergezählt wird, sondern die Gliederung des ersten Abschnitts mit 1.4 etc. fortgeführt wird. Der »Gruppenwechsel«, also das bedingte Zurückschalten auf 1, wenn die nächsthöhere Ebene weiterschaltet, gehört zu den häufigsten Problemen mit Gliederungen.

Lösung

In LISTE NEU BEGINNEN NACH (Abbildung 13.12 j) stellen Sie ein, welche Gliederungsebene Startzeichen für den Neuanfang in der aktuellen Ebene sein soll.

1. Markieren Sie die fehlgesteuerte(n) Zeile(n) der Liste.
2. START|LISTE MIT MEHREREN EBENEN|NEUE LISTE MIT MEHREREN EBENEN DEFINIEREN
3. Ordnen Sie die Listenebene richtig zu und achten Sie auf den korrekten Gruppenwechsel bei LISTE NEU BEGINNEN NACH.
4. OK

13.3 Listen verlustfrei aus anderen Dokumenten übernehmen

Sobald Sie eine Liste aus einem anderen Dokument via Zwischenablage in Ihren aktuellen Text übernehmen, stehen Sie vor mehreren Problemen.

13.3.1 Zusammenführen von Listen

Fügen Sie eine Liste aus der Zwischenablage in eine Liste ein oder ans Ende einer Liste an, passt Word die eingefügte Liste in die Nummerierung der vorhandenen Liste ein, sofern die Option EINGEFÜGTE LISTEN MIT VORHANDENEN LISTEN ZUSAMMENFÜHREN in DATEI|OPTIONEN|ERWEITERT|AUSSCHNEIDEN, KOPIEREN UND EINFÜGEN aktiv ist (lieferseitig so voreingestellt).

Lösung

Wollen Sie dies unterdrücken, um die Nummerierung der eingefügten Liste beizubehalten, müssen Sie nicht die Option abschalten, sondern klicken nach dem Einfügen auf das Smarttag für die Einfügeoptionen und wählen dort LISTE OHNE ZUSAMMENFÜHREN EINFÜGEN.

13.3.2 Listenformatierung beim Einfügen erhalten

Um einen importierten Text vollständig der Zielformatierung anzupassen, ist die Einfügeoption | NUR DEN TEXT ÜBERNEHMEN der sicherste Weg. Leider verlieren Listen damit ihre Nummerierungen und Aufzählungszeichen.

Lösung

1. Rufen Sie die Einstellungen für AUSSCHNEIDEN, KOPIEREN UND EINFÜGEN mit DATEI|OPTIONEN|ERWEITERT auf.
2. Aktivieren Sie die Option AUFZÄHLUNGSZEICHEN UND NUMMERN BEIM EINFÜGEN VON TEXT MIT DER OPTION 'NUR DEN TEXT ÜBERNEHMEN' BEIBEHALTEN.
3. OK

Kapitel 14

Überschriften

Größere Textmengen werden in Kapitel gegliedert, in Sachbüchern auch noch tiefer in Unterkapitel oder Abschnitte. Zur Orientierung dienen Überschriften.[1]

14.1 Eigenschaften von Überschriften

Rein *optisch* ist eine Überschrift ein kurzer Absatz, die sich vom Textkörper abhebt

- durch Schriftart, -grad, -attribute und/oder -farbe sowie
- durch Abstände zu den umgebenden Absätzen des Textkörpers.

Word dagegen unterscheidet *technisch* zwischen zum »Textkörper« gehörenden Absätzen und neun Ebenen der Überschriften, die Sie im Absatz-Dialog aus der Liste GLIEDERUNGSEBENE auswählen können.

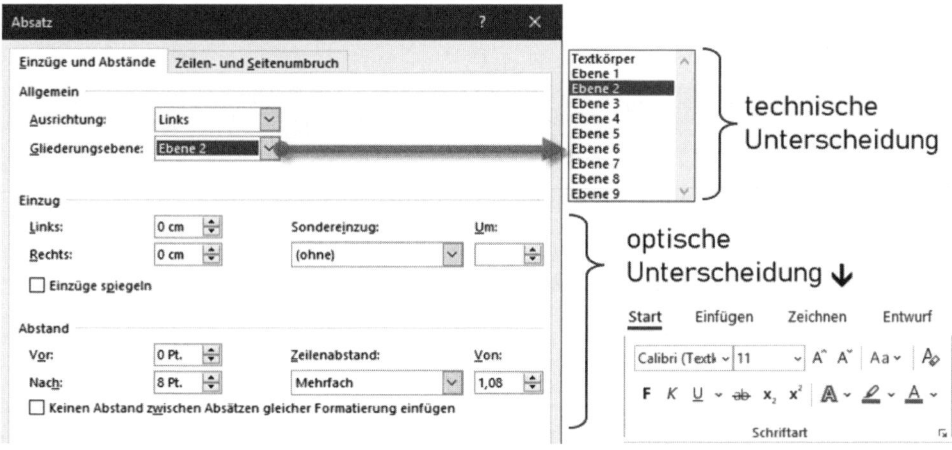

Abb. 14.1: So wird ein Absatz zur Überschrift.

Handformatierte Überschriften fehlen deshalb im Inhaltsverzeichnis, im Navigationsbereich, in Querverweisen etc.

1 In der Belletristik ist es ausreichend, jedem Kapitel einen Namen oder eine Nummer voranzustellen.

14.1.1 Überschriftenformatvorlagen ändern

Die mitgelieferten Überschriftenformatvorlagen erfüllen die technischen Vorgaben, jedoch nicht immer die gestalterischen Wünsche.

Lösung

Wählen Sie in ENTWURF | *Dokumentformatierung* ein anderes Design oder ändern Sie das Aussehen der Überschriftenformatvorlagen

- mit den Werkzeugen in ENTWURF oder
- völlig frei mit der Schriftgestaltung in START | *Schriftart*.

14.1.2 Handformatierte Überschriften in Überschriftenformatvorlage umwandeln

Haben Sie Ihre Überschriften bereits mit anderen Mitteln als den Überschriftenformatvorlagen optisch als Überschriften formatiert oder so gestaltete Texte importiert und möchten Sie in technisch korrekte Überschriften umwandeln?

Lösung

1. Setzen Sie die Schreibmarke in eine so formatierte Überschrift.
2. Rechtsklicken Sie in der Formatvorlagenauswahl jene Standard-Überschriftenformatvorlage, die wie die ausgewählte Überschrift erscheinen soll.
3. ÜBERSCHRIFT *n* AKTUALISIEREN, UM DER AUSWAHL ZU ENTSPRECHEN.

Vorsicht

Sollten andere Textteile genauso formatiert sein wie diese Überschriften, weisen Sie diesen damit ebenfalls die Überschriftenformatvorlage zu.

14.1.3 Überschriften mit Nummern versehen

Die Überschriftenformatvorlagen sind lieferseitig nicht nummeriert.

Lösung

Voraussetzung: Alle Überschriften sind mit einer Standard-Überschriftenformatvorlage formatiert.

1. Markieren Sie irgendeine Überschrift, egal welcher Ebene.
2. START | *Absatz:* LISTE MIT MEHREREN EBENEN
3. Wählen Sie aus den mit »Überschrift« gekennzeichneten Nummerierungsvarianten in der *Listenbibliothek* die gewünschte aus.

Erklärung

Word erkennt, dass hier eine Überschriftenhierarchie zum Einsatz kommen soll und weist diese Nummerierung nicht nur dieser Überschrift zu, sondern nummeriert alle Überschriftenformatvorlagen entsprechend diesem Nummerierungsformat.

Tipp

Auch wenn Sie nur eine Überschriftenebene (Kapitelnummer) haben, verwenden Sie die LISTE MIT MEHREREN EBENEN, um diese Zuordnungsautomatik zu nutzen.

Benötigen Sie von den vorgegebenen Mustern abweichende Nummerierungsformate, kommen Sie um einen Eingriff in die Gliederungseinstellungen (Abschnitt 13.2) nicht umhin.

14.1.4 Überschriftennummerierung für einzelne Kapitel ändern (z.B. Vortext und Nachtext)

Häufig benötigen Anlagen oder andere Teile außerhalb des Haupttexts ebenfalls nummerierte Überschriften, die sich aber von der Nummerierung des Haupttexts unterscheiden sollen, z.B. römische Zahlen oder Buchstaben.

Lösung

1. Richten Sie für jeden anders zu nummerierenden Textteil einen eigenen Abschnitt ein:
   a) Setzen Sie die Schreibmarke zwischen die zu trennenden Textteile.
   b) LAYOUT | *Seite einrichten:* UMBRÜCHE
2. Weisen Sie jedem Abschnitt eine eigene Überschriftennummerierung zu, wie in Hack 14.1.3 beschrieben.
   Stellen Sie dabei im Dialog NEUE LISTE MIT MEHREREN EBENEN DEFINIEREN.
   a) *Änderungen übernehmen für:* DOKUMENT AB HIER, damit diese Änderung keine Auswirkungen auf die davorliegenden Abschnitte hat. (Die Kopfzeilen-Entkopplung hat auf den Wechsel der Überschriftennummerierung keinen Einfluss.)
   b) *Beginnen mit:* 1

Weitere Hacks zu den Gliederungen finden Sie in Abschnitt 13.2.

14.1.5 Die Nummerierung funktioniert nicht korrekt

Wenn die Nummerierung nicht einwandfrei weiterzählt, prüfen Sie die Gliederung, wie in Abschnitt 13.2 beschrieben.

14.1.6 Eine Überschriftennummer steht allein in einer leeren Zeile

In diesem Fall haben Sie einem leeren Absatz ein Überschriftenformat zugewiesen.

Lösung

Löschen Sie den Absatz. Leere Absätze verwirren die Absatzautomatismen.

14.2 Überschriften in der Kopfzeile wiederholen (Kolumnentitel)

Bei Fachliteratur hilft dem Leser das Wissen, in welchem Kapitel er gerade liest. Dem kommen Sie entgegen, indem Sie die Überschrift des jeweiligen Kapitels in die Kopfzeile übernehmen.

14.2.1 Kolumnentitel einfügen

Word bringt für Kolumnentitel eine Feldfunktion mit, die sich allerdings nicht auf den ersten Blick erschließt.

Lösung

1. Öffnen Sie die Kopfzeile und setzen Sie die Schreibmarke an die für den Kolumnentitel gewünschte Position.
2. In der Registekarte Kopf- und Fußzeile: *Einfügen:* DOKUMENTINFORMATIONEN | FELD | STYLEREF | FORMATVORLAGENNAME
3. Wählen Sie die gewünschte Überschrift aus.
4. OK

Erläuterung

{StyleRef} ist ein Feld, das zum Wirksamwerden auf eine vorgegebene Formatvorlage (Style) zugreift und den Inhalt des nächstgelegenen Absatzes mit dieser Formatvorlage wiedergibt.

14.2.2 Multilingualer Kolumnentitel

Die Überschriftenformatvorlagen, auf die StyleRef zugreift, haben in jeder Sprachversion von Word andere Namen, z.B. »Heading« in der englischen Version. Arbeiten Sie in einem internationalen Workflow, erscheint bei fremdsprachigen Installationen in der Kopfzeile eine Fehlermeldung, weil es dort keine Formatvorlage »Überschrift 1« ff. gibt.

Lösung

1. Markieren Sie den Kolumnentitel und schalten Sie mit [⇧]+[F9] die Felddarstellung ein.

Sie sehen den Eintrag { STYLEREF "Überschrift 1" * MERGEFORMAT }.

2. Ändern Sie `"Überschrift 1"` zu `1` (ohne Anführungszeichen).
3. Drücken Sie [F9] zum Aktualisieren.

Erklärung

Diese kurze Version interpretiert Word als Nummer der Überschriftenebene und sorgt dafür, dass die auf dieser Seite oder zuvor zu findende Überschrift der Ebene 1 in die Kopfzeile gespiegelt wird.

Tipp

Es ist wesentlich einfacher, das StyleRef-Feld für Kolumnentitel von Hand einzugeben:

1. [Strg]+[F9]
2. Tragen Sie in die Feldklammern `StyleRef` und die Nummer der gewünschten Überschriftenebene ein, z.B. `{StyleRef 1}`
3. Drücken Sie [F9] zum Aktualisieren.

14.2.3 Überschriftentext mit Nummer in der Kopfzeile zeigen

Der Kolumnentitel mit StyleRef wird ohne Nummer angezeigt.

Lösung

Möchten Sie in der Kopfzeile Überschriftentext *mit* Überschriftennummer sehen, benötigen Sie ein weiteres {StyleRef}-Feld, das dem bereits vorhandenen vorangestellt wird:

`{ StyleRef 1 \n }␣{ StyleRef 1 }`

14.2.4 Mehrere Überschriften in die Kopfzeile

Sie möchten die Überschriften des Kapitels und der ersten Unterabschnittsebene in die Kopfzeilen stellen, um den Lesern die Orientierung zu erleichtern.

Lösung 1: Mehrere Gliederungsebenen in einer Kopfzeile

Setzen Sie zwei {StyleRef}-Felder nebeneinander in die Kopfzeile

`{ StyleRef 1 } – { StyleRef 2}`

Vorsicht

Falls Sie Seitennummern in der Kopfzeile haben, kann das bei längeren Überschriften zu Konflikten führen. Verwenden Sie in diesem Fall die in Hack 14.2.5 beschriebene Tabellenmethode.

Lösung 2: Gliederungsebenen wechselseitig (manuell)

Sollen sich die Gliederungsebenen in den Kopfzeilen wie in diesem Buch zwischen geraden und ungeraden Seiten abwechseln, aktivieren Sie die Einstellung GERADE UND UNGERADE SEITEN UNTERSCHIEDLICH in der Registerkarte KOPF- UND FUSSZEILE und setzen {StyleRef}-Felder mit unterschiedlichen Ebenennummern in die Kopfzeilen der geraden und der ungeraden Seiten.

Lösung 3: Gliederungsebenen wechselseitig (automatisch)

Den Aufwand der Option GERADE UND UNGERADE SEITEN UNTERSCHIEDLICH ersparen Sie sich mit einem aufwändigeren Feldkonstrukt und einer Entscheidungsfunktion (ähnlich Hack 3.3.2, Lösung 3):

```
{ IF { = MOD ( { Page } ;2 ) } = "0" "{ styleref 2 }" "{ styleref 1 } "}
```

Erklärung:

Die `MOD`-Funktion stellt den Divisionsrest der Argumente in der darauffolgenden Klammer bereit.

Die `IF`-Funktion prüft, ob es

- eine gerade Seite ist (Rest = 0); dann wird StyleRef mit der zweiten Ebene angezeigt, oder
- eine ungerade Seite ist (Rest = 1); dann wird StyleRef mit der ersten Ebene angezeigt.

14.2.5 Kolumnentitel und Seitennummer in der Kopfzeile

Bei längeren oder mehreren Überschriften können sich Kolumnentitel und Seitennummer ins Gehege kommen.

Lösung

Verwenden Sie eine einzeilige zweispaltige Tabelle in der Kopfzeile, in der Kolumnentitel und Seitennummer in eigenen Zellen stehen.

Erklärung

Überschreitet der Kolumnentitel die vorgesehene Breite, wird er in der eigenen Tabellenzelle umbrochen.

14.2.6 Die Suchreihenfolge der {StyleRef}-Felder

Befinden sich auf einer Dokumentseite mehrere Überschriften derselben Ebene, wird in der Kopfzeile immer die unterste Überschrift angezeigt anstelle der obersten.

Lösung
Mit dem Feldschalter \l im {StyleRef}-Feld schalten Sie die Suche um auf den Modus SEITE VON UNTEN NACH OBEN DURCHSUCHEN.

Word beginnt am Ende der aktuellen Seite und sucht aufwärts.

Beispiel

Bei Lexikoneinträgen sollen im Kopf der Seite das erste und das letzte Schlagwort stehen, die auf dieser Seite erläutert werden.

1. Fügen Sie linksbündig in die Kopfzeile ein {StyleRef}-Feld zur gewünschten Überschriftenebene ein.
2. Fügen Sie am rechtsbündigen Tabstopp der Kopfzeile ein {StyleRef}-Feld zur gewünschten Überschriftenebene mit \l für die *umgekehrte Suchreihenfolge* ein.

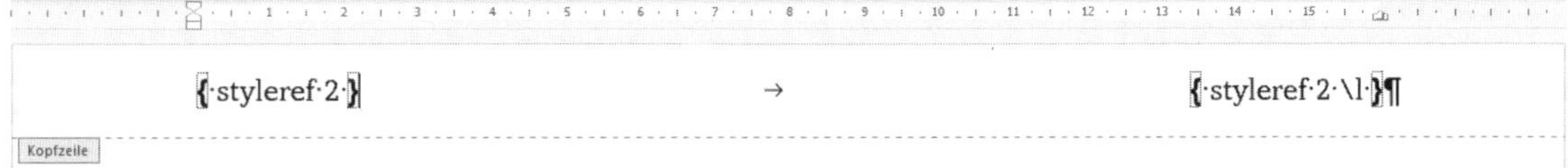

Abb. 14.2: Erste und letzte Überschrift der aktuellen Seite in der Kopfzeile

14.3 Problembehandlung für Kolumnentitel

Sollten bei den Kopfzeilen-Überschriften Merkwürdigkeiten auftreten, prüfen Sie als typische Fehlerquelle, ob im Feld {StyleRef} die richtige Überschriftenformatvorlage bzw. Ebenennummer eingetragen ist.

14.3.1 \ im Kolumnentitel

Ein Backslash \ im Kolumnentitel entsteht, wenn an der Überschrift ein Bild verankert ist, erkennbar am Symbol ⚓ links daneben.

Lösung
Greifen Sie den Anker mit dem Mauszeiger und verschieben ihn zum Absatz unter der Überschrift.

14.3.2 Keine einheitliche Schrift im Kolumnentitel

Der Kolumnentitel zeigt gelegentlich die Überschrift mit unterschiedlichen Schriftattributen an, z.B. das erste Wort fett, den Rest nicht.

Erläuterung

Dieser Effekt kann durch den automatisch gesetzten Formatierungsschalter * `MERGEFORMAT` erzeugt werden.

Lösung

Ersetzen Sie `MERGEFORMAT` durch `CHARFORMAT` oder lassen Sie den Schalter einschließlich * ganz weg.

Kapitel 15

Format- und Dokumentvorlagen

Ohne Formatvorlagen läuft bei Word gar nichts! Der Begriff ist eine unglückliche »Übersetzung« der englischen Originalbezeichnung *Styles*. Styles sagt viel mehr über dieses Instrument aus, denn in den Formatvorlagen sind alle Informationen zur Gestaltung eines Texts und Teilen davon (bis hinunter zum einzelnen Zeichen) erfasst. Sie erleichtern die kohärente Anmutung der unterschiedlichen Textarten innerhalb eines Werks. Beim Start eines leeren Dokuments richtet sich der Text, den Sie eingeben, nach den Vorgaben der Formatvorlage »Standard«.

Tipp

Um zu sehen, welche Formatierungen an der Schreibmarkenposition gelten, tippen Sie ⇧+F1. Im daraufhin eingeblendeten Aufgabenbereich FORMATIERUNG ANZEIGEN erfahren Sie detailliert alles über die aktuellen Attribute.

Richtig und konsequent genutzt erleichtern Formatvorlagen die Arbeit mit Word gerade bei längeren Dokumenten immens. Das Wissen um einige Spezialitäten der Anwendung von Formatvorlagen kann Ihnen helfen, wenn Sie in kniffelige Situationen geraten.

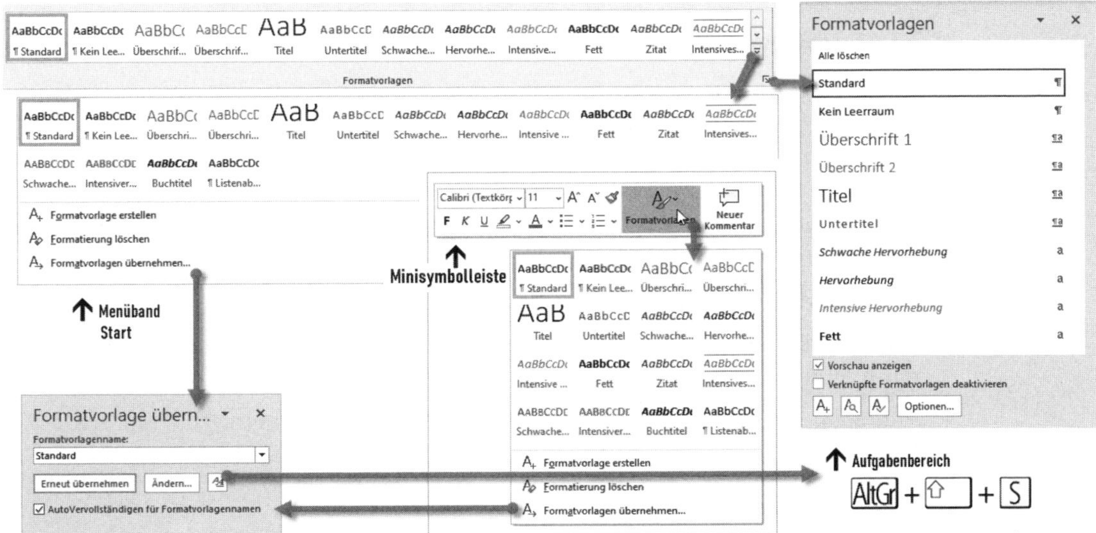

Abb. 15.1: Wege zu den Formatvorlagenwerkzeugen

15.1 Formatvorlagen anlegen

Wie man Formatvorlagen »offiziell« anlegt, dürfte bekannt sein: über den Dialog NEUE FORMATVORLAGE ERSTELLEN, identisch mit FORMATVORLAGE ÄNDERN. Beide sind völlig abstrakt und nicht visualisiert, man arbeitet quasi blind, vom winzigen »Vorschaufenster« abgesehen.

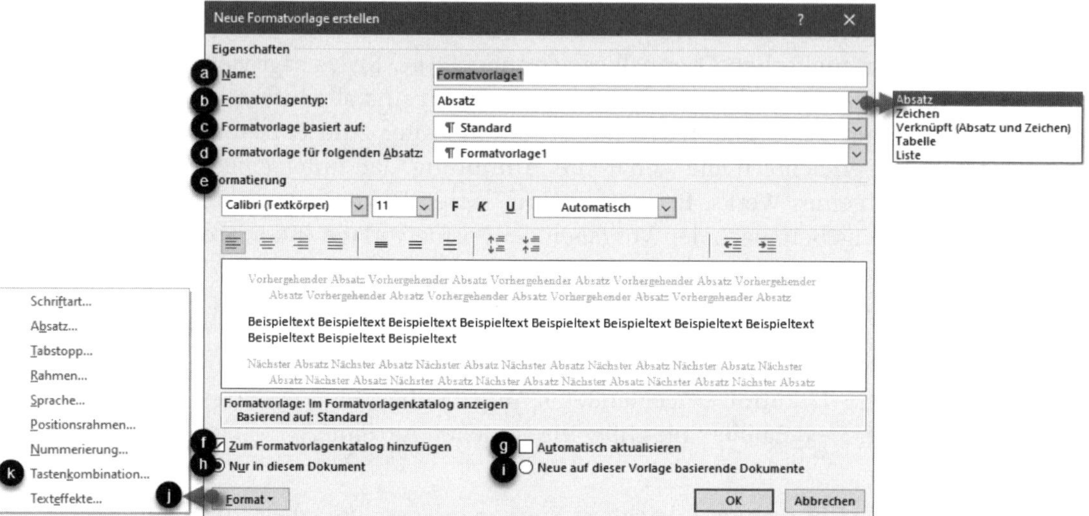

Abb. 15.2: Bearbeitungsfenster für Formatvorlagen

Die Markierungen in Abbildung 15.2 dienen zur Orientierung bei einigen Hacks für Angelegenheiten, die sich leider nicht ohne diesen Dialog erledigen lassen.

15.1.1 Formatvorlage in Live-Ansicht anlegen

Word gibt verschiedene Standard-Formatvorlagen für Überschriften und vieles Weitere vor, doch Sie sind flexibler, wenn Sie eigene Formate anlegen.

Lösung

1. Formatieren Sie einen Absatz oder ein Wort mit den Werkzeugen der Registerkarten im Menüband nach Wunsch.
2. Markieren Sie den formatierten Bereich.
3. Klicken Sie in der Minisymbolleiste auf die Schaltfläche FORMATVORLAGEN und dann in der aufklappenden Liste auf FORMATVORLAGE ERSTELLEN.
4. Tragen Sie in das Feld NAME einen zutreffenden Namen ein.
5. OK

Hinweis

Diese Methode ist die einzige Möglichkeit, Formatvorlagen mit *Gliederungen* anzulegen, denn jene fehlen in den FORMAT-Einstellungen (Abbildung 15.2 j).

15.1.2 Formatvorlage in Live-Ansicht ändern

Von Word vorgegebene wie auch selbst angelegte Formatvorlagen lassen sich nachträglich ändern.

Lösung

1. Weisen Sie einem Text die zu ändernde Formatvorlage zu.
2. Nehmen Sie an dem so formatierten Text die gewünschten Änderungen mit den Werkzeugen der Registerkarten im Menüband vor.
3. Rechtsklicken Sie im Menüband oder in der Formatvorlagenliste die aktuelle Formatvorlage.
4. [Name der Formatvorlage] AKTUALISIEREN, UM DER AUSWAHL ZU ENTSPRECHEN

15.1.3 Alias-Namen für Formatvorlagen

Wenn Sie Formatvorlagen nicht nur ändern, sondern auch umbenennen wollen, gibt es eine Hürde bei den integrierten (mitgelieferten) Formatvorlagen: Zwar lässt sich der Name im ÄNDERN-Dialog überschreiben, doch werden alter und neuer Name in der Liste und beim erneuten Öffnen des Dialogs auch dort gemeinsam angezeigt.

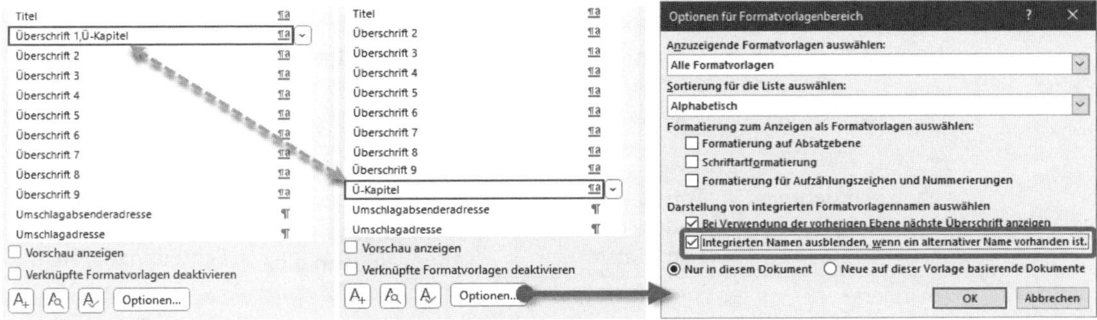

Abb. 15.3: Integrierte Namen von Formatvorlagen ausblenden

Lösung

1. Öffnen Sie mit Start|Formatvorlagen |Optionen den Dialog Optionen für den Formatvorlagenbereich.
2. Aktivieren Sie die Option Integrierten Namen ausblenden, wenn ein alternativer Name vorhanden ist.
3. OK

15.1.4 Tastenkombination zuweisen

Tastaturorientierte Vielschreiber schätzen es, wenn häufig benötigte Funktionen per Tastenkombination ausgelöst werden können.

Lösung

Tastenkombination zuweisen (Abbildung 15.2 k) öffnet den Dialog Tastatur anpassen, mit dem Sie der aktuell bearbeiteten Formatvorlage eine Tastenkombination zuweisen.

> **Hinweis**
>
> Für die Überschriftenformatvorlagen sind bereits werkseitig `Alt`+`1` bis `Alt`+`3` für die ersten drei Überschriftenebenen eingerichtet.

15.2 Formatvorlagentypen

Es gibt zwei unterschiedliche Formatvorlagentypen, beide dann auch noch kombiniert zu einem dritten, die unterschiedlich auf die Zuweisung einer Formatvorlage reagieren (Abbildung 15.2 b). Im Aufgabenbereich Formatvorlagen werden sie durch verschiedene Kennungen signalisiert, siehe Tabelle 15.1.[1]

<table>
<tr><th>Wenn Text</th><th>a Zeichenformat</th><th>¶ Absatzformat</th><th>¶a Verknüpftes Format</th></tr>
<tr><td>ohne Markierung</td><td>Formatiert das Wort, in dem die Schreibmarke steht</td><td rowspan="2">Formatiert den Absatz, in dem die Schreibmarke steht</td><td>Formatiert den Absatz, in dem die Schreibmarke steht</td></tr>
<tr><td>markiert</td><td>Formatiert den markierten Text</td><td>Formatiert den markierten Text</td></tr>
</table>

Tabelle 15.1: Wirkung der Formatvorlagentypen

1 Daneben gibt es noch Formatvorlagen für Listen und Tabellen, siehe Kapitel 13 und 18.

Ist unten im Aufgabenbereich FORMATVORLAGEN die Option VERKNÜPFTE FORMATVORLAGEN DEAKTIVIEREN eingeschaltet, werden verknüpfte Formatvorlagen als Absatzformat behandelt und unabhängig von der Markierung auf den kompletten Absatz angewandt.

15.2.1 Formatvorlagen ohne Typ-Angabe

Steht bei älteren Word-Versionen hinter dem Formatvorlagennamen keine Kennung, handelt es sich um eine automatisch angelegte Formatvorlage für eine abweichende manuelle Formatierung (siehe Hack 15.3.1).

15.2.2 Verschiedene Absatzformatvorlagen für einen Absatz

Innerhalb eines Absatzes verschiedene *Zeichen*formate anzuwenden, ist kein Problem. Weitgehend unbekannt ist eine Funktion, mit der sich *einem* Absatz *unterschiedliche Absatz*formatvorlagen zuweisen lassen. Der Bedarf an einer solchen Formatierung kann auftreten, wenn nur die ersten Wörter eines Absatzes als Eintrag im Inhaltsverzeichnis erscheinen sollen.

Lösung

1. Setzen Sie die Schreibmarke an die Position, an der die anfängliche Formatierung enden soll, und drücken Sie [↵].
2. Formatieren Sie die beiden Absätze mit identischen, aber unterschiedlichen Formatvorlagen; die zweite muss der Ebene »Textkörper« im Absatzdialog zugewiesen werden.
3. Setzen Sie die Schreibmarke in den *oberen* Absatz und betätigen Sie [Strg]+[Alt]+[↵].

Erklärung

Die beiden Absätze werden mit Schritt 3 wieder zu einem Absatz vereint. Bei eingeschalteter Steuerzeichenanzeige sehen Sie, dass die Absatzmarke ¶ eingerahmt wurde: ¶. Diese versteckte Absatzmarke trennt den Absatz logisch in zwei separat formatierte Absätze, aber nicht optisch.

Hinweis

Word fügt automatisch einen Leerschritt nach dem Formatvorlagentrennzeichen ein, der ggf. von Hand zu entfernen ist.

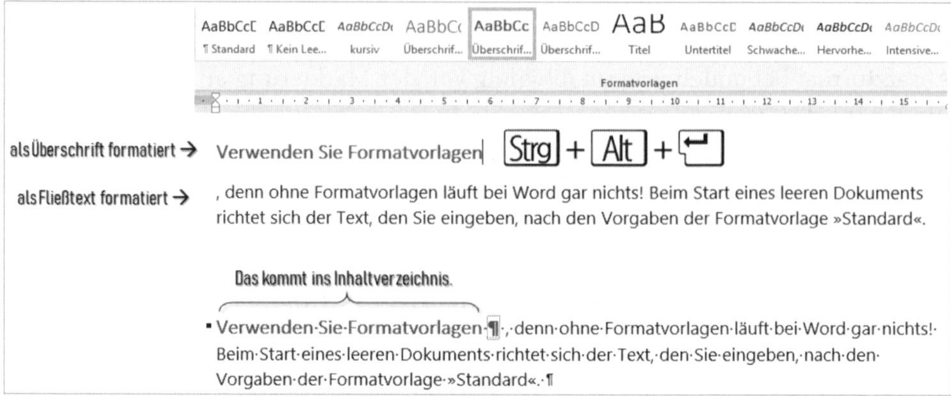

Abb. 15.4: Zwei unabhängig formatierte Absätze, optisch zu einem zusammengefügt

15.3 Words »Eigenmächtigkeiten« beim Formatieren

Word reagiert manchmal bei Formatierungsaufgaben »überraschend«, also mit Aktionen, die man nicht erwartet hätte. Wenn man um die Hintergründe weiß, ist die unerwartete Reaktion leicht zu korrigieren.

15.3.1 Aus Handformatierung wird Zuweisung einer Formatvorlage

Word weist in bestimmten Situationen handformatierten Texten automatisch eine Formatvorlage zu.

Lösung

Verantwortlich ist die Option FORMATVORLAGEN BASIEREND AUF FORMATIERUNG DEFINIEREN in den AUTOFORMAT-OPTIONEN, Register AUTOFORMAT WÄHREND DER EINGABE. Ist sie aktiviert, prüft Word, ob es eine Formatvorlage mit den manuellen gewählten Einstellungen gibt und verknüpft Ihre Handformatierung mit der gefundenen Formatvorlage.

Ergänzung

Ist diese Option nicht aktiv oder sollte es nichts Vergleichbares in den vorhandenen Formatvorlagen geben, legt Word auf der Basis der ursprünglichen Formatvorlage eine neue an, in früheren Versionen mit dem originären Namen, ergänzt um »+« und Angabe der Abweichungen. Sie können diese provisorische Formatvorlage wie jede andere auf andere Textteile übertragen. Besser ist es natürlich, das Provisorium in eine »echte« Formatvorlage umzuwandeln oder eigene Formatvorlagen von Grund auf zu erstellen.

15.3.2 Word entfernt unaufgefordert Handformatierungen

Weisen Sie zweimal hintereinander derselben Markierung dieselbe Formatvorlage zu, betrachtet Word das als Aufforderung, auch manuell zugewiesene Abweichungen dem Stil der Formatvorlage anzupassen.

Ausnahme
Dieser Effekt passiert nicht mit der Formatvorlage »Standard«.

Erklärung
Das ist von den Entwicklern so gewollt und auch durchaus nützlich.

15.3.3 Ungewollt flächendeckende Formatierungsänderung

Sie formatieren ein Wort um und schlagartig ändert sich die komplette Formatierung aller Textteile mit derselben Formatvorlage.

Lösung
Entfernen Sie das Häkchen bei AUTOMATISCH AKTUALISIEREN im Formatvorlagenbearbeitungsdialog (Abbildung 15.2 g).

15.3.4 Nicht automatisch aktualisieren!

Aktivieren Sie auf keinen Fall die Option AUTOMATISCH AKTUALISIEREN! (Abbildung 15.2 g). Sie sorgt dafür, dass alle manuellen Formatierungen die zugewiesene Formatvorlage unmittelbar modifizieren, siehe Hack 15.3.3.

Diese Option ist ein häufiger Anlass für Entsetzen, weil die bloße Änderung eines Textteils plötzlich das gesamte Dokument umformatiert.

Abhilfe
Wenn Ihnen solches passiert, hilft als Sofortmaßnahme ein [Strg]+[Z], die Formatänderung wieder auf die Auswahl zu begrenzen. Anschließend sollten Sie unverzüglich die zugehörige Formatvorlage von dieser Einstellung befreien.

15.3.5 Wirkungsbereich einer Formatvorlage

Abhängig vom Verwendungszweck ist es sinnvoll, die Änderungen an der Formatvorlage nur für das aktuelle Dokument oder für alle auf der Vorlage basierenden Dokumente zu speichern.

Lösung
NUR IN DIESEM DOKUMENT (Abbildung 15.2 h) speichert die neue Formatvorlage mit dem aktuellen Dokument, das heißt, es gibt keinerlei Auswirkungen auf die verwendete Dokumentvorlage.

NEUE AUF DIESER VORLAGE BASIERENDE DOKUMENTE (Abbildung 15.2 i) sorgt dafür, dass die neue oder geänderte Formatvorlage in der aktuellen Dokumentvorlage (Hack 15.5.5) gespeichert wird, die dem Dokument zugrunde liegt, in dem Sie gerade arbeiten. Sofern es sich bei der Vorlagendatei um `Normal.dot`, `Normal.dotx` oder `Normal.dotm` handelt, werden die Einstellungen fortan automatisch in jedem neuen Dokument wirksam, sofern Sie keine andere Vorlagendatei wählen.

15.4 Formatierungen kontrollieren und korrigieren

Manche Eigentümlichkeiten in einem Text sind auf manuelle Formatierungen zurückzuführen.

15.4.1 Handformatierungen entfernen

Die besten Formatvorlagen nützen nichts, wenn sich im Workflow einige Leute nicht daran halten.

Lösung

1. Markieren Sie den Textbereich, der auf die Formatierung der Formatvorlage zurückgesetzt werden soll.
2. Entfernen Sie mit
   a) [Strg]+[Q] Absatzformate wie Einrückungen, Rahmen etc.
   b) [Strg]+[Leertaste] oder [Strg]+[⇧]+[Z] Schriftattribute wie fett, kursiv, unterstrichen etc.

Alternativ

Weisen Sie dem betroffenen Textteil zweimal hintereinander die zugrundeliegende Formatvorlage zu (vgl. Hack 15.3.2).

15.4.2 Formatierungen vergleichen

Es kommt vor, dass die Formatierung zweier Texte zwar gleich aussieht, ihnen aber eine unterschiedliche Formatvorlage zugrunde liegt. Um Abweichungen aufzuspüren, ist es nützlich, Formatierungen zu vergleichen.

Lösung 1: Formatierung anzeigen und vergleichen

Detailliertere Informationen über die Formatierung des Texts erhalten Sie, wenn Sie [⇧]+[F1] drücken. Der zusätzlich eingeblendete Aufgabenbereich FORMATIERUNG ANZEIGEN zeigt Ihnen alle Einstellungen an der aktuellen Position der Schreibmarke bzw. des markierten Texts.

1. Markieren Sie den verdächtigen Bereich Ihres Texts.
2. Drücken Sie [⇧]+[F1].
3. Aktivieren Sie im Aufgabenbereich oben die Option MIT ANDERER MARKIERUNG VERGLEICHEN.
4. Markieren Sie nun einen Textteil, der sich korrekt verhält.

Im Feld FORMATIERUNGSUNTERSCHIEDE werden Ihnen die **Abweichungen** aufgelistet.

Mit der Schaltfläche ⌄ neben der Anzeige des zweiten Texts im Aufgabenbereich erreichen Sie eine Auswahl, wie mit der Abweichung umgegangen werden soll. Sie können aber auch durch Klicken auf die blauen Überschriften im Feld FORMATIERUNGSUNTERSCHIEDE direkt die zuständigen FORMAT-Dialoge aufrufen, um damit den markierten Text umzuformatieren.

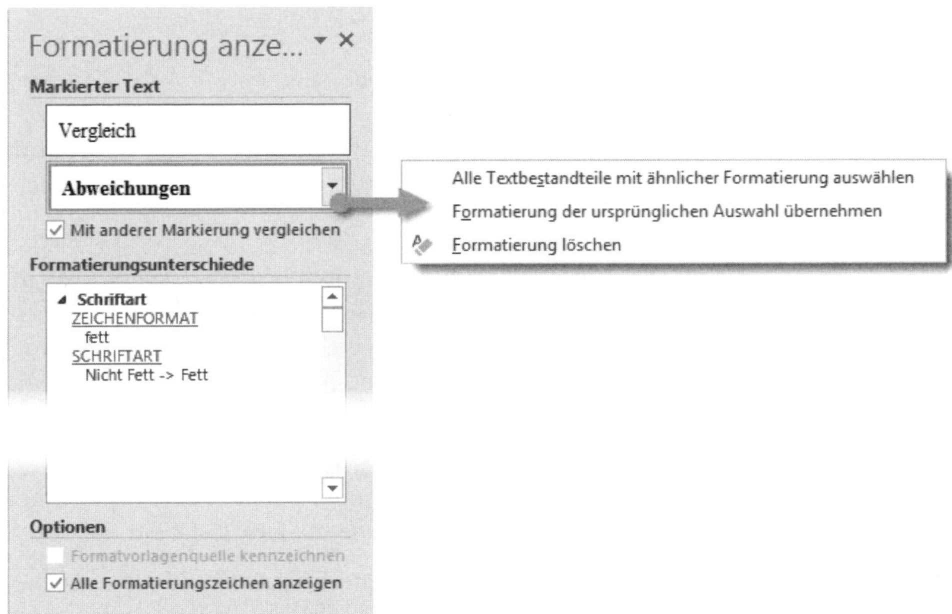

Abb. 15.5: Formatierungen vergleichen

Lösung 2: Der Formatinspektor

Im Aufgabenbereich FORMATVORLAGEN unter START|FORMATVORLAGEN ↘ wird zwar die Formatvorlage des markierten Texts angezeigt, jedoch keine Details zu Handformatierungen.

Am unteren Ende der Formatvorlagenliste finden Sie die Schaltfläche [A], mit der der FORMATINSPEKTOR gestartet wird. Ein Fenster zeigt Ihnen, ob an der aktuellen

Position der Schreibmarke Abweichungen gegenüber der Standard-Formatvorlage festgestellt wurden.

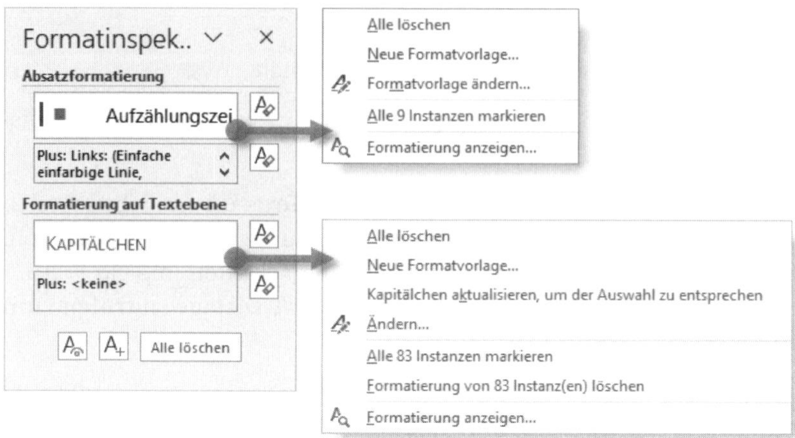

Abb. 15.6: Der Formatinspektor hat Abweichungen gefunden.

Mit den Schaltflächen daneben lassen sich die Abweichungen einzeln oder mit Alle löschen komplett wieder auf die Formatierung der Formatvorlage zurücksetzen.

Wichtig

Vor dem Betätigen von Alle löschen sollten Sie den Absatz markieren, damit auch alle Formatierungen zurückgesetzt werden. Anderenfalls nimmt Word Schriftformatierungen nur an der aktuellen Schreibmarkenposition zurück.

Ein Klick auf die zweite Schaltfläche am unteren Rand leitet das Anlegen einer neuen Formatvorlage anhand dieser Abweichung wie in Hack 15.1.1 ein.

Weitere Bearbeitungsmöglichkeiten bieten die Kontextmenüs zu den jeweils oberen Anzeigen der beiden Blöcke. Abhängig von den gefundenen Fehlern fallen sie unterschiedlich aus (Abbildung 15.6 rechts).

15.4.3 Automatische Formatierungsüberwachung

Den kompletten Text händisch auf Konsistenz und manuelle Formatierungen hin zu prüfen, ist mühsam.

Lösung

Die Optionen Formatierung mitverfolgen und Inkonsistenzen bei Formatierungen markieren in Datei|Optionen|Erweitert|Bearbeitungsoptionen sorgen dafür, dass Word sämtliche manuellen Abweichungen unterstreicht (versionsabhängig mit einer grünen durchgehenden, blau- oder braungepunkteten Linie).

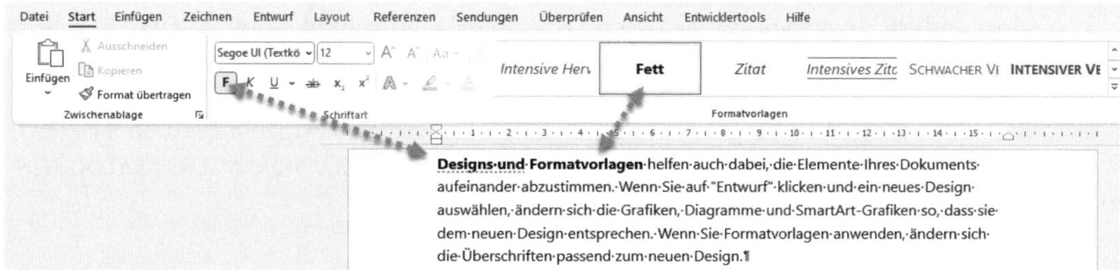

Abb. 15.7: Optisch sehen sie gleich aus, doch »Formatvorlagen« wurde mit der Formatvorlage »Fett«, »Designs und« mit dem Fett-Attribut formatiert.

15.5 Formatvorlagen organisieren

In der Registerkarte START ist nur eine Auswahl der Formatvorlagen zu sehen.

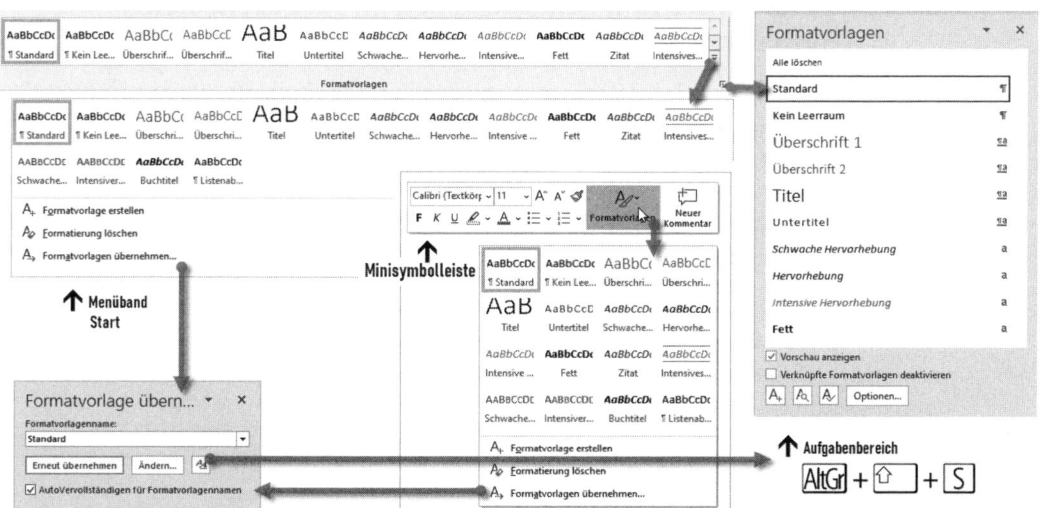

Abb. 15.8: Allgegenwärtige Formatvorlagen

Ein Klick auf ▼ neben der Leiste zeigt Ihnen eine größere Auswahl an Formatvorlagen und einige Funktionen.

Dieselbe Auswahl erhalten Sie, wenn Sie in der Minisymbolleiste FORMATVORLAGEN klicken.

Den Gesamtumfang der verfügbaren Formatvorlagen finden Sie im Aufgabenbereich FORMATVORLAGEN, zu öffnen mit START|*Formatvorlagen:* ↘ oder ⇧+AltGr+S.

15.5.1 Welche Formatvorlagen erscheinen im Menüband?

Der Platz im Menüband ist beschränkt, auch wenn die Darstellung der Formatvorlagen schon den meisten Raum in der Registerkarte START einnimmt. Wollen Sie dort andere als die voreingestellten Formatvorlagen sehen, gehen Sie wie folgt vor:

Lösung

Rechtsklicken Sie die gewünschte Formatvorlage im Aufgabenbereich FORMATVORLAGEN und wählen Sie im Kontextmenü ZUM FORMATVORLAGENKATALOG HINZUFÜGEN.

Erklärung

Mit »Formatvorlagenkatalog« ist die Gruppe *Formatvorlagen* in der Registerkarte START gemeint.

Formatvorlage aus dem Menüband entfernen

Rechtsklicken Sie die gewünschte Formatvorlage in START|*Formatvorlagen* und wählen Sie im Kontextmenü AUS DEM FORMATVORLAGENKATALOG ENTFERNEN.

15.5.2 Welche Formatvorlagen erscheinen im Aufgabenbereich »Formatvorlagen«?

Unter Umständen werden selbst im Aufgabenbereich FORMATVORLAGEN nicht alle gesuchten Vorlagen angezeigt.

Lösung

Recht unscheinbar am unteren Rand des Aufgabenbereichs FORMATVORLAGEN sind einige wesentliche Funktionen zum Umgang mit Formatvorlagen untergebracht.

Mit den OPTIONEN erhalten Sie Zugriff auf die Organisation der angezeigten Formatvorlagen. Die Liste ANZUZEIGENDE FORMATVORLAGEN AUSWÄHLEN bietet folgende Einstellungen:

- ALLE FORMATVORLAGEN: Überblick über den Gesamtbestand der verfügbaren Formatvorlagen,
- EMPFOHLEN: die wichtigsten Formatvorlagen, deren Auswahl und Sortierung Sie im Dialog FORMATVORLAGEN VERWALTEN festlegen können, siehe Hack 15.5.3.
- IM AKTUELLEN DOKUMENT: die im Dokument gespeicherten sowie
- VERWENDET: die aktuell Texten im Dokument zugewiesenen.

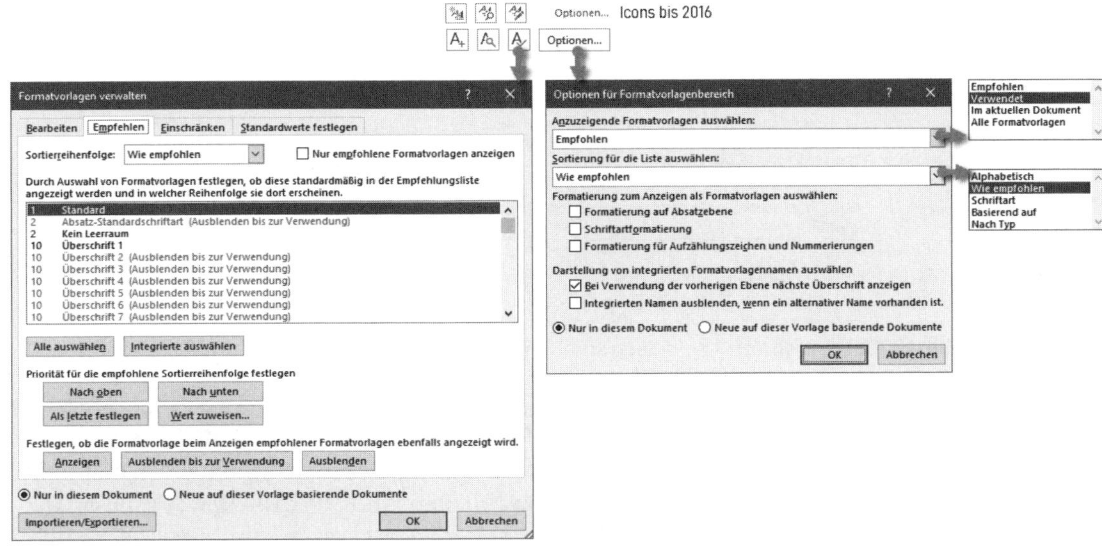

Abb. 15.9: Funktionen zur Anzeigesteuerung der Formatvorlagen

Die Einstellung WIE EMPFOHLEN im Dropdown SORTIERUNG FÜR DIE LISTE AUSWÄHLEN bezieht sich ebenfalls auf die Einstellungen in FORMATVORLAGEN VERWALTEN.

15.5.3 Formatvorlagen sortieren

Die im Register START vorgegebene Reihenfolge der Formatvorlagen ist nicht für jeden Anwendungsfall praktisch.

Lösung

Mit [A] FORMATVORLAGEN VERWALTEN ganz unten im Aufgabenbereich FORMATVORLAGEN gelangen Sie zu einem Dialogfenster mit mehreren Registern, von denen nur EMPFEHLEN für die Organisation relevant ist. In der dortigen Liste aller Formatvorlagen lässt sich jeder Formatvorlage eine Rangordnung zuteilen, die deren Stellung in Leiste und Listen bestimmt. Haben mehrere Formatvorlagen dieselbe Ordnungsnummer, werden sie intern alphabetisch sortiert.

Beispiel

Wenn Sie z.B. die Formatvorlage »Kein Leerraum«, die standardmäßig eine 2 als Ordnungsnummer besitzt (vgl. Abbildung 15.9 links), anstelle von »Standard« (Ordnungsnummer 1) als Erste in der Liste haben möchten, rücken Sie sie NACH OBEN. Damit erhält »Kein Leerraum« ebenfalls die 1 und erscheint der alphabetischen Sortierung wegen vor »Standard«.

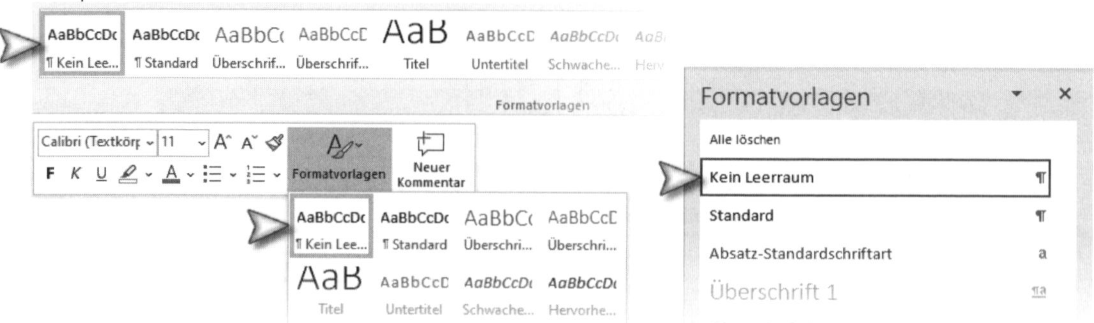

Abb. 15.10: Position von »Kein Leerraum« in den Auflistungen verschoben

> **Wichtig**
>
> Die individualisierte Reihenfolge sehen Sie nur, wenn Sie in den OPTIONEN FÜR FORMATVORLAGENBEREICH beide Auswahllisten auf EMPFOHLEN/WIE EMPFOHLEN setzen (Abbildung 15.9 rechts).

15.5.4 Formatvorlagen ausblenden

Wollen Sie für die CI Ihres Unternehmens nicht benötigte Formatvorlagen erst gar nicht zur Verfügung stellen, die aber integriert[2] und damit nicht löschbar sind, haben Sie hier die Möglichkeit, sie auszublenden.

Lösung

Markieren Sie diese Formatvorlagen in der Liste des Registers EMPFEHLEN im Dialog [A] FORMATVORLAGEN VERWALTEN und ordnen Sie die Eigenschaft AUSGEBLENDET zu.

Formatvorlagen ausblenden, bis sie benötigt werden

Gerade Überschriftenformatvorlagen füllen das Menüband gern bis zur Unübersichtlichkeit, obwohl meist nur 3 bis 4 Ebenen benötigt werden.

Lösung

Die Eigenschaft AUSBLENDEN BIS ZUR VERWENDUNG im Register EMPFEHLUNG sorgt in Verbindung mit BEI VERWENDUNG DER VORHERIGEN EBENE NÄCHSTE ÜBERSCHRIFT ANZEIGEN im Dialog OPTIONEN FÜR DEN FORMATVORLAGENBEREICH dafür, dass die Überschriften verborgen bleiben, bis sie benötigt werden.

15.5.5 Formatvorlagen wiederverwenden

Formatvorlagen können von einer Datei in eine andere kopiert werden. Dabei ist es unerheblich, ob es sich um Dokumentdateien oder Vorlagendateien handelt. Zwi-

2 Von Microsoft mitgeliefert

schen den Dateien und Dateitypen lassen sich Formatvorlagen im Aufgabenbereich FORMATVORLAGEN unten: [A] FORMATVORLAGEN VERWALTEN|IMPORTIEREN/EXPORTIEREN völlig freizügig austauschen.

In dem Fenster, das sich nun öffnet, lassen sich links und rechts Dokument- und Vorlagendateien öffnen, zwischen denen sich die Formatvorlagen nach Belieben hin und her kopieren lassen. Leider verhält sich Word dabei manchmal etwas widerspenstig und passt in der Zieldatei bereits vorhandene Formatvorlagen nicht richtig an.

Formatvorlagen sicher übernehmen

Mit Hilfe einer einzigen Programmzeile schaffen Sie es, dass gründlich renoviert wird:

1. Öffnen Sie mit [Alt]+[F11] oder in der Registerkarte ENTWICKLERTOOLS mit VISUAL BASIC die VBA-Entwicklungsumgebung.
2. Öffnen Sie mit [Strg]+[G] den Direktbereich.
3. Tragen Sie dort `ActiveDocument.CopyStylesFromTemplate Template:=` ein, ergänzt um Pfad und Namen der Quelldatei, komplett in Anführungszeichen, also z.B. `"F:\Projekt\Vorlage Projekt.dotm"`.
4. Beenden Sie die Eingabe mit [↵].

Word führt diese Anweisung aus und passt die Formatvorlagen jenen der Vorlage an.

15.5.6 Formatvorlage löschen

Werden selbst angelegte Formatvorlagen nicht länger benötigt, ist es sinnvoll, sie zu löschen.

Lösung

Formatvorlagen löschen Sie mit Rechtsklick auf eine Formatvorlage, gefolgt von LÖSCHEN. Haben Sie den Löschbefehl erteilt, erscheint eine Abfrage, ob Sie »alle Instanzen der Formatvorlage löschen« möchten. Das klingt dramatisch, ist es aber nicht. Gelöscht wird *nur die Formatvorlage*; die ihr zugewiesenen Texte bleiben erhalten und werden auf die Formatierung der der gelöschten Formatvorlage zugrunde liegenden Formatvorlage (»Formatvorlage basiert auf« im FORMATVORLAGEN-Dialog) zurückgesetzt.

Es lassen sich nur selbst angelegte Formatvorlagen löschen. Werkseitig mitgelieferte sind gegen Löschen geschützt.

15.5.7 Formatierungen wechseln

Manchmal ist es notwendig, alle Textteile mit einer bestimmten Formatierung umzuformatieren.

Erläuterung

Häufigster Fall ist der, dass handformatierte Texte auf die vorgegebenen Formatvorlagen umgestellt werden. (In den folgenden Beispielen werden alle handformatierten kursiven Texte mit der Formatvorlage »kursiv« formatiert.

Lösung 1

1. Markieren Sie einen Text, der falsch formatiert ist.
2. START | *Bearbeiten:* MARKIEREN | TEXT MIT ÄHNLICHER FORMATIERUNG MARKIEREN
3. Weisen Sie den so markierten Fundstellen auf einen Schlag die Formatvorlage *kursiv* zu.

Lösung 2

1. Markieren Sie den zu korrigierenden Bereich und öffnen Sie den ERSETZEN-Dialog mit [Strg]+[H].
2. ERWEITERN Sie den Dialog.
3. SUCHEN NACH: (bleibt frei)
4. FORMAT | ZEICHEN | Formatierung(en) auswählen | OK
5. ERSETZEN DURCH: (bleibt frei)
6. FORMAT | FORMATVORLAGE | Formatvorlage *kursiv* auswählen | OK
7. ALLE ERSETZEN

15.6 Dokumentvorlagen

Jedes mit Word neu angelegte Dokument basiert auf einem Formatvorlagensatz, der aus einer Vorlagendatei stammt. Ohne weitere Vorgabe ist das die Datei `Normal.dotm`, die beim Starten von Word und beim Neuanlegen via [Strg]+[N] verwendet wird. Dabei bedeutet »verwenden«, dass auf der Basis dieser Dokumentvorlage ein neues Dokument aufgebaut wird; die Vorlagendatei bleibt von jeglichen Änderungen im neuen Dokument unberührt. Sie ist quasi die Blaupause für die neue Datei.

Wenn Sie im Windows-Explorer auf eine Datei mit der Endung `.dot`[3], `.dotx` oder `.dotm` doppelklicken, startet Word – korrekte Konfiguration des Explorers voraus-

3 `.dot` war die Vorlagendateiendung bis Word 2003. Vorlagen dieses Standards können mit den neuen Versionen zwar verwendet werden, doch ist das nicht zu empfehlen.

gesetzt[4] – mit einem auf der Basis dieser Vorlage erstellten neuen Dokument. Legen Sie ein neues Dokument mit DATEI | NEU an, dürfen Sie auswählen, welche Vorlage Sie verwenden.

Welche Dokumentvorlage dem aktuellen Dokument zugrunde liegt, erfahren Sie im Backstage-Bereich DATEI | INFORMATIONEN unter »Vorlage«, wenn dort die Option ALLE EIGENSCHAFTEN ANZEIGEN aktiv ist.

Hinweis

Eine Dokumentvorlage kann außer Formatvorlagen noch weitere Informationen enthalten, z.B. vorgefertigte Briefköpfe, Texte und Felder für Formulare, selbst gestaltete Registerkarten für das Menüband, Autotexte, Makros etc.

15.6.1 Dokumentvorlage erstellen

Nehmen Sie Änderungen an Formatvorlagen vor, gelten diese standardmäßig nur für das aktuelle Dokument. Möchten Sie die Änderungen für die spätere Verwendung speichern oder Dokumente mit eigenem Menüband, Makros etc. erstellen, helfen eigene Dokumentvorlagen.

Lösung

Wenn Sie sich für Ihre Arbeiten einen Formatvorlagensatz zusammengestellt haben, können Sie ihn als leere (textfreie) Dokumentvorlage mit der Funktion DATEI | SPEICHERN UNTER bzw. `F12` als Dateityp WORD-VORLAGE zur jederzeitigen Verwendung ablegen.

Die Auswahl des Dateityps WORD-VORLAGE sorgt beim Speichern dafür, dass als Speicherziel der Vorlagenordner angesteuert wird, standardmäßig
`C:\Users\[Benutzername]\Documents\Benutzerdefinierte Office-Vorlagen`

Die in diesem Ordner abgelegten Vorlagen erscheinen, wenn Sie eine neue Datei mit DATEI NEU[5] anlegen, in der Auswahl PERSÖNLICH.

15.6.2 Dokumente an geänderte Dokumentvorlagen anpassen

Es ist ein verbreiteter Irrtum, dass das Ändern der Formatvorlagen in einer Dokumentvorlage sich auf bisher mit dieser Dokumentvorlage erstellte Dokumente

4 Beim Installieren von MS Office wird der Explorer entsprechend präpariert, irgendwann danach können aber durch andere Einflüsse die Parameter verbogen werden. Meist hilft eine Office-Schnellreparatur: `Win`+`X`|APPS UND FEATURES|Office-Eintrag suchen und anklicken| ÄNDERN|SCHNELLREPARATUR.

5 Diese Auswahl sehen Sie nur, wenn Sie über DATEI|NEU ein neues Dokument anlegen. Die Schaltfläche NEU in der Schnellzugriffsleiste erzeugt wie die Tastenkombination `Strg`+`N` ein leeres Dokument auf der Basis der `Normal.dotm`.

auswirke. Die von der Dokumentvorlage übernommenen Formatvorlagen werden Bestandteil des Dokuments.

Lösung

Sollen Änderungen der Dokumentvorlage in ein darauf basierendes Dokument übernommen werden, bedarf es der IMPORT/EXPORT-Funktion im Dialog FORMATVORLAGEN VERWALTEN.

15.6.3 Wo speichert Word die Vorlagen?

Üblicherweise stehen mitgelieferte Vorlagen in `%appdata%\Microsoft\Templates`, eigene Vorlagen in `%userprofile%\Dokumente\Benutzerdefinierte Office-Vorlagen`.

Abweichende Speicherorte der Vorlagen können Sie den Word-Optionen entnehmen:

- DATEI|OPTIONEN|SPEICHERN oder
- DATEI|OPTIONEN|ERWEITERT|ganz unten: DATEISPEICHERORTE

15.6.4 Die Vorlage Normal.dotm

Sobald Sie Word starten, prüft das Programm, ob im Vorlagenordner eine Datei `Normal.dotm`, `Normal.dotx` oder `Normal.dot` existiert. Standard ist `Normal.dotm`, aber bei deren Fehlen werden die beiden anderen akzeptiert.

Fehlt eine solche Datei, ist das kein Problem. Word legt zunächst einen Standardsatz Formatvorlagen für das leere neue Dokument an. Erst wenn Sie Word wieder schließen, wird eine neue `Normal.dotm` anhand der Einstellungen dieses Dokuments gespeichert!

Normal.dotm erneuern

Das Löschen dieser Datei kann manchmal als Rettung herhalten, wenn Word »spinnt«.

1. Schließen Sie Word.
2. Suchen Sie mit dem Explorer alle Exemplare der `Normal.dotm` und löschen Sie sie oder benennen Sie sie um.
3. Starten Sie Word neu.

Word findet beim Neustart keine Vorlagendatei und startet »neutral«, wie oben beschrieben.

Speicherort der Normal.dotm

Wenn Sie die Normal.dotm nicht in den in Hack 15.6.3 genannten Ordnern finden sollten, hilft Ihnen Word:

1. Öffnen Sie mit [Alt]+[F11] den VBA-Editor.
2. Öffnen Sie im VBA-Editor mit [Strg]+[G] den DIREKTBEREICH.
3. Tragen Sie dort ein: `?Application.NormalTemplate.FullName` und drücken Sie [↵].

Der VBA-Editor zeigt den kompletten Pfad an:

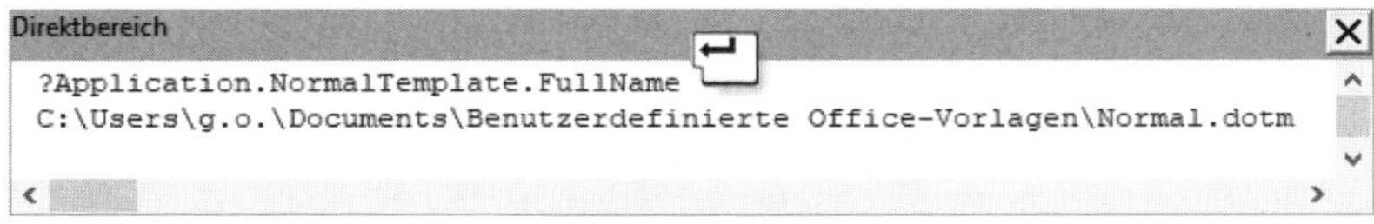

Abb. 15.11: Vorlagensuche mit dem VBA-Editor

15.6.5 Andere Dokumentvorlage verwenden

Stellen Sie im Nachhinein fest, dass Sie mit einer falschen Dokumentvorlage gearbeitet haben, lässt sich dies leicht beheben.

Lösung

1. ENTWICKLERTOOLS[6]|DOKUMENTVORLAGE|ANFÜGEN
2. Wählen Sie die richtige Dokumentvorlage aus.
3. [OK]

Word stellt alle Formatierungen im Dokument auf gleichnamige der neuen Dokumentvorlage um.

15.6.6 Vorlage fehlt?

Jedes Word-Dokument merkt sich, aus welcher Vorlage es erstellt wurde, zu sehen in DATEI|INFORMATIONEN|ALLE EIGENSCHAFTEN. Word greift beim Öffnen auf diese Vorlage zu, sofern sie erreichbar ist. Liegt die Vorlagendatei auf einem nicht angeschlossenen Laufwerk oder wurde sie verschoben, ist das unproblematisch, sofern die Vorlage nur Text, Felder und Formatvorlagen enthält, weil sie in das Dokument beim Anlegen übernommen wurden. Makros, AddIns u.Ä. dagegen sind nicht mehr erreichbar und schränken die Funktionalität ein.

Lösung

Sorgen Sie dafür, dass der Speicherpfad der Vorlage erreichbar ist, oder ordnen Sie die Zuordnung neu mit ENTWICKLERTOOLS|DOKUMENTVORLAGE|ORGANISIEREN.

6 Sollte die Registerkarte ENTWICKLERTOOLSnicht angezeigt werden, blenden Sie sie mit Rechtsklick ins Menüband|MENÜBAND ANPASSEN ein.

Kapitel 16

Verzeichnisse

In längeren Publikationen erleichtern Strukturen im Text und Suchhilfen, die sich dank Assistenzfunktionen in Word leicht erstellen und pflegen lassen, die Orientierung.

Jede Art von Verzeichnis in Word ist ein Feld, das auf spezielle Inhalte im Dokument zugreift, sie einsammelt und sortiert.

Die Standardaufrufe für Verzeichnisse finden Sie in der Registerkarte REFERENZEN, von der aus Sie zu den einschlägigen Dialogen mit spezifischen Einstellungen für das jeweilige Verzeichnis gelangen.

Die volle Bandbreite der Optionen erreichen Sie allerdings, indem Sie die Feldfunktionen per EINFÜGEN|*Text:* SCHNELLBAUSTEINE|FELD direkt einsetzen.

Feldname	Verzeichnis
{TOA}	Rechtsgrundlagenverzeichnis
{TOC}	Inhalts- und Abbildungsverzeichnis
{Bibliography}	Quellenverzeichnis
{Index}	Stichwortverzeichnis

Tabelle 16.1: Felder für Verzeichnisse

Nach Klick auf FELDFUNKTIONEN|OPTIONEN listet der Felddialog alle Feldschalter auf und erklärt sie, sobald Sie einen davon markieren.

Alle Feldschalter lassen sich hier nicht ausführlich erläutern, manche sind für die deutschsprachige Version ohnehin wirkungslos. Im Folgenden geht es deshalb um jene Einstellungen, Optionen und Schalter, die für die jeweiligen Problemstellungen einschlägig sind.

Mit [⇧]+[F9] oder durch Direkteingabe eines Feldcodes per [Strg]+[F9] lassen sich die Feldfunktionen und Schalter unmittelbar manipulieren.

16.1 Verzeichnis formatieren

Verzeichnisse besitzen eigene Formatvorlagen, sind also von der Formatierung der bezogenen Referenzen unabhängig. Für jede Art von Verzeichnis gibt es eigene Formatvorlagen.

Die Formatvorlagen heißen

- Abbildungsverzeichnis,
- Index 1 ... 9,
- Literaturverzeichnis,
- Rechtsgrundlagenverzeichnis und
- Verzeichnis 1 ... 9 für das Inhaltsverzeichnis.

Index und Verzeichnis gibt es neunfach für die verschiedenen Ebenen von Einträgen.

16.1.1 Verzeichnisformatvorlagen anpassen

Leider sind die Grundeinstellungen dieser Formatvorlagen schlecht eingerichtet, was zu Umbruch- und Einzugsfehlern in den Verzeichnissen führt.

Wenn Sie die Formatierung eines Eintrags im Verzeichnis ändern, passen sich alle Einträge derselben Ebene dieser Formatierung an, jedoch werden alle manuellen Änderungen bei der nächsten Aktualisierung zurückgesetzt.

Lösung
Übernehmen Sie in dem zweiten Schritt die Änderungen in die Formatvorlage, wie in Hack 14.1.2 beschrieben.

Vorsicht: Hyperlink!

In den meisten Verzeichnissen werden automatisch Hyperlinks eingerichtet, mit denen per Mausklick an die zugehörige Textposition gesprungen werden kann. Die unsichtbaren Hyperlinks liegen über dem Eintrag des Verzeichnisses. Um den Eintrag zu formatieren, reicht es nicht, die Schreibmarke in den Eintrag zu stellen; damit wird die Formatierung des Hyperlinks markiert.

Lösung

Um an die Formatvorlage des Eintrags zu gelangen, ist der komplette Absatz zu markieren.

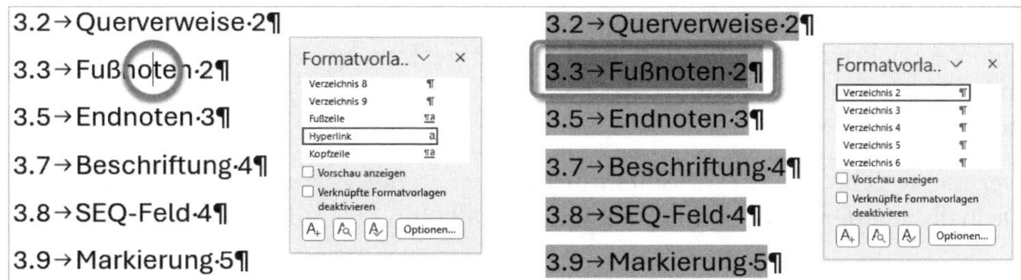

Abb. 16.1: Unterschiedliche Markierungstechnik für Hyperlink und Verzeichniseintrag

16.1.2 Der Abstand zwischen Nummer und Text ist uneinheitlich

Einträge oder Seitennummer treten an unterschiedlichen Positionen der Eintragszeile auf.

Erläuterung

Wenn die Position eines Tabstopps zu kurz gewählt ist, reicht der Platz oft nicht aus für mehrstellige Nummerierungen. Sind gar keine Tabstopps oder Einzüge vorhanden wie in Abbildung 16.2 (links), springt der Eintrag nach der Nummer auf den nächsten Standard-Tabstopp[1], der bei mehrstelliger Nummerierung ein anderer sein kann als bei einer kürzeren Nummer.[2]

Lösung

Korrigieren Sie die Tabstopppositionen bzw. ersetzen Sie sie durch Einzüge.

3.8→Einfügen
3.9→Hyperlink
3.10 → Korrektursprache
3.11 → Anzeigesprache

3.8→Einfügen
3.9→Hyperlink
3.10→Korrektursprache
3.11→Anzeigesprache

Abb. 16.2: Gleichmäßige Einzüge zwischen Nummer und Überschrift herstellen

16.1.3 Lange Einträge korrekt umbrechen und einziehen

Längere Verzeichniseinträge werden erst auf Höhe der Seitennummer und ohne Einzug zum linken Rand hin umbrochen.

1 Standard-Tabstoppabstände stellen Sie mit START|*Absatz:* ↘|TABSTOPPS ein.

2 In früheren Versionen waren die Standard-Tabstopps im Lineal markiert, siehe Abbildung 16.2, links oben.

Erläuterung

Die Verzeichnisformatvorlagen sind für lange Einträge nicht eingerichtet. Der linke Einzug ist ein Tabstopp, weshalb der umbrochene Eintrag an der Nullposition fortgeführt wird.

Der rechte Tabstopp für die Seitennummer ist an der Position des rechten Rands. Deshalb ragt der Text bei ungünstiger Konstellation bis in die »Nummernspalte«.

Lösung links

1. Löschen Sie den Tabstopp.
2. Richten Sie im ABSATZ-Dialog oder durch Ziehen der unteren Einzugsmarke mit der Maus einen passenden Einzug ein.

Lösung rechts 1: Tabstopp verschieben

In den neueren Versionen und Word 365 lässt sich der rechte Tabstopp nicht mehr mit der Maus über den rechten Einzug hinausziehen. Sie brauchen den TABSTOPPS-Dialog (START|*Absatz:* ↘|TABSTOPPS), in dem Sie für den rechten Tabstopp einen Wert eintragen, der rechts vom rechten Einzug liegt.

> **Vorsicht**
>
> Dieser Tabstopp darf nicht mehr mit dem Mauszeiger berührt werden, denn dann springt er auf die Position des rechten Einzugs.

Lösung rechts 2: Einzug verändern

Vergrößern Sie im ABSATZ-Dialog den rechten Einzug um einige Millimeter. Das lässt sich nur im Dialog erledigen, weil Sie mit der Maus an der deckungsgleichen Position immer nur den Tabstopp erwischen.

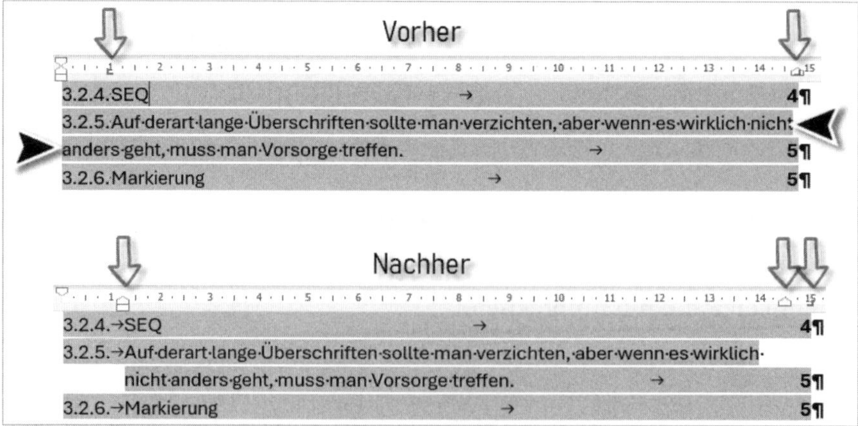

Abb. 16.3: Zu späten Umbruch und fehlenden Einzug bei langen Überschriften korrigieren

16.1.4 Wiederkehrende falsche Tabstopps

Trotz aktualisierter Formatvorlage setzt Word gelegentlich die Tabstopps beim nächsten Öffnen wieder an die alten Positionen.

Workaround

Diesen uralten, nicht behobenen Bug umgehen Sie evtl., indem Sie einen zusätzlichen Parameter in das {TOC}-Feld einbringen.

1. Markieren Sie das Verzeichnis mit Klick auf ⋮.
2. ⇧+F9
3. Klicken Sie hinter den letzten Eintrag vor die schließende Feldklammer }.
4. Tragen Sie ␣\w ein.
5. Aktualisieren Sie mit F9.

Erklärung

\w sorgt gem. Definition für eine Übernahme der Tabstopppositionen aus der Überschrift. Warum das hilfreich bei diesem Bug ist, lässt sich logisch nicht erklären.

16.1.5 Zeichen < vor der Verzeichnisüberschrift unterdrücken

Gelegentlich erscheint vor der automatisch generierten Überschrift eines Verzeichnisses das Symbol »<«.

Erläuterung

Das ist ein seit ewigen Zeiten nicht behobener Bug.

Workaround

Setzen Sie, bevor Sie das Verzeichnis erstellen lassen, einen leeren Absatz davor. Damit dieser optisch nicht stört, formatieren Sie die Absatzmarke mit Schriftgrad 1 pt, Absatzabstände oben und unten 0 pt, Zeilenabstand EINFACH.

16.1.6 Mehrere Dokumente in einem Verzeichnis erfassen

Haben Sie für jedes Ihrer Kapitel eine eigene Datei angelegt, müssen Sie diese nicht zwangsläufig zu einem Dokument zusammenführen und auch nicht mit Filialdokumenten arbeiten, um ein Gesamt-Inhaltsverzeichnis, Gesamt-Abbildungsverzeichnis oder einen Gesamt-Index zu erstellen.

Lösung

Die Feldfunktion {RD} ist in der Lage, die Überschriften, Abbildungen, Indexeinträge usw. aus externen Dokumenten auszulesen; mehrere aufeinanderfolgende {RD}-Felder fügen sich so zu einem Verzeichnis der gewünschten Art zusammen.

Das Gesamt-Inhaltsverzeichnis beginnt mit einer Verzeichnisfeldfunktion, z.B. {TOC}, die ihre Einträge aus den in den nachstehenden {RD}-Feldern[3] aufgeführten Dateien bezieht. Das gesamte Gebilde sieht dann ungefähr so aus:

```
{TOC }
{RD "Kap_01.doc" \f }
{RD "Kap_02.doc" \f }
{RD "Kap_03.doc" \f } etc.
```

Das Verzeichnisfeld können Sie in einem leeren Absatz über der Liste entweder

- mithilfe der einschlägigen Funktion der Registerkarte REFERENZEN erzeugen oder
- mit Strg+F9 selbst konstruieren

und mit F9 aktualisieren.

Die Anführungszeichen um die Dateinamen können entfallen, wenn im Dateipfad und -namen keine Leerzeichen vorkommen.

Der Schalter \f definiert den aktuellen Ordner als Ausgangspunkt für den Pfad der auszulesenden Dateien; das spart Schreibarbeit.

Die {RD}-Zeilen bleiben erhalten und sind für weitere Verzeichnisse nutzbar, indem Sie die jeweilige Verzeichnisfeldfunktion {BIBLIOGRAPHY}, {INDEX}, {TOA} oder {TOC} mit den jeweiligen Spezifikationen darüberschreiben.

16.2 Inhaltsverzeichnis

Das Inhaltsverzeichnis sammelt jene Texte, die mit Überschriftenformatvorlagen »Überschrift 1« bis »Überschrift 9« formatiert sind. Einschränkungen und Ergänzungen sind möglich.

16.2.1 Weitere Ebenen zum Inhaltsverzeichnis hinzufügen

Word erfasst gemäß Voreinstellung nur die ersten drei Überschriftenebenen. Sollen noch tiefere Gliederungsüberschriften ins Inhaltsverzeichnis aufgenommen werden, müssen Sie dies von Hand nachtragen.

Lösung

1. REFERENZEN | *Inhaltsverzeichnis:* INHALTSVERZEICHNIS | BENUTZERDEFINIERTES INHALTSVERZEICHNIS | OPTIONEN zeigt eine Liste aller Formatvorlagen.
2. Suchen Sie jene Formatvorlagen, die zusätzlich in das Inhaltsverzeichnis aufzunehmen sind, und tragen im Feld rechts daneben eine Zahl für die Gliederungsebene ein.

3 RD = Related Document

16.2.2 Andere Texte anstelle von Überschriften zum Inhaltsverzeichnis hinzufügen

Sollen im Inhaltsverzeichnis noch andere Einträge als die mit Überschrift *n* formatierten auftauchen, können Sie beliebigen Text zum Inhaltsverzeichnis hinzufügen lassen, indem Sie ihn entsprechend kennzeichnen.

Lösung

Mit [⇧]+[Alt]+[O] öffnen Sie den Dialog EINTRAG FÜR INHALTSVERZEICHNIS FESTLEGEN. Vorher markierter Text wird in diesen Dialog ins Feld EINTRAG übernommen.

Im Feld ERKENNUNGSZEICHEN lässt sich ein Eintrag einem bestimmten Verzeichnis zuordnen, falls Sie unterschiedliche Inhaltsverzeichnisse anlegen. Zu diesem Zweck müssen Sie die Inhaltsverzeichnisse allerdings mit der Feldfunktion {TOC} anlegen und dort denselben Kennbuchstaben als `\f`-Schalter eintragen: `{ TOC \f C }`. Der vorgegebene Kennbuchstabe C ist die Standardeinstellung.

In EBENE stellen Sie ein, in welcher Verzeichnisebene dieser Text im Inhaltsverzeichnis erscheinen soll.

Der markierte Text wird als Feldeintrag mit der Textoption AUSGEBLENDET versehen. Das Feld wird also auf dem Bildschirm nur angezeigt, wenn Sie die Steuerzeichenanzeige ¶ aktiviert haben, und nicht gedruckt, solange nicht die Druckoption AUSGEBLENDETEN TEXT DRUCKEN aktiviert ist.

Hinweis

Die [F9]-Funktionen zur Anzeige von Feldern haben auf diese Einträge keinen Einfluss.

16.2.3 Fehlerhafte und fehlende Zuweisungen korrigieren

Im Inhaltsverzeichnis erscheinen Einträge, die nicht dort hineingehören, oder es fehlen Einträge.

Lösung

REFERENZEN | *Inhaltsverzeichnis:* TEXT HINZUFÜGEN | ...

Erklärung

Mit TEXT HINZUFÜGEN weisen Sie dem aktuellen Absatz über die Auswahl der Ebene eine Formatvorlage zu oder setzen fälschlich als Überschrift formatierte Absätze mit NICHT IM INHALTSVERZEICHNIS ANZEIGEN auf die Formatvorlage *Standard* zurück.

16.2.4 Überschriften, die nicht im Inhaltsverzeichnis erscheinen sollen

Manche lediglich zu Orientierungszwecken oder für Querverweise formatierte Überschriften sollen nicht im Inhaltsverzeichnis erscheinen.

Lösung 1: Tiefere Ebene anpassen

Verwenden Sie dazu eine der unteren Ebenen der Überschriftenformatvorlagen, der Sie durch Formatierungsänderungen das Aussehen der erwünschten Überschrift geben. So erscheint diese Überschrift optisch wie jene der höheren Ebene, erscheint auch im Navigationsbereich, taucht aber im Inhaltsverzeichnis nicht auf.

> **Tipp**
>
> Auch beim Umwandeln in ein PDF-Dokument sind Pseudoüberschriften nützlich, denn sie werden bei der Konvertierung als PDF-Lesezeichen berücksichtigt.

Lösung 2: Pseudoüberschrift erstellen

Erstellen Sie eine Formatvorlage, die wie die gewünschte Überschrift aussieht, aber als Fließtext formatiert ist und damit nicht im Inhaltsverzeichnis auftaucht.

1. Rechtsklicken Sie die zu ersetzende Überschrift und wählen Sie in der Minisymbolleiste FORMATVORLAGEN | FORMATVORLAGE ERSTELLEN.
2. Geben Sie der neuen Formatvorlage im Dialog NEUE FORMATVORLAGE ERSTELLEN einen Namen und bestätigen Sie mit **OK**.

> **Hinweis**
>
> Würden Sie an dieser Stelle sofort ÄNDERN wählen, könnten Sie die notwendige Änderung der Ebene (Schritt 5) nicht durchführen, weil noch die Eigenschaften der originalen Überschriftenformatvorlage wirken, die diese Änderung unterbinden.

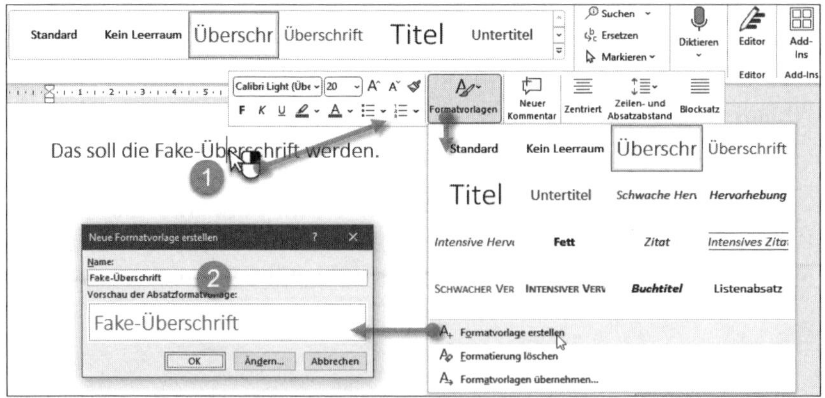

Abb. 16.4: Formatvorlage klonen

3. Rechtsklicken Sie im Formatvorlagenkatalog die neu erstellte Formatvorlage und wählen Sie im Kontextmenü ÄNDERN.
4. Öffnen Sie im Dialog FORMATVORLAGE ÄNDERN die FORMAT-Liste und wählen Sie daraus ABSATZ.
5. Ändern Sie die *Gliederungsebene* in TEXTKÖRPER und bestätigen Sie die Änderung mit **OK**.

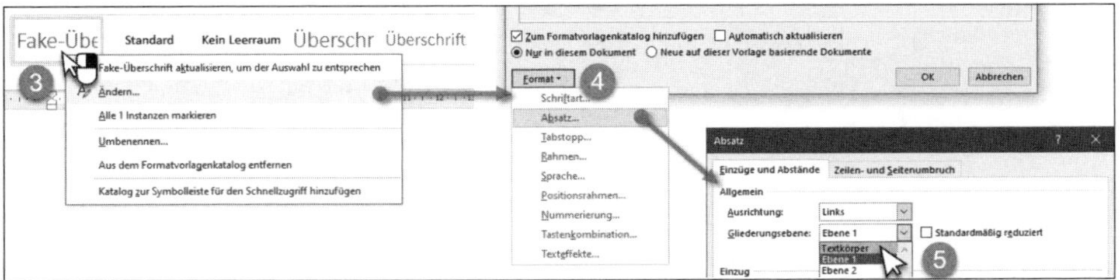

Abb. 16.5: Überschriftenattribut durch Gliederungsherabstufung entfernen

16.2.5 Inhaltsverzeichnis »einfrieren«

Soll ein Inhaltsverzeichnis allein in ein anderes Dokument übernommen werden, verliert es den Bezug zu den Einträgen des Originals und meldet beim Aktualisieren Fehler.

Lösung

Markieren Sie das Inhaltsverzeichnis vor dem Kopieren und betätigen Sie die Tastenkombination [Strg]+[⇧]+[F9] oder [Strg]+[6], um es in statischen Text umzuwandeln.

16.3 Verzeichnis der Abbildungen, Tabellen, Formeln etc.

Um Verzeichnisse der Bilder, Formeln und Tabellen etc. zu erstellen, bedarf jedes dieser Objekte einer *Beschriftung*[4].

Welche Art von Verzeichnis Sie einfügen, richtet sich nach Ihrer Auswahl aus der Liste BESCHRIFTUNG (= BEZEICHNUNG/KATEGORIE) des Dialogs ABBILDUNGSVERZEICHNIS.

Das Abbildungsverzeichnis unterscheidet sich als Feld vom Inhaltsverzeichnis lediglich durch den Schalter *\c Kategorie*,[5] also z.B. `{ TOC \c Tabelle }`. Aufgelistet werden Bezeichnung/Kategorie und Nummer sowie der Text der Beschriftung.

4 Die Beschriftung wird auch zum Anbringen von Querverweisen benötigt.

5 Die Bezeichnung der Beschriftungsart wechselt permanent zwischen Beschriftung, Bezeichnung und Kategorie.

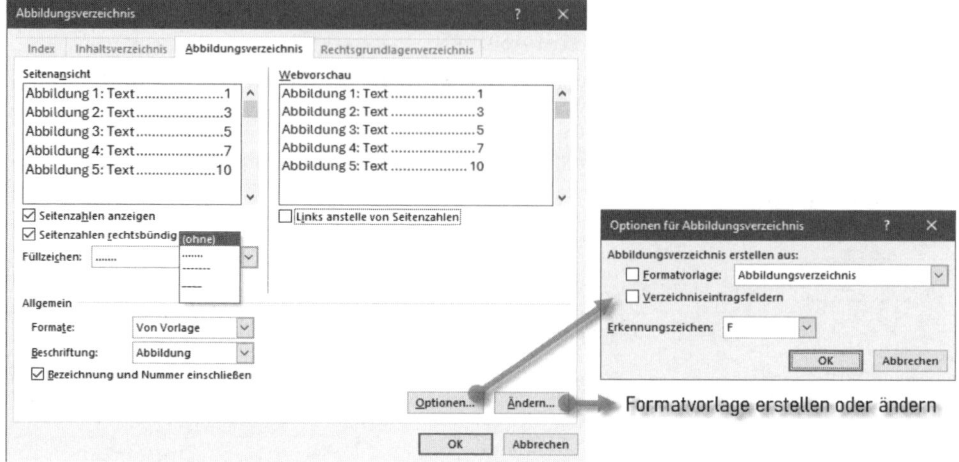

Abb. 16.6: Verzeichnisart auswählen

16.3.1 Hyperlinks im Abbildungsverzeichnis

Beim Anlegen eines Abbildungsverzeichnisses erhalten die Einträge Hyperlinks zu den Beschriftungen, allerdings geht Word dabei unterschiedlich vor:

- Verzeichniseinträge von Beschriftungen *im Fließtext* erhalten einen internen Link wie ein Querverweis.
- Verzeichniseinträge von Beschriftungen *in Textfeldern* erhalten einen externen Datei-Link, der zwar zur Datei und darin zum Eintrag führt, aber wegen der absoluten Pfadangabe nicht wiedergefunden wird, wenn die Datei verschoben oder kopiert wurde.

Empfehlung

Vermeiden Sie Verweise auf Beschriftungen im Textfluss; vgl. Hack 16.3.3.

16.3.2 Lange Beschriftungen einfügen (254-Zeichengrenze umgehen)

Das Dialogfeld BESCHRIFTUNG ist auf 254 Zeichen begrenzt.

Lösung

Soll der Beschriftungstext länger sein, fügen Sie zunächst im Dialog BESCHRIFTUNG EINFÜGEN mit OK die automatische Kategorie und Nummer in den Text ein und tragen den Beschriftungstext dann nach, denn im Text gilt keine Begrenzung.

16.3.3 Beschriftung und Illustration zusammenhalten, auch beim Seitenumbruch

Da Illustrationen entweder als Bestandteil des Textflusses oder von Text umflossen formatiert werden können, gibt es zwei Varianten der Beschriftung.

»Mit Text in Zeile«

Das abschließende OK im Dialog BESCHRIFTUNG für ein Objekt, das MIT TEXT IN ZEILE eingefügt wurde, sorgt dafür, dass dem Absatz mit dem Objekt das Attribut »Nicht vom nächsten Absatz trennen« zugeordnet wird.

Lösung, falls dennoch zwischen Objekt und Beschriftung umbrochen wird

Weisen Sie dem Absatz, in dem das Objekt steht, das Attribut »Nicht vom nächsten Absatz trennen« mit START|*Absatz:* ↘|Register ZEILEN- UND SEITENUMBRUCH zu.

Objekt von Text umflossen

Das abschließende OK im Dialog BESCHRIFTUNG für ein Objekt, das *nicht* MIT TEXT IN ZEILE eingefügt wurde, legt die Beschriftungsautomatik ein Textfeld in gleicher Breite an, das die Beschriftung enthält. Objekt und Beschriftung sind zwar am selben Absatz verankert, damit sie beim Verschieben des Texts dessen Bewegungen gemeinsam mitmachen, doch lassen sich beide Elemente unabhängig voneinander auf der Seite bewegen.

Lösung

Um Illustration und Textfeld zusammenzuhalten, markieren Sie beide und gruppieren sie mit Rechtsklick|GRUPPIEREN|GRUPPIEREN.

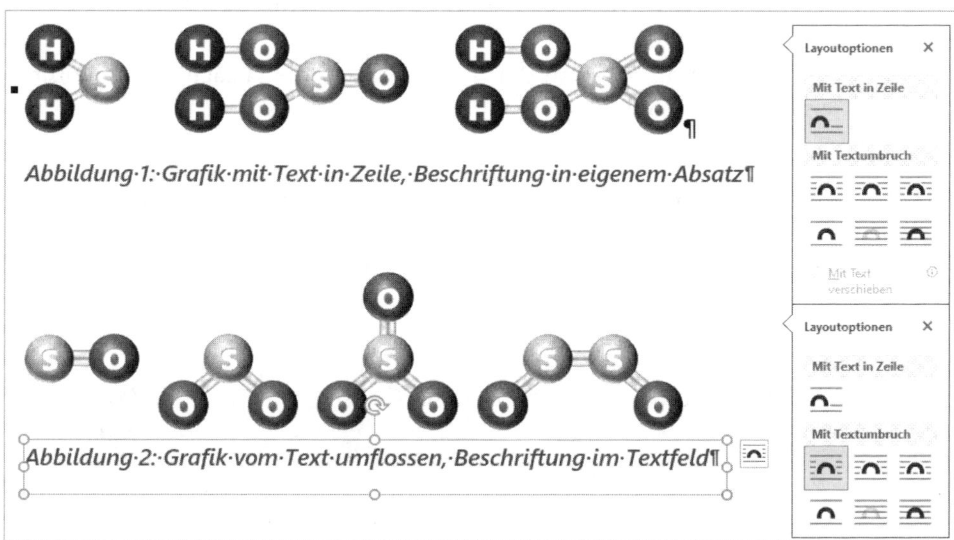

Abb. 16.7: Von der Textflusseinstellung abhängige Beschriftungsformate

16.3.4 Quellenangaben in der Beschriftung nicht ins Abbildungsverzeichnis übernehmen

Bildunterschriften werden auch genutzt, um im Anschluss an die Beschreibung urheberrechtliche Hinweise zur Bildherkunft anzubringen. Im Abbildungsverzeichnis stören diese jedoch.

Lösung

Da das Abbildungsverzeichnis nur auf die Formatvorlage *Beschriftung* zugreift, brauchen Sie lediglich dem Quellenhinweis eine andere Absatzformatvorlage zuzuweisen. Um dennoch Bildunterschrift und Quellenhinweis in einer Zeile unter dem Bild zu halten, wenden Sie folgenden Trick an:

Zunächst benötigen Sie eine weitere Formatvorlage, die mit *Beschriftung* identisch ist.

1. START | FORMATVORLAGEN ↘
2. [A+] NEUE FORMATVORLAGE
3. Wählen Sie in der Liste FORMATVORLAGE BASIERT AUF die Formatvorlage *Beschriftung*.
4. Geben Sie der neuen Formatvorlage einen passenden Namen, z.B. *Beschriftung ohne Eintrag*.
5. [OK]

Diese Formatvorlage können Sie nun jederzeit zum Abtrennen der Quellenhinweise einsetzen:

1. Setzen Sie die Schreibmarke an den Beginn des Quellenhinweises und betätigen Sie [↵].
2. Formatieren Sie den Quellenhinweis mit der Formatvorlage *Beschriftung ohne Eintrag*.
3. Setzen Sie die Schreibmarke in den Absatz davor (die tatsächliche Bildunterschrift) und betätigen Sie [AltGr]+[↵].

Erklärung

Die Absätze werden optisch vereint. Bei eingeschalteter Steuerzeichenanzeige erkennen Sie eine versteckte Absatzmarke ¶ zwischen Bildunterschrift und Quellenhinweis – das »Formatvorlagentrennzeichen«. Ins Abbildungsverzeichnis wird nur der vordere, mit *Beschriftung* formatierte Teil aufgenommen.

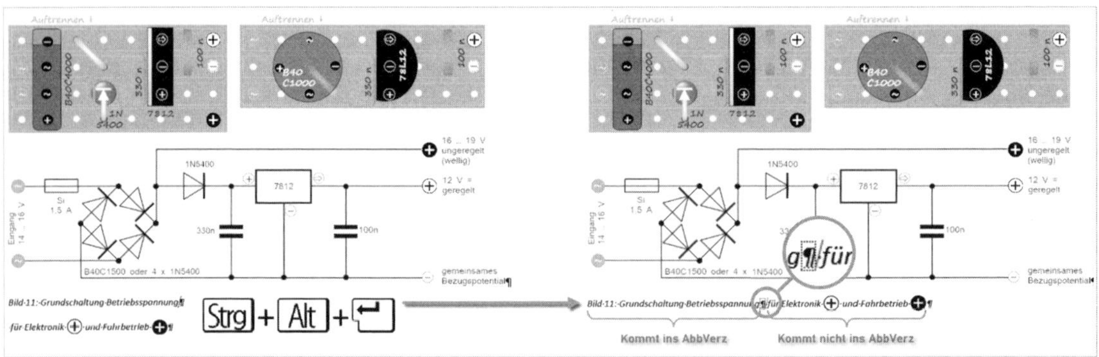

Abb. 16.8: Quellenangaben wie auch andere Zusätze zur Bildunterschrift gehören nicht ins Abbildungsverzeichnis.

16.3.5 Nummerierung der Beschriftung formatieren

Als Format der Nummerierung kommen alle Varianten in Betracht, die die Word-Zählautomatik für {SEQ}-Felder bereithält. Die Schaltfläche NUMMERIERUNG des Dialogs BESCHRIFTUNG verzweigt in einen Dialog, der einige für Beschriftungen übliche Varianten anbietet, doch für manche Zwecke reichen die vorgegebenen Einstellungen nicht aus.

Lösung

Mit EINFÜGEN|SCHNELLBAUSTEINE|FELD|SEQ oder mit einer manuell per [Strg]+[F9] gestalteten Feldfunktion {SEQ} stehen alle Facetten der Beschriftungsnummerierung offen (siehe Abschnitt 13.4).

16.3.6 Wenn die Beschriftungsnummerierung nicht mit der Bildreihenfolge übereinstimmt

Irritierend bei der Beschriftung ist die manchmal nicht zutreffende numerische Reihenfolge im Illustrationsverzeichnis. Das passiert, wenn Illustrationen derselben Kategorie mal im Zeilenverband und mal frei platziert sind.

Lösung

Bei umflossenen Objekten ist die Reihenfolge der Ankerpunkte ⚓ maßgeblich für die Nummerierung. Liegt der Ankerpunkt des zweiten Objekts im Text vor dem des ersten, wird die Zählung nicht zur Reihenfolge der Objekte passen. Verschieben Sie in solchen Fällen die Ankerpunkte. Manchmal hilft bereits, mit [Strg]+[A] alles zu markieren und mit [F9] zu aktualisieren.

16.4 Zitate, Quellen, Literaturhinweise

Ein für geisteswissenschaftliche Arbeiten unverzichtbares Instrument sind Angaben zu Quellen und Zitathinweise.

Leider ist die Quellenverwaltung in Word problembehaftet, weil Microsoft zwar unterschiedliche Formatierungen der Quellenangaben mitliefert, aber ausgerechnet für die hierzulande nach DIN ISO 690:2013-10[6] übliche Zitierform zwei nicht mehr aktuelle Fassungen anbietet.

Tipp

Wenn die gewünschte oder vorgegebene Zitierform nicht angeboten wird, hilft evtl. die Suchmaschine Ihres geringsten Misstrauens, denn manche versierte XSL-Kenner und einige wenige Hochschulen stellen eigene »Styles« ins Netz, die Sie in Ihren Katalog (Hack 16.4.1) aufnehmen können.

6 Die früher als Zitatstandard in Deutschland gültige DIN 1505-2 wurde 2013 durch DIN ISO 690:2013-10 ersetzt.

Quellen speichert Word standardmäßig in der Datei `C:\Users\(Benutzername)\AppData\Roaming\Microsoft\Bibliography\s ources.xml`

16.4.1 Optische Darstellung (Styles) der Quellenangaben anpassen

Die Anweisungen für die Gestaltung von Quellenangaben speichert Word als XSL-Dateien im Ordner `C:\Users\(Name)\AppData\Roaming\Microsoft\Bibliography\Style`.

Mit guten Kenntnissen der XSL-Programmierung lassen sich die vorhandenen Steuerdateien umarbeiten.

Style-Datei zum Bearbeiten vorbereiten

Direktes Ändern der Stilvorlagen ist nicht möglich; gehen Sie deshalb ist wie folgt vor:

Suchen Sie im Style-Ordner jene XSL-Datei, die Sie als Formatierung für Ihre Quellenhinweise und -verzeichnisse ausgewählt haben, und kopieren sie in einen beliebigen anderen Ordner.

Bearbeiten Sie nur diese Kopie:

1. Öffnen Sie die Datei **nicht mit einem Doppelklick**, sondern mit Rechtsklick|ÖFFNEN MIT|WORDPAD oder EDITOR.
(Ein Doppelklick öffnet XML-Dateien mit dem Standard-Browser.)
2. Mit [Strg]+[F] rufen Sie die Suche auf und tragen den in den folgenden Anleitungen genannten Suchbegriff ein.
3. WEITERSUCHEN

Wichtig

Ändern Sie vor dem Zurückschreiben unbedingt den Style-Namen, um Irritationen durch zwei mit gleichen Namen angezeigte Styles zu vermeiden.

Geänderte XSL-Datei speichern

Die geänderte Datei abzuspeichern, geht leider nur auf Umwegen, weil sich die originale XSL-Datei nicht ohne Weiteres überschreiben lässt.

1. Speichern Sie die geänderte Datei in den Ordner `Styles` unter anderem Namen.
2. Falls Sie die originale Datei ersetzen möchten:
   a) Löschen Sie die originale Datei; bestätigen Sie die Sicherheitsabfrage.
   b) Benennen Sie die zwischengespeicherte Datei mit dem Namen der Originaldatei; bestätigen Sie die Sicherheitsabfrage.

Style-Namen ändern

Um der modifizierten Datei einen neuen Style-Namen zu geben, suchen Sie diese Zeilen,

```
<xsl:when test="b:StyleName ">
<xsl:text>ISO690NED</xsl:text>
</xsl:when>
```

und ersetzen dort den oben durchgestrichenen Text, z.B. durch:

```
<xsl:when test="b:StyleName">
<xsl:text>ISO 690 - Modified</xsl:text>
</xsl:when>
```

16.4.2 »et al.« vermeiden

Überschreitet die Anzahl der Namen in einer Quelle eine Grenze, setzt die Automatik nur »et al.« hinter den ersten Namen.

Lösung

Löschen Sie diese Zeilen:

```
<xsl:call-template name="templ_prop_AuthorsSeparator"/>
<xsl:call-template name="templ_str_AndOthersUnCap"/>
</xsl:when>
```

16.4.3 Runde Klammern durch eckige ersetzen

Word setzt die Zitate in runde Klammern. Das ist erstens nicht sonderlich auffällig, zweitens wird als Vorgabe häufig ein Zitieren in eckigen Klammern erwartet.

Lösung

1. Suchen Sie »OpenBracket«.
2. Sie gelangen zu der Stelle im Code, an der die öffnenden Klammern für die Zitate definiert sind. Hier ersetzen Sie die Zeile
   `<xsl:value-of select="/*/b:Locals/b:Local[@LCID=$_LCID]/b:General/b:OpenBracket"/>`
   durch
   `<xsl:text>[</xsl:text>`.
3. Dasselbe wiederholen Sie einen Abschnitt weiter bei »CloseBracket«, nur dass Sie dort die schließende Klammer mit `<xsl:text>]</xsl:text>` vorgeben müssen.

16.4.4 Literatur- oder Quellenverzeichnis einfügen

Auf den Befehl REFERENZEN | LITERATURVERZEICHNIS setzt Word ein Feld {BIBLIOGRAPHY} ein, das sämtliche in der *Aktuellen Liste* enthaltenen Quellen anzeigt.

Sie haben die Auswahl zwischen drei Designformen: zwei mit und eine ohne Überschrift. Sollte Ihnen diese Auswahl nicht genügen, weichen Sie auf die Feldfunktion EINFÜGEN|SCHNELLBAUSTEINE|FELD|BIBLIOGRAPHY aus. Wie auch für {CITATIONS} gibt es hier keine Schalter; manuell einfügen in die Funktion lässt sich nur der Schalter \l mit Angabe des Sprach- und Gebietsschemas. Weitergehende Anpassungen sind nur über Veränderungen an den XSL-Dateien möglich.

16.4.5 Mehrere verschiedene Quellenverzeichnisse erstellen

Sollen unterschiedliche Quellenverzeichnisse angelegt werden, z.B. zur Trennung von Internetquellen gegenüber Printmedien, bietet Word dafür keine Funktion an.

Workaround

Erfassen Sie die abzugrenzenden Quellen mit der Auswahl SPRACHE bei der Erfassung der Quellen als anderssprachig. Mehrere sprachlich getrennte Quellenverzeichnisse vermag Word mithilfe des Schalters \l zu erstellen.

Vorgegeben sind zwei Sprachen, meist Deutsch und Englisch. Benötigen Sie mehr als zwei Quellenverzeichnisse, lässt sich die Sprachenauswahl wie folgt erweitern:

WINDOWS-STARTMENÜ|MICROSOFT OFFICE TOOLS|MICROSOFT OFFICE SPRACHEINSTELLUNGEN/MICROSOFT LANGUAGE PREFERENCES

Fügen Sie weitere Sprachen im Register BEARBEITUNGSSPRACHEN hinzu.

16.4.6 Plagiatsuche

Beim Verwenden von Zitaten können Sie nie vorsichtig genug sein.

Erläuterung

Fehlerhafte oder fehlende Quellenhinweise können die Seriosität Ihrer Arbeit beeinträchtigen. Word unterstützt Sie bei der Suche nach vergleichbaren Texten mit dem Editor.

Lösung

START|EDITOR|ÄHNLICHKEIT vergleicht den Text im Dokument mit im Internet erreichbaren Texten und meldet Ähnlichkeiten. Die »verdächtigen« Textpassagen werden mit einer blaupunktierten Linie gekennzeichnet. Klicken Sie auf diese Markierung, zeigt Ihnen ein Preview-Fenster passende Quellen an und erwartet Ihre Entscheidung, wie damit umzugehen ist.

16.5 Index (Stichwortverzeichnis)

Für ein Stichwortverzeichnis müssen zunächst Stichworte erfasst werden, die Word automatisch sortiert als Index ausgeben kann.

16.5.1 Stichworte (Einträge) erfassen

1. Markieren Sie den zu erfassenden Begriff und rufen Sie mit ⇧+Alt+X oder REFERENZEN|EINTRAG FESTLEGEN den Dialog INDEXEINTRAG FESTLEGEN auf.
2. Der Dialog übernimmt den markierten Text ins Feld HAUPTEINTRAG, wo Sie ihn bei Bedarf noch nachbearbeiten können (z.B. mit Hack 16.5.2).

Dieser Text wird im Index angezeigt.

3. Mit einem Klick auf FESTLEGEN oder ↵ fügen Sie diesen Begriff als ausgeblendeten Text und der Feldkennung {XE} für einen Indexeintrag in Ihren Text ein. (Die Einträge sind nur mit eingeschalteten Steuerzeichen ¶ sichtbar, weil sie als »Ausgeblendeter Text« formatiert werden.)

16.5.2 Formatierung der Einträge anpassen

Der für den Haupteintrag übernommene Text nimmt manuelle Formatierungen mit. Diese Formatierung behält er auch beim Erstellen des Stichwortverzeichnisses bei.

Lösung
Setzen Sie einen formatierten Eintrag in den Eintragsfeldern des Dialogs INDEXEINTRAG FESTLEGEN mit Strg+Leertaste zurück.

16.5.3 Untereinträge

Sie können den Haupteintrag um Untereinträge ergänzen, die Sie in das Feld UNTEREINTRAG des Dialogs schreiben; bei der Erstellung werden solche Einträge eingerückt beim Haupteintrag aufgelistet.

Untereinträge sind im Feld durch einen Doppelpunkt vom Haupteintrag getrennt. Sie können Untereinträge auch in dieser Weise direkt ins Feld schreiben, z.B. `{ XE "Index:erfassen" }`.

Vorsicht

Achten Sie beim Ergänzen der Feldinhalte darauf, dass keine Leerzeichen zwischen Eintrag und den begrenzenden Anführungszeichen sowie um den Doppelpunkt stehen. Sie stören die Sortierung im Stichwortverzeichnis und verursachen Doppelnennungen.

16.5.4 Gleiche, mehrfach auftretende Begriffe bei jedem Vorkommen (mit Konkordanzdatei) markieren

Wollen Sie, dass im Stichwortverzeichnis auf alle Textstellen, an denen ein bestimmtes Wort auftritt, verwiesen wird, klicken Sie im Dialog INDEXEINTRAG

FESTLEGEN auf die Schaltfläche ALLE MARKIEREN. Damit wird ein XE-Feld bei allen Begriffspositionen eingefügt und beim Erstellen des Stichwortverzeichnisses wird auf all diese Textstellen verwiesen. Eine bessere Methode bietet eine Konkordanzdatei, in der bereits alle für den Index in Betracht kommenden Begriffe einschließlich Varianten erfasst sind.

Konkordanzdatei erstellen

Die Konkordanzdatei ist ein Word-Dokument mit einer zweispaltigen Tabelle, in deren linker Spalte pro Zeile die zu indizierenden Begriffe stehen. In der rechten Spalte können Sie zu jedem Begriff festlegen, ob der links stehende Eintrag einem anderen im Index zugewiesen wird.

Tabelle 16.2 zeigt einige Beispiele:

- In den beiden ersten Zeilen werden die beiden Schreibweisen von »Typografie« als ein Eintrag im Index zusammengeführt.[7]
- Mit den unteren beiden Zeilen wird erreicht, dass der Begriff »Etiketten« sowohl einen eigenen Eintrag im Index erzeugt als auch beim Eintrag »Drucken« als Untereintrag erscheint.

Typographie	
Typografie	Typographie
Etiketten	Drucken:Etiketten
Etiketten	

Tabelle 16.2: Beispiele für Einträge in einer Konkordanzdatei

Konkordanzdatei anwenden

Im INDEX-Dialog öffnen Sie mit AUTOMARKIERUNG eine Dateiauswahl für »Index-AutoFestlegungsdatei«, aus der Sie die Konkordanzdatei aufrufen. Damit setzt Word automatisch die Indexeinträge und passt sie an die Aliase an.

16.5.5 Wichtige Einträge hervorheben

Um bei Stichworten, die mehrfach im Text auftreten, die signifikante Fundstelle hervorzuheben, soll deren Seitenzahl optisch abgehoben werden.

Lösung

Aktivieren Sie im Dialog INDEXEINTRAG FESTLEGEN eine der Optionen bei *Seitenzahlenformat*.

7 Besser wäre es natürlich, die Schreibweise im Text komplett zu vereinheitlichen.

16.5.6 Mehrere Stichwortverzeichnisse mit unterschiedlichen Rubriken erstellen

{XE}-Felder lassen sich mit dem Feldschalter `\f` verschiedenen Kategorien bzw. Gruppen zuordnen. So wird z.B. mit `{ XE "H2SO4" \f Formeln }` die Schwefelsäure nur dann in einem Index auftauchen, wenn dieser ebenfalls mit dem Schalter `\f Formeln` ausgestattet ist, das Feld also `{ INDEX \f Formeln }` lautet.

16.5.7 Stichwortverzeichnisse selbst gestalten

Für manche Zwecke reichen die unter REFERENZEN|INDEX EINFÜGEN verfügbaren Standard-Einstellungen für das Stichwortverzeichnis nicht aus.

Lösung

EINFÜGEN|SCHNELLBAUSTEINE|FELD|INDEX erlaubt Ihnen, sich die Stichwortliste unabhängig von den mitgelieferten Mustern zu gestalten.

Wenn Sie die FELDFUNKTIONEN aktivieren und dort OPTIONEN aufrufen, finden Sie weitere Varianten, die dieses Feld über die Einstellungen des INDEX-Dialogs hinaus zu bieten hat.

Schalter	Wirkung
`\b Textmarke`	erstellt den Index nur für den Teil des Dokuments, den die angegebene Textmarke umschließt.
`\s`	setzt vor die Seitenzahl die Kapitelnummer.
`\d "Trennzeichen"`	legt für den Schalter `\s` das Trennzeichen zwischen Kapitel- und Seitennummer fest.
`\g "Trennzeichen"`	gibt an, was bei einem Bereichsverweis als Begriff zwischen den Seitenzahlen stehen soll.
`\h "Überschrift"`	trennt das Stichwortverzeichnis nach Anfangsbuchstaben. Als Überschrift können Sie zusätzliche Zeichen einbeziehen, z.B. »- A -«. Der im Schalter `\h` angegebene Buchstabe ist egal. Wollen Sie nur Leerzeilen als Trenner haben, geben Sie in den Anführungszeichen einen Leerschritt ein.
`\l "Trennzeichen"`	ersetzt das Komma zwischen Seitenzahlen zum selben Eintrag durch ein beliebiges anderes Zeichen.
`\p "Buchstabe-Buchstabe"`	begrenzt den Index auf Einträge mit den angegebenen Anfangsbuchstaben.

Tabelle 16.3: Zusätzliche Feldschalter für das Stichwortverzeichnis

16.6 Glossar und Abk.-Verz. erstellen

Word stellt für Glossare und Abkürzungsverzeichnisse leider keine Assistenzfunktionen bereit. *OneNote* ist dafür besser gerüstet. Wollen Sie dennoch solche Verzeichnisse in Word anlegen und pflegen, sind diese Workarounds zu empfehlen:

Workaround 1: Mit Rechtsgrundlagenverzeichnis

Ein wenig Automatik ist möglich, wenn Sie die Funktionen des Rechtsgrundlagenverzeichnisses nutzen, denn dieses ist im Grunde nichts anderes als ein Glossar.

Workaround 2: Mit Stichwortverzeichnis

Das Stichwortverzeichnis kann für ein Abkürzungsverzeichnis herhalten, indem Sie den Schalter `\f` verwenden, um einen gesonderten Index für Abkürzungen zu erstellen und im Feld QUERVERWEIS des Dialogs den Langtext angeben (siehe Hack 16.5.6).

Kapitel 17

Referenzen

Um denselben Sachverhalt nicht immer erneut zu erklären, bedient man sich als Autor gern interner und externer Verweise und Erläuterungen, die sich dank Assistenzfunktionen in Word leicht erstellen lassen und vom Programm gepflegt werden.

17.1 Querverweise

Um im Text auf eine andere Textposition zu verweisen, an der mehr zum eben behandelten Thema geschrieben wird, ist ein Vermerk der Art »siehe auch ...« o.Ä. immer sehr hilfreich. Wenn Sie das von Hand erledigen, haben Sie ein Fortschreibungsproblem, sobald sich durch Überarbeitungen die Verweisdaten ändern. Word nimmt Ihnen die Fortschreibung der Verweise ab; dazu rufen Sie die Funktion REFERENZEN|QUERVERWEIS auf.

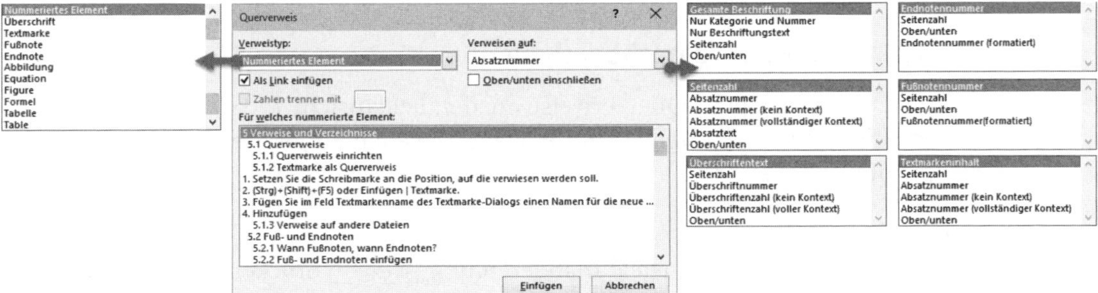

Abb. 17.1: Verweisziel und -darstellung auswählen

Um einen automatischen Verweis anzubringen, benötigt Word am Ziel Strukturdaten, genannt »Tags«, woran sich der Verweis orientieren kann.

Zur Auswahl stehen in der Liste VERWEISTYP des QUERVERWEIS-Dialogs alle geeigneten Tag-Typen (siehe Abbildung 17.1 links).

Wichtig

Beim Verweis auf Überschriften und Illustrationsunterschriften benötigt Word mit den Formatvorlagen »Überschrift 1« bis »Überschrift 9« bzw. »Beschriftung« formatierte Ziele. Sofern Sie eigene Formatvorlagen dafür benutzen, findet die Verweisfunktion sie nicht!

Sobald Sie in der Liste VERWEISTYP eine Vorauswahl getroffen haben, werden die passenden Ziele im unteren Fenster angezeigt. Auch die rechte Listenauswahl VERWEISEN AUF passt sich dem Verweistyp an; je nach Typ stehen unterschiedliche Angaben zur Auswahl, die als Verweis eingetragen werden. Das kann die Seitennummer sein, aber auch der komplette Inhalt einer Bildunterschrift, ganz nach Bedarf.

Hinweise

- Zusätzliche Hinweise wie z.B. »siehe Seite« setzen Sie von Hand dazu.
- Diese Form des Querverweises funktioniert nur innerhalb desselben Dokuments.

Textmarke als Verweisziel

Existiert an der Textstelle, auf die verwiesen werden soll, kein als Tag taugliches Objekt, wird ein Hilfstag benötigt. Dafür eignen sich Textmarken (siehe Anhang A).

17.1.1 Querverweis nachbearbeiten

Es ist nicht möglich, Querverweise in der Feldansicht (Alt+F9) manuell zu bearbeiten. Wenn Sie versuchen, einzelne Zeichen zu löschen, verschwindet der gesamte Verweis.

Lösung

Wenn Sie ein Querverweisfeld markieren und ⇧+F9 drücken, zeigt sich der Feldcode, ein {REF}-Feld mit kryptischer Adressierung, z.B.

```
{ REF _Ref288498536 \r \h }
```

oder dem Namen der bezogenen Textmarke. Am Verweisziel lässt sich in diesem Feld nicht basteln. Die Schalter dahinter sind im Dialog FELD BEARBEITEN, den Sie per Kontextmenü öffnen, erläutert und leicht zu ändern. Im angegebenen Beispiel stehen die Feldschalter:

\h für das Einfügen eines Hyperlinks zum Verweisziel und

\r für die Angabe der Nummerierung des Verweisziels.

17.1.2 Auf mehrere Ziele verweisen

Der VERWEIS-Dialog lässt den Verweis auf nur ein Ziel zu. Deshalb sind damit Verweise auf z.B. mehrere Abbindungen nur in der Form »siehe Abbildung 1 und Abbildung 4« statt »siehe Abbildungen 1 und 4« möglich.

Workaround

Die Feldfunktion {QUOTE} sorgt in einigen Fällen für Abhilfe, indem sie den Textanteil des Verweises unterdrückt. Wird aus einem referenzierten Text nur der Zahlenanteil benötigt, fügen Sie das {REF}-Feld in ein {QUOTE}-Feld ein und formatieren mit * ein Zahlenformat. {QUOTE} unterdrückt in diesem Fall den nichtnumerischen Teil des Zitats und macht z.B. aus »Abbildung 3.4« eine schlichte Nummer »3.4«.

1. Fügen Sie den Querverweis wie gewohnt mit VERWEIS | QUERVERWEIS ein.
2. Markieren Sie den Querverweis.
3. EINFÜGEN | SCHNELLBAUSTEINE | FELD | QUOTE
4. Wählen Sie in der Liste FORMAT das gewünschte Zahlenformat.
5. OK

Bei mit ⇧+F9 eingeschalteter Feldansicht des markierten Verweises sehen Sie z.B.:

```
{QUOTE { REF _Ref421446901 \h } \* Arabic \* MERGEFORMAT}
```

Wiederholen Sie dies mit weiteren zu referenzierenden Abbildungen und ergänzen dann noch um z.B. »siehe Abbildungen« sowie erforderliche Kommas oder Bindewörter.

Bug bei Beschriftung mit eingebundener Kapitelnummer

Verweist eine Referenz auf eine Beschriftung mit Kapitelnummer (z.B. auf »Abbildung 17.3«), addiert {Quote} Kapitel- und Objektnummer. Ein bekannter, aber nie behobener Programmfehler.

Workaround

Sofern sich Verweis und Referenz im selben Kapitel befinden, lassen Sie Word die überflüssige Addition einfach zurückrechnen. Die Kapitelnummer erhalten Sie mit { STYLEREF \1 \n } und benutzen Sie in folgender Formel:

```
{QUOTE { REF _Ref###### } \arabic } -{ STYLEREF \1 \n } }.
```

17.1.3 Verweise auf andere Dateien oder Webseiten

Es ist möglich, auch auf Dokument-externe Informationen wie andere Dateien oder Webseiten in Verweisform einzubinden.

Lösung

1. Markieren Sie den Hinweis, der den verbalen Verweis enthält, und wählen im Kontextmenü EINFÜGEN|LINK.

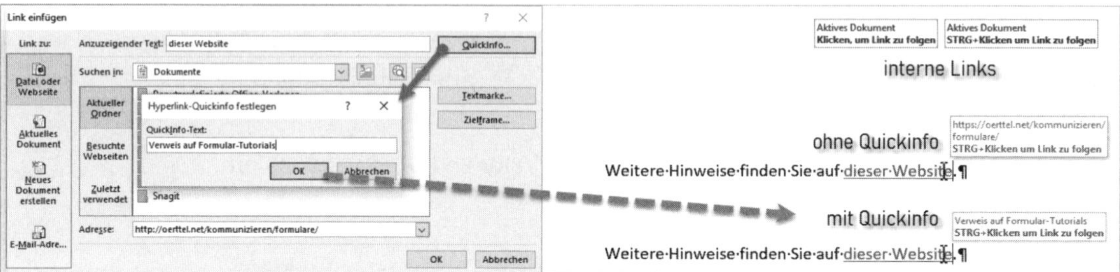

Abb. 17.2: Auswahl einer Verlinkung (links) und deren Darstellung im Text ohne (rechts oben) und mit QuickInfo (rechts unten)

2. Im Dialog LINK EINFÜGEN navigieren Sie zu dem zu verknüpfenden Dokument und markieren es.

Hinweis

Handelt es sich dabei um ein Word-Dokument, das Textmarken enthält, lässt sich der Link mit der Schaltfläche TEXTMARKE präzise auf eine Textmarke lenken.

17.2 Fuß- und Endnoten

Fuß*noten* haben mit Fuß*zeilen* nur die ersten drei Buchstaben und die Position unterhalb des Texts einer Seite gemein, sonst nichts!

17.2.1 Fuß- und Endnoten lassen sich nicht löschen

Fuß- und Endnoten lassen sich nur entfernen, indem Sie das Verweiszeichen im Text löschen.

17.2.2 Mehrfach auf dieselbe Fuß- oder Endnote verweisen

Auf dieselbe Fußnote soll mehrfach verwiesen werden, ohne ihren Inhalt zu wiederholen.

Lösung 1: Querverweis

Sie können auf dieselbe Fuß- oder Endnote mehrfach verweisen, indem Sie anstelle des weiteren Notenhinweises einen *Querverweis* (Abschnitt 17.1) des Typs FUSSNOTE einfügen:

REFERENZEN | QUERVERWEIS | *Verweistyp* FUSSNOTE.

Bei VERWEISEN AUF wählen Sie FUSSNOTENNUMMER; so wird auf eine Fußnote an zwei verschiedenen Stellen verwiesen.

Lösung 2: Fuß- oder Endnotenreferenz

Das Feld { NoteRef } ist speziell für diesen Fall vorgesehen, bedarf aber der zusätzlichen Vorbereitung durch eine Textmarke (Anhang A):

1. Markieren Sie den Fuß- oder Endnotenhinweis und weisen Sie ihm eine Textmarke zu.
2. Setzen Sie an der Stelle, an der erneut auf die Fuß- oder Endnote verwiesen werden soll, das {NoteRef}-Feld ein:
   `{ NoteRef Textmarkenname }`.

17.2.3 Fuß- und Endnotennummer gestalten

Die von Word vorgegebenen Einstellungen für Fuß- und Endnoten können an die eigenen Bedürfnisse angepasst werden.

Lösung

REFERENZEN | *Fußnoten* ↘ öffnet den Dialog zum Gestalten und Platzieren der Fuß- und Endnoten.

Bis auf wenige Details ist dieser Dialog selbsterklärend.

- Mit SPEICHERORT für FUSSNOTEN ist die Position der Fußnote auf der Seite gemeint:
  - SEITENENDE: Die Fußnote wird oberhalb der Fußzeile, also ganz unten eingefügt.
  - UNTERHALB DES TEXTS: Die Fußnote folgt unmittelbar auf das Textende der Seite, wenn die Seite nicht vollständig mit Text gefüllt ist.
- In der Liste ZAHLENFORMAT findet sich zuletzt eine Folge von Symbolen: *, †, ‡, §. Die ersten vier so definierten Fußnoten erhalten das jeweilige Zeichen aus dieser Reihe, die nächsten vier wiederum die Zeichen aus dieser Reihe, aber verdoppelt, dann verdreifacht ...
- Als BENUTZERDEFINIERT kann jedes Zeichen herhalten, das Sie dort per Tastatur oder mit der Symbolauswahl eintragen, auch eine Folge von Symbolen. Dieses benutzerdefinierte Symbol gilt nur *für diese eine Notiz*. Auch die benutzer-

definierten Symbole werden hochgestellt formatiert. [1] Soll es dauerhaft gelten, ändern Sie die Formatvorlage »Fußnotenzeichen« passend ab.

17.2.4 Bug: Zu großer Abstand zwischen Fußnote und Seitenrand

Sollte durch nachträgliche Änderungen im Text vor einer umbrochenen Fußnote die Verteilung auf zwei Seiten nicht mehr erforderlich sein, reagiert Word eigenartig: Es kann passieren, dass die zusätzliche Zeile für den Fortsetzungshinweis erhalten bleibt und für einen zusätzlichen Abstand zwischen Fußnote und Fußzeile sorgt. Dieser Leerraum lässt sich nicht wieder entfernen.

Workaround

Formatieren Sie die Hinweiszeile in der Fußnotenansicht auf 1 pt Schriftgrad und 0 pt Absatzabstand nach oben und unten.

17.2.5 Fußnotentrennlinie bearbeiten

Im Fussnoten-Dialog gibt es keine Änderungsmöglichkeit für die Trennlinie, mit der Word den Fußnotenbereich vom Text abgrenzt. Diese Formatierung haben die Entwickler aus unbekannten Gründen seit jeher ganz woanders angesiedelt, wo ihn unbefangene Nutzer wohl nie finden.

Lösung

Wechseln Sie die Ansicht des Dokuments mit

1. Ansicht Entwurf
2. Referenzen | Notizen[2] anzeigen

Die Fußnoten werden in einem separaten Fenster am unteren Ende des Textfensters angezeigt. Eine Auswahlliste gestattet Ihnen, die Fussnotentrennlinie zu bearbeiten.

Gestalten Sie die Trennlinie mit Textzeichen neu oder wählen Sie mit Start | Absatz: Rahmen | Rahmen und Schattierung eine grafische Trennlinie.

1 Das immer wieder nachgefragte Fußnotenzeichen in eckigen Klammern [1] ist eine Krücke der frühen textbasierten Netzkommunikation. In der Druck- und Satztechnik war es nie üblich und deren Regeln gelten auch für den virtuellen Satz.

2 Eine weitere Klippe beim Suchen der Funktion ist die vereinzelt auftretende Bezeichnung der Fußnoten als »Notizen«.

Kapitel 18

Tabellen

Strukturierte Texte mit multiplen internen Bezügen werden in Tabellenform übersichtlicher als im Fließtext. Das Arbeiten in Tabellen unterscheidet sich vom Arbeiten im Fließtext teilweise erheblich.

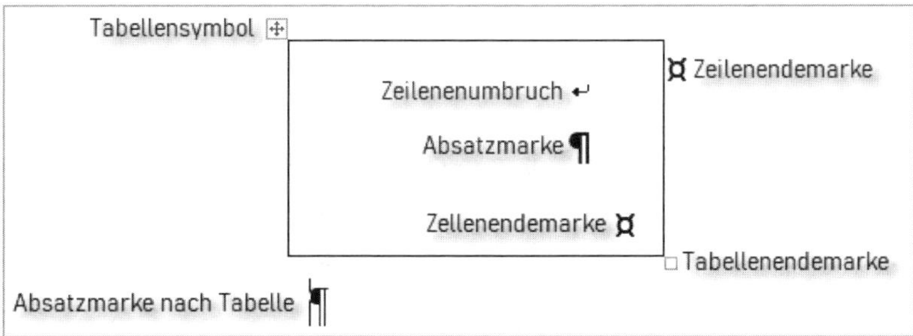

Abb. 18.1: Steuerzeichen und Markierungen in Tabellen

Die Werkzeuge zur Tabellenbearbeitung sind auf zwei Registerkarten mit den Bezeichnungen TABELLENENTWURF und LAYOUT verteilt. Irritierend ist diese Doppelung der Bezeichnungen, denn eine Registerkarte LAYOUT gibt es ja schon in den Hauptregisterkarten.

In den folgenden Beschreibungen wird zur zweifelsfreien Bezeichnung der tabellenbezogenen Registerkarte Layout der Begriff ¦TABELLEN¦LAYOUT verwendet.

Leere Seite nach einer Tabelle vermeiden

Steht eine Tabelle am Ende eines Dokuments, bedarf es der beschließenden Absatzmarke außerhalb der Tabelle. Sie ist nicht löschbar. Das kann in unglücklich gelagerten Fällen dazu führen, dass eine leere Seite angehängt wird, weil die Absatzmarke keinen Platz mehr auf der Seite mit der Tabelle fand.

Workaround

Markieren Sie die Absatzmarke und weisen ihr in START | *Schriftart:* SCHRIFTGRAD 1 pt zu. Meist ist für die so verkleinerte Absatzmarke noch Platz unter der Tabelle.

18.1 Wechsel zwischen Fließtext und Tabelle

Strukturierten Text (auch CSV[1]) in eine Tabelle umzuwandeln oder Fließtext aus einer Tabelle zu generieren, ist mit kleinen Hürden versehen.

18.1.1 Fließtext in Tabelle umwandeln

Soll Text in einem Dokument in eine Tabelle transferiert werden, wäre es sehr mühselig, eine neue Tabelle zu erstellen und den Text händisch zu übertragen.

Lösung

Strukturierte Texte lassen sich mit EINFÜGEN|TABELLE|TEXT IN TABELLE UMWANDELN bequem zu Tabellen transformieren, wenn Sie auf die Trennzeichen in *Text trennen bei* achten.

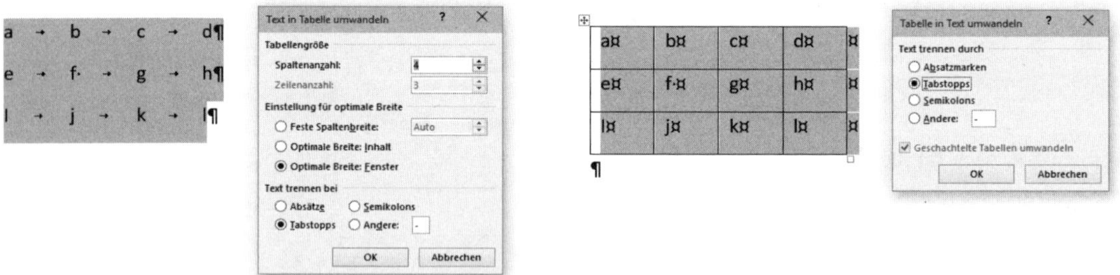

Abb. 18.2: Umwandlungsoptionen zwischen Text und Tabelle

Geeignet sind markierte Texte, die bestimmte strukturierende Merkmale aufweisen:

- Die Automatik legt zugrunde, dass jeder Absatzumbruch im markierten Text eine neue Tabellenzeile startet.
- In jedem Absatz muss dieselbe Anzahl an Trennzeichen vorhanden sein, die als Identifikator für einen Spaltenwechsel dienen.
- Welches Zeichen das ist, bestimmen Sie im Dialog TEXT IN TABELLE UMWANDELN unter TEXTE TRENNEN BEI.
- Alternativ können Sie aus mehreren Absätzen eine Tabelle erstellen, indem Sie im Dialog TEXT IN TABELLE UMWANDELN unter TEXTE TRENNEN BEI die Option ABSÄTZE wählen und oben bei TABELLENGRÖSSE einstellen, nach wie vielen Absätzen (Spalten) eine neue Tabellenzeile angelegt werden soll.

1 CSV = Comma separated values (durch Kommas getrennte Werte) ist die vereinfachte Darstellung tabellarischer Werte, bei der Kommas (im deutschen Sprachraum Semikola) die Funktion der Spaltentrennung innehaben.

18.1.2 Tabelle in Fließtext umwandeln

Auch der umgekehrte Weg, aus einer Tabelle Fließtext zu erzeugen, lässt sich vereinfachen.

Lösung

Mit ¦TABELLEN¦LAYOUT|IN TEXT KONVERTIEREN wandelt Word eine Tabelle in einen durch Trennzeichen strukturierten Text um. Auch hier gibt es eine Auswahl, welche Trennzeichen an den getilgten Spaltenwechseln im Fließtext als strukturierende Elemente einzufügen sind (Abbildung 18.2 rechts).

18.1.3 Mit Tabsprüngen oder Leerzeichen »formatierte« Textstrukturen in Tabellen umwandeln

Ein Überbleibsel des Textens per Schreibmaschine ist die Textstrukturierung mit mehreren Tabsprüngen (Abbildung 18.3 a) oder gar Leerschritten (Abbildung 18.3 b) zu den passenden Positionen, auch als »Hoppelformatierung« bezeichnet. In zugelieferten Texten lassen sich solche Konstrukte nur mit Tricks in echte Tabellen umwandeln.

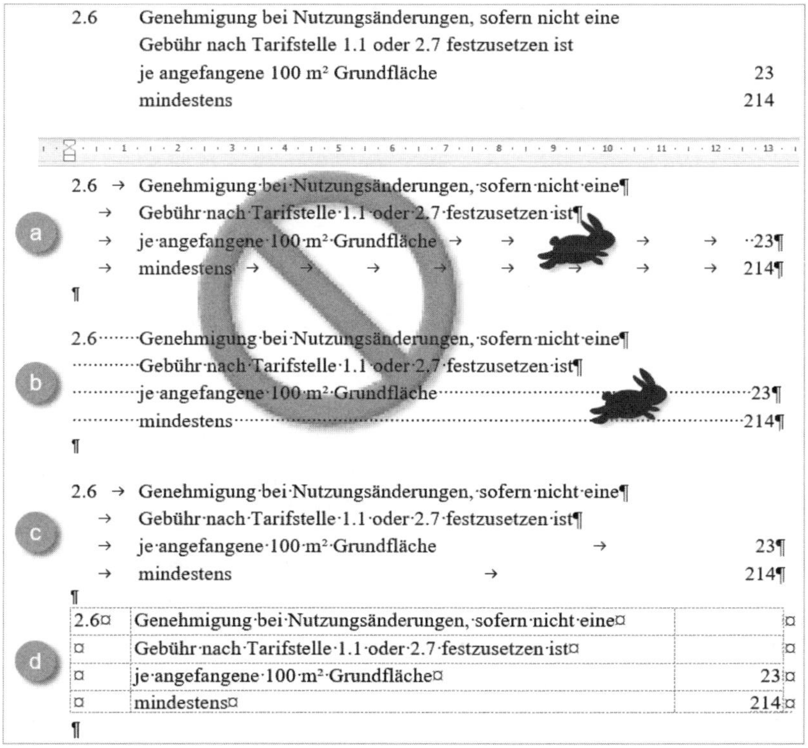

2.6 Genehmigung bei Nutzungsänderungen, sofern nicht eine
Gebühr nach Tarifstelle 1.1 oder 2.7 festzusetzen ist
je angefangene 100 m² Grundfläche 23
mindestens 214

a
2.6 → Genehmigung·bei·Nutzungsänderungen,·sofern·nicht·eine¶
→ Gebühr·nach·Tarifstelle·1.1·oder·2.7·festzusetzen·ist¶
→ je·angefangene·100·m²·Grundfläche → → → → ··23¶
→ mindestens → → → → → → → → 214¶
¶

b
2.6·······Genehmigung·bei·Nutzungsänderungen,·sofern·nicht·eine¶
···········Gebühr·nach·Tarifstelle·1.1·oder·2.7·festzusetzen·ist¶
···········je·angefangene·100·m²·Grundfläche·····························23¶
···········mindestens···214¶
¶

c
2.6 → Genehmigung·bei·Nutzungsänderungen,·sofern·nicht·eine¶
→ Gebühr·nach·Tarifstelle·1.1·oder·2.7·festzusetzen·ist¶
→ je·angefangene·100·m²·Grundfläche → 23¶
→ mindestens → 214¶
¶

d

2.6	Genehmigung·bei·Nutzungsänderungen,·sofern·nicht·eine	
	Gebühr·nach·Tarifstelle·1.1·oder·2.7·festzusetzen·ist	
	je·angefangene·100·m²·Grundfläche	23
	mindestens	214

¶

Abb. 18.3: Die äußere Erscheinung (oben) scheint o.k. zu sein, doch wie's drin aussieht ...

Erläuterung zu Hoppeltabsprüngen

Von Haus aus bringt Word ein Tabstopp-Raster mit einem Abstand von 1,25 cm mit, die beginnend am linken Textrand über die Textbreite reichen. Sie sind in den älteren Versionen erkennbar an kleinen Strichen unterhalb der Skala des waagerechten Lineals, in Version 365 nicht gekennzeichnet.

Empfehlung

Solche Sprungfolgen sollten unterbleiben. An die jeweils benötigten Positionen richten Sie Tabstopps ein, die direkt mit einem Tabsprung von der vorherigen Position erreichbar sind (Abbildung 18.3 c). Noch besser sind natürlich Tabellen (Abbildung 18.3 d).

Lösung (sowohl für Leerzeichen als auch für Tabsprünge)

1. Konvertieren Sie den Text mit EINFÜGEN | TABELLE | TEXT IN TABELLE UMWANDELN in eine Tabelle.

   ⚠ Achten Sie auf die korrekten Einstellungen, wie in Abbildung 18.4 dargestellt, damit **jeder Absatz** eine Tabellenzeile ergibt.

Abb. 18.4: Korrekte Einstellungen zur Hoppelkorrektur

2. Aktivieren Sie das Werkzeug ¦TABELLEN¦LAYOUT | *Zeichnen*: TABELLE ZEICHNEN und zeichnen Sie eine Trennlinie vor den Text, der in die zweite Spalte gehört.

Die überflüssigen Leerzeichen bzw. Tabsprünge verschwinden. Abbildung 18.5 zeigt das Vorgehen anhand eines mit Leerzeichen strukturierten Texts.

3. Wiederholen Sie Schritt 2 für alle weiteren Spalten.
4. Entfernen Sie die Tabellenrahmen mit TABELLENENTWURF | *Rahmen:* RAHMEN | KEIN RAHMEN, verbinden Sie zusammengehörige Zellen mit ¦TABELLEN¦ LAYOUT | ZUSAMMENFÜHREN: ZELLEN VERBINDEN und bereingen Sie überflüssige Absatzumbrüche in der Tabelle.

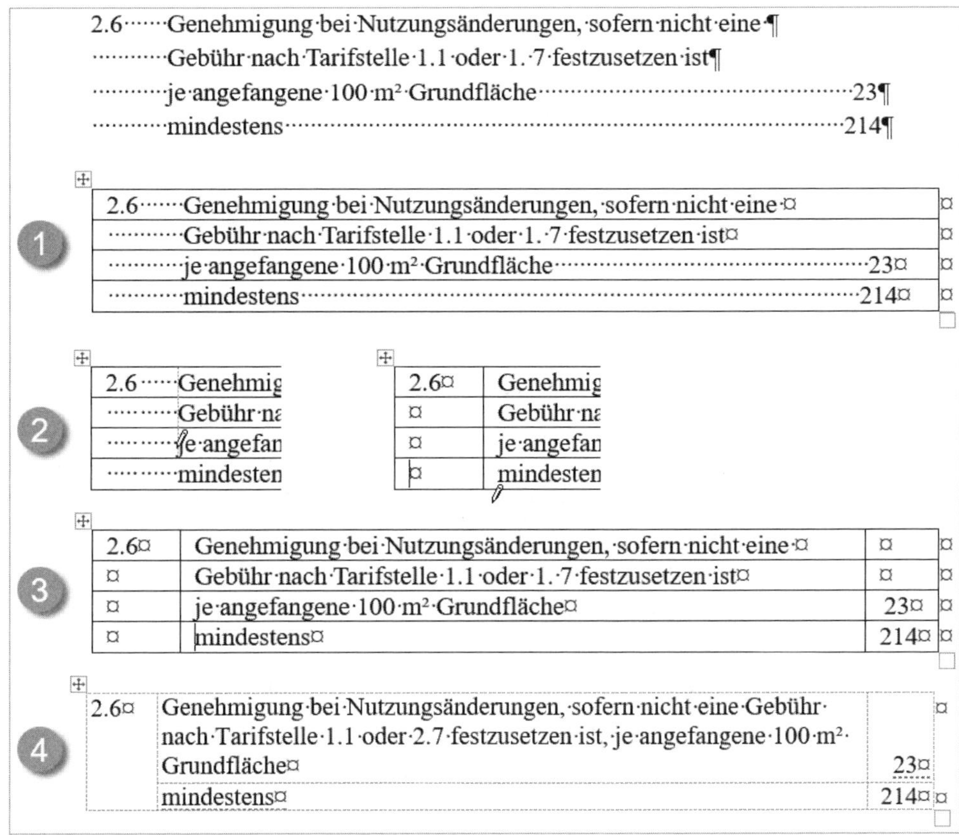

Abb. 18.5: Hoppelformatierung nachbessern

18.1.4 Absätze in Zellen zu Tabellenzeilen umwandeln

Gelegentlich erhält man Daten in Tabellenform zur Weiterbearbeitung, in denen Angaben innerhalb einer Spalte oder Zelle durch Absatzmarken ¶ von Hand in mehrere »Zeilen« umbrochen wurden, anstatt in einzelnen Zellen zu stehen.

Lösung

1. Wandeln Sie die Tabelle mit ¦TABELLEN¦LAYOUT/*Daten:* IN TEXT KONVERTIEREN um.

   ⚠ Achten Sie dabei darauf, dass im Umwandlungsdialog die Option ABSATZMARKEN bei TEXT TRENNEN DURCH aktiv ist.

2. Machen Sie aus den so entstandenen Absätzen mit EINFÜGEN|TABELLE|TEXT IN TABELLE UMWANDELN wieder eine Tabelle.

   ⚠ Achten Sie dabei darauf, dass im Umwandlungsdialog die Option ABSÄTZE bei TEXT TRENNEN BEI aktiv ist und stellen Sie oben die erforderliche Spaltenzahl ein.

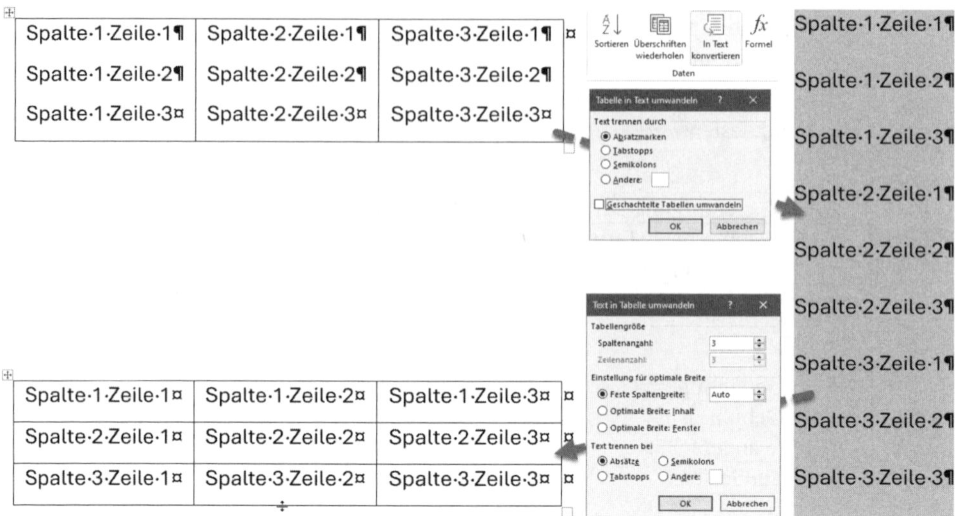

Abb. 18.6: Umbrochene Zelleninhalte in Tabellenzeilen aufteilen

18.2 Navigieren in Tabellen

Zwischen den Zellen bewegen Sie sich mit [Tab] und [⇧]+[Tab] oder durch Anklicken der gewünschten Zelle mit der Maus.

Mit [↓] und [↑] gelangen Sie zur jeweils darunter- und darüberliegenden Zelle.

18.2.1 Größere Bewegungen innerhalb einer Tabelle

Mit der [Tab]-Taste oder den Pfeiltasten gelangen Sie nur in die jeweils angrenzende Zelle.

Lösung

Weitere Sprünge erlauben

[Alt]+[Pos1] zur ersten Zelle in einer Zeile,

[Alt]+[Ende] zur letzten Zelle in einer Zeile,

[Alt]+[Bild ↑] zur obersten Zelle in einer Spalte,

[Alt]+[Bild ↓] zur untersten Zelle in einer Spalte.

18.2.2 Zellen, Zeilen und Spalten markieren

Die Tastenbefehle, ergänzt um [⇧], *markieren* alle Zellen zwischen aktueller Zelle und der jeweiligen Zielzelle.

Mit [⇧]+Pfeiltasten markieren Sie innerhalb einer Zelle zunächst nur den Inhalt. Erst beim wiederholten Drücken der Pfeiltaste springt die Schreibmarke beim Überschreiten der ¤-Marke in die nächste Zelle. Von nun an wird bei jedem weiteren Betätigen der Pfeiltaste die jeweils nächste Zelle in Pfeilrichtung markiert.

Wechseln Sie beim Markieren die Pfeiltaste um 90°, wird die bisherige Markierung in Pfeilrichtung erweitert.

Erweiterte Markierung mit der Tastatur

Sie markieren von der aktuellen Zelle ausgehend alle Zellen

- bis zum Beginn der Zeile mit [⇧]+[Alt]+[Pos1],
- bis zum Ende der Zeile mit [⇧]+[Alt]+[Ende],
- bis zum Kopfende der Spalte mit [⇧]+[Alt]+[Bild ↑] und
- bis zum Fußende der Spalte mit [⇧]+[Alt]+[Bild ↓].

Die Tastenkombinationen sind nacheinander beliebig anwendbar, sodass die Markierung auf der Basis einer bestehenden Markierung erweitert werden kann.

Markierung mit der Maus

Am linken Zellenrand nimmt der Mauszeiger die Form ⬈ an; wenn Sie jetzt klicken, wird die komplette Zelle markiert. Ein Dreifachklick mit der linken Maustaste erledigt dies ebenso.

Wollen Sie mehrere Zellen gleichzeitig bearbeiten, fahren Sie mit dem Mauszeiger bei gedrückter linker Maustaste über alle gewünschten Zellen.

Wollen Sie komplette Zeilen oder Spalten mit der Maus markieren, bewegen Sie den Mauszeiger neben den linken oder über den oberen Rand der Tabelle, wo er die Form ➡ für Zeilenmarkierung bzw. ⬇ für Spaltenmarkierung annimmt. Ein Klick mit der linken Maustaste markiert dann die komplette Zeile bzw. Spalte.

18.2.3 Text in Zellen markieren

Text in einer Zelle zu markieren, unterscheidet sich kaum vom Markieren im Fließtext. **Aber:** Sobald Sie die Zellenendemarke ¤[2] mitmarkieren, ist nicht nur der Text, sondern die komplette Zelle markiert. Das kann beim Verschieben und Kopieren von Text in andere Zellen Auswirkungen haben:

- Ist der Text **ohne** ¤ markiert, wird er beim Verschieben oder Kopieren dem Inhalt der Zielzelle **hinzugefügt**.
- Ist der Text **mit** ¤ markiert, **überschreibt** er beim Verschieben oder Kopieren den Inhalt der Zielzelle.

2 Schalten Sie unbedingt die Steuerzeichenanzeige mit [Strg]+[⇧]+[+] oder START|*Absatz:* [¶], damit Sie Absatzmarken ¶ und Zellen- und Zeilenendemarken ¤ erkennen.

Lösung

Mit der Tastatur erreichen Sie durch bloßes Anspringen einer Zelle mit der [Tab]-Taste, dass der Zelleninhalt **ohne** ¤ markiert wird. Springen Sie mit den Pfeiltasten in eine Zelle, wird der Zelleninhalt **mit** ¤ markiert.

18.2.4 Ganze Tabelle markieren

Steht die Schreibmarke in einer Tabelle, markiert [Strg]+[A] nicht nur die Tabelle, sondern das gesamte Dokument.

Lösung 1: Mit der Maus

Jede Tabelle zeigt, sobald die Schreibmarke in ihr platziert wurde, links oben das Symbol ⊞. Es fungiert auch als Grenzzeichen zwischen zusammengeschobenen Tabellen.

Klicken Sie darauf, wird die komplette Tabelle markiert.

Lösung 2: Mit der Tastatur

Drücken Sie [Alt]+[5] im Nummernblock bei **abgeschalteter** [Num]-Funktion.

18.3 Tabellenstruktur ändern

Im Menüband finden Sie in ¦TABELLEN¦LAYOUT| *Zeilen und Spalten* alle Funktionen zum Ergänzen um Zeilen und Spalten. Einige Sonderfunktionen erledigen das direkt »vor Ort«. Haben Sie zuvor Zeilen oder Spalten markiert, fügt Word Zeilen/Spalten in derselben Anzahl ein.

Betätigen Sie [↵], wenn die Schreibmarke *hinter* einer Zeile, also *vor dem außen stehenden* ¤ steht, legt Word eine neue Tabellenzeile darunter an.

Betätigen Sie [Tab], wenn die Schreibmarke in der letzten Zelle (unten rechts) steht, legt Word eine neue Tabellenzeile darunter an.

Drücken Sie [↵] in der ersten Zelle (oben links) und steht die Tabelle am Textbeginn, wird eine neue *Text*zeile über der Tabelle eingefügt.

Bewegen Sie den Cursor auf dem linken oder oberen Rand der Tabelle, leuchtet beim Berühren einer Trennlinie das Symbol ⊕ auf. Klicken Sie auf dieses Symbol, wird an dieser Stelle eine Zeile bzw. Spalte eingefügt. Analog funktioniert das Einfügen einzelner Spalten, wenn Sie den Mauszeiger am oberen Rand entlangführen.

18.3.1 Zeilen oder Spalten verschieben

Stellen Sie fest, dass sich eine Tabellenspalte oder -zeile an der falschen Position befindet, ist es einfacher, sie zu verschieben, als die komplette Spalte oder Zeile zu löschen und an anderer Stelle neu anzulegen.

Lösung

Markierte Zeilen oder Spalten lassen sich mit der Maus durch Greifen und Ziehen vor oder hinter eine andere Zeile/Spalte verlegen.

Mit der Tastatur sind nur zeilenweise Bewegungen nach oben und unten möglich mit [⇧]+[Alt]+[↑] und [⇧]+[Alt]+[↓].

18.3.2 Zellen teilen

Es ist problemlos möglich, eine Tabellenzelle in mehrere Zellen aufzuteilen.

Lösung

Nutzen Sie hierzu ¦TABELLEN¦LAYOUT|*Zusammenführen:* ZELLEN TEILEN; wie die Teilung durchzuführen ist, geben Sie in einem Mini-Dialog vor, nachdem Sie die Schaltfläche angeklickt haben.

Die Inhalte der geteilten Zelle landen in der linken bzw. in der oberen Zelle; die neuen Zellen bleiben leer.

Aber

Benutzen Sie das Werkzeug TABELLE ZEICHNEN zum Teilen einer Zelle, wird deren Inhalt geteilt, wenn die Trennlinie durch den Text verläuft.

18.3.3 Zellen zusammenfügen

Tabellenzellen lassen sich nicht nur teilen, sondern auch miteinander verbinden.

Lösung

Mit ¦TABELLEN¦LAYOUT|*Zusammenführen:* ZELLEN VERBINDEN werden nebeneinander- oder übereinanderliegende, markierte Zellen zu einer zusammengefasst.

Die Zelleninhalte bleiben erhalten und werden in der gemeinsamen Zelle durch Absatzmarken ¶ voneinander getrennt.

Hinweis

Auch mit dem RADIERER lassen sich Zellen verbinden, indem Sie die Zellentrennlinie damit entfernen. Sie entfernen nicht nur die Linien, sondern fassen durch das Ausradieren einer Zellentrennlinie zwei Zellen zusammen.

18.3.4 Zellen vollständig löschen

[Entf] löscht nur die Inhalte markierter Zellen. Die Tabellenstruktur bleibt unverändert.

Lösung

[←] entfernt die markierten Zellen aus der Tabelle nach denselben Regeln wie die Schaltflächen in ¦TABELLEN¦LAYOUT | LÖSCHEN | ZELLEN LÖSCHEN.

Vorsicht

- Beim Entfernen einzelner Zellen entstehen unregelmäßige Tabellenstrukturen.
- Ist bei unregelmäßiger Zellenverteilung keine Möglichkeit gegeben, die Zellen aufzuschieben, wird der Befehl im günstigsten Fall kommentarlos ignoriert. Es kann aber auch passieren, dass er nur zum Teil ausgeführt wird und der Inhalt der Zellen, bei denen das Nachrücken nicht möglich ist, verschwindet.

18.3.5 Zellengröße automatisch anpassen

In der Registerkarte ¦TABELLEN¦LAYOUT erreichen Sie mit der Schaltfläche AUTO-ANPASSEN drei grundlegende Einstellungen, wie Word mit den Spaltenbreiten umgeht. Leider ist die Formulierung in den älteren Word-Versionen so unglücklich gewählt, dass anhand der Funktionsbeschreibung eher das Gegenteil der Auswirkung vermutet wird.

Lösung

Die neuen Bezeichnungen (nach dem /) geben die korrekte Funktion wieder:

- INHALT AUTOMATISCH ANPASSEN/AUTOMATISCH AN INHALT ANPASSEN
  orientiert die Spaltenbreite am längsten Wort.
- FENSTER AUTOMATISCH ANPASSEN/AUTOMATISCH AN FENSTER ANPASSEN
  streckt eine Tabelle auf Satzspiegelbreite.
- FESTE SPALTENBREITE
  schreibt die aktuelle Breite der Spalten fest.

Wichtig

Was Sie auch tun: Sie können niemals eine Zelle kleiner machen, als sie sein muss, um dem in ihr enthaltenen Text Platz zu bieten. Machen Sie die Spalte schmaler, vergrößert sich die Zellenhöhe. Die Zellenhöhe wiederum wird immer auf das benötigte Maß zurückspringen.

18.3.6 Zellengröße ändern

Die automatisch eingerichteten Zeilenhöhen und Spaltenbreiten lassen sich manuell nachbessern.

Lösung 1: Zellengröße zentimetergenau einstellen

Für definierte Abmessungen der Zellen verwenden Sie die Eingabefelder in ¦TABELLEN¦LAYOUT | *Zellengröße*: ↘.

Lösung 2: Freihand mit der Maus

- Greifen Sie die Zellenrahmen mit dem Mauszeiger, halten Sie die linke Maustaste fest und schieben Sie sie an die neue Position. Die Breite der kompletten Spalte bzw. Höhe der kompletten Zeile wird dabei mitgezogen.
- Greifen Sie die Tabellenmarkierungen im Lineal mit dem Mauszeiger, halten Sie die linke Maustaste fest und schieben Sie sie an die neue Position, wird nur die Größe der links davon liegenden Spalte bzw. der darüberliegenden Zeile verändert. Die anderen Spalten oder Zeilen bleiben in ihrer Größe unverändert und werden verschoben.

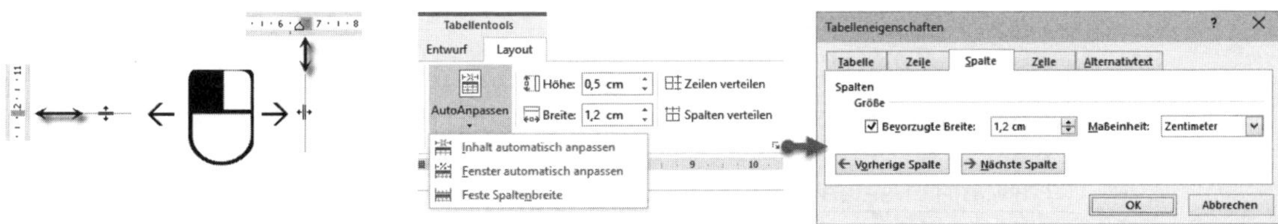

Abb. 18.7: Zellenbegrenzungen von Hand oder genau einstellen

Zellenmaße am Lineal ablesen

Mit der Maus muss nicht nach Augenmaß gearbeitet werden.

1. Klicken Sie die zu verschiebende Trennlinie oder Markierung im Lineal mit der linken Maustaste an und halten Sie diese gedrückt.
2. Drücken Sie nun zusätzlich die rechte Maustaste und halten Sie diese ebenfalls gedrückt.

Im Lineal werden dabei alle Spalten- und Zeilenmaße angezeigt.

18.3.7 Größe einzelner Zellen verändern

Beim Ziehen der Zellenbegrenzungen mit der Maus ist grundsätzlich die gesamte Spalte bzw. Zeile betroffen.

Lösung

Wollen Sie einzelne Zellenrahmen verändern, markieren Sie vor dem Ziehen

- zur Höhenveränderung die Spalte(n) oder
- zur Breitenveränderung die Zeile(n),

dann lassen sich die Zellenrahmen nur für die Markierung verschieben.

18.3.8 Zeile beansprucht zu viel Höhe

Die Zelle ist höher als der enthaltene Text benötigt, die untere Rahmenlinie lässt sich dennoch nicht nach oben schieben.

Lösungsansätze
Checken Sie folgende möglichen Ursachen:

- Leere Absätze strecken die Zelle. Schalten Sie die Steuerzeichenanzeige ein.
- Zeilen- oder Absatzabstände können für den Freiraum verantwortlich sein.
- In ¦TABELLEN¦LAYOUT|ZELLENBEGRENZUNGEN enthaltene Begrenzungen nach oben und unten werden zu den Absatzabständen addiert.
- Deaktivieren Sie KEINEN ABSTAND ZWISCHEN ABSÄTZEN GLEICHER FORMATIERUNG EINFÜGEN in START|*Absatz:* ↘.

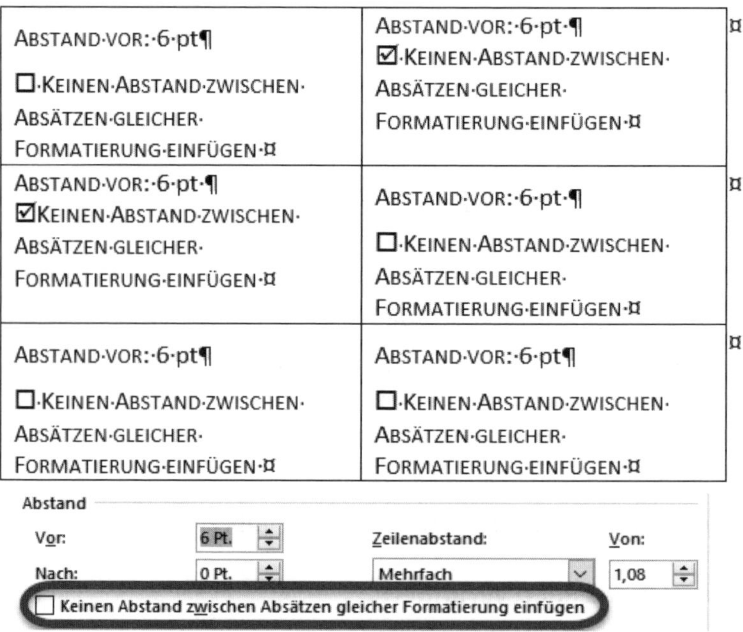

Abb. 18.8: Override der Absatzeinstellungen

18.3.9 Eine Tabelle in mehrere aufteilen

Eine Tabelle lässt sich in zwei separate, untereinanderstehende Tabellen aufteilen.

Lösung
Setzen Sie dazu die Schreibmarke in jene Tabellenzeile, *vor* der die Teilung erfolgen soll, und wählen Sie dann ¦TABELLEN¦LAYOUT/*Zusammenführen:* TABELLE TEILEN.

18.3.10 Tabellen zusammenfügen

Soll eine bestehende Tabelle um eine andere Tabelle oder Teile davon ergänzt werden, beachten Sie bitte folgende Besonderheiten:

- Stehen zwei Tabellen untereinander und werden die sie trennenden Textzeilen entfernt, vereint Word die Tabellen automatisch zu einer.
- Sollen Tabellen oder Tabellenteile aus der Zwischenablage in eine Tabelle eingefügt werden, gelten folgende Regeln:

Als Ziel markiert	Inhalt der Zwischenablage			
	Zelle ...	Zeile ...	Spalte ...	Zellenblock ...
Nichts	überschreibt die Zelle, in der die Schreibmarke steht.	wird als Zeile oberhalb der Zeile eingefügt, in der die Schreibmarke steht.	überschreibt alle Zellen der Spalte ab Schreibmarkenposition abwärts.	überschreibt alle Zellen innerhalb eines gleich großen Zellenblocks.
Zelle	überschreibt die markierte Zelle.	wird als Untertabelle in die Zelle eingefügt.		
Zeile	überschreibt alle Zellen der Zeile.	wird als Zeile oberhalb der markierten Zeile eingefügt.	überschreibt alle Zellen der Zeile mit dem Inhalt der ersten Zeile aus der Zwischenablage.	
Spalte	überschreibt alle Zellen der Spalte.	überschreibt alle Zellen der Spalte mit dem Inhalt der ersten Spalte aus dem Inhalt der Zwischenablage.	wird als Spalte links neben der markierten Spalte eingefügt.	überschreibt alle Zellen der Spalte mit dem Inhalt der ersten Spalte aus der Zwischenablage.
Zellenblock	überschreibt gleich großen Zellenblock ab Zelle, in der die Schreibmarke steht.	überschreibt markierten Zellenblock, wenn gleich groß. überschreibt Zellenblock in benötigter Größe, wenn Markierung kleiner. überschreibt repetierend Zellenblock, wenn Markierung größer.		

Tabelle 18.1: Standard-Einfügemodi in Tabellen

18.3.11 Einfügeverhalten beeinflussen

Mit den Einfügeoptionen des Smarttags [(Strg)▾], das nach dem Einfügen von Tabellenzellen oder -zeilen erscheint[3], können Sie Word veranlassen, ein anderes

3 Sofern in DATEI|OPTIONEN|ERWEITERT|*Ausschneiden, Kopieren und Einfügen* die Option SCHALTFLÄCHE FÜR EINFÜGEOPTIONEN ANZEIGEN, WENN INHALT EINGEFÜGT WIRD gesetzt ist

Einfügeverfahren anzuwenden. Dem Namen nach sind diese nicht immer selbsterklärend

Lösung

Eine Übersicht der verschiedenen Verfahren finden Sie in Tabelle 18.2.

	Inhalt der Zwischenablage ...
Zelleninhalte	überschreibt den Inhalt der Zielzelle, erhält aber deren Formatierung.
Gesamte Zelle	überschreibt den Inhalt der Zielzelle samt Formatierung.
Tabelle schachteln	wird als Untertabelle in die aktuelle Zelle eingefügt.
Tabelle zusammenführen	wird über der aktuellen Zeile eingefügt.
Als neue Zeilen einfügen	wird *über* der aktuellen Zeile eingefügt, wenn ganze Zeile markiert, wird *unter* der aktuellen Zeile eingefügt, wenn nicht ganze Zeile markiert, überschreibt Zellen in der Zeile darunter, wenn weniger Zellen in der Zwischenablage als Spalten in der empfangenden Tabelle.
Als neue Spalten einfügen	wird links von der aktuellen Spalte eingefügt.
Zellen überschreiben	überschreibt markierte Zellen; überzählige Zellen aus der Zwischenablage bleiben unberücksichtigt.

Tabelle 18.2: Wirkung der Einfügeoptionen

18.4 Tabellen gestalten

Eine Tabelle ist zwar eine sachliche Darstellung, sollte aber dennoch ansprechend wirken. Word bietet genügend Möglichkeiten, um aus der schlichten Kästchentabelle einen Hingucker zu machen.

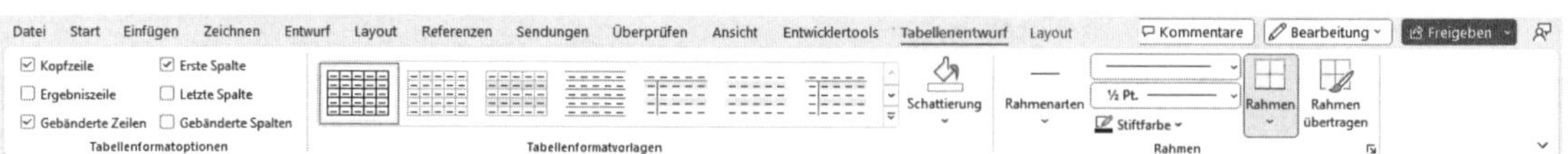

Abb. 18.9: Standard-Tabellenformate zuweisen

Die TABELLENFORMATVORLAGEN bieten Ihnen die durch das Design bestimmten Farbpaletten als Tabellengrundfarben an.

Vorsicht

Wenn Sie Ihre Tabelle individuell formatiert haben und später eine der Tabellenformatvorlagen in der Registerkarte TABELLENENTWURF anklicken, werden alle manuellen Formatierungen zurückgesetzt.

18.4.1 Zellenrahmen gestalten

Was Microsoft »Zellenrahmen« nennt, sind Zellentrennlinien. Das heißt, die linke Rahmenlinie einer Zelle ist zugleich die rechte Rahmenlinie der benachbarten Zelle. Lediglich die Außenlinien sind tatsächlich Rahmen.

Diese Sichtweise ist wichtig, wenn Sie Rahmenlinien ändern und das Ergebnis auf den ersten Blick seltsam erscheint.

Gitternetzlinien zeigen im Bearbeitungsmodus virtuell die Struktur der Tabellenzellen an.

Sie können sie mit ¦TABELLEN¦LAYOUT|GITTERNETZLINIEN ANZEIGEN wahlweise ein- oder ausblenden. Diese reinen Orientierungslinien werden nicht gedruckt.

Zellenrahmen sind echte Linien, die auch gedruckt werden; sie sind individuell zu bearbeiten mit den Werkzeugen, die Sie in TABELLENTWURF|*Rahmen* finden. Sie funktionieren ähnlich wie Absatzrahmen, nur auf Tabellenzellen bezogen. Die Bedienung ist zum Teil versionsspezifisch.

Werkzeuge für die Gestaltung

Für die Gestaltung von Zellenrahmen und -hintergrund verwenden Sie dieselben Instrumente wie für Absätze (Abschnitt 12.2). Die Schaltflächen rechts in der Registerkarte TABELLENENTWURF sind Dubletten von START|*Absatz*.

Tipp

Word versieht neu angelegte Tabellen automatisch mit einfachen Rahmen um alle Zellen. Sie können diese Formatierung aufheben, indem Sie *unmittelbar nach dem Erstellen* [Strg]+[Alt]+[U] drücken.

Wichtig

Sobald Sie Rahmenlinien von Hand verändern, wirken bei einer Rücknahme der Änderungen die Automatismen der Tabellenformatvorlagen nicht mehr. Sie müssen sie erneut zuweisen, um alle Formatierungen wiederzuerhalten.

18.4.2 Rahmenformatierung übertragen

Arbeiten Sie mit mehreren Tabellen, ist häufig eine einheitliche Formatierung gewünscht.

Lösung

Die Formatierung einer mit der Rahmenpipette angeklickten Rahmenlinie wird registriert und als aktuelle Rahmenlinienattribute übernommen, damit sie für neue Rahmenlinien verfügbar wird.

Um die Formatierung auf bereits bestehende Rahmen zu übertragen, klicken Sie auf RAHMEN ÜBERTRAGEN und streichen Sie mit dem Pinselcursor über die umzuformatierenden Rahmenlinien. Sie beenden den Pinselmodus mit [ESC].

18.4.3 Tabelleninhalte als Zahlen formatieren

Zwar beherrscht Word in Tabellen auch ein wenig den Umgang mit Zahlen, doch Zahlen*formate* gehören leider nicht dazu.

Zahlen werden so dargestellt, wie Sie sie eingeben, es gibt keine Automatik, die Dezimalstellen und Tausendertrennzeichen ergänzt. Beste Lösung ist, für Zahlentabellen eingebettete Datenblätter zu verwenden (Abschnitt 18.5), doch es gibt auch Workarounds:

Workaround 1: Umweg über Pseudofunktion

Geben Sie Zahlen in Zellen nicht direkt ein, sondern über die Schaltfläche [fx] in *|Tabellen|Layout* als Funktion. Damit stehen Ihnen die Formatierungsfunktionen für Rechenfelder zur Verfügung.

Workaround 2: Formularfelder verwenden

Verwenden Sie innerhalb der Tabellenzellen Berechnungsformularfelder (Hack 20.6.2), anstatt die Zahlen direkt in die Zellen zu schreiben. Sie lassen sich mit den Formularfeld-Eigenschaften formatieren.

18.4.4 Individuell formatierte Tabellen als Vorlage speichern (Tabellenformatvorlagen)

Für eine spätere Verwendung möchten Sie das durchgestylte Aussehen einer Tabelle »aufbewahren«.

Lösung

Mit der Funktion NEUE FORMATVORLAGE im Aufgabenbereich FORMATVORLAGEN lassen sich auch für Tabellen Formatvorlagen nach den eigenen Bedürfnissen anfertigen, die dann auf einen Mausklick die gesamte Tabelle formatieren.

1. Öffnen Sie über die Schaltfläche in der Registerkarte START, *Formatvorlagen* den Aufgabenbereich FORMATVORLAGEN.
2. Mit Klick auf unten links gelangen Sie zum Dialog NEUE FORMATVORLAGE VON FORMATIERUNG ERSTELLEN.
3. Dort wählen Sie unter FORMATVORLAGENTYP den Typ TABELLE.

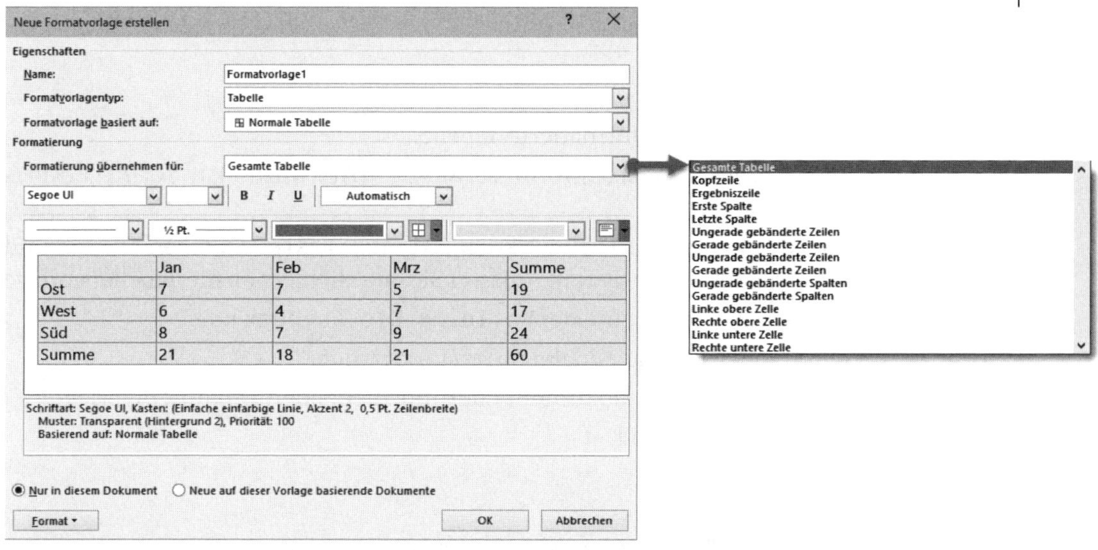

Abb. 18.10: FORMATVORLAGEN-Dialog für Tabellen

Im Bereich FORMATIERUNG und nach Auswahl mit der Schaltfläche FORMAT finden Sie alle Formatierungsfunktionen, um jedes Element einer Tabelle zu formatieren. Auf welches Element die jeweilige Formatierung gemünzt ist, stellen Sie mit FORMATIERUNG ÜBERNEHMEN FÜR ein.

Tabellenvorlagen gestalten

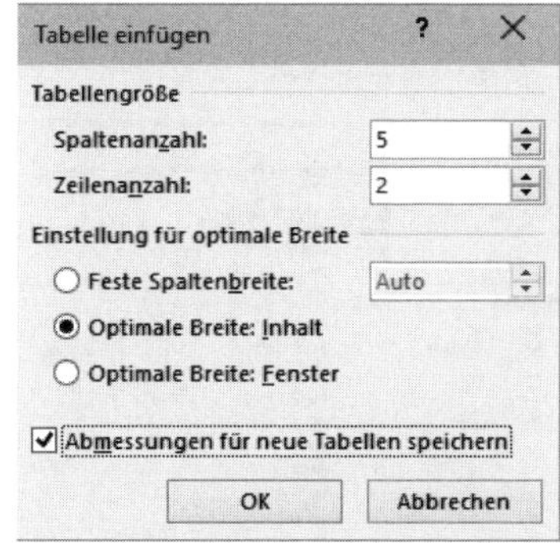

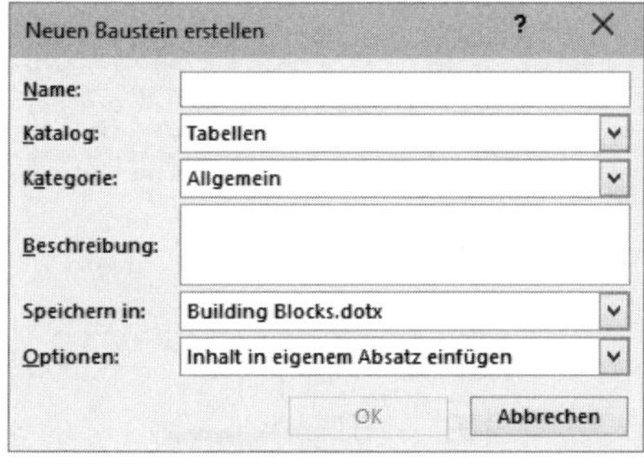

Abb. 18.11: Einstellungen für Tabellenvorlagen

1. Erstellen Sie eine Tabelle mit EINFÜGEN|TABELLE|TABELLE EINFÜGEN [4] mit folgenden Einstellungen:
2. Setzen Sie die EINSTELLUNG FÜR OPTIMALE BREITE auf OPTIMALE BREITE: INHALT.

4 Die Zahl der Spalten und Zeilen ist egal, sie muss ohnehin beim Einsatz dem Bedarf angepasst werden.

3. Aktivieren Sie die Option ABMESSUNGEN FÜR NEUE TABELLEN SPEICHERN.
4. **OK**
5. Formatieren Sie Ihre Tabelle.
6. Markieren Sie die fertig formatierte Tabelle.
7. EINFÜGEN|*Tabellen* TABELLE|SCHNELLTABELLEN|AUSWAHL IM SCHNELLTABELLENKATALOG SPEICHERN

   Geben Sie der Vorlage im Dialog NEUEN BAUSTEIN ERSTELLEN einen Namen und Eigenschaften. Bei SPEICHERN IN müssen Sie entscheiden, ob die Tabellenvorlage

   - in der globalen Bausteindatei `Building Blocks.dotx` oder
   - in der Standard-Vorlagendatei `Normal.dotm` oder
   - in der dem aktuellen Dokument zugrunde liegenden Dokumentvorlage

   zur Verfügung stehen soll.
8. **OK**

18.4.5 Tabellen neben dem Text platzieren

Gelegentlich sind Tabellen so schmal, dass sie in einem eigenen Absatz zwischen dem umgebenden Text verloren wirken.

Lösung

Für diese Fälle sind in ¦TABELLEN¦LAYOUT|*Tabellen:* EIGENSCHAFTEN zwei alternative Einstellungen zum TEXTUMBRUCH möglich. Grundeinstellung ist OHNE. Wählen Sie UMGEBEND, wird die Tabelle vom Text umflossen und lässt sich verschieben.

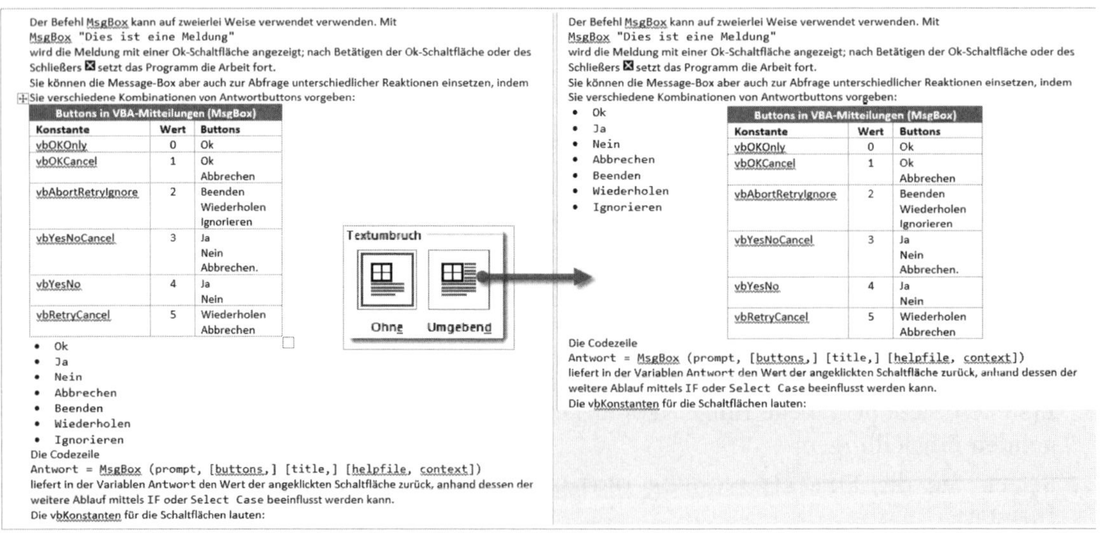

Der Befehl MsgBox kann auf zweierlei Weise verwendet verwenden. Mit
`MsgBox "Dies ist eine Meldung"`
wird die Meldung mit einer Ok-Schaltfläche angezeigt; nach Betätigen der Ok-Schaltfläche oder des Schließers ☒ setzt das Programm die Arbeit fort.
Sie können die Message-Box aber auch zur Abfrage unterschiedlicher Reaktionen einsetzen, indem Sie verschiedene Kombinationen von Antwortbuttons vorgeben:

Buttons in VBA-Mitteilungen (MsgBox)		
Konstante	**Wert**	**Buttons**
vbOKOnly	0	Ok
vbOKCancel	1	Ok Abbrechen
vbAbortRetryIgnore	2	Beenden Wiederholen Ignorieren
vbYesNoCancel	3	Ja Nein Abbrechen.
vbYesNo	4	Ja Nein
vbRetryCancel	5	Wiederholen Abbrechen

- Ok
- Ja
- Nein
- Abbrechen
- Beenden
- Wiederholen
- Ignorieren

Die Codezeile
`Antwort = MsgBox (prompt, [buttons,] [title,] [helpfile, context])`
liefert in der Variablen `Antwort` den Wert der angeklickten Schaltfläche zurück, anhand dessen der weitere Ablauf mittels `IF` oder `Select Case` beeinflusst werden kann.
Die vbKonstanten für die Schaltflächen lauten:

Der Befehl MsgBox kann auf zweierlei Weise verwendet verwenden. Mit
`MsgBox "Dies ist eine Meldung"`
wird die Meldung mit einer Ok-Schaltfläche angezeigt; nach Betätigen der Ok-Schaltfläche oder des Schließers ☒ setzt das Programm die Arbeit fort.
Sie können die Message-Box aber auch zur Abfrage unterschiedlicher Reaktionen einsetzen, indem Sie verschiedene Kombinationen von Antwortbuttons vorgeben:

Abb. 18.12: Tabelle vom Text umfließen lassen

18.4.6 Tabellenüberschrift auf Folgeseite wiederholen

Ist eine Tabelle länger als eine Seite oder ist sie so in den Fließtext eingebettet, dass Teile davon auf die nächste umbrochen werden müssen, bedarf sie einer Wiederholung der Spaltenüberschriften auf der Folgeseite.

Lösung

1. Markieren Sie die Zeile(n) mit den Spaltenüberschriften.
2. ¦TABELLEN¦LAYOUT | *Daten:* ÜBERSCHRIFTEN WIEDERHOLEN

Der wiederholte Tabellenkopf wandert bei Änderungen mit dem Seitenumbruch.

Die Kopfbeschriftung kann nur am Beginn der Tabelle verändert werden, nicht auf Folgeseiten. Änderungen des eigentlichen Tabellenkopfs werden in der Wiederholung berücksichtigt.

Wichtig

Die Funktion ÜBERSCHRIFTEN WIEDERHOLEN funktioniert nur, wenn die Tabelle im Fließtext steht. Haben Sie die Tabelle in ¦TABELLEN¦LAYOUT | *Tabellen:* EIGENSCHAFTEN | *Textumbruch* als UMGEBEND formatiert, ist die Überschriftenwiederholung abgeschaltet.

18.4.7 Tabelle umbricht nicht auf die Folgeseite

Sie können der Tabelle unbeabsichtigt einen umgebenden Textfluss zugewiesen haben, wenn Sie beim Anklicken der Tabellenmarkierungsschaltfläche ⊞ die Maus bewegen, sodass die Tabelle zusammengehalten wird und nicht mehr auf die Folgeseite umbricht. Word interpretiert diese Bewegung als Aufforderung zum Verschieben, was nur mit einem umgebenden Textumbruch möglich ist.

Lösung

Mit ¦TABELLEN¦LAYOUT | *Tabellen:* EIGENSCHAFTEN | *Textumbruch:* OHNE holen Sie die Tabelle zurück in den Zeilenverbund.

18.4.8 Zellen beim Seitenumbruch zusammenhalten

Leider funktionieren die Absatzattribute zum Umbruch nicht in Tabellenzellen, und das Pendant für Tabellen ist nicht nur gut versteckt, sondern auch von jeher so schlecht verbalisiert, dass man als unbefangener Nutzer nicht darauf kommt, damit die gesuchte Funktion gefunden zu haben.

Lösung

¦TABELLEN¦LAYOUT|EIGENSCHAFTEN|Register ZEILE|Option ZEILENWECHSEL AUF SEITEN ZULASSEN

Erklärung

Der originale Optionstext »Allow row to break across pages« wurde falsch übersetzt. Gemeint ist: »Seitenumbruch innerhalb von Tabellenzeilen zulassen«. Wenn Sie diese Option abschalten, umbricht Word nur tabellenzeilenorientiert.

18.4.9 Tabelle beim Seitenumbruch zusammenhalten

Eine eigentlich noch auf die Seite passende Tabelle soll davor bewahrt werden, beim Überarbeiten des voranstehenden Texts auf zwei Seiten verteilt zu werden.

Lösung

1. Markieren Sie alle Tabellenzeilen außer der letzten.
2. START|*Absatz:* ↘|Register ZEILEN- UND SEITENUMBRUCH.
3. Aktivieren Sie die Option NICHT VOM NÄCHSTEN ABSATZ TRENNEN.

18.4.10 Tabellen im Querformat

Oft genug sind Tabellen breiter als der Satzspiegel. Der nächstliegende Gedanke ist dann, die Tabelle auf einer Seite im Querformat anzulegen. Mit Abschnittswechseln ist das auch gar nicht schwierig, doch für Word wurde die Seite nicht gedreht, sondern besitzt nur andere Abmessungen in Höhe und Breite. Folgerichtig setzt es Kopf- und Fußzeile oben und unten, also an die längeren Seiten des Blatts. Im fertigen, gedruckten Dokument aber laufen bei diesen Seiten die Kopf- und Fußzeilen senkrecht am Innen- und Außensteg des Blatts.

Wichtig

Es gibt keine Funktion, mit der man Word klarmachen könnte, Kopf- und Fußzeilen zu kippen.

Tipp

Behelfen Sie sich beim Arbeiten mit gedrehten Tabellen, indem Sie die Bildschirmdarstellung mit `AltGr`+Pfeiltaste drehen.

Workaround

1. Erstellen Sie zunächst die Tabelle in der gewünschten Größe.
2. Klicken Sie zweimal in ¦TABELLEN¦LAYOUT auf die Schaltfläche TEXTRICHTUNG
3. Drehen Sie die Bildschirmdarstellung mit [AltGr]+[→] passend zur Tabellenrichtung.
4. Tragen Sie die Texte in Ihre Tabelle ein.
5. Drehen Sie nach Abschluss der Tabellenbearbeitung die Bildschirmdarstellung mit [AltGr]+[↑] wieder zurück.

18.5 In Tabellen rechnen

Erläuterungen zum Tabellenrechnen

Word kann in Tabellen rechnen, doch sind die Regeln dafür eigenartig (geschmeichelt formuliert) und die Funktionen schlecht, teilweise sogar falsch in der Online-Hilfe erklärt.

Tun Sie sich den Stress nicht an und verwenden Sie Excel-Objekt oder verknüpfte Excel-Arbeitsblätter in Ihrem Dokument. Die Vorteile sind:

- Sie können damit alle Funktionen von Excel nutzen und sind nicht auf Word-Berechnungsfelder angewiesen.
- Da die Excel-Tabelle im Dokument integriert ist, müssen Sie nicht auf eine externe Excel-Mappe zugreifen.

Lösung 1: Excel-Tabellen als Objekt einfügen

EINFÜGEN|OBJEKT|OBJEKT|MICROSOFT EXCEL-WORKSHEET

Doppelklicken Sie die eingebettete Tabelle oder wählen Sie im Kontextmenü WORKSHEET-OBJEKT|BEARBEITEN, wird *innerhalb* der Word-Instanz eine Excel-Instanz gestartet, mit der Sie an den Daten weiterarbeiten können (Abbildung 18.13 oben rechts).

Mit WORKSHEET-OBJEKT|ÖFFNEN starten Sie eine *eigenständige* Excel-Instanz, in der Sie arbeiten können. Die Tabelle ist während dieser Zeit in Word gesperrt (Abbildung 18.13 unten).

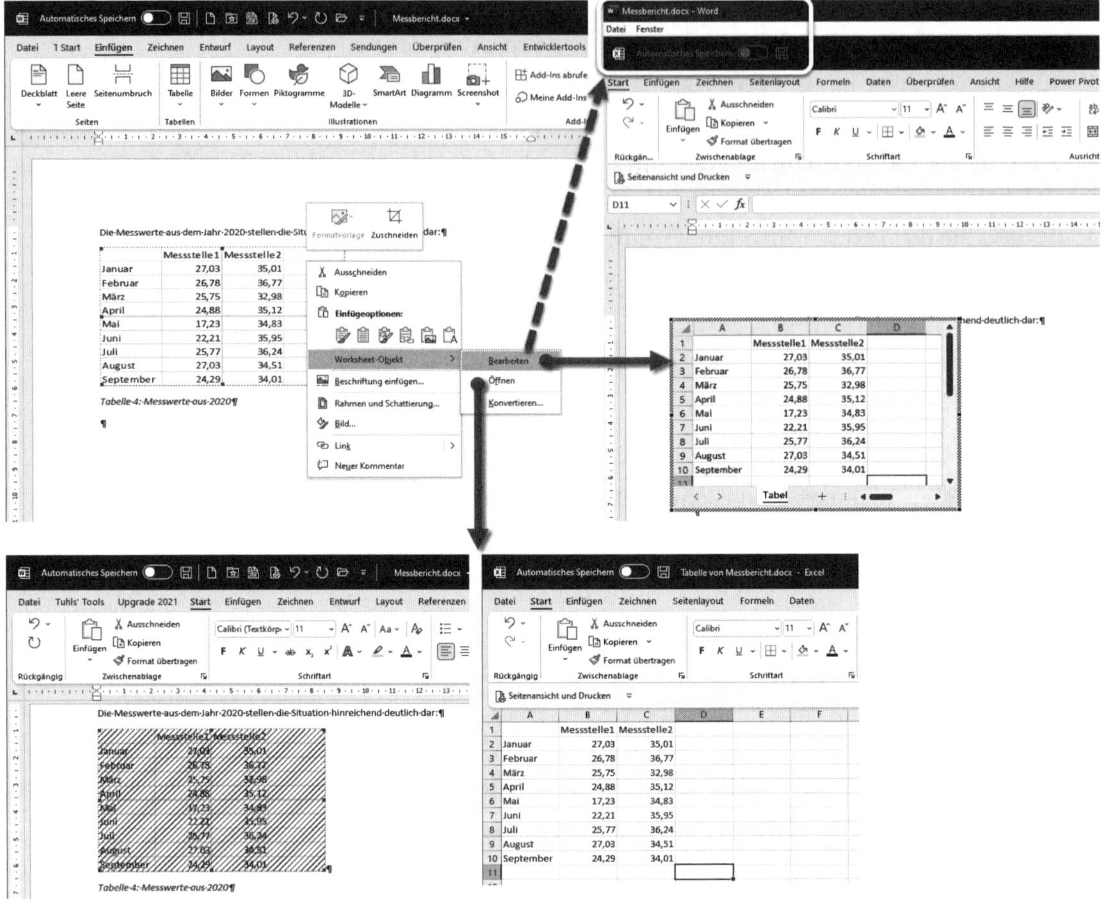

Abb. 18.13: Excel-Funktionen in Word

Lösung 2: Excel-Tabelle verknüpfen

1. EINFÜGEN|OBJEKT|OBJEKT|AUS DATEI ERSTELLEN
2. DURCHSUCHEN

Mit dieser Methode fahren Sie zweigleisig: Sie können sowohl aus Word heraus die Excel-Tabelle bearbeiten als auch direkt mit Excel. Nach einer Bearbeitung mit Excel ist es erforderlich, die Tabelle in Word mit F9 zu aktualisieren.

Vorsicht

Wenn Sie eine Excel-Datei in Ihr Word-Dokument einbetten, nehmen Sie ungewollt *die komplette Arbeitsmappe mit allen Tabellen* mit. Sollten Sie vorhaben, die Word-Datei weiterzugeben, ohne dass der Empfänger die sonstigen Tabellen sehen soll, greifen Sie unbedingt auf die sichere Methode mit Copy & Paste zurück.

Kapitel 19

Text illustrieren

Word macht es den Anwendern von jeher nicht leicht mit dem Einbinden von Bildern, aber Word ist halt ein Textprogramm, erste Priorität hat der Fließtext. Wenn Sie sich diese primäre Orientierung des Programms vergegenwärtigen, sind manche der unangenehmen Überraschungen zwar immer noch ärgerlich, aber durchaus verständlich. In diesem Kapitel werden alle Arten von Illustrationen (Fotos, Diagramme, Grafiken etc.) verallgemeinernd schlicht »Bilder« genannt.

19.1 Bilder in Word verwenden

Die größten Probleme bereiten Pixelgrafiken, also Bilder, deren Farbwerte Punkt für Punkt abgespeichert sind, was bei falscher Behandlung Dateien aufblähen kann.

19.1.1 Die richtige Bildgröße

Bereits ein Bild mit 6 Megapixel (MP) Auflösung füllt eine A4-Seite. Heutige Fotoapparate und Handycams liefern weit höhere Auflösungen.

Erläuterung

A4 = 29,7 × 21 cm, abzüglich Ränder ca. 24 × 17 cm.

Ein Bild mit diesen Abmessungen beansprucht bei einer üblichen Druckauflösung von 300 ppi (pixel per inch, also Punkte pro Zoll) 2.835 × 2.008 px = 5.692.680 px. Somit wird nie die volle Auflösung benötigt.

Word skaliert ein großes Bild so, dass es komplett in den Satzspiegel passt. Nicht benötigte Pixel sind zwar noch vorhanden, aber werden nicht angezeigt. Die Datei schleppt also den gesamten Pixelballast mit. Gleiches gilt, wenn Sie ein Bild zusätzlich von Hand verkleinern.

Lösung 1: Bild extern skalieren

Jedes Bildbearbeitungsprogramm besitzt eine Funktion zum Skalieren, wobei nicht mehr benötigte Pixel beim Speichervorgang entfallen.

Lösung 2: Bilder automatisch komprimieren

Wie lange dieser Ballast ohne Ihr Eingreifen bestehen bleibt, bestimmen Sie mit DATEI|OPTIONEN|ERWEITERT|BILDGRÖSSE UND QUALITÄT|Option BILDER IN DATEI NICHT KOMPRIMIEREN. Ist sie ausgeschaltet, wirft Word beim Speichern alles über Bord, was an Pixeln entbehrlich ist.

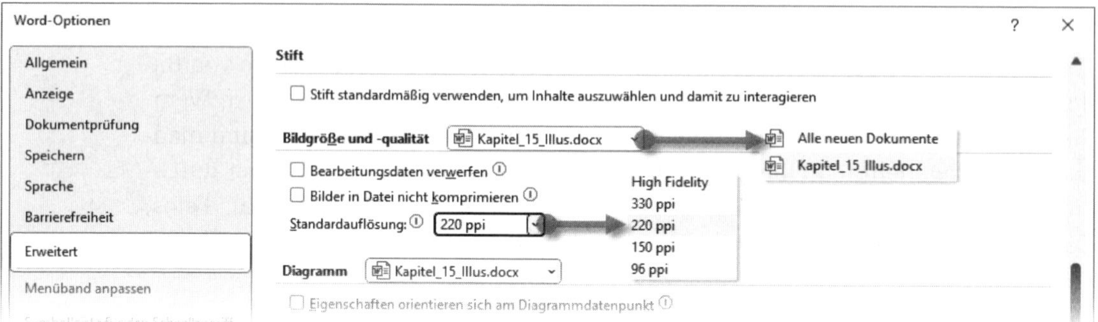

Abb. 19.1: Einstellungen zur automatischen Bildkomprimierung

Die Standardauflösung wählen Sie passend zum vorgesehenen Ausgabemedium. Wollen Sie das Dokument nicht drucken, sondern als PDF zur Betrachtung am Bildschirm weitergeben oder an eine E-Mail anhängen, sind geringere Auflösungen (96 ppi) sinnvoll. Für den Buchdruck dagegen wählen Sie eine Auflösung um 300 ppi. Die konkreten Werte schwanken versionsabhängig.

Lösung 3: Bilder von Hand komprimieren

Möchten Sie im Einzelfall entscheiden, wie das Bild komprimiert wird, verwenden Sie BILDER KOMPRIMIEREN in der Registerkarte BILDFORMAT.

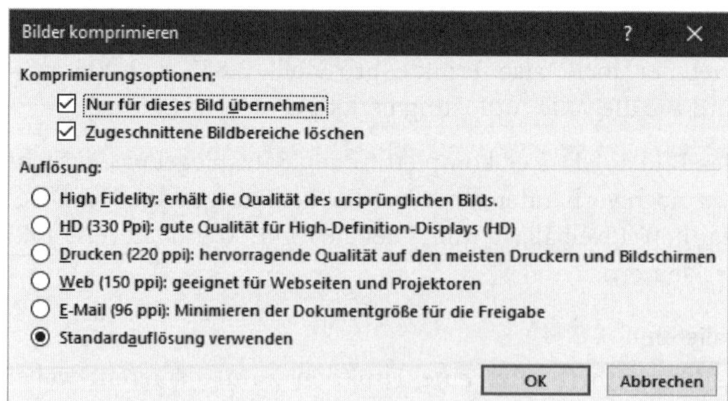

Abb. 19.2: Manuelle Komprimierungseinstellungen

Diese Funktion sorgt dafür, dass

- Bilder nur in der für die Ausgabe erforderlichen Qualität gespeichert und
- Zuschnittreste verworfen werden.

Wichtig

Zugeschnittene Bilder behalten die abgeschnittenen Reste bis zur Komprimierung.

19.1.2 Bilder richtig importieren, um Dateien nicht aufzublähen

Der erste schwere Fehler wird meist schon beim Einfügen in Word begangen und verursacht Dateien mit großem Speicherplatzbedarf. Das häufig zu beobachtende Verfahren, in einem Bildbetrachter zu »blättern« und gewünschte Bilder über die Zwischenablage ins Dokument zu kopieren, führt genau dazu!

Apropos Dateigröße

Word kann reine Textdateien bis maximal 32 MB verarbeiten. Enthält das Dokument Illustrationen, erhöht sich die Grenze auf 512 MB, aber der Textanteil darf dennoch 32 MB nicht überschreiten.

Lösung

Importieren Sie jede Art von Bilddatei mit EINFÜGEN | *Illustrationen:* BILDER.

Erklärung

Um die Speichergröße von Bildern trotz extrem hoher Auflösung gering zu halten, werden sie nicht mit den Informationen zu jedem einzelnen Pixel gespeichert, sondern zuvor mittels »Kompressionsalgorithmen« in eine handliche Größe gebracht. Office-Programme sind durchaus in der Lage, eingefügte Grafiken mit dem zugehörigen Kompressionsverfahren im Dokument zu speichern, doch nur dann, wenn die Information, welches Kompressionsverfahren anzuwenden ist, auch vorliegt.

Beim Einfügen über die Zwischenablage reicht das Bildbetrachtungsprogramm diese Metadaten nicht weiter. Da bekommt Word nur einen Haufen Pixel übergeben mit dem Hinweis, wie diese nach Breite und Höhe aufzubauen sind. Mehr nicht. Keine Information über Kompressionsverfahren.

Dann speichert Word die Grafik nach dem PNG-Verfahren, das für Fotos äußerst unglücklich ist. Word kann von sich aus nicht entscheiden, ob JPEG vielleicht günstiger wäre.

Mit EINFÜGEN | *Illustrationen:* BILDER empfängt Word zusätzlich zum Bild auch die Metadaten mit Informationen zum Kompressionsverfahren.

19.1.3 Wenn die Komprimierung versagt

Es kann vorkommen, dass Sie nur einige wenige, völlig unverdächtige Bilder in einem Dokument haben, die alle ordentlich über EINFÜGEN | GRAFIK dort hineingelangt sind, dennoch bleibt die Datei nach der Komprimierung riesig.

Erläuterung

Vektorgrafiken werden nicht komprimiert, weil sie ohnehin nicht komprimierungsfähig sind. Solange diese Grafiken korrekt sind, ist das auch kein Problem. Sie können aber verkapselte, unkomprimierte Pixelgrafiken enthalten, die die Komprimierfunktion nicht erkennt, weil die Grafik wegen des Vektor-Kokons als nicht komprimierbar eingestuft wird.

Lösung

1. Fügen Sie im Windows-Explorer an den Dateinamen hinter `.DOCX` ein `.ZIP` an. (Keine Sorge, das können Sie jederzeit wieder revidieren; ignorieren Sie also die Warnung von Windows getrost!)

   Das Dateiicon ändert sich in jenes eines Archivordners, den Sie per Doppelklick öffnen können.

Hintergrundinformation

Das .docx-Dateiformat ist nichts anderes als ein ZIP-Archiv mit allen benötigten Informationen und Ressourcen.

2. In diesem ZIP-Archiv finden Sie einen Unterordner `word` und darin einen weiteren Ordner `media`, in dem alle im Dokument enthaltenen Bild- und Multimediadateien verwahrt werden.
3. Darin suchen Sie diejenige Bilddatei, deren Größe energisch nach oben abweicht.
4. Öffnen Sie die Datei mit einem externen Bildbearbeitungsprogramm und speichern Sie sie unter gleichem Namen als PNG oder JPEG in diesen Archiv-Unterordner zurück.
5. Schließen Sie das Archiv und entfernen Sie die Endung `.zip`.
6. Öffnen Sie die Datei mit Word, komprimieren Sie das Dokument erneut mit BILDFORMAT | *Anpassen:* KOMPRIMIEREN und speichern Sie es wieder ab.

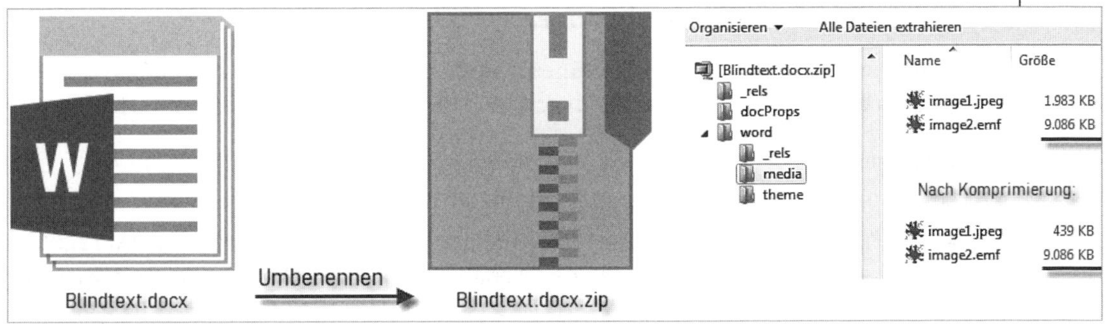

Abb. 19.3: Ein Blick ins DOCX-Innere zeigt, dass die EMF-Datei nicht komprimiert wurde und eine untypische Größe aufweist.

19.1.4 Standardverzeichnis für Bildimport

Word ist beharrlich, was die Standardpfade beim Öffnen, Importieren und Speichern betrifft. Für Bilder bietet es gem. Voreinstellungen den Ordner `Bilder` an. Bei Projektarbeiten wäre es hilfreich, wenn Word projektbezogene Quellen heranzöge.

Lösung

Standardpfade lassen sich in DATEI|OPTIONEN|ERWEITERT|DATEISPEICHERORTE ganz unten in der langen Liste wechseln.

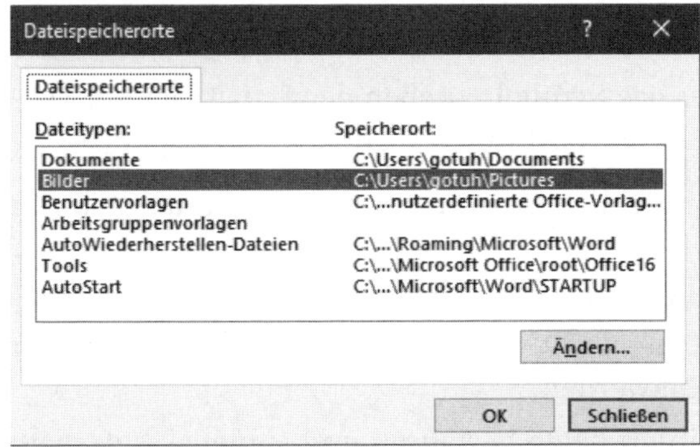

Abb. 19.4: Pfade für Dateispeicherorte einrichten

Mit ÄNDERN im Dialog DATEISPEICHERORTE gelangen Sie in einen Pfadauswahl-Dialog, mit dem Sie einen anderen Speicherort bestimmen können. Dieser Pfad bleibt erhalten, bis Sie einen neuen einstellen.

19.1.5 Bilder werden nicht angezeigt oder gedruckt

Bilder sind trotz korrekten Einfügens bzw. funktionierender, korrekter Verknüpfungen auf Bildschirm und Ausdruck nicht zu sehen, nur leere Rechtecke.

Lösungen

- Aktualisieren Sie nicht angezeigte Bilder mit [F9].
- DATEI|OPTIONEN|ERWEITERT|DOKUMENTINHALT ANZEIGEN|PLATZHALTER FÜR GRAFIKEN ANZEIGEN muss ausgeschaltet sein, um Bilder auf dem Monitor anzuzeigen.
- DATEI|OPTIONEN|ANZEIGE|IN WORD ERSTELLTE ZEICHNUNGEN DRUCKEN muss eingeschaltet sein, um Bilder zu drucken.

19.2 Einbetten oder verknüpfen?

Um ein mit vielen Bildern illustriertes Dokument klein zu halten, reicht das Komprimieren nicht aus. In diesem Fall lassen sich Bilder verknüpfen statt einbetten.

Word kennt zwei unterschiedliche Verfahren zur Verknüpfung.

19.2.1 Verknüpfung per Bildlink

Der »neuere« Verknüpfungstyp lässt sich leichter erstellen, ist aber im Text nicht direkt erkennbar, sondern nur im Backstage-Bereich.

Lösung

Klicken Sie im Dateiauswahl-Fenster das Symbol ▾ neben der Schaltfläche EINFÜGEN, bietet Ihnen Word drei Optionen für das Einfügen an:

- EINFÜGEN importiert das Bild tatsächlich und macht es zum Bestandteil des Dokuments.
- MIT DATEI VERKNÜPFEN erstellt einen Link in der Datei, der das Bild aus der extern gebliebenen Grafikdatei einspiegelt. Sie können dieses Dokument nur teilen, wenn auch die Bilder geteilt werden.
- EINFÜGEN U. VERKNÜPFEN kombiniert beide Verfahren und eignet sich deshalb für das Einbetten mit der Option auf Aktualisierung. Wird das Dokument geteilt, sind Aktualisierungen beim Empfänger aber nicht möglich, weil der nicht über die Originale verfügt, auf die die Links verweisen.

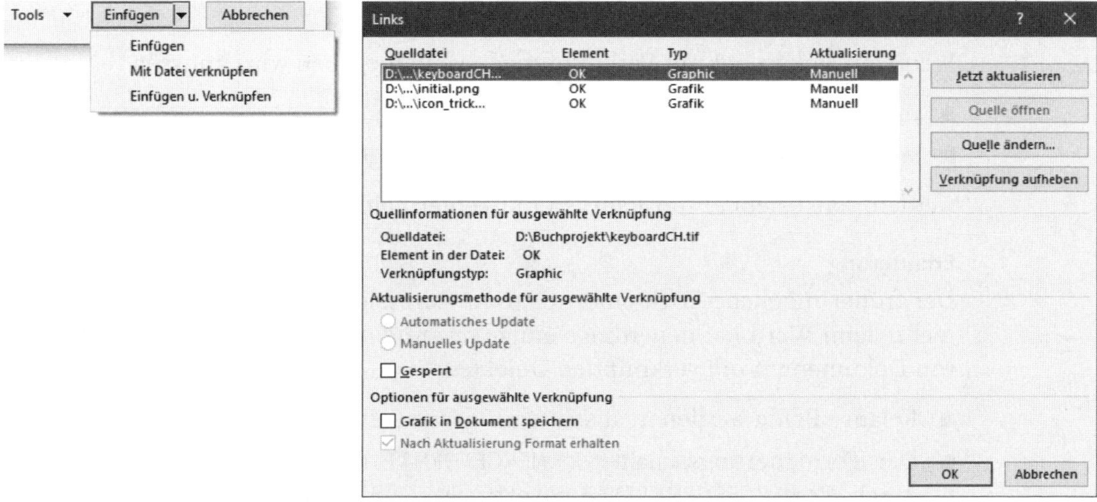

Abb. 19.5: Bilder beim Einfügen verknüpfen (links) und Verknüpfungen bearbeiten (rechts)

19.2.2 Verknüpfung per {IncludePicture}-Feld

Mit dem Feld {IncludePicture} lassen sich Bilder ebenfalls in ein Word-Dokument importieren. Dieses Verfahren ist zum bloßen Bildimport eher umständlich. Interessant wird es jedoch, wenn Bilder nur verknüpft werden sollen.[1]

Lösung

1. EINFÜGEN|FELD|INCLUDEPICTURE
2. Tragen Sie den Herkunftspfad des Bilds ein. Es gibt hier keine Durchsuchen-Funktion.
3. Verwenden Sie die Option DATEN NICHT IM DOKUMENT GESPEICHERT, um einen reinen Link zu erzeugen, der als Feldfunktion (mit `Alt`+`F9` angezeigt) ungefähr so aussehen kann:
   `{ IncludePicture "C:\\Projekt\\Bilder\\werkstueck3.jpg" \d }`

Maßgeblich für das bloße Verlinken ist der Schalter \d.

Wichtig

Sie können diese Verknüpfung auch von Hand mit `Strg`+`F9` einfügen, wenn Sie beachten, dass die Pfad-Backslashs doppelt angegeben werden müssen, weil einfache Backslashs in Feldern Steuerungsinformationen kennzeichnen. Beim Einfügen des Bildpfads per FELD-Dialog setzt Word die doppelten Backslashs automatisch.

1 Eigentlich sollten XML-Bildlinks die {IncludePicture}-Felder ablösen, doch bei der Übernahme durch Satzprogramme werden die »alten« Feldfunktionen immer noch bevorzugt.

19.2.3 Verknüpfungen beim Workflow

Wenn ein Dokument mit Verknüpfungen weitergegeben wird, müssen

- die Original-Objektdateien mitgeschickt und
- vom Empfänger in einem identischen Pfad abgelegt

werden, sonst sieht er nur Rahmen mit Fehlermeldungen.

Erläuterung

Der früher mögliche Trick einer relativen Adressierung funktioniert leider nicht mehr, denn Word hat neuerdings einige dumme Angewohnheiten beim Versand von Dokumenten mit verknüpften Objekten:

- Relative Pfade werden in absolute umgewandelt.
- Der Formatierungsschalter * `MERGEFORMAT` im {IncludePicture}-Feld wird durch * `MERGEFORMATINET` ersetzt, was zu eigenartigen Effekten führen kann.
- Manche {Include}-Felder werden durch die neue XML-Verknüpfungstechnik ersetzt.
- Beim rationellen Reparieren der veränderten Links per VBA geht leider auch die Skalierung eingefügter Bilder verloren.

Als »von externen Quellen erhaltene Dokumente« stuft Word auch Dateien ein, die aus der eigenen Cloud und über USB (Stick oder externe Festplatte) aufs Gerät geladen werden. Deshalb ist häufig Nachbessern angesagt.

Die Verknüpfungen mühsam einzeln im Backstage-Bereich DATEI | INFORMATIONEN | VERKNÜPFUNGEN MIT DATEIEN BEARBEITEN zu korrigieren, ist keine probate Lösung.

Anmerkung zur Verknüpfungsliste

Die Liste gibt für verknüpfte Bilder indirekt auch Aufschluss über die Art der Verknüpfung:

- Steht in der Spalte TYP »Grafik«, wurde das Bild über die Dateiauswahl verknüpft.
- Ist die Verknüpfung mit »Graphic« gekennzeichnet, handelt es sich um ein {IncludePicture}-Feld.
- Ein Häkchen in GRAFIK IM DOKUMENT SPEICHERN weist auf eine Einbettung mit zusätzlicher Verknüpfung hin.
- Die Option NACH AKTUALISIERUNG FORM ERHALTEN korrespondiert mit dem Schalter * `MERGEFORMAT`.

Lösung

Mit VBA lassen sich die Verknüpfungsdaten und Bildgrößen en bloc an den neuen Bearbeitungsort anpassen, siehe Listing 19.1.

```
001 Sub Bildpfad()
002 Dim OrdnerAuswahl As FileDialog
003 Dim AnzahlShapes, breit, hoch As Long
004 Dim i As Integer
005 Dim Bild, Bildpfad, AltPfad, NeuPfad As String
    'Bilder-Ordner bestimmen
006 Set OrdnerAuswahl = Application.FileDialog(msoFileDialogFolderPicker)
007 With OrdnerAuswahl
008     .AllowMultiSelect = False
009     .Title = "Bilder-Ordner bestimmen"
010     .ButtonName = "Dieser Ordner"
011     If .Show <> True Then Exit Sub
012 End With
013 NeuPfad = OrdnerAuswahl.SelectedItems(1)
014 If Right(NeuPfad, 1) <> "\" Then NeuPfad = NeuPfad & "\"
    'Hier beginnt die eigentliche Bearbeitung der Links und Include-Felder.
015 With ActiveDocument
016 AnzahlShapes = .InlineShapes.Count
017 For i = 1 To AnzahlShapes
018     If .InlineShapes(i).Type = wdInlineShapeLinkedPicture Then
019         .InlineShapes(i).Select
020         breit = .InlineShapes(i).Width 'Bildbreite auslesen
021         hoch = .InlineShapes(i).Height 'Bildhöhe auslesen
022         AltPfad = .InlineShapes(i).LinkFormat.SourceFullName
023         Bild = _
    CreateObject("Scripting.FileSystemObject").GetFileName(AltPfad)
024         Bildpfad = NeuPfad & Bild
025         Selection.Delete
    'Hier muss nachfolgend eine Variante auskommentiert werden, sonst wird
    das Bild zweimal verknüpft.
    'Variante 1: Für ein Include-Feld gelten die Zeilen 26 bis 30.
026         Bildpfad = Replace(Bildpfad, "\", "\\")
027         Selection.Fields.Add Range:=Selection.Range, Type:=wdFieldEmpty, _
    Text:="IncludePicture """ & Bildpfad & """ \* _
    mergeformat \d", PreserveFormatting:=False
028         Selection.Fields.Update
029         ActiveWindow.View.ShowFieldCodes = False
    'Variante 2: Für verknüpftes Bild gilt die folgende Zeile.
030         Selection.InlineShapes.AddPicture FileName:=Bildpfad, _
    LinkToFile:=True, SaveWithDocument:=False
    'Ab hier geht es weiter:
031         .InlineShapes(i).Width = breit 'Bildbreite korrigieren
032         .InlineShapes(i).Height = hoch 'Bildhöhe korrigieren
033     End If
034 Next i
```

```
035 End With
036 End Sub
```

Listing 19.1: Bildpfad aktualisieren

Erklärung

Das Makro liest eine Bildverknüpfung nach der anderen aus (sowohl Bildlinks als auch {IncludePicture}-Felder), zerlegt den Inhalt, löscht die Verknüpfung und fügt eine neue Verknüpfung mit den korrigierten Inhalten ein. Wahlweise als {IncludePicture}-Feld oder als Bildlink, was durch Deaktivieren der jeweils nicht benötigten Codezeilen einzustellen ist. In Zeilen 020 und 021 werden die Abmessungen des aktuell verknüpften Bilds ausgelesen und in Zeilen 031 und 032 dem neu verknüpften Bild wieder zugewiesen.

19.2.4 Verknüpfungen kontrollieren

Zwar lassen sich in Datei|Informationen|Verknüpfungen mit Dateien bearbeiten alle Links anzeigen, doch ist das Anzeigefenster sehr klein und die Zuordnung zum Bild schwer herzustellen.

Lösung 1: Für mit {IncludePicture} verknüpfte Bilder

1. Markieren Sie das (nur mit Platzhalter angezeigte) Bild.
2. Drücken Sie ⇧+F9, um den Feldinhalt darzustellen. Hier können Sie den kompletten Pfad der Verknüpfung ablesen.

Lösung 2: Für beide Verknüpfungstypen

1. Markieren Sie das (nur mit Platzhalter angezeigte) Bild.
2. Starten Sie das folgende Makro, um in einer Messagebox an den kompletten Verknüpfungspfad angezeigt zu bekommen.

```
Sub LinkAuslesen()
On Error GoTo fehler
If Selection.Type = wdSelectionShape Then
   MsgBox Selection.ShapeRange(1).LinkFormat.SourceFullName
ElseIf Selection.InlineShapes(1).Type = wdInlineShapeLinkedPicture Then
   MsgBox Selection.InlineShapes(1).LinkFormat.SourceFullName
Else
   GoTo fehler
End If
Exit Sub
fehler:
MsgBox "Kein verlinktes Bild markiert."
End Sub
```

Listing 19.2: Verknüpfung mit Bildern auslesen

19.3 Bilder im Text positionieren

Bilder im Text zu positionieren, gehört keineswegs zu den Glanzfunktionen von Word. Fließtextorientierung und die für Abbildungen notwenige Rahmenorientierung sind offenbar schwer unter einen Hut zu bringen. Die einschlägigen Werkzeuge verhindern deshalb nicht hundertprozentig, dass eine vermeintlich sauber platzierte Grafik plötzlich einen unerwarteten Sprung vollzieht oder scheinbar verschwindet.

19.3.1 Bilder als Teil des Fließtexts

Beim Einfügen werden Bilder in der Grundeinstellung nach dem Modus MIT TEXT IN ZEILE eingefügt, das heißt, dass sie wie ein Zeichen behandelt werden. Das ist die unproblematischere Variante der Positionierung.

Um ein Bild frei und von Text umflossen zu positionieren, muss es außerhalb des Fließtexts stehen.

Lösung 1: Standard-Einfügeoption ändern

Die Vorgabe MIT TEXT IN ZEILE lässt sich in DATEI|OPTIONEN|ERWEITERT| *Ausschneiden, Kopieren und Einfügen:* BILDER EINFÜGEN ALS auf unterschiedliche Textfluss-Varianten umstellen.

Lösung 2: Bereits eingefügtes Bild aus dem Fließtext lösen

Mit der Schaltfläche [Symbol] neben einem markierten Bild kann die Textflussvariante nachträglich geändert werden.

19.3.2 Bilder werden oben abgeschnitten

Die Positionierung MIT TEXT IN ZEILE führt dazu, dass ein fest eingestellter Zeilenabstand *Genau* das Bild oben kappt, um den Zeilenabstand einzuhalten.

Lösung

Bei den Zeilenabstandseinstellungen START|*Absatz:* [Symbol]|ZEILENABSTAND *Einfach, Mindestens, 1,5 Zeilen, Doppelt* und *Mehrfach* bestimmt das Bild den Zeilenabstand, um völlig sichtbar zu sein.

19.3.3 Vom Text umflossene Bilder

Sollen Bild und Text nebeneinander stehen, muss das Bild den Fließtext verdrängen.

Lösung

1. Markieren Sie das Bild.

Rechts neben dem Bild erscheint die Schaltfläche [Symbol].

2. Öffnen Sie mit der Schaltfläche oder im Layout-Dialog, den Sie mit Weitere Layoutoptionen in den Menülisten von Position, Text-/Zeilenumbruch in der Registerkarte Bild-/Grafikformat die Einstellungen zum Textflussverhalten.
3. Wählen Sie die gewünschte Variante aus.

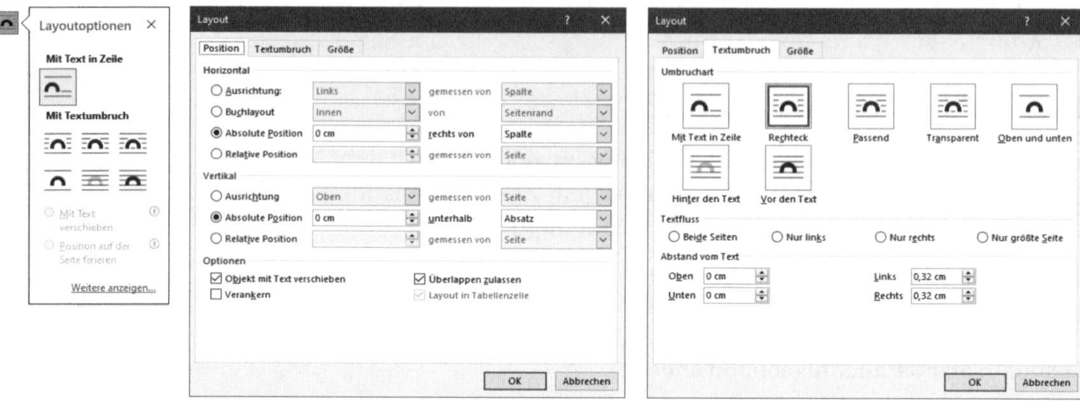

Abb. 19.6: Bildposition und Textfluss einstellen

Die Textflussvarianten

Hinter dem Text und Vor dem Text legen das Bild in eine eigene Ebene vor oder hinter die Textdarstellung; entweder überdeckt das Bild den Text oder der Text überdeckt das Bild. Wenn Sie dem Text keine Absatzhintergrundfarbe zugewiesen haben, scheint das Bild zwischen den Buchstaben durch.

Oben und unten schiebt das Bild zwischen zwei Textzeilen, es nimmt die komplette Spaltenbreite ein, unabhängig von der eigenen Breite.

Quadrat/Rechteck, Passend/Eng und Transparent lassen den Text das Bild auch seitlich umfließen,

- wobei sich die Textbegrenzung bei Passend/Eng und Transparent den Konturen des Bilds anpasst,
- während sich Quadrat an den äußersten Begrenzungslinien eines die Grafik umschließenden Rechtecks orientiert.

19.3.4 Textfluss unterdrücken

Einzelne Absätze sollen so eingerichtet werden, dass sie eine Grafik nicht umfließen, obwohl dieser ein Textflussattribut zugewiesen ist.

Lösung

1. Setzen Sie die Schreibmarke an die Textposition, ab der kein Bild umflossen werden soll.
2. LAYOUT|UMBRÜCHE|TEXTUMBRUCH

Erklärung

Damit fügen Sie ein Schutzsignal ein, das mit dem Symbol| ↵ |angezeigt wird. Es schiebt den nachfolgenden Text bis zum Ende der Illustration auf wie OBEN UND UNTEN.

19.3.5 Umfließen der Kontur

Bei PASSEND/ENG und TRANSPARENT schmiegt sich der Text an die Konturen der Abbildung. Das ist eigentlich nur bei einer Vektorgrafik möglich.

Erläuterung

Pixelgrafiken werden immer als Rechteck importiert und bieten für das Programm keine Anhaltspunkte, welche Kontur denn nun umflossen werden soll.

Pixelgrafiken mit transparentem Hintergrund kann Word auch eng umfließen. Die dafür notwendige Transparenz ist eine spezielle Eigenschaft der Grafik, die nur von den Grafikformaten PNG und GIF unterstützt wird. Allein ein weißer Bildhintergrund, der auf dem ebenfalls weißen Word-Hintergrund nicht zu sehen ist, macht das Bild nicht transparent.

Lösung 1: Transparente Farbe bestimmen

Geben Sie der Grafik mit BILDFORMAT|FARBE|TRANSPARENTE FARBE BESTIMMEN einen transparenten Hintergrund. Bei dieser Methode kann es aber sein, dass die Kanten des Motivs ausgefranst erscheinen.

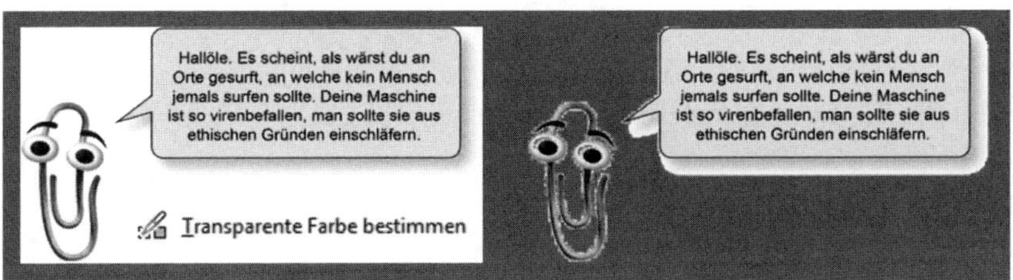

Abb. 19.7: Schlecht freigestellt mit TRANSPARENTE FARBE BESTIMMEN

Die Funktion FREISTELLEN in BILDFORMAT ist leider noch nicht ausgereift genug, um damit gute Ergebnisse zu erzielen. Weichen Sie besser auf ein Grafikprogramm aus.

Lösung 2: Kontur nachzeichnen

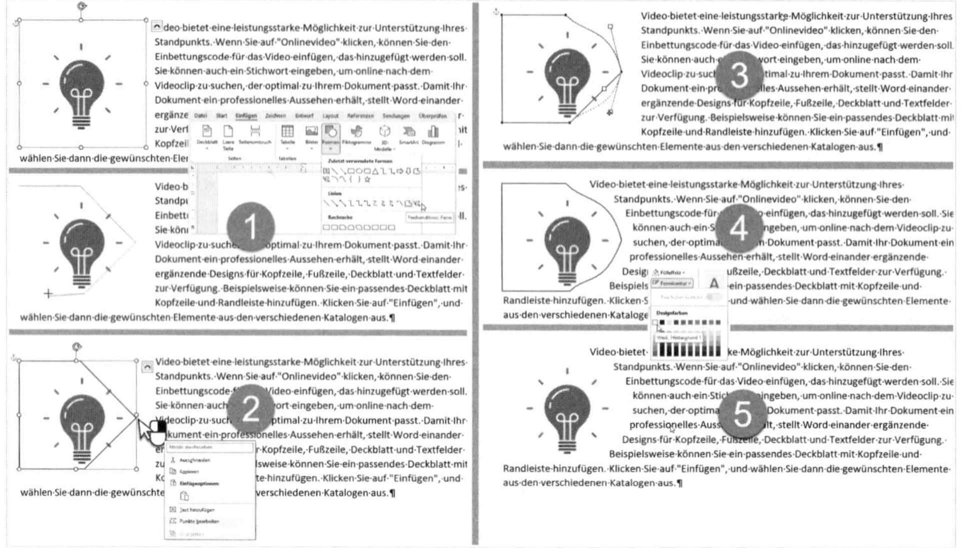

Abb. 19.8: Textfluss um nachgezeichnete Kontur

1. Zeichnen Sie mit dem Formenwerkzeug FREIHANDFORM eine ungefähre Kontur um den eigentlichen Inhalt des Bilds, an dem sich der Textfluss orientieren kann.
2. Rechtsklicken Sie die fertige Form und wählen Sie im Kontextmenü PUNKTE BEARBEITEN.
3. Markieren Sie durch Mausklick einen der Eckpunkte, deren anschließende Linien nachgebessert werden sollen und formen Sie die Kontur durch Bewegen der Tangenten um.
4. Weisen Sie dem Bild den Textfluss HINTER DEM TEXT und der Kontur den Textfluss ENG zu.
5. Formatieren Sie die Kontur in Hintergrundfarbe.

19.3.6 Bilder in Tabelle als Textflussersatz

Umflossene Bilder machen trotz aller Vorsorge (siehe auch Hack 19.3.8) eigenartige »Bocksprünge«.

Workaround

Verwenden Sie in Word den Tabellenmodus, um überraschungsfrei mit textumflossenen Abbildungen zu arbeiten. Setzen Sie zusammengehörige Texte und Bilder in zwei nebeneinanderliegende Tabellenzellen und formatieren Sie die Tabelle ohne Rahmenlinien, indem Sie die Tabelle markieren und in TABELLENENTWURF | *Rahmen:* RAHMEN die Einstellung KEIN RAHMEN wählen.

19.3.7 Bilder überlappen

Stehen mehrere umflossene Illustrationen auf einer Seite, kommt gelegentlich der Wunsch auf, sie im Textfluss so zu platzieren, dass sie sich überlappen. Sei es, um dabei uninteressante, störende Teile abzudecken oder um Weißräume zwischen ihnen zu reduzieren.[2]

Lösung

Weisen Sie *beiden* Bildern im LAYOUT-Dialog, Register POSITION die Eigenschaft ÜBERLAPPEN ZULASSEN zu.

19.3.8 Bilder im Text bewegen und verankern

Bei der Textflussoption MIT TEXT IN ZEILE wird die Bildposition abhängig vom umgebenden Text indirekt gesteuert. Frei bewegen lässt sich ein Objekt nur, wenn eine andere Textflussvariante eingestellt ist. Die Markierungsrahmen umflossener wie auch in der Zeile positionierter Bilder unterscheiden sich nicht. Der Unterschied ist nur bei eingeschalteter Steuerzeichenanzeige am Ankersymbol ⚓ für umflossene Bilder erkennbar.

Die Ankerfunktion

Die Position umflossener Bilder wird relativ zu einem Absatzbeginn bestimmt. Bei eingeschalteter Steuerzeichendarstellung [¶] zeigt das Ankersymbol ⚓ am linken Textrand, an welchem Absatz sich die Bildposition eines vom Text umflossenen Bilds orientiert, also mit welchem Absatz das Bild ggf. auf eine andere Seite umbrochen wird.

Wichtig

Gerade diese Verankerung sorgt leider für viel Verdruss. Damit ist das Bild (oder auch das Textfeld oder Objekt) immer mit einer Textposition verbunden und muss deren Bewegungen mitmachen, wobei es manchmal völlig aus der Seitenansicht verschwindet.

Sie unterbinden das Mitrutschen des Bilds mit dem bezogenen Absatz zumindest auf der Seite, indem Sie den Anker mit dem Mauszeiger greifen und an den obersten Absatz der Seite verschieben.

2 Für beide Zwecke sollten Sie vorrangig das Zuschnittwerkzeug verwenden.

Vorsicht

Verankern Sie Bilder nicht an einer Überschrift, denn dann übernimmt {StyleRef} den Anker als »\« in die Kopfzeile.

Anker verankern

Sobald Sie das Bild im Text bewegen, sucht es sich einen neuen Ankerpunkt am nächstgelegenen Absatz. Dies vermeiden Sie, wenn Sie den Anker an seiner Position fixieren:

BILDFORMAT|POSITION|WEITERE LAYOUTOPTIONEN|Register POSITION|Option VERANKERN

19.3.9 Bildposition fixieren

Wenn *jede* textabhängige Bewegung unterdrückt werden soll, gibt es hierfür eine nützliche Funktion.

Lösung

Deaktivieren Sie in

BILDFORMAT|POSITION|WEITERE LAYOUTOPTIONEN|Register POSITION die Option MIT TEXT VERSCHIEBEN.

Im LAYOUTOPTIONEN-Kontextmenü finden Sie die sich gegenseitig löschenden Optionen OBJEKT MIT TEXT VERSCHIEBEN und POSITION AUF DER SEITE FIXIEREN mit vergleichbarer Wirkungsweise.

Wichtig

Diese Fixierung wirkt seitenbezogen, das heißt: Sobald der den Anker tragende Absatz auf die nächste Seite umbrochen wird, geht das Bild mit, allerdings wieder zu derselben Position relativ zum Seitenrand.

19.4 Bilder ausrichten an Rastern

Wenn Sie beim freien Platzieren von Formen oder Bildern exakt arbeiten wollen, finden Sie mit den GITTERNETZLINIEN hilfreiche »Fangfunktionen«.

Im Hintergrund jeder Word-Seite liegt ein Orientierungs- und Fangraster, das standardmäßig nicht sichtbar ist. Es sorgt dafür, dass Sie Ihre Elemente nicht beliebig mit der Maus platzieren können, sondern nur in bestimmten, wenn auch kleinen Schritten. Mittels gedrückter `Alt`-Taste lässt sich diese Funktion ad hoc unterdrücken.

19.4.1 Raster anzeigen/ausblenden

Mit BILDFORMAT/FORMFORMAT|*Anordnen:* AUSRICHTEN|GITTERNETZLINIEN ANZEIGEN blenden Sie ein den Satzspiegel ausfüllendes Karoraster ein.

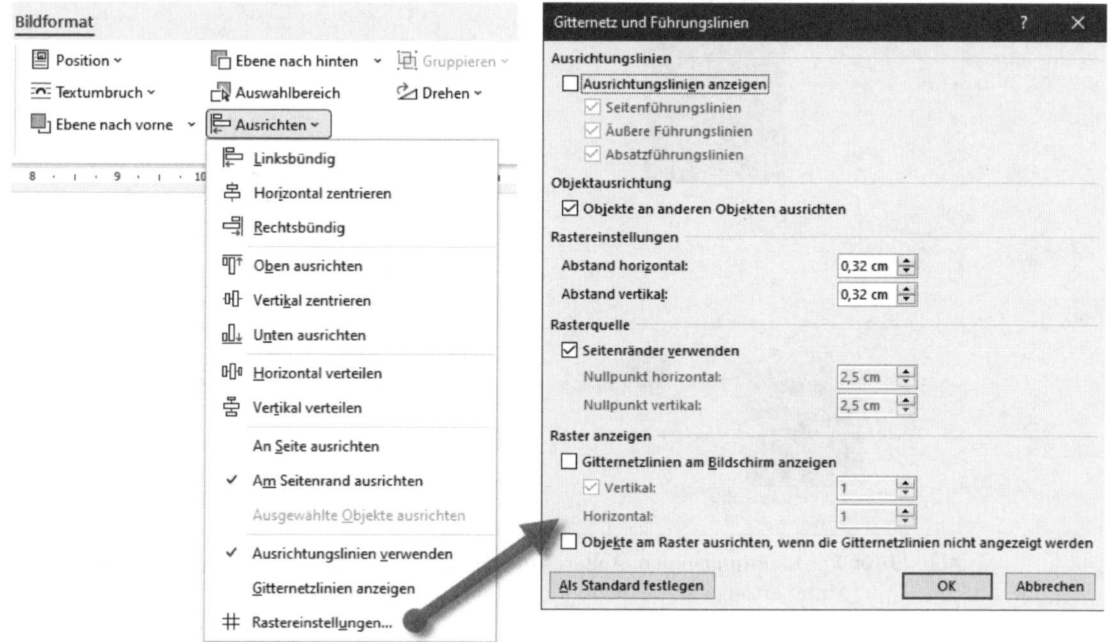

Abb. 19.9: Die Einstellungen für die Fangraster

19.4.2 Raster einstellen

BILDFORMAT/FORMFORMAT|*Anordnen:* AUSRICHTEN|RASTEREINSTELLUNGEN führt zum Dialog GITTERNETZ UND FÜHRUNGSLINIEN mit teilweise irreführenden Bezeichnungen.

Ausrichtungslinien

Ist die Option AUSRICHTUNGSLINIEN ANZEIGEN gesetzt, blendet Word grüne Hilfslinien ein, sobald Sie mit dem bewegten Objekt

a) den Satzspiegelrand (Option ÄUSSERE FÜHRUNGSLINIEN) oder
b) die Flucht der ersten Zeile eines Absatzes (Option ABSATZFÜHRUNGSLINIEN),
c) den Blattrand oder den Blattmittelpunkt (Option SEITENFÜHRUNGSLINIEN),

berühren. Sie können die einzelnen Führungslinien separat ausblenden.

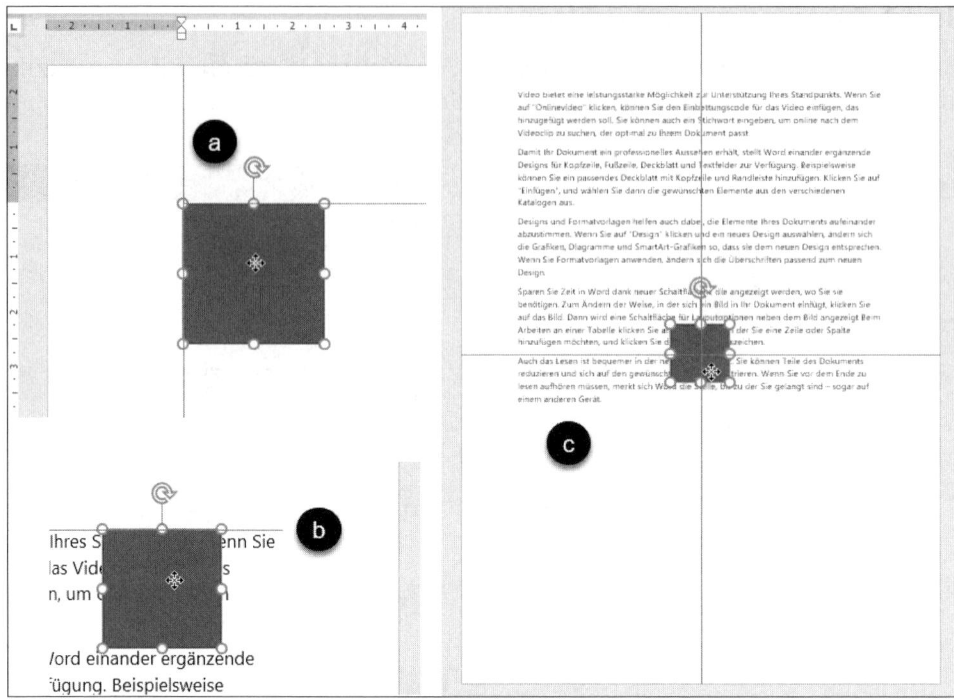

Abb. 19.10: Word-Führungslinien: Äußere Führungslinien (a), Absatzführungslinien (b) und Mittenanzeige der Seitenführungslinien (c)

Objektausrichtung

Die einzige Option OBJEKTE AN ANDEREN OBJEKTEN AUSRICHTEN sorgt dafür, dass auch die Begrenzungen und Mitten anderer Formen als virtuelle Einrastmöglichkeiten angeboten werden. Anders als bei PowerPoints »Intelligenten Führungslinien« gibt es dazu keine sichtbaren Hinweise. Sie bemerken das Einrasten nur beim Bewegen eines Objekts.

Rastereinstellungen

Hier geben Sie die horizontalen und vertikalen Abstände der Rasterlinien zueinander vor.

Rasterquelle

Als Rasterquelle wird der Nullpunkt (Offsetpunkt) für den Beginn des Rasters bezeichnet. Die Option SEITENRÄNDER VERWENDEN legt ihn auf die obere linke Ecke des *Satzspiegels*, anderenfalls beziehen sich die Maße auf den Offset zur oberen linken *Blattecke*.

Raster anzeigen

Die Option GITTERNETZLINIEN AM BILDSCHIRM ANZEIGEN ist redundant zu den in verschiedenen Menüs auftauchenden Option GITTERNETZLINIEN ANZEIGEN, hier allerdings mit der zusätzlichen Möglichkeit versehen, die vertikalen Linien völlig auszublenden oder nur jede zweite, dritte, vierte etc. Maximal 30 Linien können übersprungen werden.

Mit OBJEKTE AM RASTER AUSRICHTEN, WENN DIE GITTERNETZLINIEN NICHT ANGEZEIGT WERDEN machen Sie die Fangfunktion unabhängig von der Sichtbarkeit der Gitternetzlinien.

19.5 Bilder im Querformat

Häufig sind Illustrationen im Querformat so detailreich, dass beim Stauchen der Bildgröße auf die Breite des Satzspiegels große Qualitätsverluste hinzunehmen wären. Ähnliches gilt für Diagramme, die als Querformat im Hochformat zu sehr gestaucht würden.

Der nächstliegende Gedanke wäre, einen Abschnittswechsel einzufügen und die Seite im Querformat einzurichten. Für die Bildschirmdarstellung ist das auch durchaus probat, allerdings bekommen Sie beim Ausdruck ein Problem mit den Kopf- und Fußzeilen, die dann auf den langen Seiten des Blatts stehen. Für Word wurde die Seite nicht gedreht, sondern besitzt nur andere Abmessungen in Höhe und Breite. Folgerichtig setzt es Kopf- und Fußzeile oben und unten, also an die längeren Seiten des Blatts. Im fertigen, gedruckten Dokument aber laufen bei diesen Seiten die Kopf- und Fußzeilen senkrecht an der Innen- und Außenkante des Blatts.

Lösung

1. Drehen Sie das Bild mit BILDFORMAT | GRÖSSE ↘ | DREHEN um 90° und skalieren es passend zu den Abmessungen der Seite.
2. Sofern die Illustration einer Beschriftung bedarf, setzen Sie das gedrehte Bild in die innere Spalte einer einzeiligen, zweispaltigen Tabelle und die Bildunterschrift in die äußere.
3. Drehen Sie die Bildunterschrift mit TABELLENLAYOUT | TEXTRICHTUNG.
4. Entfernen Sie die Tabellenrahmen mit TABELLENENTWURF | *Rahmen:* RAHMEN | KEIN RAHMEN.

Kapitel 20

Formulare

Link zu ActiveX Info MS

Der Spruch »Von der Wiege bis zur Bahre: Formulare, Formulare!« trifft immer dann zu, wenn Formulare schlecht gestaltet sind. Alle Textverarbeitungsprogramme haben die Werkzeuge, um ein gutes Formular zu konstruieren, man muss sie nur kennen, denn sie sind gut versteckt in ENTWICKLERTOOLS[1]| *Steuerelemente*.

Word kennt drei Formen von Steuerelementen, die für das Erstellen von Formularen geeignet sind. Leider ist ihre Verwendung grundverschieden.

AktiveX sollten Sie vermeiden. Microsoft selbst warnt davor. Weil ActiveX Schadsoftware einschleusen kann, ist sein Einsatz auf den meisten Systemen gesperrt.

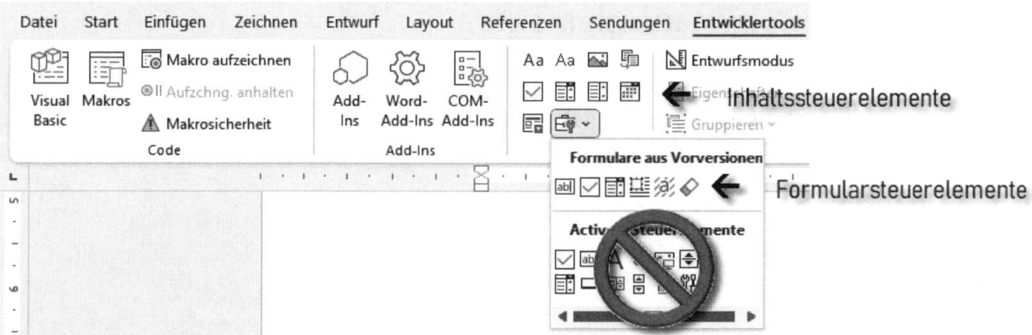

Abb. 20.1: Elemente für Formulargestaltung

Inhaltssteuerelemente	Formularsteuerelemente
Kein Formularschutz erforderlich	Formularschutz zwingend, schränkt weitere Funktionen ein
Mehr Aufwand beim Verlinken	Integrierte Textmarken

Tabelle 20.1: Gegenüberstellung Inhaltssteuerelemente/Formularsteuerelemente

1 Die Registerkarte ENTWICKLERTOOLS ist standardmäßig ausgeblendet. Aktivieren Sie sie mit Rechtsklick ins Menüband|MENÜBAND ANPASSEN.

Inhaltssteuerelemente	Formularsteuerelemente
Keine Eingabekontrolle für Zeichenzahl, Plausibilität etc.	Plausibilitätskontrollen
Keine eingebaute Rechenfunktion	Integrierte Rechenfunktion
Für selbst oder innerhalb der Arbeitsgruppe verwendete Formulare geeignet	Für externe Datenerhebung geeignet

Tabelle 20.1: Gegenüberstellung Inhaltssteuerelemente/Formularsteuerelemente (Forts.)

Kein Export in PDF-Formulare möglich

PDF-Formulare lassen sich auf allen Betriebssystemen mit dem Adobe Reader oder ähnlichen Programmen ausfüllen. Word-Formulare brauchen zwingend die Desktop-Version von Word zum Ausfüllen, nicht einmal die Mobil- und Online-Versionen von Word sind dazu geeignet.

Leider sind die Formularfunktionen von Word nicht mit PDF-Formularen kompatibel. Die »Intelligenz« eines Word-Formulars geht verloren, wenn das Dokument nach PDF exportiert wird. Im aus Word exportierten PDF-Dokument erscheinen nur Schrift und grafische Elemente. Sie können also ein PDF-Formular *gestalterisch* mit Word vorbereiten, die Funktionen eines virtuellen Formulars müssen aber mit den Acrobat-Werkzeugen eingefügt werden.

20.1 Formularsteuerelemente

Formularsteuerelemente sind »echte« Feldfunktionen, die sich mit [⇧]+[F9] einsehen und bearbeiten lassen. Im Folgenden werden sie »Formularfelder« genannt. Es gibt nur drei Arten, deren Möglichkeiten sich beim Doppelklick auf das Feld entfalten.

	Art	Feldbezeichnung
ab|	Textfeld[1]	{ FormText }
☑	Kontrollkästchen	{ FormCheckBox }
☰	Kombinationsfeld (Auswahltext)	{ FormDropDown }

Tabelle 20.2: Die drei Varianten der Formularfelder

1 Nicht zu verwechseln mit dem Form-Objekt »Textfeld«!

Erkennbar ist ein Feld im Text an der grauen Hinterlegung, sofern die Schaltfläche a aktiviert ist.

Die geringe Auswahl an Steuerelementen wird durch unterschiedliche *Typen* der Textfelder wettgemacht, die ein breites Spektrum an spezifischen Optionen mitbringen.

Wichtig

Anders als bei den Kombinationsfeldern der Inhaltssteuerelemente kann im Ausfüllmodus *kein* eigener Text eingegeben werden.

20.1.1 Erreichbarkeit der Werkzeuge

Das Wechseln der Registerkarten und das Aufklappen der Feldauswahl mit beim Gestalten von Formularen ist äußerst unergonomisch.

Lösung
Wenn Sie es leichter haben möchten, laden Sie sich ein Add-In mit einer zusätzlichen Registerkarte bei `https://oerttel.net/kommunizieren/formulare` herunter.

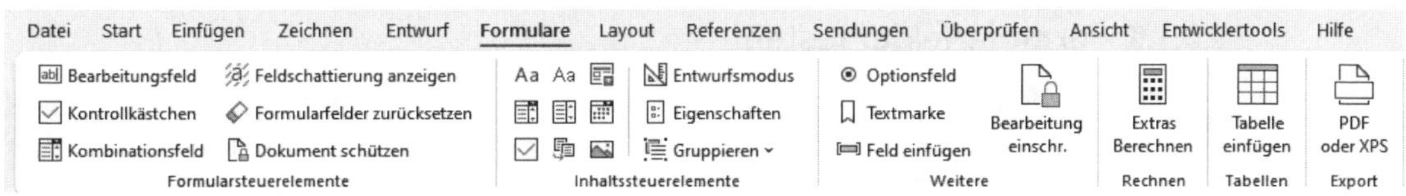

Abb. 20.2: Spezielle Registerkarte zur Formulargestaltung per Add-In

Wie Sie das Add-In installieren, lesen Sie in Abschnitt B.3.3.

Hinweis

Dieses Add-In enthält keinen VBA-Code, sondern nur die neu sortierte Registerkarte, kann deshalb auch auf Geräten installiert werden, die für die Ausführung von VBA gesperrt sind.

20.1.2 Hilfetexte erstellen

Wenn der Führungstext nicht ausreicht, werden ergänzende Erläuterungen zum Ausfüllen benötigt.

Lösung
Mit der Schaltfläche HILFETEXT HINZUFÜGEN können Sie etwas für die Barrierefreiheit tun, denn der für die Statuszeile eingegebene Hilfetext wird von *Interpretern* für Blinde und Sehbehinderte als Kommentar zum Feld ausgegeben.

Da der Hilfetext für Sehende dort unten nur sehr schwer zu erkennen ist, lässt sich zusätzlich ein Hilfetext für den Tastendruck [F1] vorgeben, der bei Bedarf ein PopUp mit diesem Text einblendet.

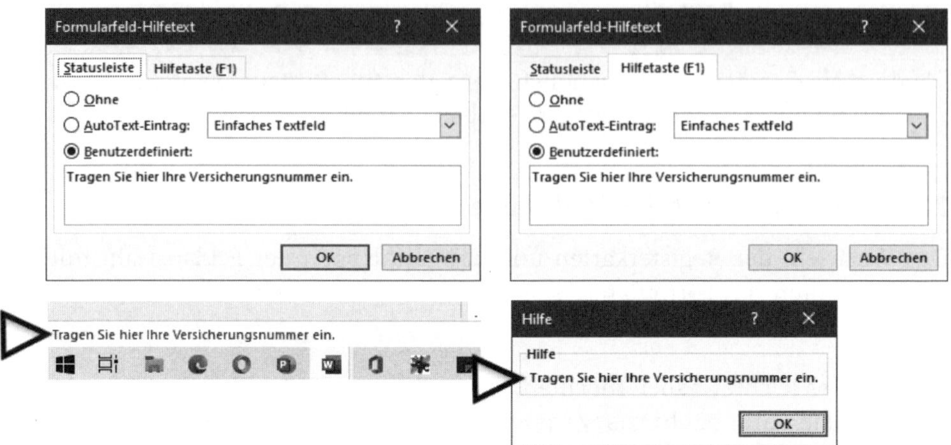

Abb. 20.3: Die beiden Hilfetext-Editoren und darunter die zugehörigen Anzeigen

20.1.3 Formularfelder testen

In älteren Versionen von Word gab es einen Testmodus, mit dem Sie in den Ausfüllmodus wechseln konnten, in dem Ihnen nur die Rechte des Ausfüllenden zustehen. In den aktuellen Versionen fehlt diese Funktion.

Lösung

Sie können sich diese Funktion in der Schnellzugriffsleiste nachrüsten:

1. Klicken Sie ganz rechts in der Schnellzugriffsleiste auf das Symbol ⏷ und wählen Sie WEITERE BEFEHLE.
2. Stellen Sie die linke Liste auf NICHT IM MENÜBAND ENTHALTENE BEFEHLE um und suchen Sie DOKUMENT SCHÜTZEN.
3. Markieren Sie diesen Befehl und klicken Sie auf HINZUFÜGEN.
4. [OK]

Dieser Befehl öffnet einen Dialog mit vereinfachten Schutzeinstellungen. Aktivieren Sie die Option FORMULARE und klicken Sie ohne Kennwortvergabe auf [OK]. Sie heben diesen provisorischen Schutz wieder auf, indem Sie erneut auf die Schaltfläche DOKUMENT SCHÜTZEN klicken.[2]

Mit der Schaltfläche FORMULARFELDER ZURÜCKSETZEN löschen Sie die beim Testen angefallenen Feldinhalte.

2 Im in Abschnitt 20.1 eingangs erwähnten Add-In ist diese Schaltfläche bereits enthalten.

20.2 Inhaltssteuerelemente

Inhaltssteuerelemente bieten mehr Vielfalt als die Formularsteuerelemente und funktionieren auch ohne den Formularschutz mit seinen Nebenwirkungen. Andererseits sind sie schwieriger zu handhaben, weil viele Eigenschaften der Formularsteuerelemente hier erst manuell nachgerüstet werden müssen.

Wichtig

- Arbeiten Sie beim Einfügen von Inhaltssteuerelementen im ENTWURFSMODUS; damit werden die Steuerelemente deutlicher dargestellt.
- Der Entwurfsmodus bewirkt lediglich eine veränderte Darstellung; das Ausschalten des Entwurfsmodus schützt das Formular *nicht* vor Veränderung.

20.2.1 Führungstext eintragen

Die standardmäßigen Führungstexte lassen sich nicht ändern.

Lösung

Im ENTWURFSMODUS lassen sich Führungstexte überschreiben.

Tipp

Lassen Sie beim Überschreiben zunächst mindestens ein Zeichen des Standard-Führungstexts stehen und löschen Sie es erst nachträglich, um die Zuordnung zur Formatvorlage »Platzhaltertext« zu erhalten.

Vorsicht

Führungstexte der Inhaltssteuerelemente werden mitgedruckt, wenn sie nicht überschrieben wurden! Wollen Sie ein Formular mit Inhaltssteuerelementen sowohl für die FILL&PRINT- als auch für die PRINT&FILL-Technik[3] einsetzen oder ist es nicht erforderlich, alle Felder auszufüllen, sollten Sie die Führungstexte durch Leerschritte ersetzen.

20.2.2 Steuerelemente »ansprechen«

TITEL und TAG vermitteln den Eindruck, das Steuerelement könne darüber automatisch angesprochen werden. Leider ist das nicht der Fall.

---

3 Fill&print: Formular wird am Computer ausgefüllt und dann gedruckt.
Print&fill: Formular wird gedruckt und manuell ausgefüllt.

Für Querverweise benötigen Steuerelemente eine Textmarke, wie in Hack 20.4.1 beschrieben.

Selbst mit VBA gelingt es nur über eine Abfrageschleife, das gewünschte Steuerelement über Tag oder Titel zu identifizieren und markieren.

Lösung

```
001 Sub FindeSteuerelement()
002 Dim StE As ContentControl
003 Dim Tag As String
004 Tag = "HacksTag" 'Hier " " Tagnamen einfügen-
005 For Each StE In ThisDocument.ContentControls
006 If StE.Tag = Tag Then Exit For
007 Next StE
008 StE.Range.Select
009 End Sub
```

Listing 20.1: Inhaltssteuerelement per Tag finden

Alternativ ersetzen Sie in Zeile 004 den Tagnamen durch den Titel und in Zeile 006 `StE.Tag` durch `StE.Title`.

20.3 Optionsfelder

Weder in den Formularfeldern noch in den Inhaltssteuerelementen gibt es eine Möglichkeit, Kontrollkästchen miteinander so zu koppeln, dass immer nur ein Kästchen einer Gruppe angekreuzt werden kann. Sie lassen sich nur mit erheblichem Programmieraufwand dazu umbauen.

Lösung
Wenn eine solche Funktion benötigt wird, müssen Sie auf die Optionsfelder der ActiveX-Steuerelemente zurückgreifen. (Glücklicherweise bedarf es zu deren Verwendung keiner speziellen Kenntnisse wie bei den anderen ActiveX-Steuerelementen.)

1. Setzen Sie die Schreibmarke an die Position, an der das erste Optionsfeld erscheinen soll.
2. Entwicklertools | *Steuerelemente:* | *ActiveX-Steuerelemente:*

An der Scheibmarkenposition erscheint ein Feld wie in Abbildung 20.4 unten links. Den Objektrahmen sehen Sie nur im Entwurfsmodus.

3. Rechtsklicken Sie das Steuerelement | Eigenschaften
4. Sie können den Platzhaltertext mit dem benötigten Selektionstext in Caption überschreiben und mit den Anfassern des Felds ggf. die Rahmengröße anpassen.

5. Tragen Sie bei GROUPNAME einen Namen für die zusammengehörenden Optionsbuttons ein; dieser Name muss in jedem zugehörigen Eigenschaftenfeld der Optionsbuttons identisch sein, nur dann klappt es mit dem gegenseitigen Löschen beim Anklicken einer Option.
6. Den so formatierten Optionsbutton kopieren Sie in der für die Auswahlgruppe benötigten Anzahl; das ist nicht nur arbeitserleichternd, sondern nimmt die Darstellung und Gruppenzuweisung auch gleich mit. Sie müssen dann nur noch die Selektionstexte anpassen.

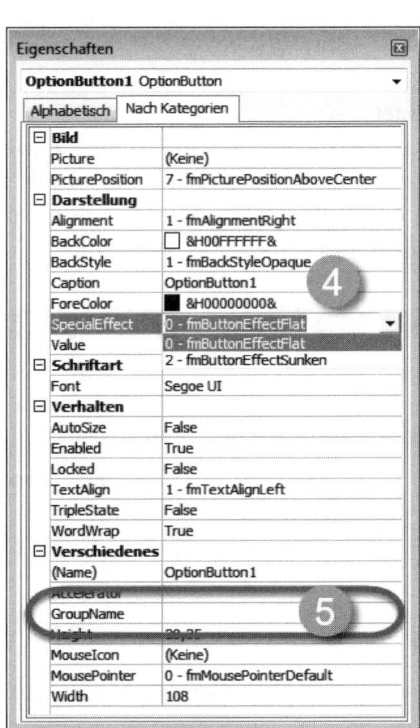

Abb. 20.4: Einstellungen für ein Optionsankreuzfeld

Wichtig

ActiveX-Steuerelemente funktionieren nicht, wenn ihre Verwendung in DATEI | OPTIONEN | TRUST CENTER | EINSTELLUNGEN FÜR DAS TRUST CENTER | ACTIVEX-EINSTELLUNGEN blockiert ist.

20.4 Feldinhalte wiederholen

Gelegentlich wird es erforderlich, dieselben Feldinhalte an mehreren Stellen eines umfangreichen Formulars zu wiederholen, z.B. eine Namens- oder sonstige Ordnungsangabe auf jeder Seite eines mehrseitigen Formulars, um die Zuordnung der Folgeseiten zu ermöglichen.

Word kennt den von anderen Formularprogrammen bekannten Trick mit gleichnamigen Feldern nicht. Jedes Feld hat seine eigene eineindeutige Bezeichnung. Deshalb muss auf Workarounds zurückgegriffen werden.

20.4.1 Feldinhalte im Fließtext wiederholen

Beim Wiederholen von Feldinhalten ist zu unterscheiden, ob sie im Fließtext oder in der Kopf- oder Fußzeile auftauchen sollen. Ersteres funktioniert problemlos mit Querverweisen.

Lösung für Formularfelder

Querverweise können Inhalte von Formularfeldern wiederholen, wenn jene mit einer Textmarke versehen sind. Formularfelder erhalten beim Anlegen automatisch eine Textmarke, deren Bezeichnung Sie in den Optionen zum Formularfeld individuell anpassen können.

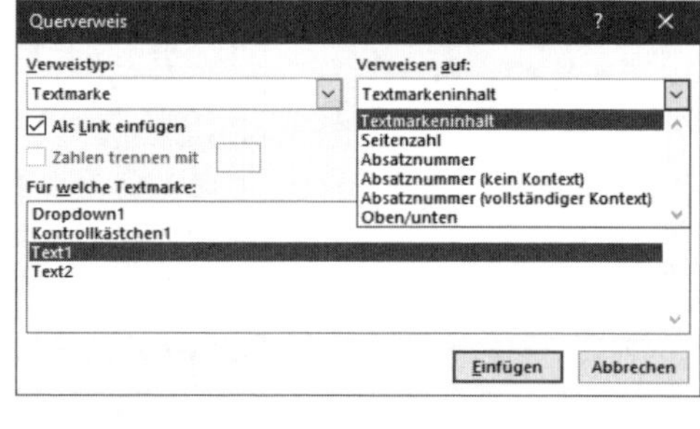

Abb. 20.5: Querverweis greift Informationen vom Formularfeld ab

Lösung für Inhaltssteuerelemente

Um auf Inhaltssteuerelemente wie auf Formularfelder verweisen zu können, verwenden Sie eine Textmarke zur Identifikation:

1. Markieren Sie das Steuerelement mit Klick auf ⋮.
2. EINFÜGEN | *Links:* TEXTMARKE
3. Tragen Sie im Dialog TEXTMARKE einen Namen für die Textmarke ein.
4. SCHLIESSEN

Win-Win

Diese Kombination aus Steuerelement hilft auch, Textmarken vor versehentlichem Löschen zu schützen.

Querverweis einrichten

1. Setzen Sie die Schreibmarke an die gewünschte Wiederholungsposition.
2. EINFÜGEN|QUERVERWEIS.
3. Wählen Sie als *Verweistyp:* »Textmarke« und anschließend den Textmarkennamen des Steuerelements aus, dessen Inhalt angezeigt werden soll.
4. Wählen Sie in der Liste *Verweisen auf:* TEXTMARKENINHALT.
5. OK

Wichtig

- Das Häkchen BEIM VERLASSEN BERECHNEN muss in den Optionen der **Formularfelder** gesetzt sein! Sie ersparen sich damit das Aktualisieren der Felder mit [F9].
- Die Querverweise auf **Inhaltssteuerelemente** aktualisieren sich nicht automatisch! Sie müssen am Schluss der Bearbeitung mit [Strg]+[A], [F9] aktualisiert werden.

20.4.2 Feldinhalte in der Kopfzeile wiederholen

In die Kopf- und Fußzeile können keine Verweise eingefügt werden. Deshalb lässt sich Hack 20.4.1 nicht für Wiederholungen in Kopfzeilen einsetzen.

Lösung

In Abschnitt 2.3 ist beschrieben, wie auch Wiederholungen in Kopfzeilen möglich sind.

20.5 Formulare schützen

Sinn eines Formulars ist der Schutz der festen Texte vor Änderungen; nur die Formularfelder sollen beim Ausfüllen bearbeitbar sein.

20.5.1 Einfacher Schutz bei Verwendung von Inhaltssteuerelementen

Um bei Inhaltssteuerelementen lediglich die Formularfunktion zu aktivieren, markieren Sie den Text mit allen Steuerelementen und wählen dann im Menüband GRUPPIEREN|GRUPPIEREN. Damit unterbinden Sie Änderungen am Text außerhalb der Inhaltssteuerelemente und können nur die Formularfunktionen nutzen, aber per [Tab] anspringen.

Dieser Schutz kann jedoch mit GRUPPIEREN|GRUPPIERUNG AUFHEBEN wieder entfernt werden. Ein wirksamer Formularschutz bedarf zusätzlich zum Gruppieren der in Hack 20.5.2 beschriebenen Mechanismen.

20.5.2 Komplettschutz

Für beide Arten von Formularfeldern gilt der Formularschutz im Word-Dokumentenschutz.

1. Klicken Sie auf BEARBEITUNG EINSCHR. in den ENTWICKLERTOOLS.
2. Im Aufgabenbereich BEARBEITUNG EINSCHRÄNKEN aktivieren Sie unter *2. Bearbeitungseinschränkungen* die Option NUR DIESE BEARBEITUNGEN IM DOKUMENT ZULASSEN und stellen in der Auswahlliste darunter AUSFÜLLEN VON FORMULAREN ein.
3. Nach Klick auf JA, SCHUTZ JETZT ANWENDEN werden Sie nach einem Kennwort gefragt. Das Kennwort ist optional. Haben Sie kein Kennwort vergeben, kann der Schutz auch ohne Kennworteingabe im Aufgabenbereich BEARBEITUNG EINSCHRÄNKEN mit SCHUTZ AUFHEBEN wieder aufgehoben werden.

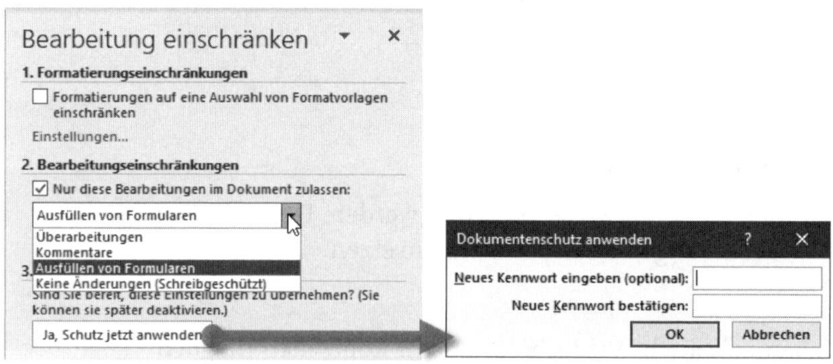

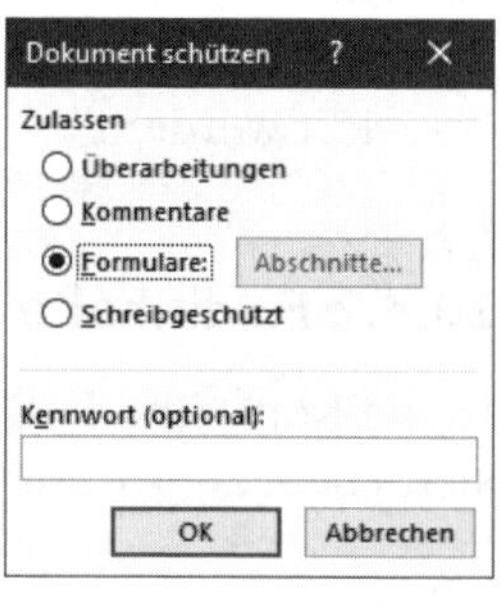

Abb. 20.6: Schutzmechanismen für Formulare

Vorsicht

Der Passwortschutz in Word ist kein wirklicher Schutz! Im Internet sind genügend freie Tools zu finden, mit denen er sich auch durch untalentierte Nutzer leicht aushebeln lässt. Als sicher gelten PDF-Formulare, die sich aber nicht aus Word-Formularen konvertieren lassen.

20.5.3 Teile des Texts vom Formularschutz ausnehmen

In manchen Situationen soll nur ein Teil eines Dokuments als Formular geschützt werden, der Rest aber frei mit Text gefüllt werden können (z.B. Kopfbogen).

Lösung

Das Dokument muss das Dokument mit LAYOUT|UMBRÜCHE|FORTLAUFEND in Abschnitte unterteilt werden.

Bei eingeschalteter Steuerzeichenansicht ¶ sehen Sie eine Abschnittsunterteilung als Doppellinie.

¶::::::::::::::::::::Abschnittswechsel (Fortlaufend)::::::::::::::::::::

Abb. 20.7: Abschnittstrennlinie

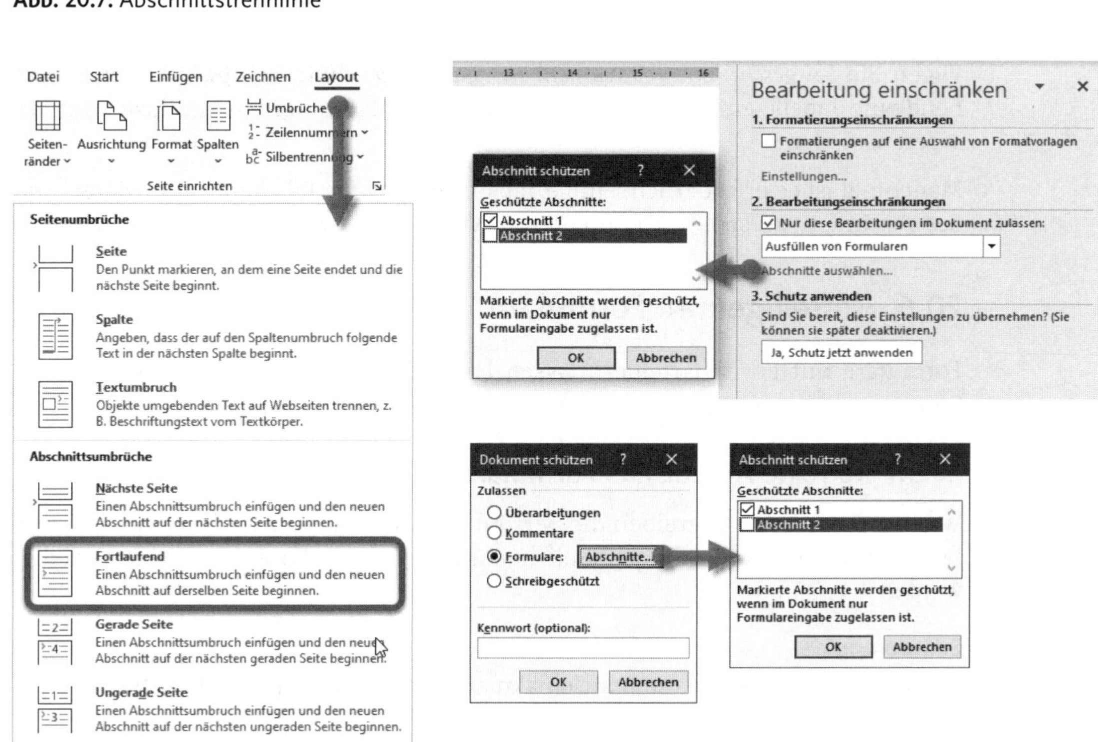

Abb. 20.8: Abschnittswechsel einfügen und abschnittsweisen Formularschutz einrichten

Hinweis

In Tabellen werden Abschnittswechsel nicht deutlich angezeigt. Der Abschnittswechsel liegt hinter dem Tabellenzeilenende ¤.

Nach einem Klick auf ABSCHNITTE im Aufgabenbereich BEARBEITUNG EINSCHRÄNKEN oder im Dialog DOKUMENT SCHÜTZEN (Hack 20.5.2) kreuzen Sie im Dialog ABSCHNITT SCHÜTZEN an, welche Abschnitte für Formulareinträge reserviert bleiben sollen.

Wichtig

Der Formularschutz beschränkt zahlreiche Funktionen auch in den ungeschützten Abschnitten. So sind u.a. keine Formen und SmartArts eingefügt werden, wohl aber Bilder und Diagramme. Kommentarfunktion und Überarbeitungsmodus sind ebenso gesperrt wie der Makrorekorder und alle Layout-Funktionen.

20.5.4 Bug: Tastensperre durch Formularschutz

Die Tasten [Tab] und [Enter] funktionieren beim Formularschutz nicht in gewohnter Weise, weil sie für die Steuerung in den Formularfeldern benötigt werden – leider manchmal auch in den ungeschützten Bereichen.

Workaround

Fügen Sie *bei geschütztem Dokument in einem ungeschützten Abschnitt* vorübergehend eine Tabelle ein. Die Tabelle kann wieder gelöscht werden; die Tasten funktionieren wieder.

Manchmal ist es erforderlich, einige Tabsprünge in der Tabelle zu absolvieren und das Dokument zu speichern, um diesen Workaround wirksam werden zu lassen.

20.6 »Intelligente« Formulare

Formulare mit Formularfeldern lassen bereits während des Ausfüllens Auswertungen zu, die das weitere Geschehen beeinflussen können.

20.6.1 Korrekte Anrede aus Formularfeldern ableiten

Wenn Sie in einem Schreiben die persönlichen Daten der Anschrift in Formularfelder schreiben, kann die persönliche Anrede mittels Funktionsfeldern erledigt werden.

Erläuterung

Da sich Formularfelder automatisch aktualisieren, wenn BEIM VERLASSEN BERECHNEN gesetzt ist, werden im nachfolgenden Beispiel diese Formularfelder verwendet.

Lösung

Bauen Sie das Adressfeld aus Formularfeldern auf:

Firma¶	Frau¶	Herrn¶
Dings·&·Kirchen¶	Clara·Dingskirchen¶	Horst·Dingskirchen¶
Mittelstr.·10¶	Mittelstr.·10¶	Mittelstr.·10¶
12345·Berlin-Schlorndorf¶	12345·Berlin-Schlorndorf¶	12345·Berlin-Schlorndorf¶ Ende des geschützten Abschnitts
¶	¶	¶
¶	¶	¶
Sehr·geehrte·Damen·und·Herren,¶	Sehr·geehrte·Frau·Dingskirchen,¶	Sehr·geehrter·Herr·Dingskirchen,¶

Sehr·geehrte{·IF·{·HerrFrau·}·=·"Firma"·"·Damen·und·Herren"·"{·IF·{·HerrFrau·}·=·"Frau"·"·Frau·{·Name·}"·"r·Herr·{·Name·}"·}"},¶

Abb. 20.9: Adressfelder steuern Anrede

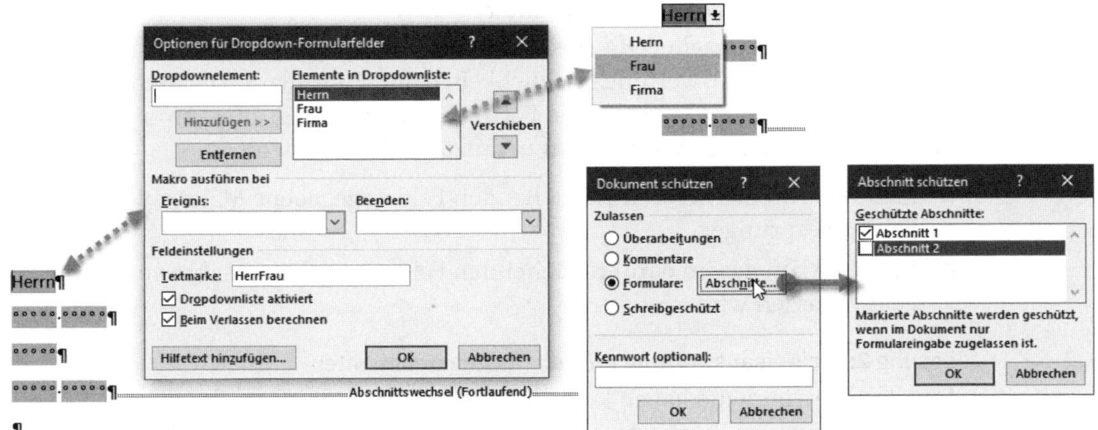

Abb. 20.10: Feldgestaltung für eine automatische Anrede

Erklärung

Die Möglichkeiten der Anrede im Adressfeld sind auf drei begrenzt.

Die verschachtelten {IF}-Felder[4] in der Anredezeile leiten aus der Anrede in der Adresse die korrekte Anrede für die Begrüßungszeile ab und ergänzen sie ggf. um den Familiennamen.

20.6.2 Berechnungen ausführen beim Ausfüllen

Für das Errechnen eines Ergebnisses aus den Eingaben benötigen Sie ein Textformularfeld vom Typ BERECHNUNG. Berechnungsformularfelder besitzen ein Feld AUSDRUCK, in dem ein Term wie in Berechnungsfeldern (siehe Anhang A) einzugeben ist.

> **Wichtig**
>
> Das Häkchen bei BEIM VERLASSEN BERECHNEN muss bei allen in die Berechnung einfließenden Feldern gesetzt sein! Sie ersparen sich damit das Aktualisieren der Felder mit F9.

20.6.3 Makros ausführen beim Ausfüllen

Die Berechnungsfunktionen sind hilfreich, aber nicht ausreichend für komplexere Formularauswertungen.

4 Mehr zu {IF} in Anhang A.

Lösung 1: Ereignisauswertung mit Formularfeldern

Die Programmiersprache VBA (Visual Basic for Applications) bietet sehr viel mehr Gestaltungs- und Auswertungsmöglichkeiten für Formulare. Der Bereich *Makro ausführen bei* in den Optionen der Formularfelder verfügt über zwei Felder, mit denen Ereignisse zum Makroaufruf benutzt werden können:

- EREIGNIS ruft das im darunterstehenden Feld angegebene Makro auf, wenn das Feld angesprungen,
- BEENDEN ruft das im darunterstehenden Feld angegebene Makro auf, wenn das Feld verlassen wird.

Lösung 2: Ereignisauswertung mit Inhaltssteuerelementen

Inhaltssteuerelemente haben keine Option, ein Makro aufzurufen wie die Formularsteuerelemente. Ersatzweise gibt es die VBA-Funktionen `ContentControlOnEnter` und `ContentControlOnExit`, die auf das Ereignis »Steuerelement betreten« bzw. »Steuerelement verlassen« reagieren. Leider lässt sich diese Funktion nicht auf bestimmte Steuerelemente eingrenzen; sie springt jedes Mal an, wenn irgendein Steuerelement verlassen wird.

Um diese Funktionen zu nutzen, benötigen Sie im VBA-Projekt im Ordner `ThisDocument` ein Makro
`Sub Document_ContentControlOnEnter(ByVal ContentControl As ContentControl)` bzw.
`Sub Document_ContentControlOnExit(ByVal ContentControl As ContentControl, Cancel As Boolean)`,
die beim Betreten oder Verlassen jedes Inhaltssteuerelements aufgerufen werden. Die Anpassung und Kalibrierung, welche Funktionen bei welchem Steuerelement ausgeführt werden sollen, ist aufwendig und lässt sich mit einem UserForm[5] meist leichter erledigen.

20.7 Formular als Vorlage speichern

Das Speichern von Formularen als Dokumentvorlagen bietet mehrere Vorteile.

Doppelklickverhalten einer Word-Vorlage

Speichern Sie geschützte Formulare mit SPEICHERN UNTER als *Word-Vorlage (*.dotx)*, dann wird beim Doppelklick darauf eine neue Word-Datei auf der Basis der Vorlage erstellt, ohne dass die Vorlage davon betroffen ist. Der Formularschutz wird in die Kopie übernommen. Sofern die Datei Makros (Anhang B) enthält, muss sie im Format .dotm gespeichert werden.

5 Formularfunktion des VBA

20.7.1 Eingangsabfragen bei Verwendung von Vorlagen

Sie können einer Dokumentvorlage Abfragen vorschalten, die beim Doppelkick abgefragt werden, bevor das Ausfüllen freigegeben wird.

Die Feldfunktionen {Fill-in} und {Ask} sind im Grunde einfach gestrickte Formularfelder.

{Fill-in}: Texteingabe im Dialog

Ein {Fill-in}-Feld wird an der Stelle im Text eingefügt, an der der Eingabewert erscheinen soll.

Wird ein Dokument anhand einer Vorlage erzeugt, aktualisiert Word die Felder und öffnet für jedes {Fill-in} eine Abfrage. Nach Klick auf wird die Eingabe an der Textposition des jeweiligen {Fill-in}-Felds angezeigt.

{Ask}: Abgefragte Variable wiederholen

Soll eine wiederholt anzuzeigende Variable vom Ausfüllenden eingegeben werden, ist es natürlich benutzerfreundlich, sie im Dialog nur einmal abzufragen. Dazu verwenden Sie die {Ask}-Funktion, die die Eingabe in einer im Feld zu benennenden Variable speichert und an mehreren Stellen im Text einfügt.

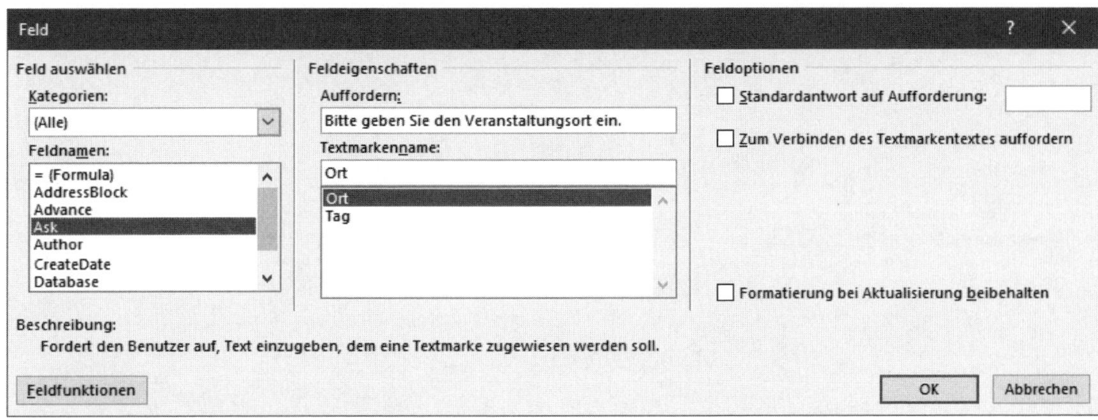

Abb. 20.11: Konfigurieren eines {ASK}-Felds

Auch {Ask}-Felder werden beim Neuanlegen eines Dokuments anhand einer Vorlagedatei in gleicher Weise wie {Fill-in}-Felder abgefragt.

Nach Klick auf werden

- der eingegebene Text in die Variable übernommen und
- alle referenzierten Felder, die sich auf diese Variable beziehen, aktualisiert.

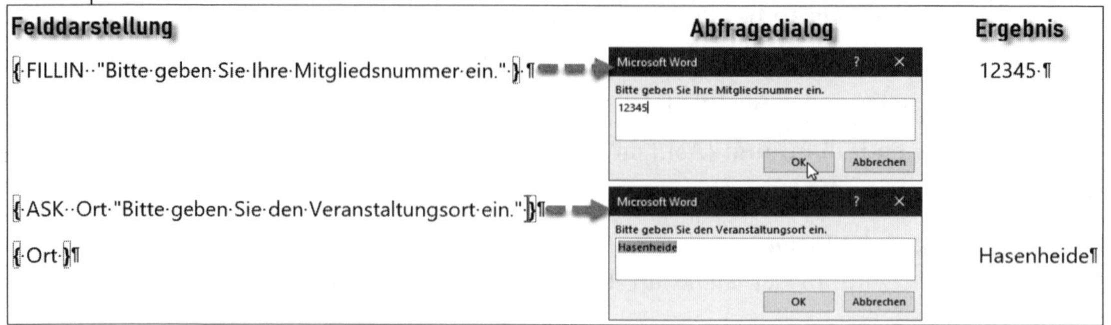

Abb. 20.12: Gegenüberstellung der Feldtypen

Kapitel 21

Serienbriefe

Grundlage für Serienbriefe sind

- ein Dokument mit dem Text, den alle Empfänger erhalten, und
- eine damit verknüpfte Datenquelle, aus der Word die empfängerspezifischen Daten zieht und an passender Stelle in jedes Dokument einfügt.

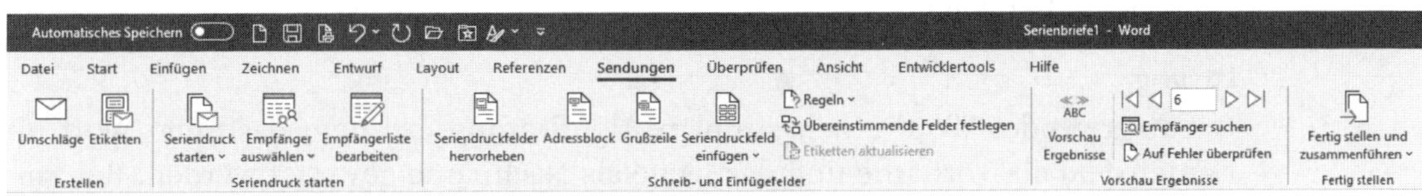

Abb. 21.1: Die Serienbriefwerkzeuge in der Registerkarte SENDUNGEN

> **Wichtig**
>
> Serienbriefe funktionieren nicht, wenn das Dokument als Formular geschützt ist, auch dann nicht, wenn Abschnitte vom Schutz ausgenommen sind (siehe Abschnitt 20.5).

21.1 Excel oder Access als Datenquelle nutzen

Die sicherste Datenquelle ist eine Excel- oder Access-Tabelle. Sie ist leicht zu erstellen und kann Logikfunktionen bei der Feldauswahl etc. besser erfüllen als Word. Haben Sie bereits eine fertige Empfängerliste vorliegen, verbinden Sie diese mit SENDUNGEN|*Seriendruck starten:* EMPFÄNGER AUSWÄHLEN|VORHANDENE LISTE VERWENDEN mit der Textdatei. Um auch das richtige Datenblatt einer Excel-Datei zu verwenden, fragt Word dies beim ersten Verbindungsaufbau explizit ab.

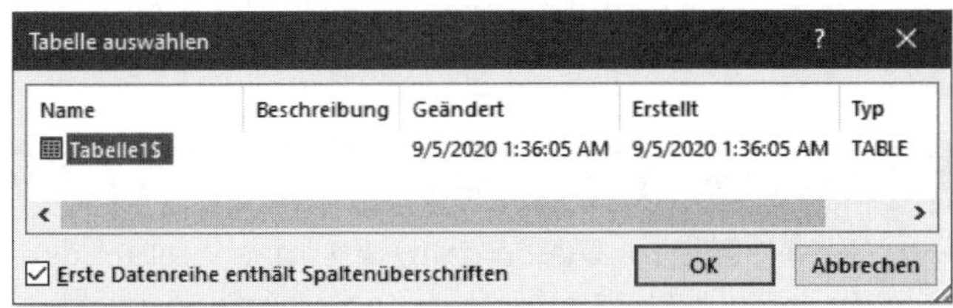

Abb. 21.2: Excel-Tabelle als Datenquelle verknüpfen

Sie können die Liste mit SENDUNGEN|*Seriendruck starten:* EMPFÄNGERLISTE BEARBEITEN direkt in Word bearbeiten.

21.2 Outlook-Kontakte als Datenquelle

Der Vorteil der Outlook-Kontakte besteht darin, dass eine Quelle bereits vorliegt. Zwar ist die Pflege dieser Daten ein wenig mühseliger als bei Excel und Access, aber Outlook bietet einen vorhandenen, dauergepflegten Bestand an Grunddaten.

21.2.1 Vor- und Zuname als separate Felder einrichten

In den Outlook-Kontakten werden Namen nicht nach Vor- und Nachnamen getrennt erfasst. Dennoch werden Ihnen «Vorname» und «Nachname» als separate Felder angeboten.

Lösung

Dazu verwendet Word einen simplen Algorithmus, bei dem das erste Wort im Namensfeld als Vorname und das letzte als Nachname gewertet werden. Bei Einträgen mit mehr als zwei Namensbestandteilen fällt dabei natürlich etwas »unter den Tisch«. Dem können Sie vorbeugen, indem Sie die Outlook-Kontakte im Feld WEITERE VORN. ergänzen, wie in Hack 21.2.3 beschrieben.

21.2.2 Fehlende Anrede und Postanschrift nachtragen

In den Kontakten fehlen normalerweise die korrekte Anrede und die Anschrift.

Lösung Anrede

1. Starten Sie Outlook.
2. Öffnen Sie mit START|*Suchen:* ADRESSBUCH Ihre Kontakte in Outlook.
3. Klicken Sie die Schaltfläche NAME neben dem Feld mit dem Namen des Empfängers. Ihnen wird angeboten, den Eintrag um Herr, Frau und andere Anreden zu ergänzen.

Erklärung

Outlook zieht zwar intern die Anrede mit dem Namen zusammen, wie in der Visitenkarte in Abbildung 21.3 zu sehen, doch für die Serienbrieferstellung ist dieser Eintrag unerlässlich und dort auch wieder trennbar, wie in Hack 21.3.2 beschrieben.

Hinweis

Es gibt noch einen weiteren einschlägigen Dialog zum Ergänzen fehlender Daten, den Sie mit KONTAKT|*Anzeigen:* DETAILS öffnen, der aber genauso wirkt.

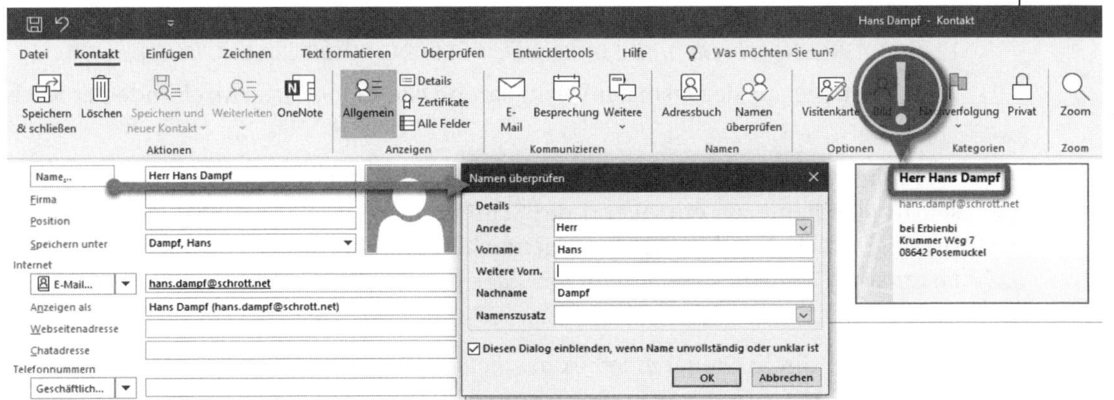

Abb. 21.3: Problematische Anredegestaltung in Outlook

Lösung Postanschrift

Sie tragen die Adresse im unteren Bereich des Datenteils entweder direkt im Feld ADRESSEN oder nach Klick auf den linken Teil der danebenliegenden Schaltfläche im Dialog ADRESSE überprüfen nach.

21.2.3 Weitere Daten ergänzen

Gelegentlich werden in Serienbriefen weitere variable Daten benötigt als Outlook anbietet.

Lösung

Weitere Datenfelder lassen sich die Datenfelder mit KONTAKT|*Anzeigen:* ALLE FELDER ergänzen.

Mit Klick auf NEU öffnen Sie den Dialog NEUE SPALTE, der dem Adressbuch ein »Benutzerdefiniertes Ordnerfeld« hinzufügt.

21.3 Platzhalterbehandlung

Zum korrekten Einmischen der aus den Datenquellen entnommenen Daten werden im Text spezielle «Platzhalter» benötigt.

21.3.1 Platzhalter für die von der Datenquelle übernommenen Daten einfügen

An den gewünschten Textpositionen müssen Sie Platzhalter einfügen, deren Namen mit den Überschriften der Spalten der Datenquelle übereinstimmen.

Lösung

1. SENDUNGEN | *Schreib- und Einfügefelder:* SERIENDRUCKFELD EINFÜGEN
2. Wählen Sie aus der Liste der verfügbaren Datenfelder das zutreffende per Klick aus.

Word fügt an der Schreibmarkenposition den Namen des Datenfelds, eingeschlossen in «Guillemets», ein. Wenn die Schreibmarke in diesem Feld steht und Sie [⇧]+[F9] drücken, sehen Sie die eigentliche Funktion in der Form: `{MERGEFIELD Feldname}`. Erneutes Betätigen von [⇧]+[F9] schaltet wieder zurück in die normale Ansicht.

Sie können direkt Steuercodes in das Feld einfügen, z.B. für Zahlendarstellung (Anhang A).

21.3.2 Geschlechtsspezifische Anrede

In der Registerkarte SENDUNGEN finden Sie zwei auf den ersten Blick verführerische Schaltflächen ADRESSE und GRUSSZEILE. Mit Letzterer ist nicht »Mit freundlichen Grüßen« gemeint, sondern die Begrüßungszeile am Beginn des Briefs »Sehr geehrte ...«.

Beide Assistenzfunktionen sind leider nicht brauchbar. Sie nehmen Ihnen zwar einige Arbeit ab, aber zulasten der korrekten Grammatik, die sich auch mit den Konfigurationsdialogen nicht befriedigend einstellen lässt.

Die deutsche Grammatik unterscheidet in der Anrede männlicher Empfänger zwischen Akkusativ in der Anschrift (Herrn) und Nominativ in der Begrüßung (Sehr geehrter Herr).

Eleganter geht das zu lösen, wenn Sie die Anreden frei gestalten und automatisch einfügen lassen, wie nachstehend beschrieben. Die Assistenten machen das auch nicht anders, aber mit einer für Word unüblichen Formelsprache.

Lösung 1

Bauen Sie sich die Adresse und Anrede aus einzelnen Platzhaltern selbst auf, sind Sie unabhängig von den Vorgaben der Assistenten und damit flexibler.

Verwenden Sie als maskulinen Eintrag im «Anrede»-Feld »Herrn«, kann er in der Adress-Anrede direkt eingefügt werden. Die Adresse könnte dann so lauten:[1]

```
{Mergefield Anrede }
{Mergefield Vorname }␣{ Mergefield Nachname }
{Mergefield Strasse }␣{ Mergefield Hausnr }
{Mergefield PLZ }␣{ Mergefield Ort }
```

1 Die Feldklammern { und } müssen mit [Strg]+[F9] eingefügt werden!

Für die Gruß-Anrede dagegen bedarf es einer Umwandlung von »Herrn« in »Herr«. In der Registerkarte SENDUNGEN finden Sie dazu eine Hilfsfunktion, die Ihnen die Entscheidungsfunktion nach Eingabe der Bedingung fertig liefert: REGELN in der Gruppe *Schreib- und Einfügefelder*. In einer Maske können Sie vorgeben, welche Bedingung in welcher Weise erfüllt sein muss, um zutreffendenfalls einen Text einzufügen, beim Nichtzutreffen einen anderen Text.

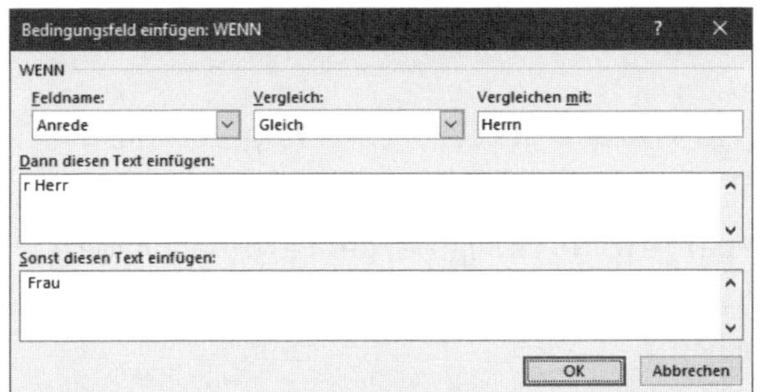

{·IF·{·MERGEFIELD·Anrede·}·=·"Herrn"·"r·Herr·"·"·Frau·"·}

Abb. 21.4: Assistent für die Entscheidung und Ergebnis als Feldfunktion

> **Wichtig**
>
> Anders als im {Mergefield} müssen bei der `IF`-Funktion die Datenfeldnamen in Feldklammern gesetzt werden. Beachten Sie das bei manueller Felderstellung!

21.3.3 Akademische Titel und protokollarische Anreden

Sind im Adressatenkreis Personen mit akademischen oder protokollarischen Titeln vorhanden, sollten Sie dafür ein zusätzliches Datenfeld «Titel» vorsehen und nicht, wie häufig zu sehen, ins Anredefeld einbeziehen.

Lösung

Die `IF`-Funktion wird in diesem Fall zweimal benötigt, in der Adressen-Anrede[2]

```
{Mergefield Anrede}␣{IF {Titel} = "" "" "{Mergefield Titel} "}
{Mergefield Vorname}␣{Mergefield Nachname}
{Mergefield Strasse}␣{Mergefield Hausnr}
{Mergefield PLZ}␣{Mergefield Ort}
```

und in der Gruß-Anrede

```
{IF {Anrede} = "Herrn" "r Herr" " Frau"}␣{IF {Titel} = "" "" "{
Mergefield Titel} "}␣{Mergefield Nachname}.
```

2 Die IF-Funktion prüft, ob das Feld Titel leer "" ist, fügt beim Zutreffen nichts "" ein, beim Nichtzutreffen den Inhalt von «Titel».

Leerzeichen beim automatischen Aufbau der Anrede berücksichtigen

Pragmatisch ist, das Datenfeld «Titel» bereits in der Datenquelle mit Leerzeichen zu beschließen, doch leicht wird es dort bei der Datenpflege vergessen.

Lösung

Es gibt einen Feldschalter `\f`, der dafür sorgt, dass ein vorgegebener Text zusätzlich eingefügt wird, wenn das Datenfeld *nicht leer* ist.

1. Bauen Sie Ihre Anrede wie folgt auf:
   «Anrede» ␣ «Titel»«Nachname»
   Beachten Sie, dass *nach* dem Feld «Titel» *kein* Leerzeichen vorgegeben ist!
2. Schalten Sie nun mit Alt+F9 um in die Feldansicht, sehen Sie
3. `{Mergefield Anrede}␣{Mergefield Titel}{Mergefield Nachname}`
4. Ergänzen Sie das Mergefield Titel um den Feldschalter `\f` gefolgt von einem Leerzeichen in Anführungszeichen:
   `{Mergefield Titel \f " "}`

Damit setzt Word automatisch ein Leerzeichen nach dem Titel, sofern im Feld «Titel» überhaupt etwas steht.

5. Schalten Sie mit Alt+F9 zurück in die normale Darstellung.

21.3.4 Leere Zeilen unterdrücken (z.B. zweite Adresszeile)

Ein vergleichbares Problem wie bei den Titeln besteht bei leeren Datenfeldern, die im Brief eine komplette Zeile einnehmen, wenn sie gefüllt sind.

Häufig findet man solche Situation in Anschriften mit einem zweiten Anschriftenfeld mit Zusätzen wie »bei« oder »Haus III«. Steht in der Anschrift das Feld «Adresszeile_2» in einem eigenen Absatz und «Adresszeile_2» ist leer, entsteht ein leerer Absatz im Anschriftenblock.

Lösung

1. Entfernen Sie den kompletten Absatz «Adresszeile_2» und setzen Sie die Schreibmarke direkt hinter «Adresszeile_1».
2. Rufen Sie die Maske für ein Bedingungsfeld mit REGELN|WENN...DANN...SONST auf.
3. Füllen Sie diese Maske aus, wie in Abbildung 21.5 zu sehen.

Auch die Absatzschaltung mit ↵ gehört in das »Dann«-Feld , weil ja bei leerem Feld die Leerzeile vermieden werden soll. Der Eintrag xxx dient nur als Platzhalter, weil an dieser Stelle keine Seriendruckfelder eingefügt werden können. Im »Sonst«-Feld steht nichts, weil ja nur etwas passieren soll, wenn die Bedingung erfüllt ist, sonst nichts.

4. **OK**
5. Markieren Sie die Zeile mit «Adresszeile_1» und drücken Sie ⇧+F9, um für diese Zeile die Feldfunktionen anzuzeigen.
6. Ersetzen Sie den Behelfseintrag xxx durch Einfügen des Datenfelds «Adressfeld_2».
7. Markieren Sie die Zeile und drücken Sie ⇧+F9, um für diese Zeile zur normalen Darstellung zurückzukommen.

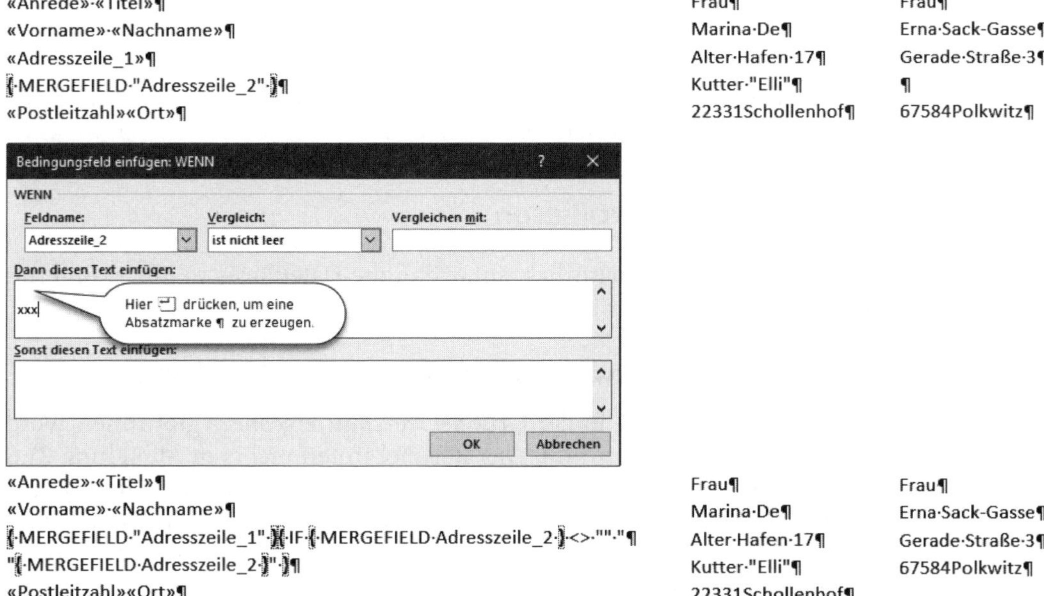

Abb. 21.5: Leerzeilen-Unterdrückung bei leeren Datenfeldern, rechts Beispiele ohne und mit Bedingungsabfrage

21.3.5 Zahlen und Kalenderdaten richtig darstellen

Für viele Word-Nutzer ist es enttäuschend, wenn zum ersten Mal Zahlen in einen Serienbrief eingemischt werden. Obwohl diese in der Datenquelle richtig formatiert wurden, dort auch korrekt dargestellt werden, erscheinen sie im Serienbrief anders. Der Grund dafür ist, dass Excel die Zahlen anders speichert als darstellt. Word übernimmt die unformatierten Werte und bestimmt die Formatierung der Serienbrieffelder mit eigenen Formatschaltern.

Pragmatische Lösung

Ergänzen Sie die Datenquelle um eine zusätzliche Spalte, in der die Zahlen mit `=TEXT(Herkunftsfeld;"Formatierung")` in für Word direkt lesbare Texte umgewandelt werden. Nehmen wir an, es handele sich um die Datumsangabe für eine Frist in Spalte F «Frist», lautete die Formel in Spalte G «FristText» `=TEXT(F2;"tt.MM.jjjj")`. Im Serienbrief geben Sie das Feld «FristText» anstatt «Frist» an.

Professionelle Lösung
Versehen Sie die Felder des Serienbriefs mit eigenen Formatschaltern. Dazu markieren Sie das Feld und betätigen [⇧]+[F9], um in die Felddarstellung zu wechseln. Sie sehen anstatt «Frist» in dieser Ansicht `{ Mergefield Frist }`. Den Feldinhalt ergänzen Sie um `\@ "d. MMMM yyyy` und wechseln mit erneutem [⇧]+[F9] in die Standardansicht zurück. Am Platzhalter gibt es keine Veränderung, doch sobald Sie in die Vorschau wechseln, sehen Sie dieses Datum unabhängig von der Darstellung in Excel als ausgeschriebenes Datum der Form »1. Oktober 2023«.

Sie können natürlich auch eine andere Darstellung wählen. In Anhang A sind alle Feldschalter und Formatierungscodes aufgelistet.

21.4 Serienbrief kontrollieren

Ein Serienbrief funktioniert natürlich nur, wenn die Datenbasis valide ist und mit den Platzhaltern im Text übereinstimmt.

21.4.1 Unstimmigkeiten zwischen Datenquelle und Platzhaltern finden

Mit AUF FEHLER ÜBERPRÜFEN in der Gruppe *Vorschau Ergebnisse* gibt Ihnen Word Bescheid, wenn etwas nicht stimmt. Das Beispiel unten rechts in Abbildung 21.6 kann vorkommen, wenn ein Serienbrief mit einer anderen als der üblichen Datenquelle verbunden wird, in der die Datenbezeichnungen des Serienbriefs nicht vorkommen. Im Testdurchlauf können Sie das sofort mit der Auswahl des passenden Spaltennamens korrigieren.

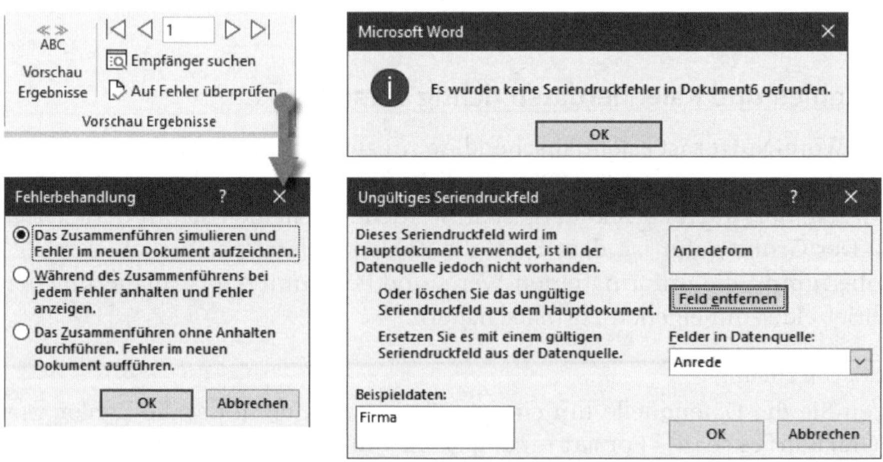

Abb. 21.6: Fehlerkontrolle bei Serienbriefen

21.4.2 Datenfeld- mit Platzhalterbezeichnungen abgleichen

Bevor der Fehlersuch-Assistent etwas moniert, können Sie schon vorsorglich die Felder aneinander anpassen, indem Sie mit ÜBEREINSTIMMENDE FELDER FESTLEGEN in der Gruppe *Schreib- und Einfügefelder* für eine Zuordnung der Datenbezeichnungen der Quelle zum Serienbrief sorgen.

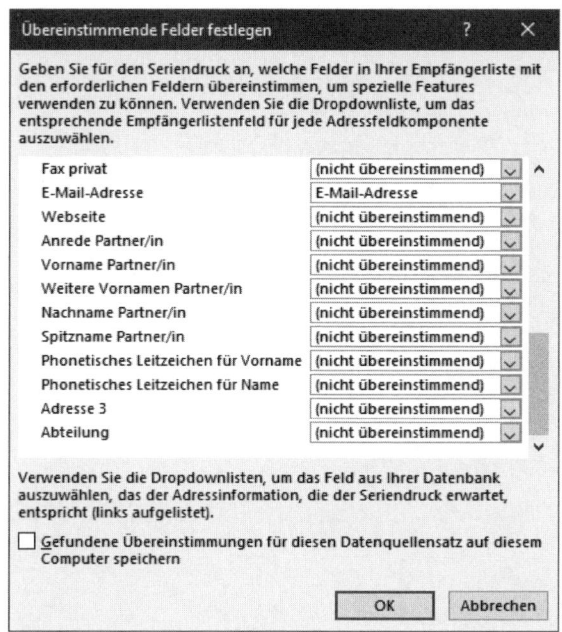

Übereinstimmende Felder festlegen

Geben Sie für den Seriendruck an, welche Felder in Ihrer Empfängerliste mit den erforderlichen Feldern übereinstimmen, um spezielle Features verwenden zu können. Verwenden Sie die Dropdownliste, um das entsprechende Empfängerlistenfeld für jede Adressfeldkomponente auszuwählen.

Fax privat	(nicht übereinstimmend)
E-Mail-Adresse	E-Mail-Adresse
Webseite	(nicht übereinstimmend)
Anrede Partner/in	(nicht übereinstimmend)
Vorname Partner/in	(nicht übereinstimmend)
Weitere Vornamen Partner/in	(nicht übereinstimmend)
Nachname Partner/in	(nicht übereinstimmend)
Spitzname Partner/in	(nicht übereinstimmend)
Phonetisches Leitzeichen für Vorname	(nicht übereinstimmend)
Phonetisches Leitzeichen für Name	(nicht übereinstimmend)
Adresse 3	(nicht übereinstimmend)
Abteilung	(nicht übereinstimmend)

Verwenden Sie die Dropdownlisten, um das Feld aus Ihrer Datenbank auszuwählen, das der Adressinformation, die der Seriendruck erwartet, entspricht (links aufgelistet).

☐ Gefundene Übereinstimmungen für diesen Datenquellensatz auf diesem Computer speichern

OK Abbrechen

Abb. 21.7: Feldbezeichnungen zwischen Datenquelle und Serienbrief synchronisieren

Kapitel 22

Zusammenarbeit und Workflow

Für den Austausch elektronischer Dokumente und paralleler oder sequenzieller Arbeit daran bietet Word Unterstützung durch verschiedene Assistenzfunktionen.

22.1 Schriften werden falsch angezeigt

Bei der Weitergabe von Word-Dokumenten wird oft nicht bedacht, ob im Text verwendete Schriftarten evtl. nicht auf dem Rechner des Empfängers vorhanden sind, weshalb das Dokument dort falsch dargestellt wird.

Lösung 1: Schriften einbetten

Im SPEICHERN-Dialog lassen sich solche Schriften in das Dokument einbetten mit TOOLS | SPEICHEROPTIONEN | SCHRIFTARTEN IN DATEI EINBETTEN.

Leider ist das Einbetten von Schriften mit zwei Handicaps verbunden:

- Die eingebetteten Font-Dateien schlagen sich in der Dateigröße nieder. Dies lässt sich abmildern, indem Sie die Option NUR IM DOKUMENT VERWENDETE ZEICHEN EINBETTEN aktivieren.
- Manche Schriftdesigner schützen ihre Produkte gegen das Einbetten. Ein Eintrag in den Metadaten der Font-Dateien hindert Word am Einbetten.

Lösung 2: Cloud-Schriften

zur Info-Seite Cloud-Schriften

Microsoft bietet im Zuge der voranschreitenden Virtualisierung der Kommunikation zur eigentlichen Font-Grundausstattung »Cloud-Schriften« an, die in der Schriftartauswahl mit dem Symbol gekennzeichnet sind und bei Verwendung heruntergeladen werden. Damit vermeidet man das früher häufig störende Problem, dass beim Empfänger eines Word-Dokuments darin verwendete Schriften nicht installiert waren und vom Betriebssystem substituiert wurden, was oft zu Layout-Katastrophen führte.

Hinweise

- Erforderlich zur Nutzung ist ein Abonnement für Microsoft 365.
- Heruntergeladene Schriften speichert Windows im Ordner `%localappdata%\Microsoft\FontCache\4\CloudFonts`[1].
- Korrekt angezeigt werden Dokumente mit Cloud-Schriften auch auf Rechnern, auf denen Word 2019 oder 2021 installiert ist.

22.2 Der Überarbeitungsmodus

Im Überarbeitungsmodus werden alle Änderungen protokolliert und lassen sich im Nachhinein überprüfen.

22.2.1 Änderungen nachverfolgen

Um die Überarbeitungen zu dokumentieren, starten Sie den Überarbeitungsmodus mit ÜBERPRÜFEN|ÄNDERUNGEN NACHVERFOLGEN (oben) oder per Tastatur mit [Strg]+[⇧]+[E].

Neu hinzugekommen ist eine Möglichkeit zum Einschalten des Überarbeitungsmodus: Die Schaltfläche BEARBEITUNG ganz rechts im Menüband klappt ein Menü auf, in dem Sie von BEARBEITUNG auf ÜBERPRÜFEN oder ANZEIGEN umschalten können, ohne in die Registerkarte ÜBERPRÜFEN zu wechseln.

Der Überarbeitungsmodus wird mit dem Dokument gespeichert; beim nächsten Öffnen befindet sich das Dokument weiterhin im Überarbeitungsmodus.

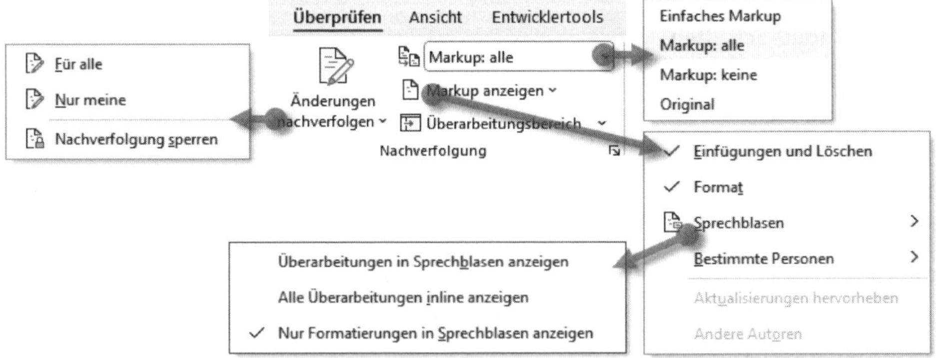

Abb. 22.1: Überarbeitungswerkzeuge

1 Diese Pfadangabe ist universell, um direkt den Font-Cache aufzurufen, unabhängig vom angemeldeten User.

Hinweise

- Die Überarbeitungswerkzeuge und ihre Bezeichnungen differieren versionsabhängig, besonders bei der Freihandeingabe und in der Gruppe NACHVERFOLGUNG.
- Die Option NUR MEINE, mit der Sie nur Ihre eigenen Änderungen registrieren, existiert erst ab Version 2021.
- Die Freihandwerkzeuge stehen nur dann zur Verfügung, wenn ein entsprechendes Eingabemedium (Grafiktablett, Touchscreen) vorhanden ist.

22.2.2 Änderungen werden nicht angezeigt

Trotz eingeschalteter Nachverfolgung werden Änderungen nicht oder nur teilweise angezeigt.

Lösung

Änderungen werden abhängig von der Einstellung der »Markup«-Anzeige angezeigt. Mit Markups bezeichnet Word alle Änderungen, die im Überarbeitungsmodus vorgenommen wurden. Von jeher sind die Anzeigemodi der Markups sehr kryptisch und von Version zu Version variiert worden. Tabelle 22.1 zeigt eine aktuelle Übersicht, welche Einstellung sich wie auf die Anzeige der Änderungen auswirkt.

Markup	Anzeige
Markup: alle	Änderungen durchgeführt, Inline-Überarbeitungen markiert, Sprechblasen sichtbar
Einfaches Markup	Änderungen durchgeführt, nur Randmarkierungen
Markup: keine	So sähe das Dokument aus, wenn Sie alle Änderungen annehmen.
Original	Ansicht der ursprünglichen Fassung vor der Überarbeitung

Tabelle 22.1: Bedeutung der Markup-Varianten

Hinweis

Sofern Sie Positionsrahmen in Ihrem Dokument verwenden, kann es beim Umschalten der Markup-Ansichten zu eigenartigen Darstellungsfehlern kommen, zum Glück ohne Auswirkungen auf die Korrekturen.

Mit MARKUP ANZEIGEN | SPRECHBLASEN lässt sich die Zuordnung der Sprechblasen individualisieren.

Inlinemodus

MARKUP ANZEIGEN|SPRECHBLASEN|ALLE ÜBERARBEITUNGEN INLINE ANZEIGEN zeigt Änderungen direkt im Text an:

- **Textlöschungen** werden nicht vollzogen, sondern durchgestrichen und eingefärbt.
- **Texteinfügungen** werden durch Einfärbung und Unterstreichung gekennzeichnet.

In beiden Fällen zeigt zusätzlich eine senkrechte graue Linie am Absatzrand an, dass etwas geändert wurde.

Ein Klick auf diese Linie blendet die Inline-Änderungsmarkierungen aus und wieder ein. Sie sehen dann nur eine rote Randmarkierung und die geänderte Fassung.

graue Linien mit Anzeige der Änderungen

In beiden Fällen zeigt zusätzlich eine ~~senkrechter~~ senkrechte ~~grauer~~ graue ~~Strich~~ Linie am Absatzrand an, dass etwas geändert wurde.

Ein Klick auf diese Linie blendet die Inline-Änderungsmarkierungen aus und wieder ein. Sie sehen dann nur eine rote Randmarkierung und die geänderte Fassung.

rote Linien mit Anzeige der Neufassung

In beiden Fällen zeigt zusätzlich eine senkrechte graue Linie am Absatzrand an, dass etwas geändert wurde.

Ein Klick auf diese Linie blendet die Inline-Änderungsmarkierungen aus und wieder ein. Sie sehen dann nur eine rote Randmarkierung und die geänderte Fassung.

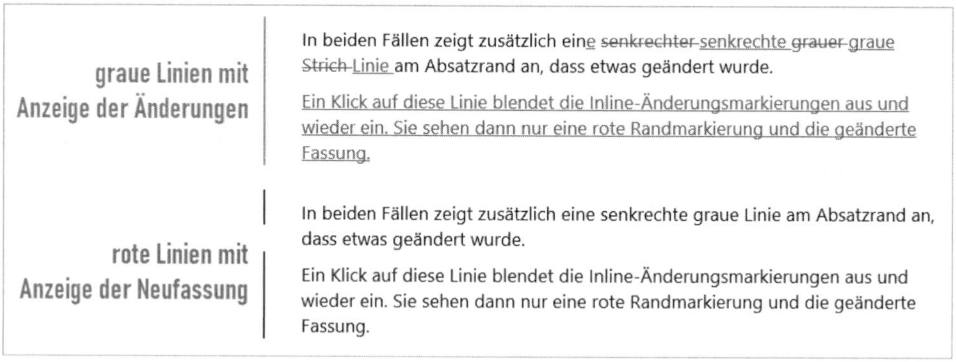

Abb. 22.2: Varianten der Inline-Überarbeitungsanzeige

Sprechblasenmodus

MARKUP ANZEIGEN|SPRECHBLASEN|ÜBERARBEITUNGEN IN SPRECHBLASEN ANZEIGEN vollzieht *Textlöschungen* und *Texteinfügungen* im Text, sie werden in einer Sprechblase am Seitenrand protokolliert. In beiden Fällen zeigt wie beim Inlinemodus eine senkrechte graue Linie am Absatzrand an, dass etwas geändert wurde.

Gemischter Modus

MARKUP ANZEIGEN|SPRECHBLASEN|NUR FORMATIERUNGEN IN SPRECHBLASEN ANZEIGEN ist übersichtlicher als die anderen beiden. Die Inline-Anzeige beschränkt sich auf Textänderungen, während Formatänderungen ins Marginal ausgelagert werden.

22.2.3 QuickInfo zu Änderungen deaktivieren

Beim Überstreichen einer überarbeiteten Textstelle mit dem Mauszeiger wird zusätzlich ein Infofenster mit Angabe der Überarbeitungen eingeblendet. Diese Information kann bei größeren Änderungen stören.

Lösung
Schalten Sie die Option DATEI | OPTIONEN | ANZEIGE | DOKUMENT-QUICKINFOS BEIM DARAUFZEIGEN ANZEIGEN ab.

22.2.4 Bearbeitern Korrekturfarben zuordnen

Wer geändert hat, erkennen Sie im QuickInfo beim Überstreichen der überarbeiteten Textstelle mit der Maus; dort erscheint der Office-Benutzername des Korrektors. Zur Unterscheidung werden durch die Voreinstellung *Nach Autor*[2] aufeinanderfolgende Korrekturen unterschiedlicher Bearbeiter mit unterschiedlichen Farben gekennzeichnet. Die Farben werden nach einem internen Zufallssystem festgelegt, was die Übersicht erschwert.

Lösung
Legen Sie diese Farben und andere Details in den ERWEITERTEN OPTIONEN fest: ÜBERPRÜFEN | *Nachverfolgung:* ↘/ERWEITERTE OPTIONEN

Die Befehle AKTUALISIERUNGEN HERVORHEBEN und ANDERE AUTOREN sind nur aktiv, wenn ein Dokument zur gemeinsamen Bearbeitung freigegeben ist.

22.3 Umgang mit Korrekturen

Sie erhalten Ihr Dokument nach der Korrektur oder aus dem Workflow zurück und finden darin Änderungen und Kommentare. Es ist an Ihnen, zu entscheiden, ob die Änderungen übernommen oder verworfen werden.

22.3.1 Das Überarbeitungsfenster nutzen

Die Prüfung in der Druckansicht kann bei zahlreichen Änderungen unübersichtlich sein.

Lösung
Mit ÜBERPRÜFEN | *Nachverfolgung:* ÜBERARBEITUNGSBEREICH öffnen Sie ein zusätzliches Fenster, in dem alle Änderungen und Kommentare ohne Kontext aufgelistet sind. Sie springen gezielt zu den Überarbeitungspositionen, wenn Sie diese im

2 Leider ist die diesbezügliche Einstellung seit jeher falsch verbalisiert: Die Farbwahl »Nach Autor« meint »Nach Korrektor«.

Überarbeitungsfenster anklicken; der Text im Hauptfenster macht diesen Sprung automatisch mit.

Mit der Schaltfläche ⌄ neben ÜBERARBEITUNGSFENSTER/-BEREICH entscheiden Sie, ob das Überarbeitungsfenster neben oder unter dem Hauptfenster erscheint.

22.3.2 Korrekturen annehmen oder ablehnen

Zur Übernahme oder Ablehnung der Korrekturen gibt es mehrere Wege.

Lösung 1: Menüband

In der Registerkarte ÜBERPRÜFEN gibt es Schaltflächen für das ANNEHMEN oder ABLEHNEN von Korrekturen und zum Springen zur nächsten überarbeiteten Textstelle; sie sind in allen Versionen geteilt: Ein Klick auf den linken/oberen Teil nimmt die Änderung des markierten Texts oder an der Schreibmarkenposition an oder lehnt sie ab. Ein Klick auf den unteren Teil bietet erweiterte Funktionen und vor allem die bequeme Annehmen-/Ablehnenfunktion mit sofort anschließendem Sprung zur nächsten Überarbeitungsposition.

Lösung 2: Rechtsklick in die Überarbeitung

Die Kontextmenüs und die Minisymbolleiste erlauben Ihnen nach Rechtsklick die wichtigsten Funktionen des Menübands »vor Ort«; so sparen Sie Mauskilometer.

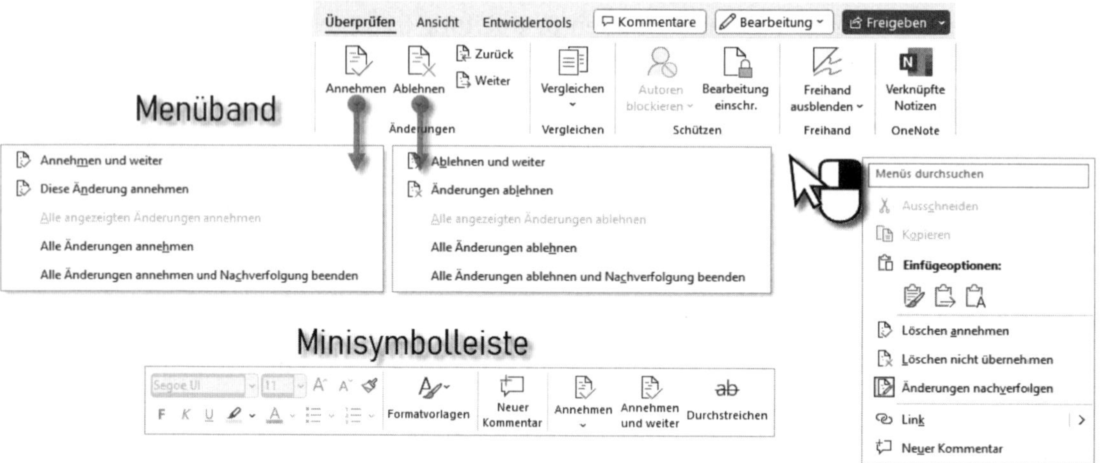

Abb. 22.3: Möglichkeiten der Korrekturannahme/-ablehnung

Lösung 3: Klick in die Überarbeitung (noch im Betastadium)

Die bequemste Lösung befindet sich noch im Teststadium. Bei Klick in die überarbeitete Passage zeigt Ihnen ein Popup-Fenster den Text wie in der Einstellung MARKUP: KEINE. Mit den Schaltflächen ✔ oder ✖ nehmen Sie die Änderung an oder lehnen sie ab.

22.3.3 Gleichartige Überarbeitungen schnell annehmen oder ablehnen

Der Überarbeitungsmodus ist leider etwas übereifrig. Manche Überarbeitungen haben Folgewirkungen, die ebenfalls protokolliert werden, was zu einem erhöhten Aufwand beim Prüfen der Änderungen führt. Wie diese Änderungen ökonomisch nachgearbeitet werden können, sei am Beispiel von Bildunterschriften beschrieben:

Wird eine beschriftete Abbildung gelöscht, eingefügt oder ausgetauscht, ist das der Anlass zum Fortschreiben der Beschriftungsnummerierungen.

Abbildung·23.8~~23.6~~:·Überflüssiger·Korrekturvermerk¶

Abb. 22.4: Überflüssiger Korrekturvermerk

Diese völlig unnütze Änderungsnotiz zieht sich durch das gesamte folgende Dokument.

Lösung

1. Markieren Sie die Bildunterschrift.
2. START | *Bearbeiten*: MARKIEREN | TEXT MIT ÄHNLICHER FORMATIERUNG MARKIEREN
3. ÜBERPRÜFEN | ANNEHMEN (unten) | DIESE ÄNDERUNG ANNEHMEN

Da sich der Befehl DIESE ÄNDERUNG ANNEHMEN auf alle markierten Texte bezieht, werden alle Überarbeitungsvermerke in Bildunterschriften und anderen mit derselben Formatvorlage gestalteten Objektunterschriften getilgt.

22.4 Dokumente vergleichen

Hat jemand in Ihrem Dokument Änderungen vorgenommen, aber die Überarbeitungsverfolgung abgeschaltet? Kein Problem, auch dafür hält Word ein Werkzeug bereit.

Lösung

ÜBERPRÜFEN | VERGLEICHEN | VERGLEICHEN erlaubt Ihnen, verschiedene Arbeitsstände eines Dokuments gegenüberzustellen oder zusammenzuführen, wobei von Word alle Abweichungen in gleicher Form wie beim Überarbeitungsmodus markiert werden.

Sie können die Veränderungen ebenso ablehnen oder annehmen, wie in Hack 22.3.1 beschrieben. Die Vergleichsergebnisse lassen sich als eigenes Dokument speichern.

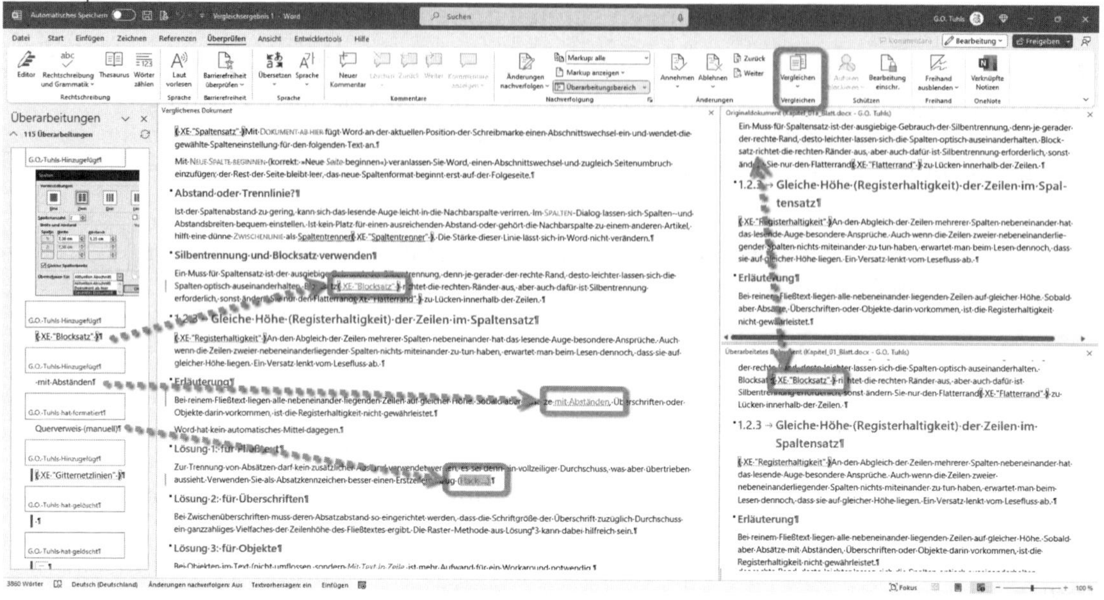

Abb. 22.5: Vergleichsmodus: links Protokoll, Mitte zusammengeführtes Dokument mit Änderungsmarkierungen, rechts beide verglichenen Dokumente im Original

22.5 Kommentare

Mit der Kommentarfunktion lassen sich Anmerkungen zum bearbeiteten Text als Sprechblase am Seitenrand anfügen. Word 365 kennt zusätzlich zur Standardversion im Kontext zum kommentierten Text auch eine listenförmige, komprimierte Darstellung mit einer eigenen Kommentarspalte als Aufgabenbereich rechts neben dem Textfenster.[3]

22.5.1 Welche Kommentarvariante nutzen?

Sie schalten

- mit der Schaltfläche KOMMENTARE oben rechts im Menüband oder
- ÜBERPRÜFEN|*Kommentare:* KOMMENTARE ANZEIGEN

zwischen den Varianten um.

»Moderne Kommentare« abschalten

Die Option DATEI|OPTIONEN|ALLGEMEIN|MODERNE KOMMENTARE VERWENDEN schaltet total um auf die »klassischen« Kommentare. Sie wird erst wirksam, wenn Word neu gestartet wird.

3 Aus unerfindlichen Gründen »Moderne Kommentare« genannt

Wechselnde Bedienelemente

Sofern die »Modernen Kommentare« aktiv sind, passt sich die Bedienung der »klassischen« Kommentare den »modernen« an.

22.5.2 Kommentar einfügen

Zunächst setzen Sie Ihre Schreibmarke an die Position im Text, auf die sich der Kommentar beziehen soll.

- Mit der Schaltfläche NEUER KOMMENTAR in der Registerkarte ÜBERPRÜFEN oder
- per Tastatur mit [Strg]+[Alt]+[K] oder
- in Word 365 mit der Schaltfläche NEU im Aufgabenbereich KOMMENTARE

fügen Sie eine Kommentarsprechblase ein, die Sie ausfüllen und

- bei »klassischen« Kommentaren in den Text zurückwechseln, aber
- bei eingeschalteten »Modernen Kommentaren« mit Klick auf die Schaltfläche ➢/✓ bestätigen müssen.

Im Randbereich neben dem Text erscheint zusätzlich ein Sprechblasensymbol 🗨[4] am Textrand. Kommentierte Textpassagen sind farbig hinterlegt. Klicken Sie diese Markierung oder das Symbol an, wird der zugehörige Kommentar hervorgehoben.

Vorsicht beim Drucken mit Sprechblasen

Das Dokument wird *ohne Formatänderung* um die Sprechblasenspalte erweitert. Beim Druck wird der Text verkleinert, wenn eine aktive Sprechblasenspalte vorhanden ist. In den Nachverfolgungsoptionen ÜBERPRÜFEN | *Nachverfolgung:* ↘ | ERWEITERTE OPTIONEN lässt sich ein Formatwechsel auf Querformat einstellen, um die Verkleinerung zu vermeiden. Welche Variante der Kommentardarstellung Sie eingestellt haben, ist dabei unerheblich.

22.5.3 Kommentare bearbeiten

Sie können auf Kommentare antworten, indem Sie

- in »klassischen« Kommentaren auf Beantworten klicken und ins daraufhin erscheinende Textfeld schreiben bzw.
- in »modernen« Kommentaren ins permanent vorhandene Antwortfeld klicken, hineinschreiben und mit ➢/✓ bestätigen.

4 Oder versionsabhängig ein ähnliches Symbol; Microsoft variiert halt gern.

BEHEBEN/THREAD AUFLÖSEN/KOMMENTAR AUFLÖSEN kennzeichnet den Kommentar als *erledigt* bzw. *gelöst*, entfernt ihn aber nicht. Das Sprechblasensymbol ändert sich zu ☑.

Mit Klick auf ▼ bzw. ↶ ERNEUT ÖFFNEN kann er reaktiviert werden.

Gelöscht werden Kommentare nur mit der Funktion THREAD/KOMMENTAR LÖSCHEN im Dreipunkt-Menü •••.

Dabei ist die Position der Schreibmarke in der Kommentarblase zu beachten:

- Steht die Schreibmarke im primären Kommentar, bewirkt KOMMENTAR LÖSCHEN die Löschung der gesamten Kommentarblase nebst Antworten.
- Steht die Schreibmarke in einer Antwort, wird nur diese gelöscht.

22.6 Bearbeitungsmöglichkeiten einschränken

Sofern Sie erwarten, dass nichts geändert oder verbessert, sondern nur lesend geprüft wird, verwenden Sie die Aufforderung für den schreibgeschützten Modus, die Sie wie folgt beim Speichern einschalten:

1. Im SPEICHERN UNTER-Dialog klicken Sie auf die Schaltfläche TOOLS links neben SPEICHERN, in der aufklappenden Auswahl dann auf ALLGEMEINE OPTIONEN.
2. Aktivieren Sie im Dialog ALLGEMEINE OPTIONEN die Option SCHREIBSCHUTZ EMPFEHLEN.

Word öffnet eine so markierte Datei im Lesemodus und bietet an, es im schreibgeschützten Modus zu öffnen.

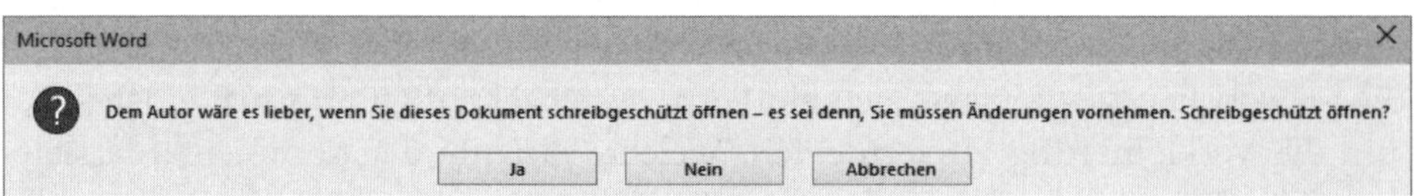

Abb. 22.6: Der Leser darf über den Schutz entscheiden.

NEIN sorgt dafür, dass das Dokument ohne Einschränkung bearbeitet und gespeichert werden kann.

JA dagegen bewirkt, dass zwar geändert werden darf, jedoch lässt sich das Dokument nicht zurückspeichern, sondern muss unter anderem Namen oder in einem anderen Ordner gespeichert werden.

22.6.1 Bearbeitung einschränken

Word bietet für zu überprüfende Dateien die Möglichkeit, die Bearbeitung des Korrektors auf bestimmte Möglichkeiten eingrenzen.

Lösung

Hierzu empfiehlt sich die Schutzfunktion ÜBERPRÜFEN|BEARBEITUNG EINSCHR.

Daraufhin erscheint rechts der Aufgabenbereich [FORMATIERUNG UND]BEARBEITUNG EINSCHRÄNKEN

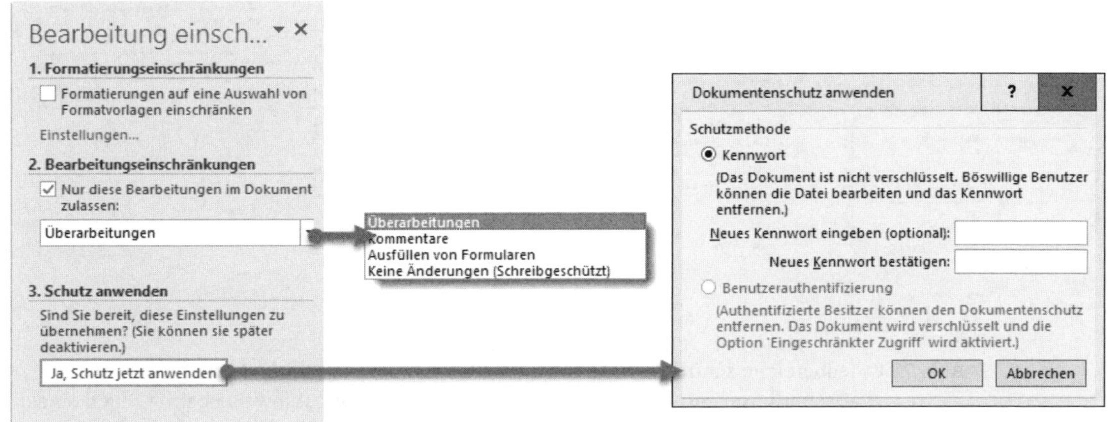

Abb. 22.7: Nur bestimmte Bearbeitungen zulassen und Teile des Dokuments schützen

Die erste Beschränkungsrubrik FORMATIERUNGSEINSCHRÄNKUNGEN grenzt die verfügbaren Formatvorlagen ein. Sie dient vornehmlich der Wahrung einer Corporate Identity.

In den Bearbeitungseinschränkungen geht es um Änderungen am Inhalt, wobei KEINE ÄNDERUNGEN gleichbedeutend mit einer Beschränkung auf das schreibgeschützte Lesen des Dokuments ist.

Das Zulassen von ÜBERARBEITUNGEN oder KOMMENTAREN erlaubt dem Korrektor nur diese Arbeiten im Überarbeitungsmodus.

22.6.2 Dokument teilweise schützen

Beim Dokumentversand ist es manchmal nützlich, Teile eines Dokuments vom Änderungsschutz auszunehmen und Bearbeitungen zuzulassen.

Lösung

Wenn Sie im Register ÜBERPRÜFEN|BEARBEITUNG EINSCHR., Aufgabenbereich BEARBEITUNG EINSCHRÄNKEN unter 2. die totale Beschränkung KEINE ÄNDERUNGEN (SCHREIBGESCHÜTZT) eingestellt haben, lässt dieser Schutz Ausnahmen zu.

1. Markieren Sie jene Teile des Texts, die vom Schutz ausgenommen werden sollen.
2. Aktivieren Sie JEDER oder

3. tragen Sie in das mit WEITERE BENUTZER zu öffnende Feld die Office-Anmeldenamen der Berechtigten ein.

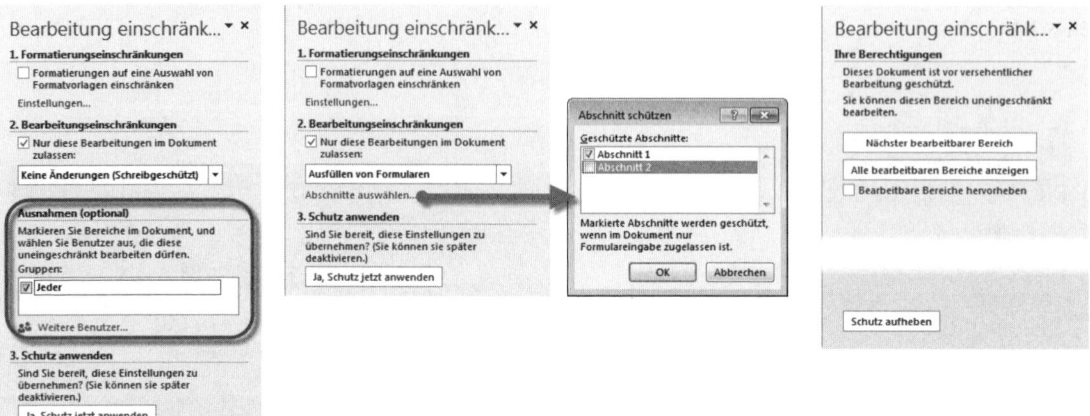

Abb. 22.8: Teilbereiche schützen: links die Einstellungen bei Vollschutz, Mitte bei abschnittsweisem Formularschutz, rechts Bearbeitungshinweise beim Öffnen eines geschützten Dokuments

Die so freigegebenen Textbereiche werden durch übergroße graue, eckige Klammern gekennzeichnet, ähnlich einer Textmarke.

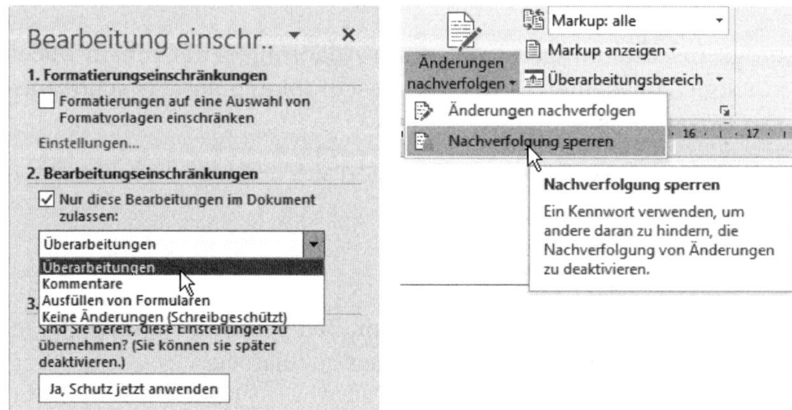

Abb. 22.9: Verschiedene Methoden zum Erzwingen des Überarbeitungsmodus

Diese Lösung funktioniert nicht, wenn Formularfelder im Text vorhanden sind. In diesem Fall ist die in Hack 20.5.3 beschriebene Abschnittsausnahme erforderlich.

22.6.3 Überarbeitungsmodus erzwingen

Die Änderungsverfolgung lässt sich von jedem Bearbeiter abschalten. Damit haben Sie keine Kontrolle, ob wirklich alle Änderungen protokolliert wurden.

Lösung 1

1. Rufen Sie mit ÜBERPRÜFEN|BEARBEITUNG EINSCHR. den Dialog [FORMATIERUNG UND] BEARBEITUNG EINSCHRÄNKEN auf.
2. Klappen Sie die Liste in Pkt. 2 »Bearbeitungseinschränkungen« auf und wählen Sie die Einstellung ÜBERARBEITUNGEN aus.
3. Klicken Sie auf JA, SCHUTZ JETZT ANWENDEN und vergeben Sie ein Passwort.

Lösung 2

Die untere Hälfte der Schaltfläche ÄNDERUNGEN NACHVERFOLGEN in der Registerkarte ÜBERPRÜFEN öffnet den Zugriff auf die Funktion NACHVERFOLGUNG SPERREN, die dieselbe Wirkung wie Lösung 1 hat und sofort zur Kennwortvergabe durchstartet.

22.6.4 Schutz vor dem Versenden mit unbereinigten Überarbeitungen

Dokumente mit Überarbeitungsmarkups sollten nur innerhalb der Beteiligten ausgetauscht werden.

Wenn Sie ein überarbeitetes Dokument noch nicht abschließend überprüft haben, kann es peinlich sein, dieses mit Überarbeitungshinweisen und Kommentaren an Dritte zu verschicken oder gar zu publizieren.

Lösung

Damit Ihnen solches nicht versehentlich passiert, gibt es in den Funktionen zum Speichern, Drucken und Versenden eine Warnoption, die auf das Vorliegen noch unerledigter Überarbeitungsvermerke hinweist.

DATEI|OPTIONEN|TRUSTCENTER|EINSTELLUNGEN FÜR DAS TRUSTCENTER|DATENSCHUTZOPTIONEN|Option VOR DEM DRUCKEN, SPEICHERN ODER SENDEN EINER DATEI MIT ÜBERARBEITUNGEN ODER KOMMENTAREN WARNEN

Ist diese Option gesetzt, erhalten Sie beim Drucken, Speichern und Senden einen Hinweis auf bestehende Markups.

22.6.5 Bearbeiter anonymisieren

In manchen Situationen kann es gewünscht sein, den Namen des bzw. der Bearbeiter eines Dokuments dem Empfänger des Dokuments nicht preiszugeben.

Lösung

Die Namen der bisherigen Bearbeiter lassen sich für weitere Überarbeitungen unkenntlich machen:

1. DATEI | INFORMATIONEN | AUF PROBLEME ÜBERPRÜFEN | DOKUMENT PRÜFEN
2. In den Prüfeinstellungen aktivieren Sie DOKUMENTEIGENSCHAFTEN UND PERSÖNLICHE INFORMATIONEN und klicken dann auf PRÜFEN.
3. Nach Durchlauf der Prüfroutine klicken Sie auf ALLE ENTFERNEN.

Nach dem Speichern und Wiederöffnen des Dokuments sind alle Änderungen noch erhalten, aber ohne Namensangaben.

22.7 Online-Zusammenarbeit

Dateien können in einem Netzwerk parallel von mehreren Nutzern bearbeitet werden. Wer Zugriff auf die hochgeladene Datei hat, benötigt nicht unbedingt Word auf dem eigenen Rechner, um die Präsentation zu bearbeiten. *Word-Online* steht beim Zugriff auf den Server zur Verfügung und lässt einige Bearbeitungen zu.

Die Speicherung eines Dokuments in der Cloud ist im FREIGEBEN-Prozess integriert.

22.7.1 Dokument freigeben

Egal ob Sie ein in Word geöffnetes Dokument bereits in der Cloud oder auf dem Server gespeichert haben oder nicht, lässt sich dieses für andere Personen freischalten.

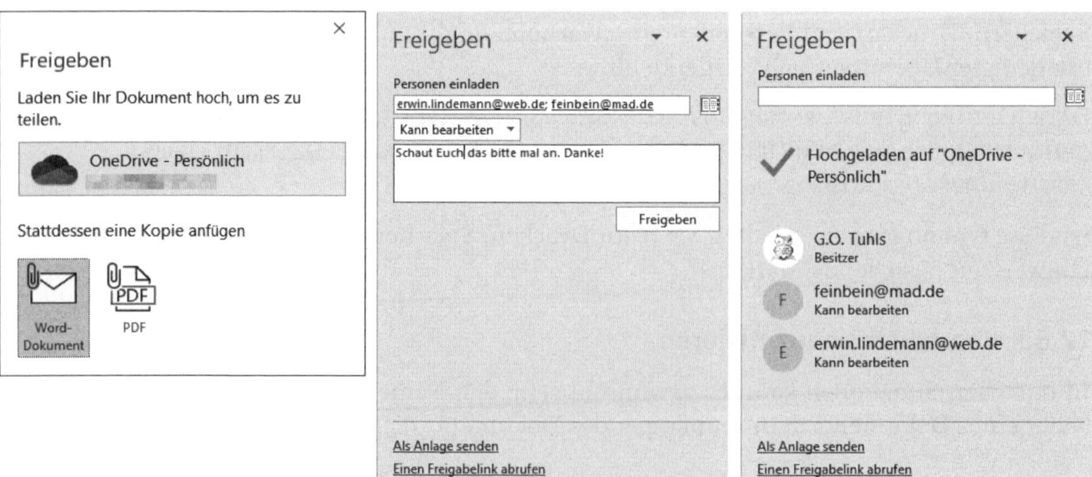

Abb. 22.10: Einladen zum Bearbeiten

Lösung

1. FREIGEBEN | FREIGEBEN oben rechts im Menüband
2. Tragen Sie Mail-Adressen, Berechtigungen und Hinweise an die Empfänger ein und legen Sie fest, welche Zugriffsrechte der Empfänger haben soll.
3. FREIGEBEN

Die Empfänger erhalten vom Server eine Mail mit dem Zugangslink und werden in die Liste der Berechtigten im Aufgabenbereich FREIGEBEN aufgenommen.

Wichtig

Wenn Sie keinen Outlook-Account besitzen, generiert Word automatisch eine kryptische Absenderangabe, die mit hoher Wahrscheinlichkeit im Spam-Ordner des Empfängers landet.

Abb. 22.11: Dringender Spam-Verdacht bei harmloser Einladung dank kryptischen Absenders

Workaround

Alternativ können Sie eine zum Cloud-Speicherort führende URL mit EINEN FREIGABELINK ABRUFEN in die Zwischenablage kopieren und per Mailclient in einer persönlichen Mail verschicken.

22.7.2 Beschränkung der Online-Bearbeitung

Word-Online stellt mit DOKUMENT BEARBEITEN zwar einige Bearbeitungsmöglichkeiten direkt im Browser zur Verfügung, die volle Funktionsbandbreite ist aber nur mit einer eigenen Word-Installation gegeben. Dazu wird eine Word-Desktop-Installation (ggf. Office 365 als kostenlose Testversion) auf dem Bearbeitungsrechner benötigt, dann startet IN WORD ÖFFNEN die lokale Word-Instanz mit dieser Datei.

Sobald andere Personen auf dieselbe Datei zugreifen, zeigt Ihnen die Statuszeile mit dem Symbol die Zahl der Bearbeiter an. Ein Klick auf ⌄ verrät Ihnen, wer daran gerade arbeitet.

Wichtig

1. Die gesamte Bearbeitung des Dokuments wird mit dem Freigeben in die Cloud verlagert. Das heißt, dass auch Ihre Bearbeitungen sich nur auf die

Cloud-Version auswirken. Das Original auf Ihrer Festplatte bleibt davon unberührt.

2. Sollte das Dokument OLE-Objekte oder ActiveX-Elemente enthalten, lässt es sich nicht gemeinsam bearbeiten. Hierfür gibt es keine Abhilfemöglichkeit; diese Komponenten müssen entfernt werden, wenn Parallelbearbeitung erwünscht ist.

22.7.3 Fehlerhaften Schreibschutz umgehen

Üblicherweise startet Word beim Doppelklick auf ein Word-Dateisymbol im Explorer und öffnet die Datei. Gelegentlich kommt es zu unerklärlichen Schreibschutzproblemen.

Lösung

1. Rechtsklicken Sie das Dateisymbol und wählen im Kontextmenü BEARBEITEN.
2. Speichern Sie das Dokument unter anderem Namen.

Kapitel 23

Retten, was zu retten ist

Es kann immer passieren, dass eine Datei, an der man gestern noch ausgiebig gearbeitet hat, heute plötzlich defekt ist. Das passiert glücklicherweise nicht mehr so häufig wie in früheren Zeiten und Word bringt ein paar Mechanismen mit, die Abhilfe schaffen können.

Gelegentlich meldet sich Word beim Neustart mit dem Hinweis, dass beim letzten Beenden einiges nicht gespeichert wurde und bietet Sicherungskopien oder letzte gespeicherte Versionen an. Dann können Sie damit weiterarbeiten.

Es kann aber auch sein, dass diese Sicherungsmaßnahme nicht anspricht, weil der Fehler eine von Word nicht erkannte Ursache hat. Dann ist die Reparatur nicht so ohne Weiteres möglich. Sei es, dass die Datei sich überhaupt nicht öffnen lässt oder sei es, dass sie zwar geladen werden kann, aber auf dem Bildschirm nur Kraut und Rüben erkennbar sind.

Es gibt einige bewährte Methoden, sich vor solchen Situationen zu schützen oder auch im Notfall diese Dateien (von denen selbstverständlich gerade keine Sicherungskopie vorhanden ist) wiederzubeleben.

23.1 Vorsorge treffen gegen Datenverlust

[Strg]+[S] sollte die am häufigsten genutzte Tastenkombination auf Ihrer Tastatur sein! Nur so können Sie sicher sein, dass Ihr aktueller Bearbeitungsstand auch erhalten wird.

Außerdem sollten Sie nie den Laptop einfach zuklappen, ohne zuvor offene Programme zu schließen.

Tipp

Wenn Sie ein frisch angelegtes Dokument sofort unter einem Dateinamen speichern, besteht eine größere Chance, die Bearbeitungsstände zu retten.

23.1.1 Automatische Backups erstellen lassen

Am besten ist es natürlich, immer ein Backup zur Hand zu haben, damit nur die letzten Bearbeitungen »den Bach runter sind«, wenn etwas schiefgeht.

Lösung

Mit DATEI|OPTIONEN|ERWEITERT|*Speichern:* IMMER SICHERUNGSKOPIE ERSTELLEN veranlassen Sie Word, den letzten Stand eines Dokuments als Backup mit der Dateiendung `.wbk` zu speichern.

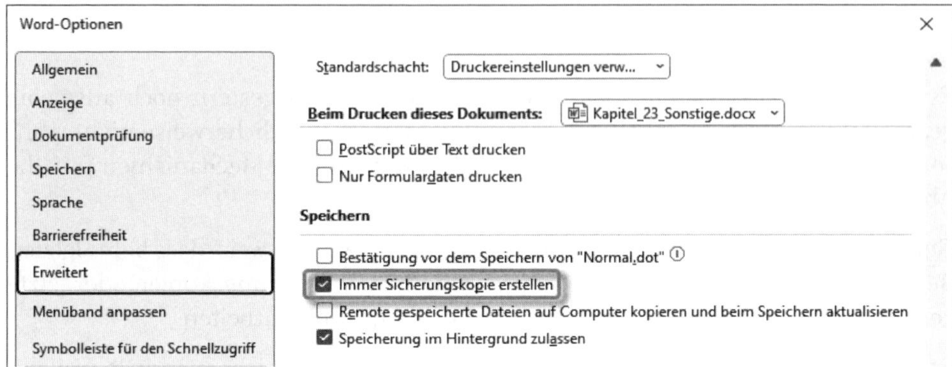

Abb. 23.1: Automatisches Backup anordnen

23.1.2 Versionsverwaltung

Word bietet die Versionsverfolgung lokal und online an. So können Sie im Bedarfsfall auf zwischengespeicherte Arbeitsstände zugreifen.

Lösung 1: Versionsverfolgung lokal

Stellen Sie in DATEI|OPTIONEN|SPEICHERN|AUTOWIEDERHERSTELLEN-INFO SPEICHERN ALLE ... MINUTEN das Speicherintervall ein.

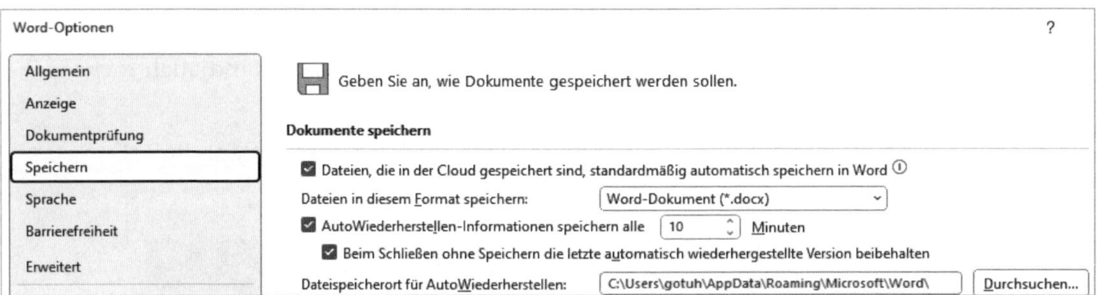

Abb. 23.2: Optionen zur Versionssicherung offline

Wollen Sie eine Datei schließen, ohne dass die letzten Änderungen manuell gespeichert wurden, fragt Word, ob die Datei gespeichert werden soll. Wenn Sie DATEI|OPTIONEN|SPEICHERN|BEIM SCHLIESSEN OHNE SPEICHERN DIE LETZTE AUTOMATISCH WIEDERHERGESTELLTE VERSION BEIBEHALTEN aktiviert haben, legt Word bei der Wahl von NICHT SPEICHERN dennoch eine Sicherungskopie an.

Vorsicht

Mindestens einmal muss die Kopie allerdings gespeichert worden sein. Neu angelegte Dokumente fallen nicht unter diese Sicherungsmaßnahme.

Wiederherstellung der Versionskopien

Zum *Wiederherstellen* zwischengespeicherter Bearbeitungsstände des aktuellen Dokuments klicken Sie in DATEI|INFORMATIONEN|DOKUMENT VERWALTEN auf den gewünschten Stand und wählen den gewünschten Bearbeitungsstand aus.

Für andere Sicherungskopien als jene des aktuellen Dokuments wählen Sie in DATEI|ÖFFNEN ganz unten NICHT GESPEICHERTE DOKUMENTE WIEDERHERSTELLEN.

Erklärung

Die Autowiederherstellung legt im eingestellten Intervall temporäre Dateien mit dem aktuellen Zustand des Dokuments an. Beenden Sie Word »sauber« durch Schließen des Dokuments oder des Programms, werden die temporären Dateien gelöscht. Einzig jene Sicherung beim »Schließen ohne Speichern« bleibt vier Tage erhalten.

Vorsicht

WIEDERHERSTELLEN überschreibt die aktuelle Datei.

Lösung 2: Versionsverfolgung in der Cloud

Ist die Datei auf OneDrive oder SharePoint gespeichert, sorgt eine andere Zwischenspeicherautomatik nach jeder Änderung in Echtzeit für deren Aktualisierung.

Neben dem Dateinamen in der Titelzeile sehen Sie, wann das Dokument letztmalig gespeichert wurde.

Der Schalter AUTOMATISCHES SPEICHERN ganz links in der Schnellzugriffsleiste sorgt in EIN-Position dafür, dass Word regelmäßige Zwischenstände in der Cloud sichert.

Ein Klick auf ⌄ neben der Aktualitätsanzeige öffnet einen Dialog, von dem ein Klick auf VERSIONSVERLAUF zum Aufgabenbereich gleichen Namens führt.

Dort können Sie aus den angezeigten Versionen eine per Klick auswählen. Der Schalter BEARBEITUNG ANZEIGEN stellt die seit der Änderung vorgenommenen Änderungen als Markups[1] dar. So haben Sie eine zusätzliche Kontrollmöglichkeit über die Bearbeitungsstände.

1 Siehe Hack 22.2.2

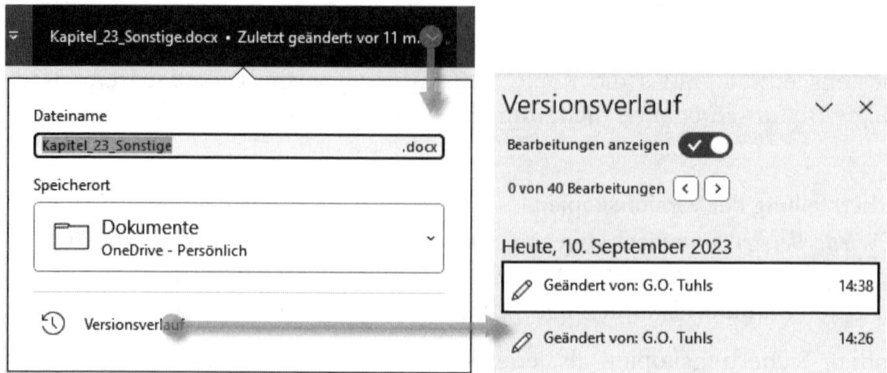

Abb. 23.3: Versionsabruf aus der Cloud

23.1.3 Unfallschutz

Wenn Ihr Computer abstürzt oder Word sich beim Arbeiten aufgehängt hat und mit dem Taskmanager »abgeschossen« werden muss, sind alle Bearbeitungen seit der letzten Dateiöffnung verloren.

Lösung

Aktivieren Sie in DATEI|OPTIONEN|SPEICHERN die Option AUTOWIEDERHERSTELLEN-INFORMATIONEN SPEICHERN ALLE ... MINUTEN. Word erstellt dann regelmäßig temporäre Sicherungskopien, die beim nächsten Start angezeigt werden, siehe Hack 23.2.2.

Sicherung finden

Im Ordner, in dem das bearbeitete Dokument gespeichert ist, bleiben temporäre Sicherungsdateien stehen. Sie erkennen sie an der Form ~`WRL####.tmp` (die # stehen für kryptische Ziffernfolgen) oder ähnlichen mit einer Tilde beginnenden Dateinamen. Suchen Sie die jüngste temporäre Datei, benennen Sie die Dateiendung in `.docx` um und versuchen Sie, diese Datei mit Word zu öffnen.

23.1.4 Datei versehentlich geschlossen ohne zu speichern

Wenn Sie beim Schließen einer Datei versehentlich NICHT SPEICHERN angeklickt haben, muss der letzte Stand nicht verloren sein.

Lösung

Aktivieren Sie in DATEI|OPTIONEN|SPEICHERN die Option BEIM SCHLIESSEN OHNE SPEICHERN DIE LETZTE AUTOMATISCH WIEDERHERGESTELLTE VERSION BEIBEHALTEN.

Word speichert damit die letzte nicht gespeicherte Fassung in `C:\Users\(Benutzername)\AppData\Local\Microsoft\Office\UnsavedFiles`.

Sicherung zurückrufen

Sollten Sie sich beim Schließen einer Datei derart verklickt haben, besorgen Sie sich die letzte Fassung wieder mit DATEI | ÖFFNEN | NICHT GESPEICHERTE DOKUMENTE WIEDERHERSTELLEN (am unteren Ende der Dateienliste).

23.2 Reparieren

Es muss nicht gleich etwas verlorengehen, aber gelegentlich meldet Word beim Öffnen, die Datei sei beschädigt.

23.2.1 Beschädigte Dateien vom Word-Reparatur-Assistenten richten lassen

Erscheint die Meldung »Datei beschädigt«, muss noch nicht alles verloren sein.

Lösung

1. DATEI | ÖFFNEN | DOKUMENT/DURCHSUCHEN
2. Markieren Sie die beschädigte Datei in der Auswahlliste.
3. Klicken Sie auf ▾ neben der Schaltfläche ÖFFNEN und wählen Sie ÖFFNEN UND REPARIEREN.

23.2.2 Beschädigte Datei mit anderen Apps öffnen

Die mobilen Word-Versionen reagieren etwas »robuster« auf Fehler im Dateiinhalt. So ist es z.B. möglich, Dateien zu öffnen, die Word-Desktop sofort abstürzen oder blockieren lassen. Auch manche Fremdprogramme sind weniger pingelig als Word, wenn es um das Öffnen korrupter Dateien geht.

Wichtig

Benutzen Sie **nicht die OneDrive-App**, wenn Sie eine korrupte Datei mit Word-Online retten wollen!

1. Öffnen Sie Ihre OneDrive-Domäne mit dem Browser.
2. Kopieren Sie die Datei per Drag&Drop in das Browserfenster.
3. Speichern Sie die Datei unter neuem Namen auf dem Desktop-Rechner oder dem Mobilgerät, nicht in der Cloud.

23.2.3 Inhalte korrupter Dokumente retten

Wenn sich schon nicht das gesamte Dokument retten lässt, dann wenigstens wichtige Teile davon.

Lösung 1: Ohne letzte Absatzmarke kopieren

Sollte sich die Datei öffnen lassen, aber intern Formatierungsfehler auftreten, hilft manchmal folgender Trick:

1. Gehen Sie mit Strg+Ende ans Ende des Texts.
2. Markieren Sie den gesamten Text mit Strg+A.
3. Nehmen Sie von der Markierung *die letzte Absatzmarke* aus, indem Sie einmal ⇧+← drücken.
4. Befördern Sie den markierten Text mit Strg+C in die Zwischenablage.
5. Legen Sie mit Strg+N ein neues, leeres Dokument an.
6. Fügen Sie den Text aus der Zwischenablage mit Strg+V ein.

Erklärung

Die letzte Absatzmarke ist Träger das ganze Dokument betreffender Metadaten.

Lösung 2: Als HTML speichern

Lässt sich die Datei nicht öffnen, ergänzen Sie die Dateiendung `.docx` durch `.html`, dann können Sie evtl. den Text mit einem Browser lesen und herauskopieren.

Lösung 3: XML-Struktur nutzen

Lässt sich die Datei nicht öffnen, schaffen Sie es vielleicht, beim Durchsuchen der XML-Eingeweide der Datei noch Brauchbares zu entreißen.

1. Ersetzen Sie die Dateiendung `.docx` durch `.zip`.
2. Öffnen Sie das Archiv durch Doppelklick.
3. Suchen Sie im Ordner `\word` die Datei `document.xml` und kopieren Sie sie auf den Desktop.

Eingebettete Illustrationen finden Sie im Ordner `\media`.

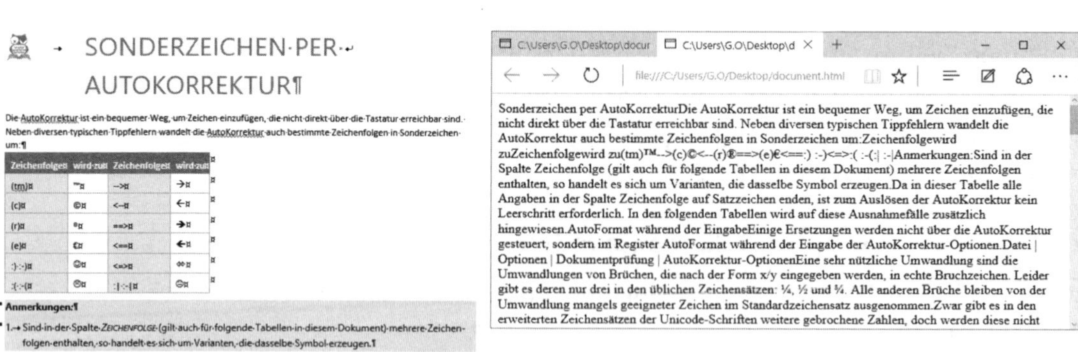

SONDERZEICHEN PER AUTOKORREKTUR

Die AutoKorrektur ist ein bequemer Weg, um Zeichen einzufügen, die nicht direkt über die Tastatur erreichbar sind. Neben diversen typischen Tippfehlern wandelt die AutoKorrektur auch bestimmte Zeichenfolgen in Sonderzeichen um:

Zeichenfolge	wird zu	Zeichenfolge	wird zu
(tm)	™	-->	→
(c)	©	<--	←
(r)	®	==>	➔
(e)	€	<==	⇐
:) :-)	☺	<=>	⇔
:(:-(	☹	:| :-|	😐

Anmerkungen:

1. Sind in der Spalte ZEICHENFOLGE (gilt auch für folgende Tabellen in diesem Dokument) mehrere Zeichenfolgen enthalten, so handelt es sich um Varianten, die dasselbe Symbol erzeugen.

Sonderzeichen per AutoKorrekturDie AutoKorrektur ist ein bequemer Weg, um Zeichen einzufügen, die nicht direkt über die Tastatur erreichbar sind. Neben diversen typischen Tippfehlern wandelt die AutoKorrektur auch bestimmte Zeichenfolgen in Sonderzeichen um:Zeichenfolgewird zuZeichenfolgewird zu(tm)™-->(c)©<--(r)®==>(e)€<==:) :-)<=>:(:-(:| :-|Anmerkungen:Sind in der Spalte Zeichenfolge (gilt auch für folgende Tabellen in diesem Dokument) mehrere Zeichenfolgen enthalten, so handelt es sich um Varianten, die dasselbe Symbol erzeugen.Da in dieser Tabelle alle Angaben in der Spalte Zeichenfolge auf Satzzeichen enden, ist zum Auslösen der AutoKorrektur kein Leerschritt erforderlich. In den folgenden Tabellen wird auf diese Ausnahmefälle zusätzlich hingewiesen.AutoFormat während der EingabeEinige Ersetzungen werden nicht über die AutoKorrektur gesteuert, sondern im Register AutoFormat während der Eingabe der AutoKorrektur-Optionen.Datei | Optionen | Dokumentprüfung | AutoKorrektur-OptionenEine sehr nützliche Umwandlung sind die Umwandlungen von Brüchen, die nach der Form x/y eingegeben werden, in echte Bruchzeichen. Leider gibt es deren nur drei in den üblichen Zeichensätzen: ¼, ½ und ¾. Alle anderen Brüche bleiben von der Umwandlung mangels geeigneter Zeichen im Standardzeichensatz ausgenommen.Zwar gibt es in den erweiterten Zeichensätzen der Unicode-Schriften weitere gebrochene Zahlen, doch werden diese nicht

Abb. 23.4: Formatierungen und Sonderzeichen sind verloren, aber der Text gerettet.

Kapitel 24

... und noch mehr Hacks

Hier finden noch einige Hacks Platz, die sich in den vorgegangenen 23 Kapiteln thematisch nicht sinnvoll unterbringen ließen.

24.1 Letzte Hacks für Word

24.1.1 Sortierreihenfolge

Text in jeder Form ist in Word sortierfähig. Probleme bereitet lediglich die Logik hinter einigen Sortiertechniken.

Die Sortierreihenfolge ist

1. Leerzeichen aufsteigend nach Breite,
2. Binde- und sonstige Striche aufsteigend nach Länge,
3. Interpunktionszeichen und Symbole in dieser Reihenfolge:
   ! " # $ % & ( ) * , . / : ; ? @ [\ ] ^ ˆ _ ` { | } ~ ¡ ¦ ¨ ¯ ´ ¸ ¿ ˜ ‘ ’ ‚ “ ” „ ‹ › ¢ £ ¤ ¥ € + < = > ± « » × ÷ § © ® ° µ ¶ · … † ‡ • ‰,
4. Zahlen aufsteigend inkl. Brüche, also z.B. 0 ⅒ ¼ ⅖ ½ ¾ 1 ^{1} 2 ^{2} 3 ^{3} 4 5 ..., auch die nicht zum ANSI-Zeichensatz gehörigen Brüche werden korrekt positioniert wie ⅒ und ⅖ im obigen Beispiel,
5. Buchstaben in alphabetischer Reihenfolge, jeweils Majuskel und Minuskel hintereinander, Buchstaben mit Akzenten, Tremas etc. und andere Sonderformen folgen auf die Grundbuchstaben, z.B. A a ª Á á À à Â â Ä ä Ã ã Å å Æ æ B b.

Vorsicht

Die Sortierung von Brüchen funktioniert nur korrekt, wenn Sie im Sortieren-Dialog (Abbildung 24.1) den Typ »Text« einstellen, nicht »Zahl«. (Versteh einer, warum!)

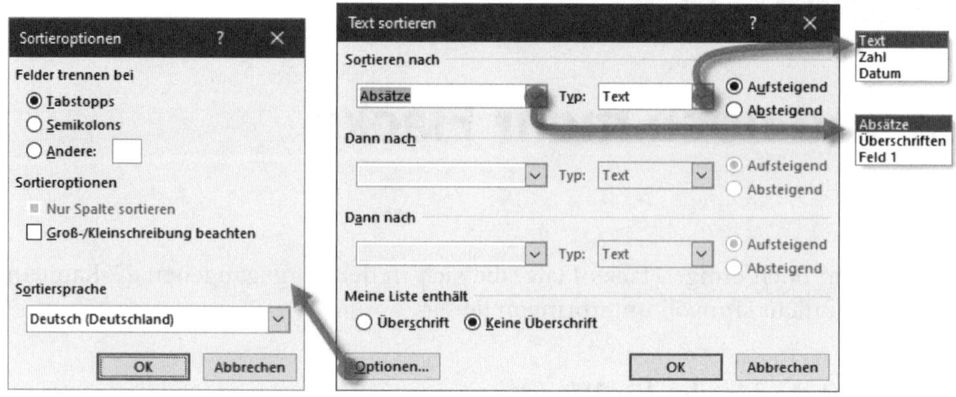

Abb. 24.1: Für alle Sortierarten identische Sortiereinstellungen

24.1.2 Schutz von Importen entfernen

zu Erläuterungen MOTW

Bei aus externen Quellen übernommenen Dateien sperrt Office die Bearbeitung und das Ausführen von Makros. Das ist sicher löblich, um das Gerät vor Schadsoftware zu schützen, doch schießt diese Sicherung übers Ziel hinaus, denn als externe Quellen betrachtet das Betriebssystem auch Dateien von Intranet-Servern und aus der eigenen OneDrive-Domäne. Server und vertrauenswürdige Websites können von der Administration als »Sicher« definiert werden. Mehr dazu in der verlinkten Infoseite.

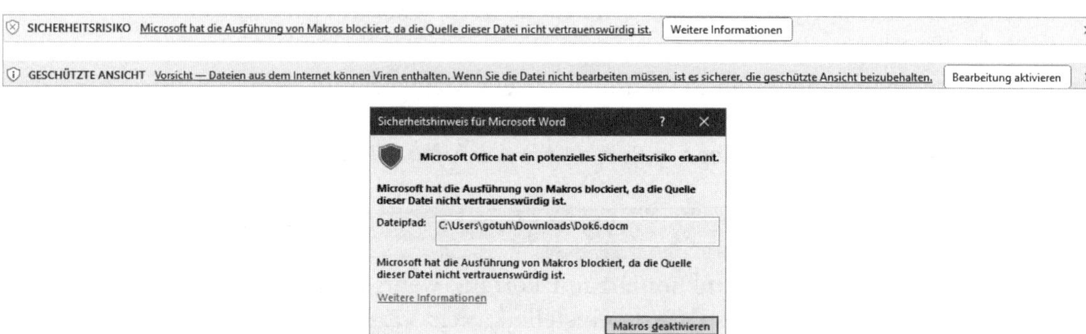

Abb. 24.2: Warnungen beim Öffnen importierter Dateien

Lösung 1: Schutzattribut per Explorer entfernen

Jeder Datei, die Windows als importiert betrachtet, wird eine Kennung »Mark of the Web« (MOTW)zugeordnet. Sie erkennen so gekennzeichnete Dateien mit dem Explorer am zusätzlichen Eintrag SICHERHEIT in den Dateieigenschaften. Hier können Sie die MOTW-Kennung abschalten, indem Sie ZULASSEN aktivieren.

Das mag für einige wenige Dateien angehen; ein vom Server heruntergeladener Projektordner mit etlichen Dateien stellt da ein Problem dar.

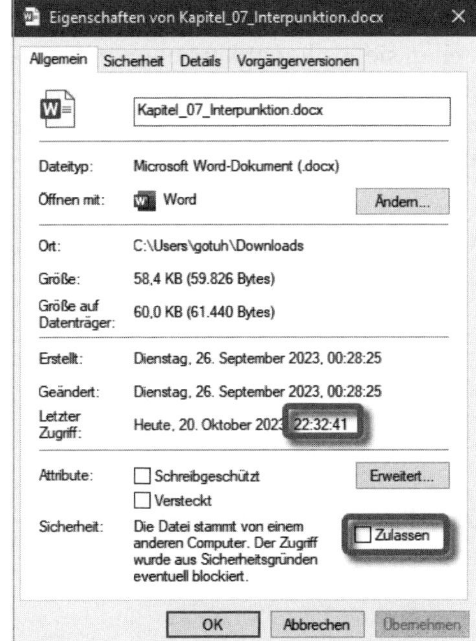

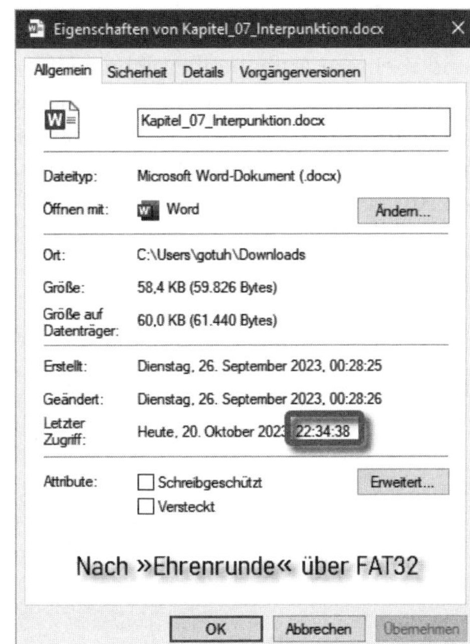

Abb. 24.3: Sicherheitseigenschaften ändern

Lösung 2: Schutz für mehrere Dateien auf einen Schlag entfernen

MOTW hat eine Sicherheitslücke: Es funktioniert nur auf NTFS formatierten Speichermedien. Kopieren Sie die Dateien auf einen FAT32 formatierten USB-Stick, verlieren sie die Kennung und können ohne diese zurückkopiert werden.

24.1.3 Word direkt mit leerem Dokument starten

Wenn Sie Word starten, landen Sie qua Werkseinstellung in einem Begrüßungsbildschirm mit der Vorlagenauswahl und der Liste der zuletzt bearbeiteten Dokumente. Meist wählt man dort »Leeres Dokument«, denn zu den zuletzt bearbeiteten Dokumenten gelangt man leichter per Rechtsklick auf das Word-Icon in der Taskleiste (Hack 24.2.2). Schöner wäre es deshalb, direkt mit einem leeren Dokument zu starten.

Lösung

Wenn man weiß, dass Microsoft diese Auswahl »Startbildschirm« nennt, ist die Lösung schnell gefunden:

DATEI|OPTIONEN|ALLGEMEIN|*(ganz unten)* STARTBILDSCHIRM BEIM START DIESER ANWENDUNG ANZEIGEN abschalten.

24.1.4 Aufgabenbereiche nebeneinander oder stapeln?

Sind mehrere Aufgabenbereiche geöffnet, stehen sie in älteren Versionen nebeneinander. In Word 365 ist man der damit verbundenen Einengung des Schreibbereichs mit einer Stapelfunktion begegnet, die mehrere geöffnete Aufgabenbereiche übereinander stapelt. Mit kleinen Registertabs am Rand können Sie den gewünschten Aufgabenbereich nach oben holen.

Manchmal möchte man aber mehrere Aufgabenbereiche im direkten Zugriff haben.

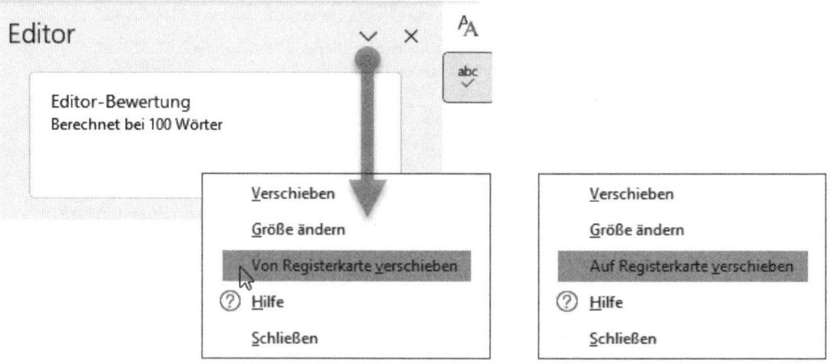

Abb. 24.4: Editor über Formatvorlagenliste nebeneinanderstellen

Lösung

Klicken Sie im oben liegenden Aufgabenbereich auf ⌄ in der Titelleiste und wechseln Sie zu VON REGISTERKARTE VERSCHIEBEN.

Zurück zur Stapeldarstellung geht es im selben Menü mit AUF REGISTERKARTE VERSCHIEBEN.

Erklärung

Wer auch immer diese Übersetzung von »Move out of Tab« und »Move to Tab« verbrochen hat, sollte zu 5 Jahren Word 4.0 verurteilt werden.

24.1.5 Ansicht beim Öffnen vorgeben

Wenn Sie standardmäßig in einer anderen Ansicht als dem von Word vordefinierten Drucklayout arbeiten, kann es lästig sein, bei jedem Start von Word die Ansicht manuell zu ändern.

Lösung

Mit einem Startmakro[1] können Sie vorherbestimmen, in welcher Ansicht Word geöffnet wird.

```
001 Sub Document_Open()
002     With ActiveWindow.View
003         .Type = wdPrintView
004         .Zoom = 100
005     End With
006 End Sub
```

Listing 24.1: Startmakro zur Ansichtvorgabe

Die Word-Konstante für `.Type` (Zeile 003) bestimmt den Ansichtsmodus.

Ansicht	wd-Konstante
Gliederungsansicht	`wdMasterView` `wdOutlineView`
Entwurfsansicht	`wdNormalView`
Seitenansicht	`wdPrintPreview`
WYSIWYG	`wdPrintView`
Lesemodus	`wdReadingView`
Weblayout	`wdWebView`

Tabelle 24.1: wd-Konstanten für die Ansicht mit `ActiveWindow.View.Type`

24.1.6 Dark Mode

Der 2021 neu hinzugekommene »Dark Mode«, also inverse Darstellung weiß auf schwarz, ist – wie bei Microsoft üblich – mit einigen »Haken und Ösen« versehen. Mit

DATEI|KONTO|OFFICE-DESIGN|SCHWARZ oder
DATEI|OPTIONEN|ALLGEMEIN|OFFICE-KOPIE PERSONALISIEREN|OFFICE-DESIGN|SCHWARZ

schalten Sie diesen Ansichtsmodus ein. Sollten Sie den Dark Mode bereits fürs Betriebssystem[2] eingestellt haben, gleichen Sie den Farbmodus für Ihre Office-Anwendungen mit der Option SYSTEMEINSTELLUNG VERWENDEN an.

In allen Office-Programmen erscheinen die Menübänder auf schwarzem Hintergrund, allerdings auch das »Blatt«, auf dem Sie in Word schreiben.

1 Word führt beim Öffnen eines Dokuments eine Sub mit dem Namen »Document_Open« im Modul »This Document« aus.

2 Windows-Startmenü|EINSTELLUNGEN|PERSONALISIERUNG|FARBEN|*Farbe auswählen:*DUNKEL.

Lösung

Um das übliche weiße Blatt zu erhalten, schalten Sie mit

ANSICHT|*Dunkler Modus:* MODI WECHSELN

zwischen schwarzem und weißem Blatthintergrund hin und her.

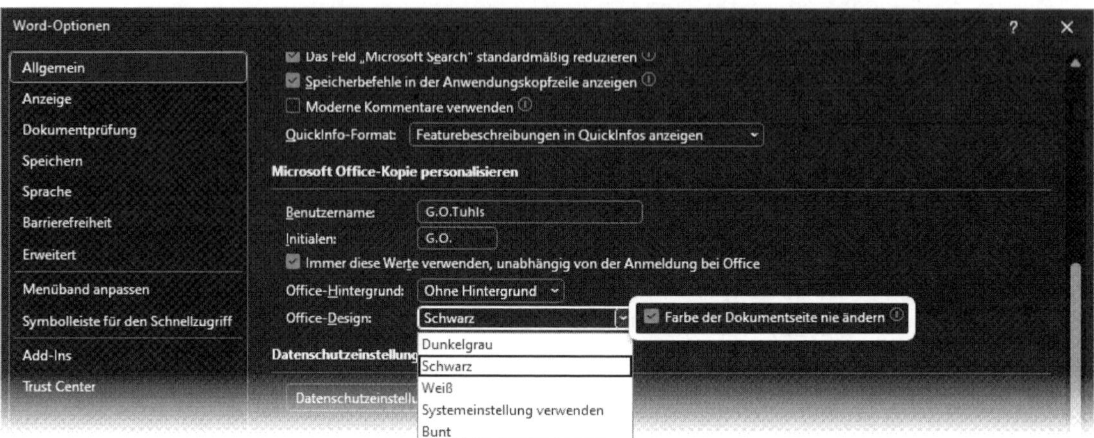

Abb. 24.5: Einstellungen zum Dark Mode

Um den Dark Mode für das Textfenster zu blockieren, gibt es in DATEI|OPTIONEN|ALLGEMEIN|MICROSOFT OFFICE-KOPIE PERSONALISIEREN den Schalter DEAKTIVIEREN DES DUNKLEN MODUS oder FARBE DER DOKUMENTSEITE NIE ÄNDERN. Dieser Schalter legt das Textfenster auf weißen Hintergrund fest.

24.1.7 Hardwaregrafikbeschleunigung bei Darstellungsfehlern deaktivieren

Die Option HARDWAREGRAFIKBESCHLEUNIGUNG DEAKTIVIEREN fehlt in den neueren Office-Versionen, wird in der Online-Hilfe aber immer noch empfohlen, wenn die Bildschirmdarstellung eigenartige Fehler aufzeigt.

Erläuterung

Als Abhilfe für Darstellungsprobleme findet man allerorten den Tipp, die Hardwaregrafikbeschleunigung zu deaktivieren, nur gibt es die angegebene Option seit Office 2016 nicht mehr.

Lösung 1: Grafikkartentreiber

Ermitteln Sie, ob der Treiber Ihrer Grafikkarte (sollte im Systemtray zu finden sein) eine Deaktivierung der Hardwaregrafikbeschleunigung ermöglicht.

Lösung 2: Registry

1. Drücken Sie [Win]+[R].
2. Geben Sie im Fenster AUSFÜHREN »regedit« ein.

Der Registrierungseditor öffnet sich.

3. Navigieren Sie zum Registry-Key `Computer\HKEY_CURRENT_USER\SOFTWARE\Microsoft\Office\16.0\Common\Graphics`
   oder, falls der nicht existiert, zu
   `Computer\HKEY_CURRENT_USER\SOFTWARE\Microsoft\Avalon.Graphics`
4. Rechtsklicken Sie dort in den freien Bereich des rechten Fensters und fügen Sie einen neuen Schlüssel DWORD hinzu.
5. Nennen Sie den neuen Schlüssel »DisableHardwareAcceleration«.
6. Doppelklicken Sie den Schlüssel und tragen Sie in Wert 1 ein.
7. [OK]
8. Schließen Sie den Registrierungseditor und starten Sie den Computer neu.

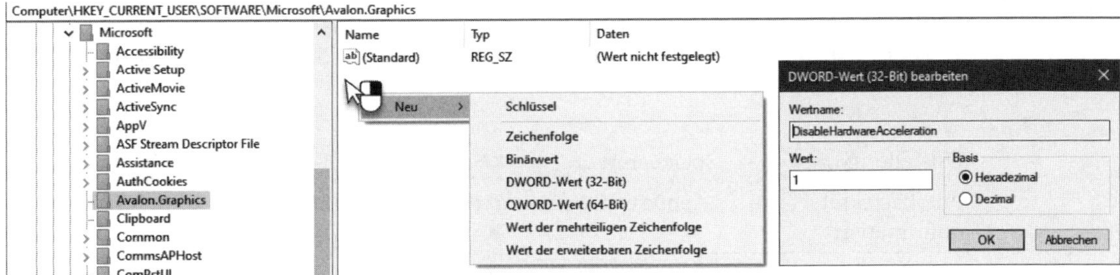

Abb. 24.6: Hardwaregrafikbeschleunigung deaktivieren

24.1.8 Einstellungen für andere Abschnitte oder Dokumente übernehmen

Bei Dialogen mit vielen Einstellungen wirkt die Schaltfläche [OK] nicht nur als Bestätigung für die getätigten Änderungen, sondern setzt alle Einstellungen dieses Dialogs auf den Stand beim Betätigen von [OK]. Diesen Rundumschlag können Sie ausnutzen, wenn Sie bestimmte Einstellungen bequem in einen anderen Abschnitt oder ein anderes Dokument übernehmen wollen.

1. Setzen Sie die Schreibmarke in den Abschnitt/das Dokument, dessen Einstellungen übernommen werden sollen.
2. Öffnen Sie den Dialog, dessen Einstellungen übernommen werden sollen.
3. Klicken Sie sofort auf [OK].
4. Wechseln Sie zum Abschnitt oder Dokument, dessen Einstellungen an die des unter Schritt 1. gewählten Abschnitts/Dokuments anpassen möchten.
5. Drücken Sie [F4].

Erklärung

Die Wiederholungsfunktion F4 wiederholt alle mit OK in Schritt 3 bestätigten Einstellungen und wendet sie auf den aktuellen Abschnitt / das aktuelle Dokument an.

Tipp

Auf dieselbe Weise lassen sich auch Einstellungen zwischen zwei Dokumenten übertragen.

24.1.9 Daten und Einstellungen auf andere Geräte übertragen

Die Übertragung der Daten, Einstellungen, Textbausteine, Wörterbücher etc. von Word ist in vielen Situationen nützlich, sei es beim Wechsel auf ein neues Gerät oder um auf dem Notebook dieselbe Arbeitsumgebung zu finden wie auf dem Desktop.

Lösung

Hierbei hilft die Liste der Pfade, in denen Office persönliche Einstellungen speichert:

Einstellung	Speicherort
Autokorrektur unformatiert	`%AppData%\Roaming\Microsoft\Office\*.acl`
Autokorrektur formatiert	`Normal.dotm`
Autotext	`%AppData%\Roaming\Microsoft\Document Building Blocks\1031\Building Blocks.dotx`
Wörterbücher	`%AppData%\Roaming\Microsoft\Uproof\`
Schnellzugriffsleiste	`%AppData%\Roaming\Microsoft\Office\Word.qat`
Menüband	`%userprofile%\Documents\Word-Anpassungen.exportedUI`
Quellen	`%AppData%\Roaming\Microsoft\Bibliography\Sources.xml`

Tabelle 24.2: Speicherorte persönlicher Einstellungen

24.2 Hacks für Windows

24.2.1 Explorer verschweigt Dateiendungen

Eigentlich war das Problem längst behoben, aber neuerdings werden die Dateiendungen vom Explorer im Grundzustand wieder unterdrückt.

Erläuterung

Die Dateiendungen sind wichtig für den Selbstschutz, denn anhand der Buchstabenfolge nach dem letzten Punkt im Dateinamen lässt sich erkennen, was für ein Dateityp vorliegt und ob der evtl. eine ausführbare Datei ist, die Schaden anrichten kann.

Lösung

Wechseln Sie in einem beliebigen Explorer-Fenster zur Registerkarte ANSICHT und aktivieren Sie in der Gruppe *Ein-/ausblenden* die Dateinamenserweiterungen.

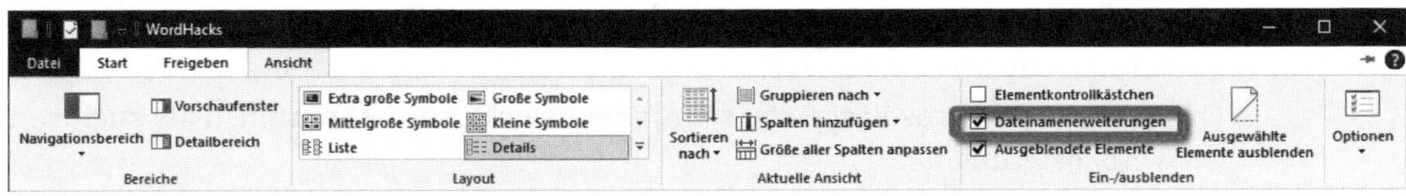

Abb. 24.7: Dateinamenserweiterungen sichtbar machen

24.2.2 Letzte bearbeitete Dokumente vom Desktop aus öffnen

Die bekanntesten Methoden, ein Programm zu starten, sind

- Klick auf das Programm in der Programmliste im Startmenü und anschließende Auswahl der Datei oder
- Ansteuern des Dokumentordners im Explorer und Doppelklick auf die gewünschte Datei.

Es geht bequemer.

Lösung

Rechtsklicken Sie das Programm in der Programmliste im Startmenü und wählen Sie im Kontextmenü MEHR|AN TASKLEISTE ANHEFTEN.

Die Taskleiste greift auf die Favoritenliste der angehefteten Programme zu und bietet auf Rechtsklick die zuletzt bearbeiteten Dateien zum Öffnen an. Besondere Favoriten lassen sich mit Klick auf die Pinnnadel dauerhaft dort verankern.

24.2.3 System richtig herunterfahren

Eine uralte Windows-Weisheit lautet: Fenster schließen, herunterfahren und neu starten hilft, akute Fehler zu beseitigen.

Erläuterung

Stimmt leider nicht immer, denn es gibt noch die andere Weisheit: »I'm no bug, I'm a feature.« Das gilt hier für die Schnellstartoption, dank derer das Betriebssystem beim Herunterfahren diverse Anwendungsdaten speichert, um den nächsten

Start zu beschleunigen. Leider werden auch Dinge gespeichert, die die Störungen verursacht haben.

Lösung

1. Drücken Sie, während nur der Desktop gezeigt wird, [Alt]+[F4].
2. Halten Sie die [⇧]-Taste, wenn Sie HERUNTERFAHREN anklicken bzw. [Leertaste] drücken; dann fährt das System komplett herunter und ist beim nächsten Start »sauber«.

Da diese Beschleunigung im Zeitalter von SSD als Systemfestplatte nicht mehr nötig ist, können Sie das totale Herunterfahren auch im System verankern.

Schnellstart dauerhaft unterdrücken

Die Lösung ist Microsoft-typisch sehr gut versteckt, sowohl räumlich als auch von der Verbalisierung her.

1. STARTMENÜ|EINSTELLUNGEN|SYSTEM|NETZBETRIEB UND ENERGIESPARMODUS|ZUSÄTZLICHE ENERGIEEINSTELLUNGEN|AUSWÄHLEN, WAS BEIM DRÜCKEN VON NETZSCHALTERN GESCHEHEN SOLL
2. Hier scheint der Weg zu enden, denn die EINSTELLUNGEN FÜR DAS HERUNTERFAHREN sind ausgegraut. Sie lassen sich jedoch mit EINIGE EINSTELLUNGEN SIND MOMENTAN NICHT VERFÜGBAR freischalten.
3. Nun ist der Weg frei, um das Häkchen bei SCHNELLSTART AKTIVIEREN zu löschen.

Anhang A

Basics: Felder

Für zahlreiche Automatismen hält Word Funktionen bereit, die als *Felder* in Ihre Dokumente eingefügt werden. Das reicht von der simplen Seitennummer über Querverweise und Überschriftenverwaltung bis hin zu komplexen Berechnungen.

Auch als Verknüpfung eingefügte externe Daten werden als Felder behandelt, weshalb die Kenntnis über die Eigenheiten dieser Einrichtung in vielen Situationen weiterhelfen kann.

Sodann bietet Word noch für komplexere Aufgaben die Möglichkeit, Schrittfolgen aufzuzeichnen und als Makros (Anhang B) immer wieder zu verwenden oder auch zu modifizieren.

A.1 Felder verwenden

Die Feldfunktionen sind überaus vielfältig und komplex. Sie hier komplett darzustellen, würde den Rahmen des Buches sprengen, darum gibt es hier nur ein paar grundsätzliche Hinweise. Details können Sie in den verlinkten ausführlichen Listen und Erläuterungen nachschlagen. Im Hauptteil dieses Buches sind diverse Einsatzmöglichkeiten bestimmter Felder beschrieben.

A.1.1 Feld einfügen

Benötigen Sie eine Feldfunktion, setzen Sie zunächst die Schreibmarke an die Position, an der das Feld erscheinen soll.

EINFÜGEN | *Text:* SCHNELLBAUSTEINE | FELD führt in die Auswahl der zur Verfügung stehenden Feldtypen.

Bei manchen Feldtypen reicht die bloße Auswahl des Feldnamens, andere bedürfen zusätzlicher Angaben zu *Eigenschaften*, die Sie im mittleren Teil des Dialogs auswählen können, und *Optionen*, für die es im rechten Teil Ankreuzfelder gibt.

Sobald Sie einen FELDNAMEN markiert haben, wird unter der Liste eingeblendet, was dieses Feld bewirkt. Zugleich erscheinen mittig und rechts die einschlägigen Parameter für diesen Feldtyp zur Auswahl.

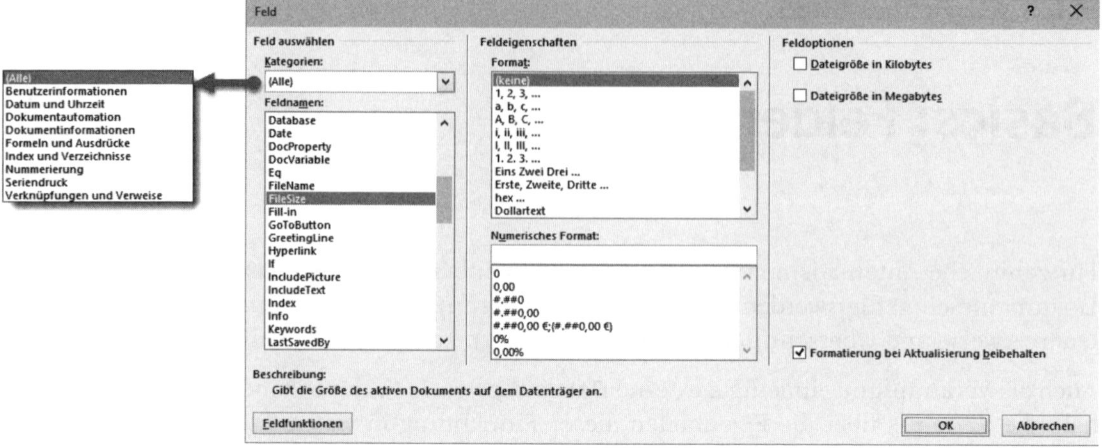

Abb. A.1: Feldeigenschaften und Optionen festlegen

Haben Sie Eigenschaften und Optionen gewählt, bestätigen Sie mit **OK** und in Ihrem Dokument erscheint der Feldinhalt.

A.1.2 Feld per Tastatur einfügen

Wenn Sie mit den Feldcodes vertraut sind oder aus der Fachliteratur Feldfunktion übernehmen wollen, lassen sich Felder auch manuell erstellen.

Betätigen Sie dazu Strg+F9.

Word erstellt ein Paar { Funktionsklammern }, zwischen denen Sie Ihren Feldcode eingeben können. Haben Sie die Funktion zwischen die Klammern eingefügt, schließen Sie den Vorgang mit F9 ab.

A.1.3 Darstellung von Feldern

Ohne Weiteres ist das Feld nicht vom Fließtext zu unterscheiden.

In DATEI|OPTIONEN|ERWEITERT|*Dokumentinhalt anzeigen* gibt es zwei Einstellungen zur Darstellung von Feldern.

Die Option FELDFUNKTIONEN ANSTELLE VON WERTEN ANZEIGEN erzielen Sie auch, wenn Sie bei Bedarf Alt+F9 drücken oder im Kontextmenü FELDFUNKTIONEN EIN/AUS aufrufen. Dann sehen Sie anstelle der Feldinhalte die dazugehörigen Funktionen, { umgeben von geschweiften Klammern in gepunkteten Rahmen }. Sofern die Steuerzeichenanzeige ¶ nicht aktiviert ist, erscheinen die Feldklammern nur als { fette geschweifte Klammern }.

Sie schalten mit erneutem Alt+F9 zurück in die Anzeige der Feldinhalte.

Wollen Sie nur für ein bestimmtes, markiertes Feld die Ansicht umschalten, benutzen Sie ⇧+F9.

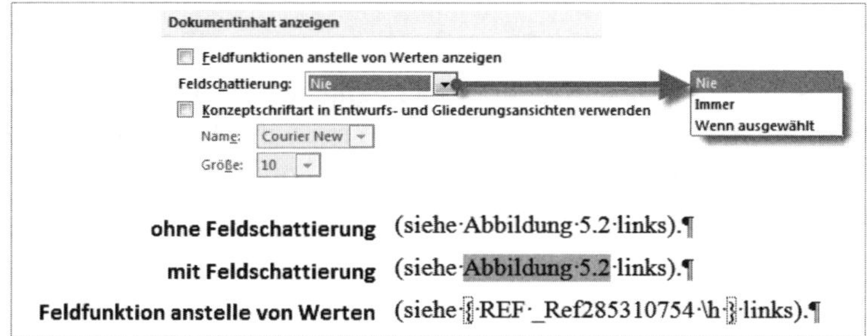

Abb. A.2: Anzeigevariationen von Feldern

Zwischen den Feldern in Ihrem Text springen Sie mit F11 vorwärts und mit ⇧+F11 rückwärts.

A.1.4 Feldinhalte aktualisieren

Nach dem Einfügen von Feldern kann sich der bezogene Wert, die verknüpfte Datei oder das Datum verändern. Um auf dem neuesten Stand zu bleiben, aktualisiert Word die Feldinhalte bei bestimmten Gelegenheiten, z.B. beim Öffnen der Datei und vor dem Anzeigen der Druckvorschau, sofern die Option DATEI|OPTIONEN|ANZEIGE|FELDER VOR DEM DRUCKEN AKTUALISIEREN eingeschaltet ist.

Mit F9 aktualisieren Sie ein markiertes Feld bei Bedarf selbst.

> **Tipp**
>
> Um alle Felder zu aktualisieren, markieren Sie den Text des kompletten Dokuments mit Strg+A und drücken dann F9.

Felder nicht aktualisieren

Möchten Sie einzelne Felder vom Aktualisieren ausnehmen, z.B. ein Datumsfeld, das beim Druck nicht aufgefrischt werden soll, markieren Sie sie und betätigen dann Strg+F11. Mit Strg+⇧+F11 nehmen Sie die Aktualisierungssperre wieder zurück.

A.2 Feldcodes und Feldschalter

Die Word-Hilfe zu den Feldcodes ist leider unvollständig und fehlerhaft, hilft Ihnen also nicht weiter. Verwenden Sie deshalb sicherheitshalber die verlinkte Unterlage für die erweiterte Nutzung von Feldern.

A.3 Die IF-Funktion

Es ist schon schlimm, wenn der Hersteller seine eigene Software nicht beherrscht und Fehlinformationen in die Hilfeseiten einbaut. So auch bei der recht nützlichen IF-Funktion. Lesen Sie in der verlinkten Beschreibung, wie man sie richtig verwendet.

A.4 Textmarken

Eine besondere Feldart ist die Textmarke. Es gibt sie in zwei Erscheinungsformen:

- **ohne Inhalt** als reine Positionsbestimmung (offene Textmarke) und
- **mit Inhalt** als Container für einen an beliebiger Stelle wiederholbaren Text (geschlossene Textmarke).

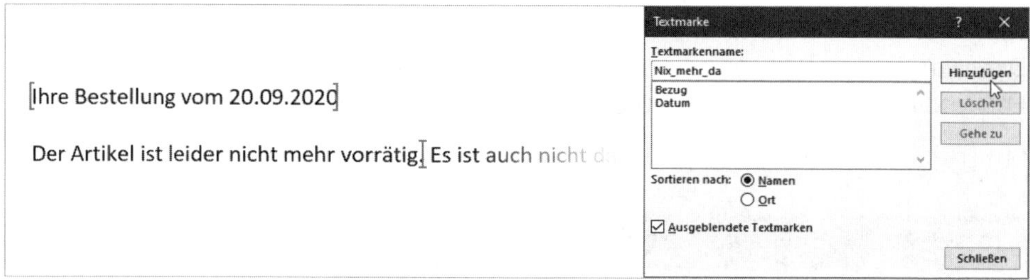

A.4.1 Textmarke setzen

1. Setzen Sie die Schreibmarke an die Position, auf die verwiesen werden soll.
2. [Strg]+[⇧]+[F5] oder EINFÜGEN | *Links:* TEXTMARKE
3. Fügen Sie im Feld TEXTMARKENNAME des TEXTMARKE-Dialogs einen Namen für die neue Textmarke ein. Der Name darf keine Leerschritte oder Sonderzeichen enthalten.
4. HINZUFÜGEN

A.4.2 Textmarke als Sprungziel

Textmarken werden im QUERVERWEIS-Dialog aufgelistet, sobald Sie als Verweistyp TEXTMARKE auswählen.

A.4.3 Textmarken mit Inhalt

Markieren Sie vor dem Einfügen der Textmarke einen Textbereich, so steht in der Liste VERWEISEN AUF dieser Text als TEXTMARKENINHALT zur Verfügung. Das bedeutet, an der Verweisstelle wird der als Textmarke markierte Text eingefügt. Dies erspart bei Änderungen bestimmter Termini einen durchgängigen Austausch. Nur an der Ursprungsposition muss geändert werden, alle anderen, verweisenden Textstellen schreiben sich nach [Strg]+[A], gefolgt von [F9] automatisch fort.

A.4.4 Textmarken verwalten

Zum leichten Erkennen von Textmarken veranlassen Sie Word mit DATEI | OPTIONEN | ERWEITERT | Bereich DOKUMENTINHALT ANZEIGEN | TEXTMARKEN ANZEIGEN, diese mit grauen eckigen Klammern zu markieren. Diese Klammern sind nur virtuell und werden nicht gedruckt.

Um einer Textmarke einen anderen Namen zu geben, öffnen Sie den Dialog TEXTMARKE mit [Strg]+[⇧]+[F5].

Löschen lassen sich Textmarken entweder zusammen mit dem zugehörigen Text oder, wenn der Text unversehrt bleiben soll, durch Markieren im Dialog TEXTMARKE und Anklicken der Schaltfläche LÖSCHEN.

A.4.5 Textmarken vor Löschung schützen

Eines der größten Handicaps von Textmarken ist, dass sie ohne Warnung gelöscht werden, wenn sie bei einer Löschaktion versehentlich mitmarkiert wurden. Dann kann es sein, dass der Querverweis ins Leere läuft oder nach Aktualisierung eine Fehlermeldung anzeigt. Schreiben Sie den Tag nicht direkt in die Textmarke, sondern in ein Inhaltssteuerelement (Kapitel 20) innerhalb der Textmarke:

1. Setzen Sie die Schreibmarke an die Position, auf die der Verweis zielen soll.
2. ENTWICKLERTOOLS | *Steuerelemente:* NUR-TEXT-INHALTSSTEUERELEMENT
3. Schreiben Sie in das Steuerelement den gewünschten Text, mindestens ein (schmales) Leerzeichen. Ein leeres Steuerelement zeigt den virtuellen Führungstext an.
4. Markieren Sie das Steuerelement.
5. Ordnen Sie dem Steuerelement die Eigenschaften wie in Abbildung A.3 zu.
6. EINFÜGEN | *Links:* TEXTMARKE

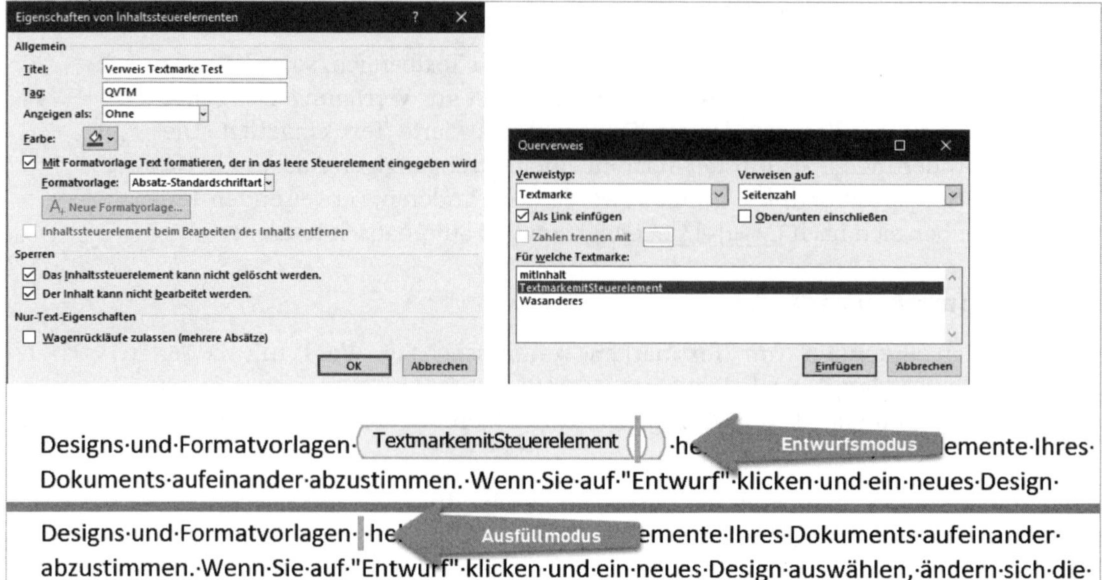

Abb. A.3: Textmarke mit schützendem Inhaltssteuerelement

Wenn der Inhalt des Steuerelements überschrieben oder gelöscht wird, bleibt die Textmarke erhalten.

Anhang B

Basics: Makros und VBA

Makros sind keine Geheimwissenschaft, gerade in Word nicht. Sie sind Bestandteil der Office-Programmiersprache VBA – »Visual Basic for Applications«.

VBA ist keine einheitliche Programmiersprache für alle Office-Programme, sondern jedes Office-Programm verwendet einen eigenen »Dialekt«. Es ist darum nicht möglich, für ein Office-Programm entwickelte Makros in anderen Programmen zu verwenden. Auch zwischen den Makrosprachen der Windows- und Mac-Version sowie innerhalb Windows zwischen den Office-Versionen für 32 und 64 bit bestehen Unterschiede.

B.1 Makros aufzeichnen

Mit geringem Aufwand lassen sich Vorgänge als Makro aufzeichnen und beliebig oft wiederholen.

Zum Aufzeichnen dient der Makrorekorder in der Registerkarte ENTWICKLERTOOLS[1] | MAKRO AUFZEICHNEN. Den schnellen Zugriff erlaubt die Schaltfläche Y in der Statusleiste am unteren Bildschirmrand.

Zunächst sollen Sie bestimmen, ob das aufzuzeichnende Makro einer Schaltfläche oder einer Tastenkombination oder überhaupt nicht zugeordnet werden soll. Das Zuordnen können Sie jederzeit später noch nachholen, Abschnitt B.2.

Außerdem wird abgefragt, wo das Makro gespeichert werden soll. Beim Speichern in der `Normal.dotm` steht es Ihnen für alle Arbeiten mit Word zur Verfügung.

Wichtig

Sie sollten Makroaufzeichnungen immer erst im Dokument testen, bevor Sie Ihre `Normal.dotm` mit Versuchen zumüllen.

1 Falls nicht vorhanden, einblenden mit Rechtsklick ins MENÜBAND | MENÜBAND ANPASSEN

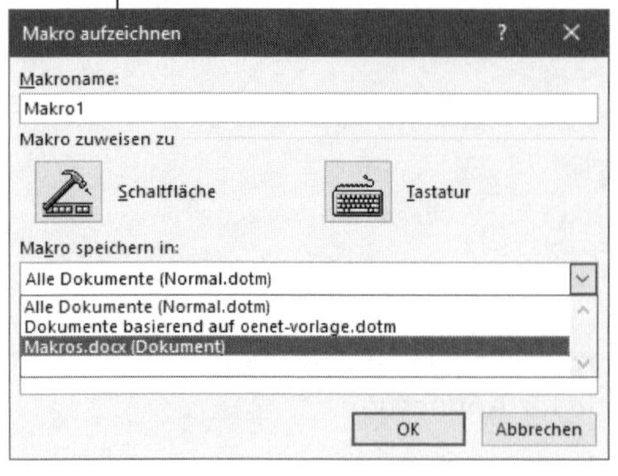

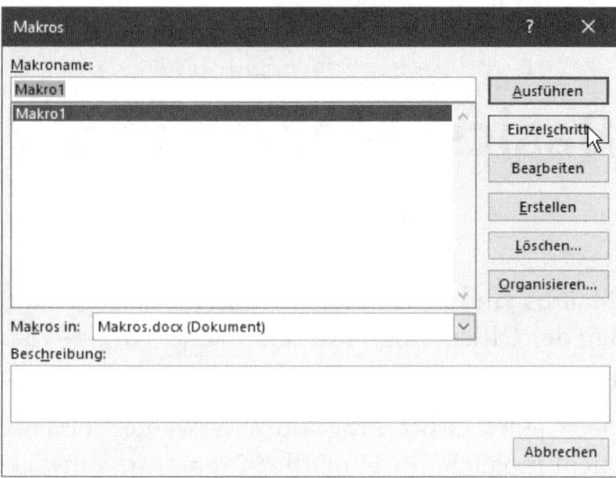

Abb. B.1: Makro aufzeichnen und per Dialog starten

Ist der Makrorekorder mit Klick auf OK gestartet, nimmt der Mauszeiger die Form an und bis auf wenige Ausnahmen werden alle Aktionen aufgezeichnet.

Tipp

Mausaktivitäten sind bei der Makroaufzeichnung problematisch, weil häufig keine definierten Mausstandorte aufgezeichnet werden können oder weil sie gelegentlich ignoriert werden. Verwenden Sie beim Aufzeichnen die Tastatur F10 und .

Nachdem Sie alle Schritte vollzogen haben, beenden Sie die Aufzeichnung mit ENTWICKLERTOOLS|AUFZEICHNUNG BEENDEN oder Klick auf die Schaltfläche in der Statusleiste.

Alt+F8 öffnet die Liste der vorhandenen Makros. Rechts finden Sie Schaltflächen zum Starten oder Schritt-für-Schritt-Ausführen des links markierten Makros.

Mit BEARBEITEN können Sie sich anschauen, welcher Code bei der Aufzeichnung erzeugt wurde. Mit VBA-Kenntnissen lassen sich aufgezeichnete Makros nacharbeiten und erweitern.

Im Bearbeitungsmodus lassen sich Makros mit F5 starten oder mit F8 per Einzelschritt abarbeiten und prüfen.

B.2 Makros starten

Word bietet verschiedene Methoden zum Starten von Makros an.

B.2.1 Per Auswahl aus der Makroliste

Die Standard-Startfunktion für Makros ist die Tastenkombination [Alt]+[F8]. In einem Fenster werden alle verfügbaren Makros aufgelistet.

1. Suchen Sie das gewünschte Makro in der Liste und markieren es.
2. Starten Sie das Makro mit Klick auf AUSFÜHREN.

B.2.2 Per Menüband oder Tastenkombination

Wie Sie Makros mittels Tastenkombination oder aus dem Menüband heraus starten, ist in Anhang C beschrieben.

B.3 Makros zum Download

Manche Leute stellen fertige Makros ins Internet, damit andere sie benutzen können. Eigentlich ein netter Zug, aber: Makros können auch Schaden anrichten. Microsoft hat es zu gut gemeint, denn VBA kann auch auf das System zugreifen und dort ziemlich miese Dinge anstellen. Wenn Sie also Makros von irgendwoher beziehen, prüfen Sie, ob Sie dieser Quelle vertrauen, bevor Sie deren Makros installieren und ausführen.

B.3.1 Makros installieren

1. Um ein Makro ins Dokument zu bringen, öffnen Sie mit ENTWICKLERTOOLS | VISUAL BASIC oder [Alt]+[F11] den VBA-Editor; das ist die mitgelieferte Entwicklungsumgebung für diese Programmiersprache.

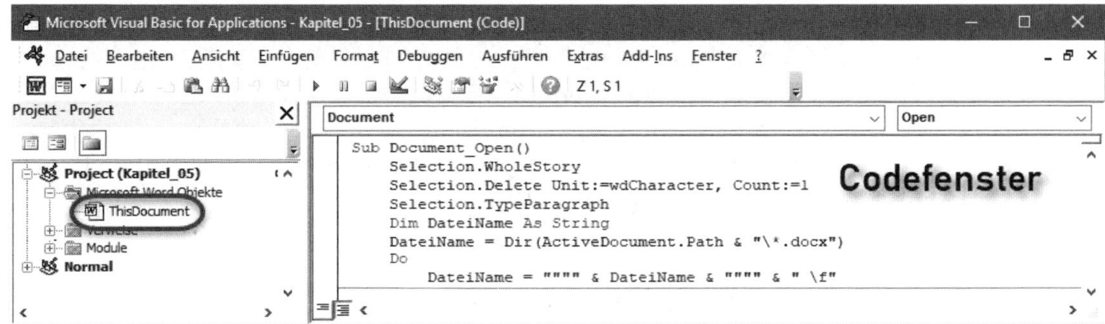

Abb. B.2: Die VBA-Entwicklungsumgebung

2. Kopieren Sie das Listing in das Codefenster des Editors. Achten Sie darauf, dass die Titelzeile *Sub Makroname()* und die Endzeile *End Sub* mitkopiert werden.

B.3.2 Module importieren

Manche Makros werden als spezielle Codedateien mit der Dateiendung `.bas` weitergegeben. Sie erleichtern den Import.

1. Öffnen Sie mit Entwicklertools|Visual Basic oder [Alt]+[F11] den VBA-Editor.
2. Rechtsklicken Sie im Projektfenster das Projekt mit dem Namen Ihres Dokuments|Datei importieren.
3. Suchen Sie in der Dateiauswahl die zu importierende `.bas`-Datei.
4. Die Datei wird als Modul mit demselben Namen wie die `.bas`-Datei eingefügt.

Doppelklicken Sie das Modul, um den Code im Codefenster einzusehen.

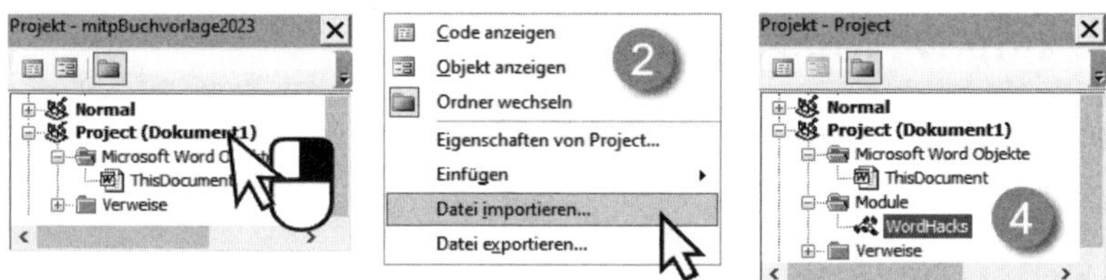

Abb. B.3: Modul importieren

B.3.3 Add-Ins installieren

Word ist in der Lage zusätzlich zur eigentlichen Dokumentvorlage (Abschnitt 15.6) beim Start weitere Vorlagen mit der Dateiendung .dotm zu laden, wenn diese im Ordner `%AppData%\Roaming\Microsoft\Word\STARTUP` gespeichert sind. So lassen sich Makros bequem bereitstellen, ohne dass sie im bearbeiteten Dokument gespeichert sein müssen.

Wichtig

Der Ordner `%AppData%\Roaming\Microsoft\Word\STARTUP` muss im Trust Center als vertrauenswürdig deklariert sein, wenn der übliche Makroschutz aktiviert ist: Datei|Optionen|Trust Center|Einstellungen für das Trust Center|Vertrauenswürdige Speicherorte.

B.4 Dokumente mit Makros speichern

Mit Makros ausgestattete Dateien müssen als Dateityp *Word Dokument mit Makros (*.docm)* gespeichert werden. Handelt es sich um Vorlagen, ist der Dateityp *Word Vorlage mit Makros (*.dotm)* die richtige Wahl. Sofern die Makros in einer Vorlage gespeichert sind, braucht das darauf basierende Dokument nur als .docx gespeichert zu werden, weil es keine eigenen Makros enthält.

Word bedarfsgerecht einrichten

Die gängigsten Anpassungsmöglichkeiten, um die »Benutzerschnittstelle« bedarfsgerecht anzupassen, sind hier zusammengefasst.

C.1 AutoKorrektur

Die AutoKorrektur kann sehr hilfreich, aber wegen diverser falscher Grundeinstellungen auch nervig sein.

C.1.1 Das Funktionsprinzip

Auf jede Änderung macht das Programm mit einem kleinen blauen Rechteck aufmerksam, das als Zugang zum Eingreifmenü fungiert.

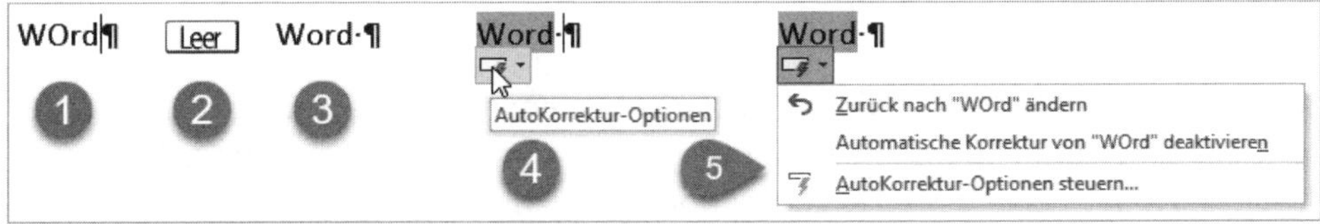

Abb. C.1: Die Phasen der AutoKorrektur

Abbildung C.1 veranschaulicht, wie die AutoKorrektur abläuft:

1. Ein Wort wird mit zwei Versalien am Wortanfang geschrieben.
2. Der Leerschritt kennzeichnet das Ende des Worts.
3. Die AutoKorrektur hat zugeschlagen.
4. Berühren Sie mit dem Textcursor das korrigierte Wort, wird unter dem ersten Buchstaben ein winziges blaues Rechteck sichtbar: ein Smarttag zu den AutoKorrektur-Optionen.
5. Nach Mausklick auf das Smarttag können Sie auswählen, wie mit der Korrektur umgegangen werden soll.

Tipp

Viele AutoKorrekturen lassen sich unmittelbar nach ihrem Wirksamwerden mit [←] oder [Strg]+[Z] zurücknehmen.

C.1.2 AutoKorrekturen sichern

Wenn Sie mühsam Ihren eigenen Katalog der AutoKorrekturen angelegt haben, wollen Sie diesen vielleicht auch auf dem Notebook oder einer neuen Installation verwenden.

Word speichert unformatierte AutoKorrekturen in der Datei `mso1031.acl`[1] in `C:\Benutzer\(Benutzername)\AppData\Roaming\Microsoft\Office`. Kopieren Sie diese Datei auf das Zweitgerät oder sichern Sie sie zur Verwendung auf einer späteren Neuinstallation.

Haben Sie beim Anlegen einer Regel die Option FORMATIERTEN TEXT gesetzt, landen diese AutoKorrekturen in der Datei `Normal.dotm`.

C.2 Tastenkombination einrichten

Zur Shortcut-Liste

Wer viel schreibt, gewöhnt sich im Lauf der Zeit an, bestimmte, häufig benötigte Funktionen per Tastenkombination aufzurufen. Wohl jedem Computerbenutzer sind die Tastenkombinationen für die Bedienung der Zwischenablage bekannt: `Strg`+`C` zum Kopieren, `Strg`+`X` zum Ausschneiden und `Strg`+`V` zum Einfügen.

Word lässt sich fast vollständig per Tastatur bedienen.[2] Eine Auflistung aller eingebauten »Shortcuts« finden Sie in der verlinkten Liste. Diese ist auf amerikanisches Tastaturlayout bezogen, die Kombinationen weichen in manchen Fällen von den deutschen ab.[3]

Tastenbelegungen zu ändern, ist kein Luxus, sondern angesichts des Änderungswahns der Microsoft-Entwickler eine »Überlebensstrategie«. 2023 wurde ein ganzes Paket an altbewährten Tastenkombinationen geändert bzw. abgeschafft (siehe Tabelle C.1).

Sicher kann man auch nach Jahrzehnten noch umlernen, doch wenn eine Tastenkombination ersatzlos entfällt, hört der Spaß auf.[4]

1 Die Nummer 1031 steht für die deutsche Version von Word. Falls Sie anderssprachige Versionen verwenden, enthält der Dateiname an dieser Stelle die zugehörige Sprachnummer.

2 Die Tastenkombinationen funktionieren auch mit Word-Mobile, wenn Sie an das Mobilgerät eine Tastatur angeschlossen haben.

3 Die falschen Tastenkürzel werden in allerlei Netzquellen ungeprüft kolportiert.

4 Und denken Sie nur nicht, dass diese Änderungen in der Online-Hilfe berücksichtigt wurden.

Funktion	Tastenkombination alt	neu
Trennfuge ¬	Strg+-	entfallen
Geschützter Trennstrich	Strg+⇧+-	entfallen
Abstand vor Absatz	Strg+0	entfallen
Format kopieren	Strg+⇧+C	AltGr+C
Format zuweisen	Strg+⇧+V	AltGr+V
©	AltGr+C	Ersatz: AutoKorrektur (c)
Inhalte einfügen	AltGr+V	entfallen
Gedankenstrich –	Strg+- (Num)	AltGr+⇧+-

Tabelle C.1: 2023 von Microsoft geänderte Tastenkombinationen

Die frei gewordenen Tastenkombinationen wurden an andere Funktionen vergeben.

Tastenkombination	Funktion neu	Anmerkungen
Strg+-	Zoom – 10 %	
Strg+- (Ziffernblock)	Zoom – 10 %	Einmal hat wohl nicht gereicht
Strg+⇧+-	Zeichen $_{\text{tiefgestellt}}$	Die Hochstellung haben sie vergessen.[1]
Strg++	Zoom + 10 %	
Strg+0	Zoom 100 %	
Strg+⇧+C	Keine Funktion	
Strg+⇧+V	*Nur Text* einfügen	Existierte bereits mit Win+AltGr+V

Tabelle C.2: Neue Zuordnung der Tastenkombinationen aus Tabelle C.1

1 Die Tastenkombinationen für Hoch- und Tiefstellung funktionierten bisher nur mit US-Tastatur. Dort fehlt die Hochstellung jetzt auch.

Allein dieser Akt mit zweifelhaftem Nutzen zeigt die Notwendigkeit, eigene Tastenkombinationen festlegen zu können.

C.2.1 Tastatur anpassen

Der für die Zuweisung von Tastenkombinationen zuständige Dialog ist nur auf Umwegen (über MENÜBAND ANPASSEN, FORMATVORLAGEN ÄNDERN, SYMBOLAUSWAHL oder MAKRO AUFZEICHNEN) zu erreichen.

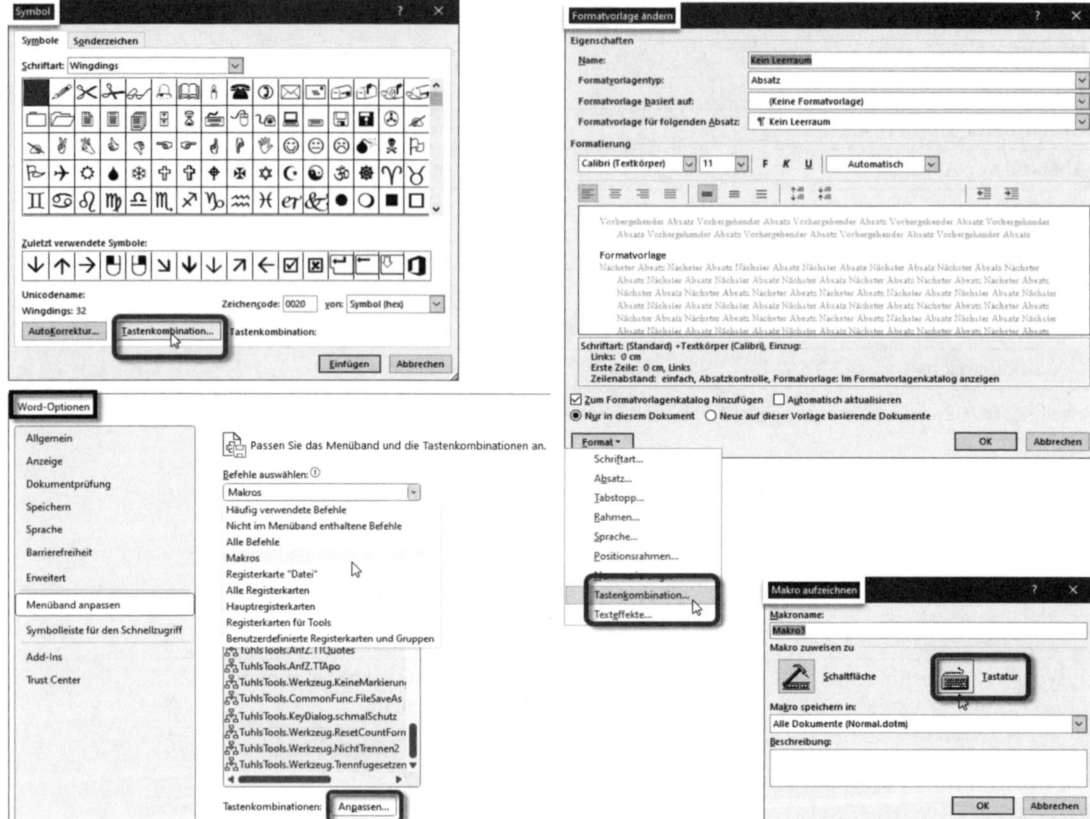

Abb. C.2: Viele Wege führen zum Dialog TASTATURANPASSEN

a) Befehle und Makros zuweisen

1. Rechtsklick ins Menüband | MENÜBAND ANPASSEN
   (Wenn Sie die oberste Liste bei *Befehle auswählen* aufklappen, können Sie den in der unteren Liste angezeigten Bereich spezifizieren. Hier finden Sie auch eine Rubrik *Makros*.)
2. Markieren Sie in der unteren Liste *Befehle auswählen* den gewünschten Befehl.
3. *Tastenkombinationen:* ANPASSEN

Word ruft den Dialog TASTATUR ANPASSEN auf. (Weiterlesen bei *Tastenkombination zuweisen*.)

b) Funktion direkt aus dem Menüband auswählen

Es gibt einen visuellen Weg, eine eigene Tastenkombination für eine Funktion anzulegen.

1. [AltGr]+[+] (auf dem Nummernblock)

Der Mauszeiger nimmt die Form ⌘ an.

2. Klicken Sie mit diesem Cursor auf eine beliebige Schaltfläche in einer Registerkarte.

Word ruft den Dialog TASTATUR ANPASSEN auf. (Weiterlesen bei *Tastenkombination zuweisen.*)

Leider funktioniert dieses Verfahren nur für Befehle, die in oberster Ebene im Menüband oder Aufgabenbereich zu erreichen sind. Sobald etwas aufgeklappt werden muss, ist diese Methode wirkungslos.

c) Symbol zuweisen

1. EINFÜGEN | SYMBOL
2. Wählen Sie bei SCHRIFTART »(normaler Text)« und bei ZEICHENCODE »Unicode (hex)«.
3. Markieren Sie das gewünschte Zeichen.
4. TASTENKOMBINATIONEN

Word ruft den Dialog TASTATUR ANPASSEN auf. (Weiterlesen bei *Tastenkombination zuweisen.*)

d) Formatvorlage zuweisen

START | *Formatvorlagen:* ↘

1. Markieren Sie die zuzuweisende Formatvorlage in der Liste.
2. Rechtsklick | ÄNDERN
3. FORMAT | TASTENKOMBINATION

Word ruft den Dialog TASTATUR ANPASSEN auf. (Weiterlesen bei *Tastenkombination zuweisen.*)

Tastenkombination zuweisen

Im Dialog TASTATUR ANPASSEN ist die gem. Lösung a) bis d) auszulösende Aktion bereits markiert.

Setzen Sie den Cursor ins Feld NEUE TASTENKOMBINATION und drücken Sie die gewünschte Tastenkombination. (Falls zu Ihrer Tastenkombination [AltGr] gehört, wird das als [Alt]+[Strg] dargestellt. Funktioniert aber dennoch auch mit [AltGr].)

Ist diese Tastenkombination bereits vergeben, zeigt der Dialog dies diskret unter *Derzeit zugewiesen an:* an. Sie entscheiden, ob Sie die Kombination wechseln oder mit ZUORDNEN überschreiben.

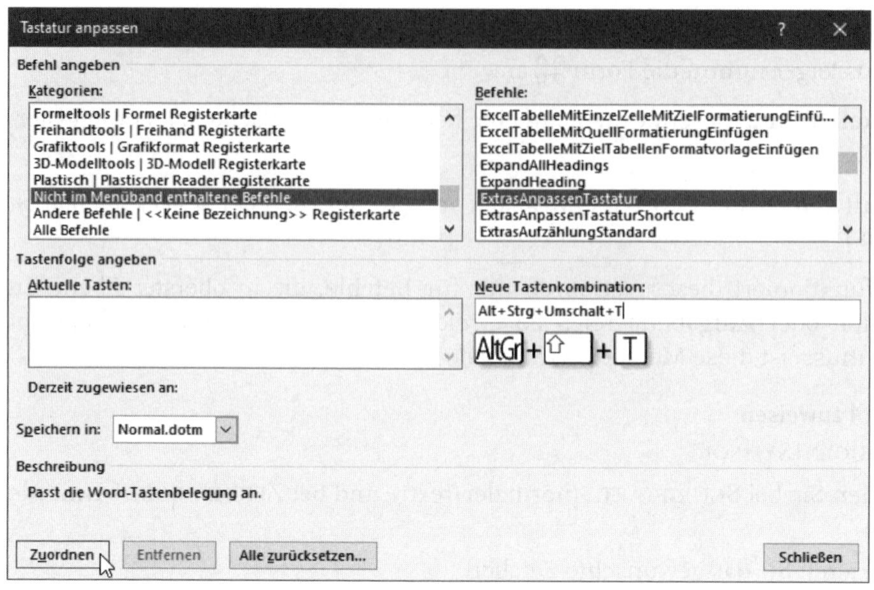

Abb. C.3: Tastenkombination zuweisen (Das Beispiel zeigt eine Tastenkombination zum direkten Aufruf des Dialogs TASTATURANPASSEN.)

C.2.2 Grenzen der Tastenzuweisung

⇧+AnyKey
Strg+AnyKey
Alt+AnyKey
Strg+⇧+AnyKey
Alt+⇧+AnyKey
AltGr+AnyKey
AltGr+⇧+AnyKey

Nicht alle gewünschten Tastenkombinationen lassen sich so zuweisen. So sind Kombinationen mit der ⇧-Taste oft nicht möglich, vor allem nicht, wenn ⇧ gemeinsam mit einer einzelnen Zeichentaste eine Funktion zugewiesen werden soll. Da verweigert das Feld NEUE TASTENKOMBINATION die Annahme.

zum Tutorial

Mit VBA lässt sich dieses Manko austricksen, wie die Beispiele in den Hacks zu Apostroph und Anführungszeichen in Kapitel 7 zeigen. So lässt sich bis auf wenige Ausnahmen jede Taste in Kombination mit ⇧, Strg und Alt mit eigenen Funktionen belegen. Die Zusatztasten sind auch miteinander kombinierbar, wobei Strg+Alt dieselbe Wirkung erzielt wie AltGr.[5] Die Taste Win ließe sich zwar auch mitbenutzen, doch wird diese auch von diversen Systemfunktionen verwendet, was zu Konflikten führen kann.

Die Erklärung dazu würde hier zu weit führen; Sie können sich mit dem QR-Link ein Tutorial dazu herunterladen.

5 AltGr gibt es in den wdKey-Codes gar nicht.

C.2.3 Tastenzuweisung löschen

Soll eine Tastenkombination entfernt werden, ist das mit dem Dialog TASTATUR ANPASSEN sehr umständlich. VBA vereinfacht das.

```
001 Sub KillKey()
002 Dim Count As Long
003 Count = 1
004 For Each aktTemp In Templates
005     If aktTemp.Name = "Name der Vorlage" Then Exit For
006     Count = Count + 1
007 Next
008 Application.CustomizationContext = Templates(Count)
009 FindKey(BuildKeyCode(wdKey___, wdKey___)).Clear
010 Templates(Count).Save
011 End Sub
```

Listing C.1: Löschen von Tastenbelegungen

Erklärung

zur wdKey-Liste

Die Leerstellen zu den wdKey-Codes müssen ergänzt und ggf. um weitere Tastencodes erweitert werden. Die wdKey-Codes erfahren Sie aus der verlinkten Tabelle.

Geht es um in der `Normal.dotm` gespeicherte Tastenbelegungen, entfallen die Zeilen 002 bis 007 und in den Zeilen 008 und 010 ersetzen Sie `Templates(Count)` durch `NormalTemplate`.

Beispiel

```
Sub KillHackKeys()
With Application.CustomizationContext = NormalTemplate
   FindKey(BuildKeyCode(wdKeyShift, 50)).Clear
   FindKey(BuildKeyCode(wdKeyControl, wdKeyAlt, wdKeyShift, 50)).Cle005 ar
   FindKey(BuildKeyCode(wdKeyShift, 191)).Clear
   FindKey(BuildKeyCode(wdKeyControl, wdKeyAlt, 191)).Clear
   FindKey(BuildKeyCode(wdKeyControl, wdKeyAlt, wdKeyShift, 191)).Cl009 ear
   FindKey(BuildKeyCode(wdKeyAlt, 191)).Clear
   FindKey(BuildKeyCode(wdKeyAlt, wdKeyShift, 191)).Clear
   NormalTemplate.Save
End With
End Sub
```

Listing C.2: Makro zum Zurücksetzen der in Kapitel 7 beschriebenen Tastenbelegungen

C.3 Schnellzugriffsleiste anpassen

Die Schnellzugriffsleiste ist Sammelort für häufig benötigte Funktionen. Einige sind bereits bei Installation vorhanden, aber verborgen, weitere können nachgeladen werden.

C.3.1 Verborgene Befehle der Schnellzugriffsleiste aktivieren

Neben den Standard-Schaltflächen der Schnellzugriffsleiste finden Sie beim Klick auf ⏷ weitere Funktionen, die sich für die Schnellzugriffsleiste durch Anklicken aktivieren oder deaktivieren lassen.

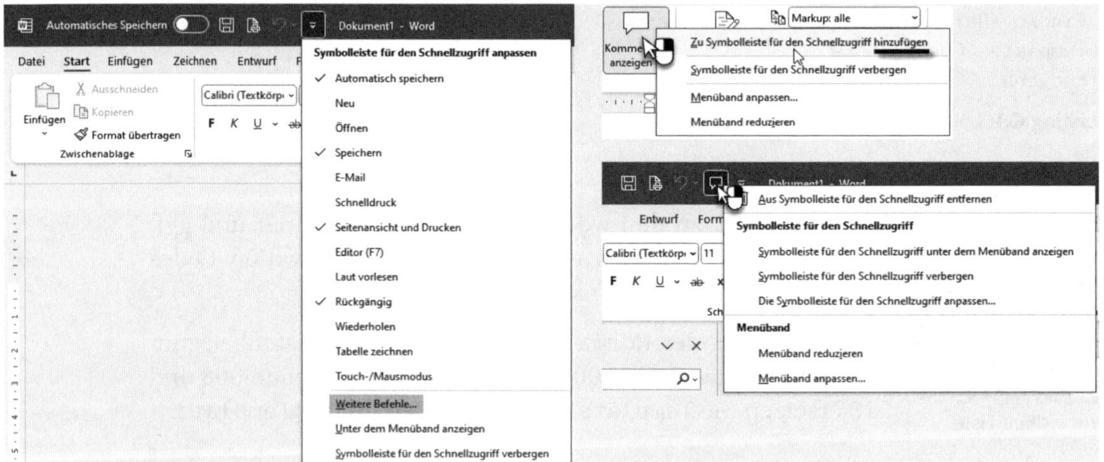

Abb. C.4: Schnellzugriffsleiste verwalten

Darüber hinaus können Sie jede Schaltfläche des Menübands zur Schnellzugriffsleiste hinzufügen, indem Sie diese rechtsklicken und im Kontextmenü ZU SYMBOLLEISTE FÜR DEN SCHNELLZUGRIFF HINZUFÜGEN wählen.

In der Schnellzugriffsleiste erscheint unmittelbar die neue Schaltfläche, die sich mit Rechtsklick|AUS SYMBOLLEISTE FÜR DEN SCHNELLZUGRIFF ENTFERNEN auch wieder herauslösen lässt.

Sortieren lassen sich die Symbole in der Schnellzugriffsleiste nur im ANPASSEN-Dialog, den Sie mit WEITERE BEFEHLE ... unter der Schaltflächenauswahl der Schnellzugriffsleiste (siehe markierten Befehl in Abbildung C.4) oder per Kontextmenü jeder Schaltfläche mit SYMBOLLEISTE FÜR DEN SCHNELLZUGRIFF ANPASSEN öffnen.

C.3.2 Schnellzugriffsleiste um weitere Befehle ergänzen

Um eine beliebige Schaltfläche zur Schnellzugriffsleiste hinzufügen, wählen Sie im ANPASSEN-Dialog (▼|WEITERE BEFEHLE) links oben den Befehlsbereich, in dem die Funktion zu finden ist, und markieren die Funktion in der Liste darunter. Mit einem Klick auf HINZUFÜGEN stellen Sie ihn in die rechte Liste der in der Schnellzugriffsleiste verfügbaren Befehle.

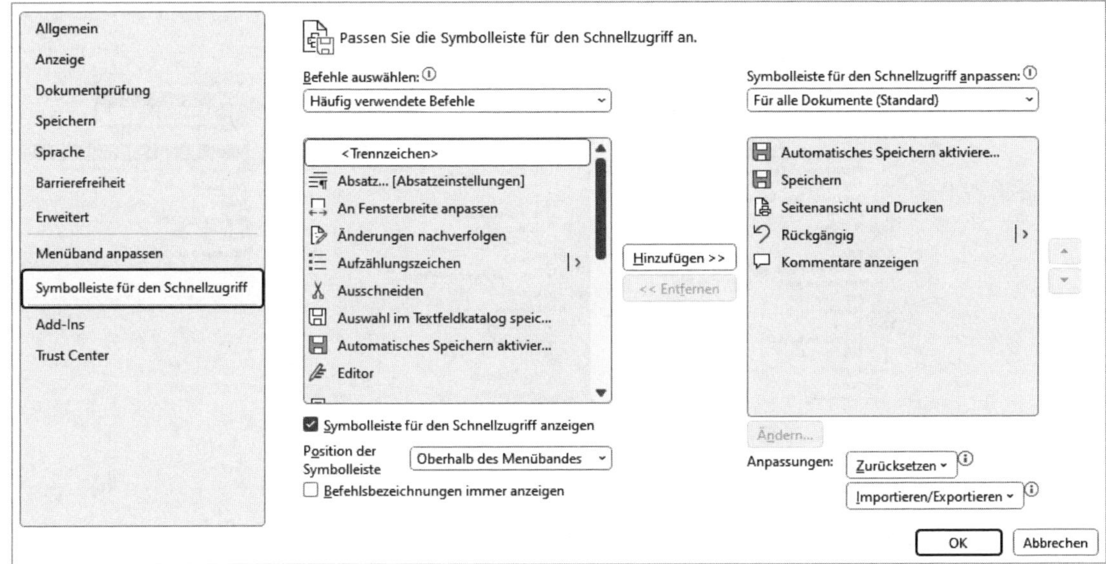

Abb. C.5: Der Anpassen-Dialog

Die Pfeil-Schaltflächen [^] und [v] am rechten Rand des ANPASSEN-Dialogs erlauben Ihnen, die Schaltflächen innerhalb der Schnellzugriffsleiste zu verschieben.

In einer Auswahlliste rechts oben im ANPASSEN-Dialog können Sie festlegen, ob die Änderungen nur für dieses Dokument oder dauerhaft für Ihre Word-Installation gelten sollen.

C.4 Menüband anpassen

Das Menüband lässt sich mit gewissen Einschränkungen nach eigenen Vorstellungen umgestalten. Sie können allerdings keine Schaltflächen in bereits vorhandene Befehlsgruppen einfügen, sondern benötigen dafür eigene Gruppen.

C.4.1 Menüband ändern

Sie öffnen den ANPASSEN-Dialog am leichtesten mit einem Rechtsklick ins Menüband und wählen im Kontextmenü MENÜBAND ANPASSEN.

> **Wichtig**
>
> Selbst angelegte »benutzerdefinierte« Gruppen enthalten nicht die Schaltfläche , mit der Sie direkt den FORMAT-Dialog aufrufen können. Ersatzweise gibt es aber für die Eigenkonfiguration in der Auswahl passende Schaltflächen »... FORMATIEREN«.

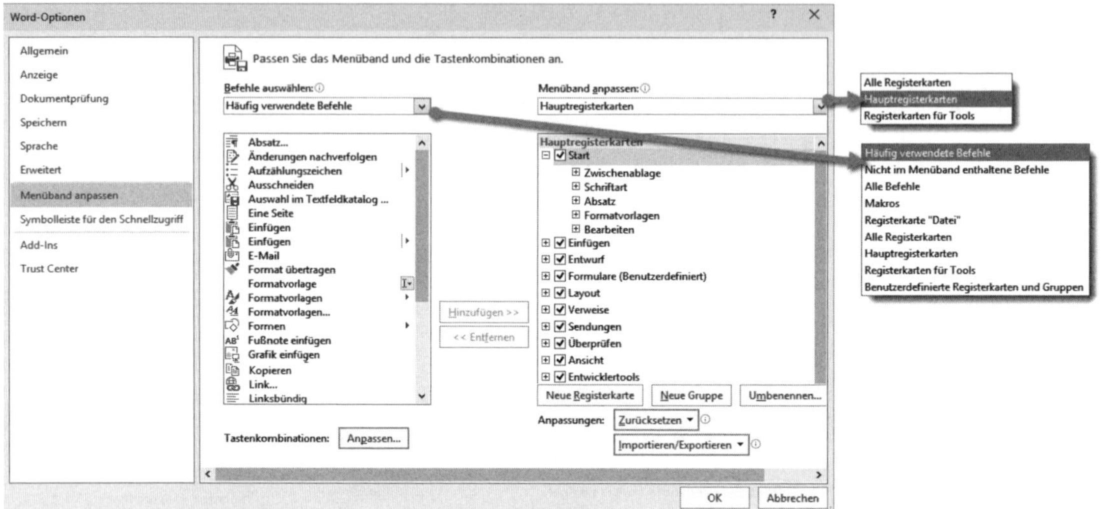

Abb. C.6: Der ANPASSEN-Dialog für das Menüband

Im Dialog finden Sie rechts die Auswahl der Registerkarten, in denen Sie etwas verändern wollen.

1. Markieren Sie zuerst in der rechten Liste die Registerkarte, in die oder neben der Sie Ihre eigenen Funktionen einfügen wollen.
2. Wählen Sie NEUE GRUPPE oder NEUE REGISTERKARTE.
3. Geben Sie der neuen Gruppe oder Registerkarte mit UMBENENNEN einen treffenden Namen und ein Icon, das bei Reduzierung des Menübands dafür angezeigt wird.
4. Wählen Sie in der linken Liste die benötigten Funktionen aus und fügen Sie sie durch Klick auf HINZUFÜGEN in die neue Gruppe ein.

Die Pfeil-Schaltflächen [v] und [^] am rechten Rand des ANPASSEN-Dialogs erlauben Ihnen, die Schaltflächen innerhalb der Gruppe zu verschieben.

Änderungen pauschal widerrufen

Mit ZURÜCKSETZEN nehmen Sie *alle* Änderungen zurück und erhalten ein Menüband wie im Auslieferungszustand.

C.4.2 Gruppen und Registerkarten entfernen

Um eine Schaltfläche, Gruppe oder Registerkarte aus dem Menüband zu löschen, markieren Sie diese in der rechten Liste und klicken auf ENTFERNEN.

Damit können Sie auch die werksseitig vorgegebenen Gruppen und Registerkarten aus dem Menüband entfernen.

Es ist jedoch nicht möglich, einzelne Schaltflächen aus den vorgegebenen Registerkarten zu entfernen. Wenn Sie einige Funktionen nicht benötigen, andere, häufig benötigte dafür gern weiter nach oben in der Hierarchie haben möchten,[6] schaffen Sie das nur auf folgendem Umweg:

1. Löschen Sie die Gruppe oder Registerkarte komplett, die die nicht benötigten Schaltflächen enthält, indem Sie sie rechtsklicken und ENTFERNEN wählen.
2. Legen Sie mit NEUE GRUPPE oder NEUE REGISTERKARTE eine ebensolche an und geben Sie ihr mit UMBENENNEN den Namen der gelöschten Gruppe bzw. Registerkarte.
3. Richten Sie in einer neuen Registerkarte eigene Gruppen oder mit den ursprünglichen Gruppenbezeichnungen korrespondierende Gruppen ein.
4. Wählen Sie im linken Fenster die noch benötigten und zusätzlichen Funktionen aus und stellen Sie sie mit HINZUFÜGEN in die neue/n Gruppe/n ein.

C.4.3 Menüband-Anpassungen exportieren und importieren

Die Schaltfläche IMPORTIEREN/EXPORTIEREN unten rechts im ANPASSEN-Dialog erlaubt Ihnen, Anpassungsdateien mit der Dateiendung `.exportedUI` zu erstellen und anderswo zu installieren.

C.4.4 Menüband uneingeschränkt anpassen mit RibbonX

zum RibbonX-Script

Weitergehende Änderungen des Menübands und der Schnellzugriffsleiste sind mit »Bordmitteln« nicht möglich. Über XML-Programmierung (RibbonX) lassen sich eigene Menübänder, Kontextmenüs und Schnellzugriffsleisten erstellen, die vorhandene Word-Funktionen und VBA-Makros aufrufen.

6 Diese Möglichkeit ist besonders interessant bei Registerkarten, die mit Musterformatierungen überfrachtet sind, aber häufig benötigte Funktionen erst in unteren Menüebenen bereitstellen.

Stichwortverzeichnis